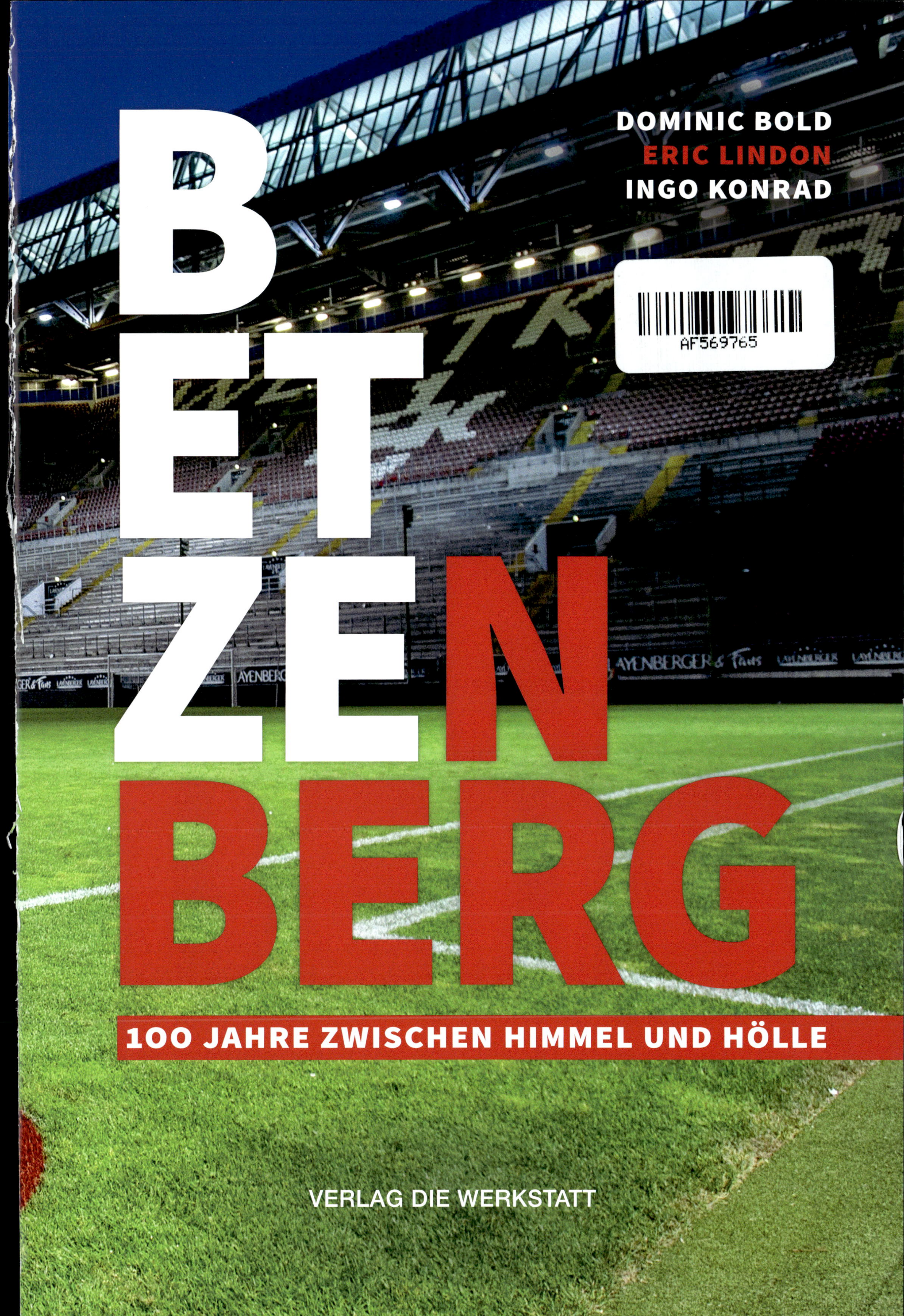

DOMINIC BOLD
ERIC LINDON
INGO KONRAD
BETZENBERG
100 JAHRE ZWISCHEN HIMMEL UND HÖLLE
VERLAG DIE WERKSTATT

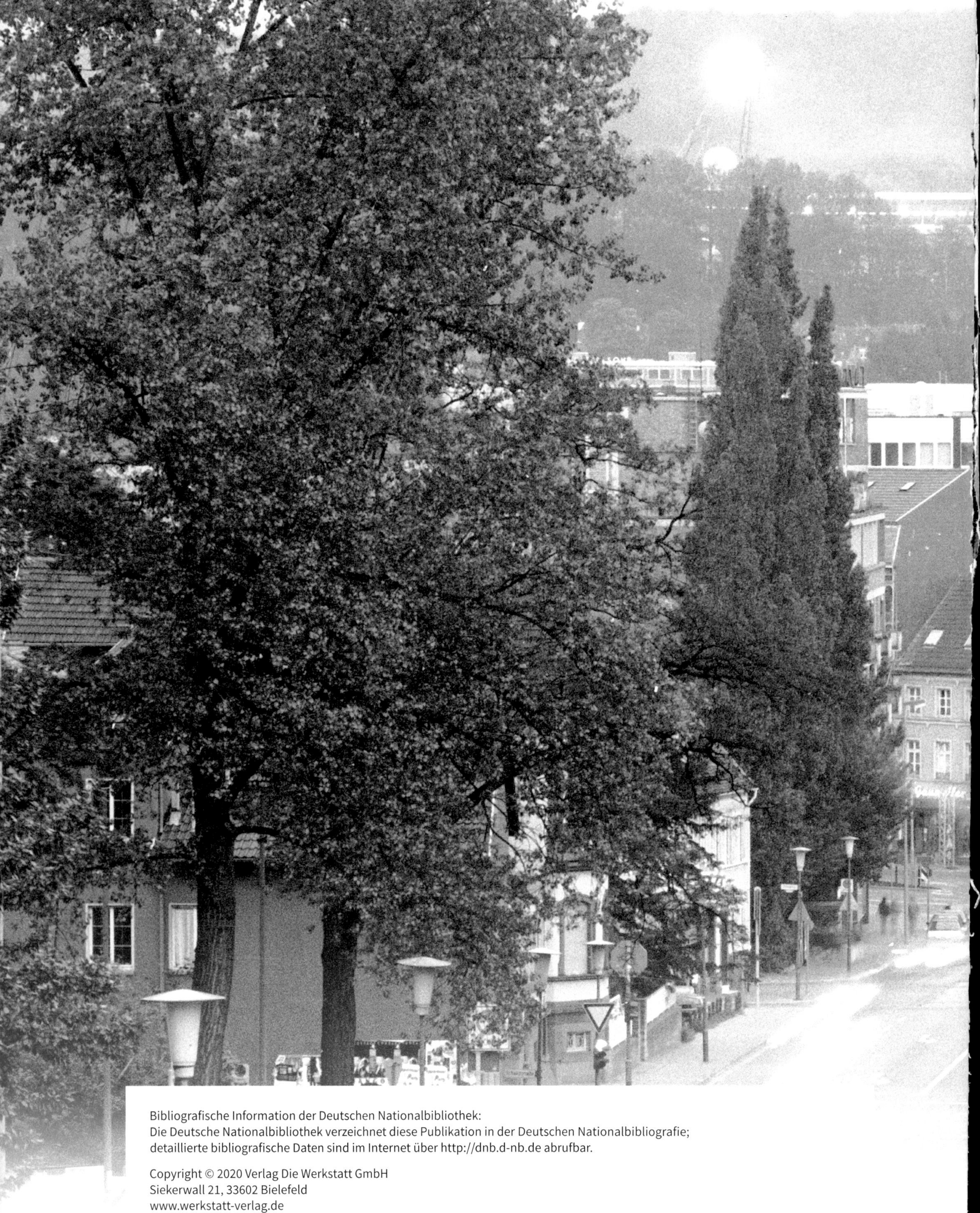

Bibliografische Information der Deutschen Nationalbibliothek:
Die Deutsche Nationalbibliothek verzeichnet diese Publikation in der Deutschen Nationalbibliografie; detaillierte bibliografische Daten sind im Internet über http://dnb.d-nb.de abrufbar.

Siekerwall 21, 33602 Bielefeld
www.werkstatt-verlag.de

Satz und Gestaltung: Christine Rölke, Die Werkstatt Medien-Produktion GmbH, Göttingen
Druck und Bindung: Grafisches Centrum Cuno, Calbe

ISBN 978-3-7307-0497-4 (Normalausgabe)
ISBN 978-3-7307-0534-6 (Premiumausgabe, auf 300 Exemplare limitiert)

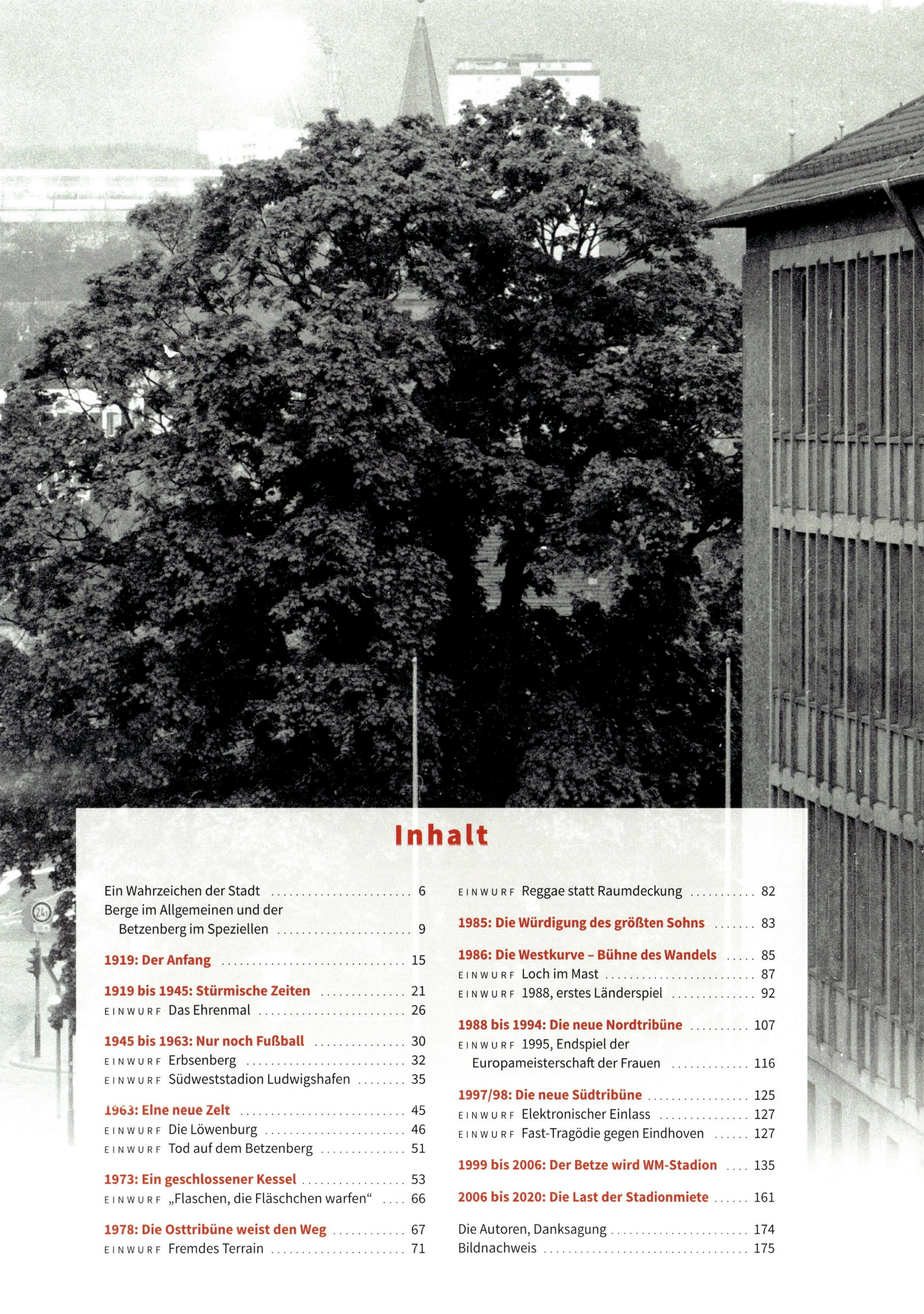

Inhalt

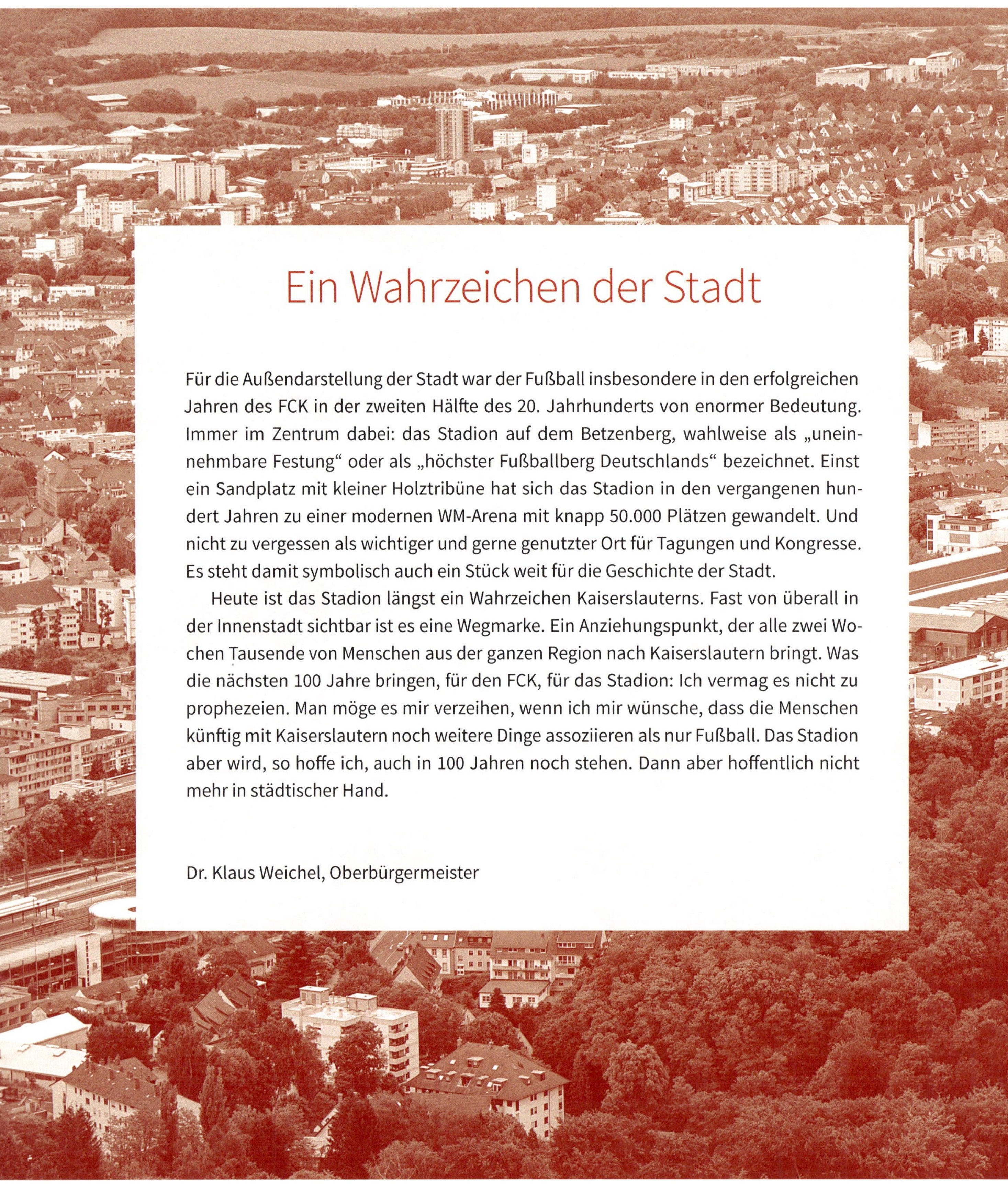

Ein Wahrzeichen der Stadt

Für die Außendarstellung der Stadt war der Fußball insbesondere in den erfolgreichen Jahren des FCK in der zweiten Hälfte des 20. Jahrhunderts von enormer Bedeutung. Immer im Zentrum dabei: das Stadion auf dem Betzenberg, wahlweise als „uneinnehmbare Festung“ oder als „höchster Fußballberg Deutschlands“ bezeichnet. Einst ein Sandplatz mit kleiner Holztribüne hat sich das Stadion in den vergangenen hundert Jahren zu einer modernen WM-Arena mit knapp 50.000 Plätzen gewandelt. Und nicht zu vergessen als wichtiger und gerne genutzter Ort für Tagungen und Kongresse. Es steht damit symbolisch auch ein Stück weit für die Geschichte der Stadt.

Heute ist das Stadion längst ein Wahrzeichen Kaiserslauterns. Fast von überall in der Innenstadt sichtbar ist es eine Wegmarke. Ein Anziehungspunkt, der alle zwei Wochen Tausende von Menschen aus der ganzen Region nach Kaiserslautern bringt. Was die nächsten 100 Jahre bringen, für den FCK, für das Stadion: Ich vermag es nicht zu prophezeien. Man möge es mir verzeihen, wenn ich mir wünsche, dass die Menschen künftig mit Kaiserslautern noch weitere Dinge assoziieren als nur Fußball. Das Stadion aber wird, so hoffe ich, auch in 100 Jahren noch stehen. Dann aber hoffentlich nicht mehr in städtischer Hand.

Dr. Klaus Weichel, Oberbürgermeister

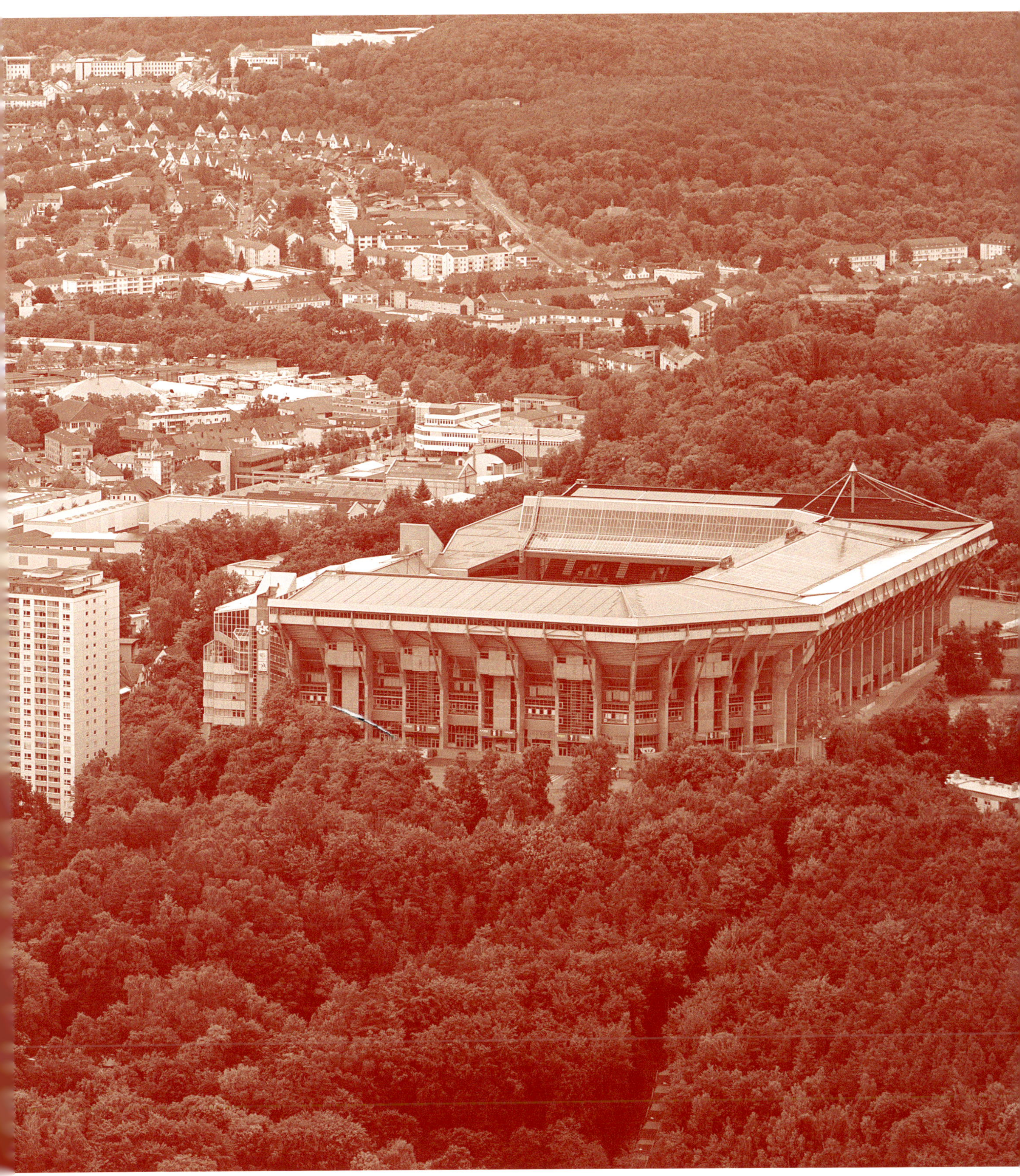

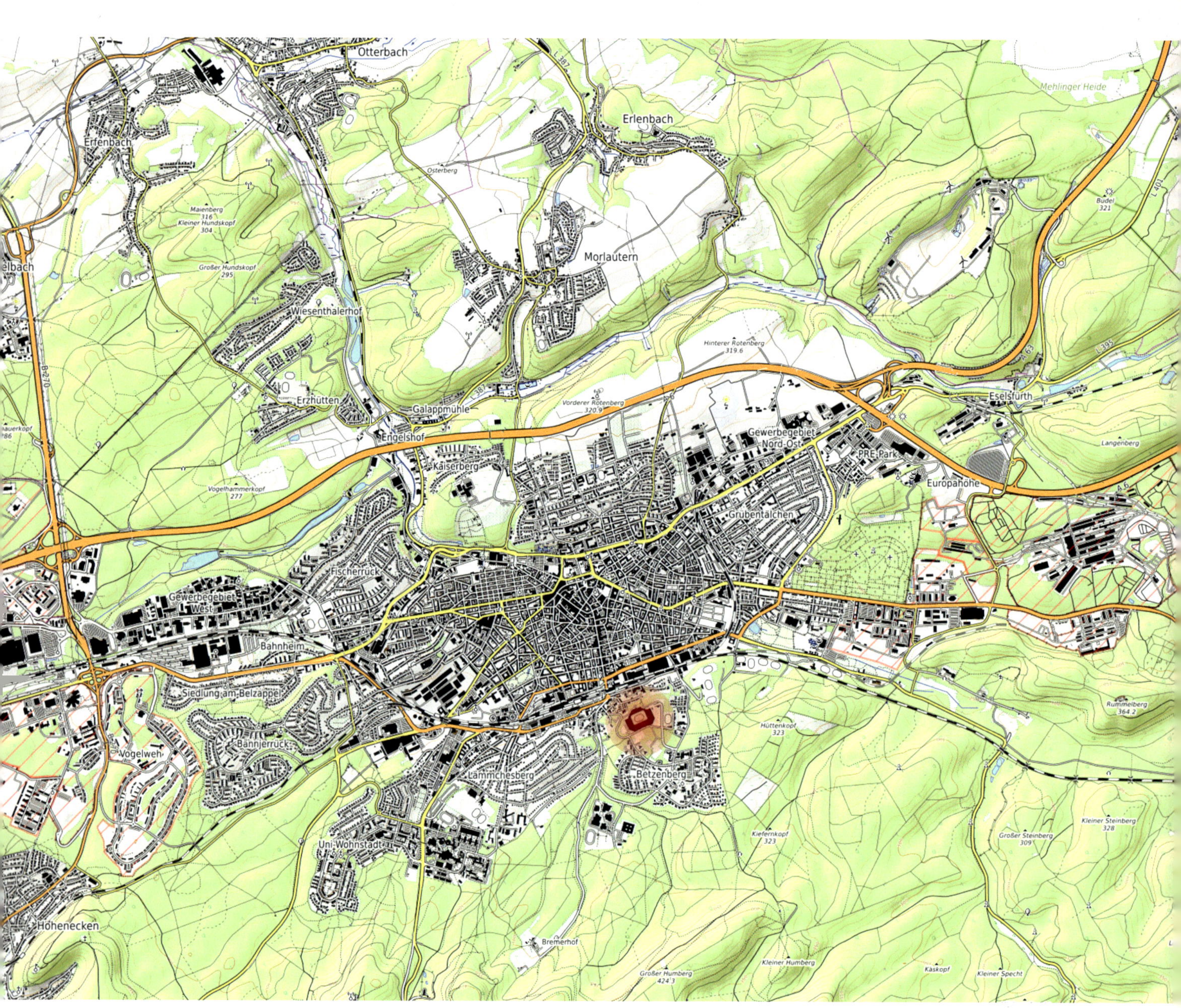
Otterbach
Erfenbach
Erlenbach
Mehlinger Heide
Osterberg
Maienberg
316
Kleiner Hundskopf
304
Großer Hundskopf
295
Morlautern
Büdel
321
Wiesenthalerhof
Hinterer Rotenberg
319.6
Vorderer Rotenberg
320.9
Erzhütten
Galappmühle
Engelshof
Eselsfürth
Gewerbegebiet
Nord-Ost
PRE Park
Langenberg
Kaiserberg
Europahöhe
Vogelhammerkopf
277
Grübentälchen
Fischerrück
Gewerbegebiet
West
Bahnheim
Siedlung am Belzappel
Rummelberg
364.2
Hüttenkopf
323
Bännjerrück
Vogelweh
Lämmchesberg
Betzenberg
Kiefernkopf
323
Großer Steinberg
309
Kleiner Steinberg
328
Uni-Wohnstadt
Hohenecken
Bremerhof
Kleiner Humberg
Großer Humberg
424.3
Käskopf
Kleiner Specht

BERGE IM ALLGEMEINEN UND DER BETZENBERG IM SPEZIELLEN

PROF. DR. HANS-JOACHIM FUCHS Geograph, Pfälzer und FCK-Mitglied

Aus geographischer Sicht ist ein Berg eine die Umgebung überragende, natürliche Erhebung auf der Erdoberfläche, im Gegensatz zu einer Aufschüttung oder Halde, die meist mit einer menschlichen Aktivität in Verbindung gebracht wird.

Berge im Allgemeinen

besitzen nicht nur eine große Formenvielfalt, sondern in vielen Fällen eine besondere Bedeutung für uns Menschen. Der reliefdominierende Berg wird oft zum identitätsstiftenden Symbol einer Region, so zum Beispiel in den Landkreisen Donnersberg und Vulkaneifel in Rheinland-Pfalz. Berge können zudem eine religiöse Bedeutung haben, sie können Kultstätten sein, deren Verehrung die Anziehungskraft für Menschen aus nah und fern erklärt. Berge können auch eine wichtige Signal- und Strahlwirkung für die umliegende Region und deren Bewohner haben. Bis heute werden solche Berge ausgesucht, um Fernsehtürme, Telekommunikations- und Radaranlagen auf ihnen zu errichten. Markante Berge besitzen somit diese unsichtbare, aber bis weit in die Region spürbare Wirkung.

Berge haben grundsätzlich etwas Überragendes. Im historischen Kontext fungierten sie daher als bevorzugte, vermeintlich sichere Standorte für Burgen und Festungen; vom Umland auf größeren Entfernungen markant sichtbar, respekteinflößend, im Idealfall durch die Gipfellage mit steilen Flanken rundum gut zu verteidigen. Manche von ihnen erlangten sogar einen Mythos des Uneinnehmbaren und Überlegenen; manchmal aber dann doch erobert und zu Ruinen geworden; manche fast nicht mehr sichtbar.

Dennoch bleibt die Erinnerung an die große und ruhmreiche Zeit bestehen, in den Geschichtsbüchern und Archiven sowie – insbesondere bei jüngeren Begebenheiten – in der Erinnerung der Menschen. Diese geben die eigenen Erlebnisse immer wieder in Erzählungen weiter, erst recht in Zeiten, in denen ein Bedeutungsverlust spürbar wird. Diese nicht abreißende Überlieferung besonderer Momente ist Ausdruck der intensiven Verbindung und gleichzeitig der Sehnsucht und Hoffnung auf eine Rückkehr der glanzvollen Zeit – und all dies gilt auch für den Betzenberg.

Der Betzenberg im Speziellen

ist Teil des zertalten Pfälzerwaldes und liegt an dessen nordwestlichem Rand. Er ist umgeben von weiteren Erhebungen in unmittelbarer Nachbarschaft, wie dem Lämmchesberg, Pfaffenberg, Letzberg, Humberg, Steinberg, Hüttenkopf oder Kiefernkopf. Von Süden her betrachtet ist der Betzenberg mit ca. 280–290 m ü. NHN einer von vielen Erhöhungen in einer eher kuppigen, sanft welligen Mittelgebirgslandschaft. Die kennzeichnende Gesteinsformation im Großteil des Pfälzerwalds ist der Buntsandstein. Dieses facettenreich rotgefärbte, vor mehr als 200 Millionen Jahren entstandene Gestein passt als Stadionuntergrund hervorragend zu den Vereinsfarben des FCK.

Am (vorläufigen) Ende der geologischen Entwicklung grenzt der Pfälzerwald-Sockel im Bereich des Betzenbergs direkt an eine Senkungszone mit einer deutlichen Reliefstufe von ca. 50 m. Von der Stadt Kaiserslautern aus erweckt sein Anblick dadurch einen imposanten Bergeindruck, der durch das darauf thronende Fritz-Walter-Stadion direkt an der steilen Reliefkante verstärkt wird.

Geht man vom Stadion weiter in Richtung Süden, kommt man durch den jungen Stadtteil Betzenberg, und danach steigt der Plateaubereich bis auf Höhen von 430 m an und erreicht unweit des knapp 36 m hohen, im Gründungsjahr des FCK gebauten Humbergturms die maximalen Höhenbereiche. Dort ist die Aussicht auf die Stadt und das Stadion noch eindrucksvoller. Der Blick nach Norden reicht über die

Kaiserslauterner Senke hinüber zu den Höhenrücken und Vulkankuppen des Nordpfälzer Berglandes, welches aus noch älteren Gesteinen aus dem Perm aufgebaut ist.

Der Betzenberg und sein Wirkungsgefüge

sind sehr spannend, denn eine 290 m hohe Erhebung ist morphologisch nicht sehr viel und auch nicht landschaftsprägend nach Süden hin, wohl aber stadtbildprägend nach Norden hin. Und genau hier scheint das Wirkungsgeheimnis zu liegen.

Vor der eigentlichen Betzenberg-Wirkungsanalyse soll eine virtuelle geographische Reise unternommen werden. Die geographischen Koordinaten für den Mittelpunkt des Anstoßkreises lauten: 49° 26'5" N 7° 46'35" E, 288 m ü. NHN. Würde man eine gedachte Reise zu Land und zu Wasser von West nach Ost auf genau dieser geographischen Breite unternehmen, käme man nach 26.061,356 km wieder zum Betzenberg.

Nach Passieren der Ostkurve zum östlichsten Ort der Pfalz durch Altrip, weiter u. a. durch Nürnberg, Amberg, Naturpark Oberpfälzer Wald und nach Grenzübertritt durch den Süden (S) von Tschechien und Polen, Norden (N) von Slowenien, Mittelregion der Ukraine, Russland (S, mehrmals auf dem weiteren Weg zum Nordwest-Pazifik), Kasachstan (N), Mongolei (N), China (N), weiter über den Nord-Pazifik südlich des Aleuten-Inselbogens entlang, dann auf der gesamten Länge quer durch den nordamerikanischen Kontinent durch ganz Kanada (S, u. a. Vancouver, Winnipeg, Neufundland), weiter über den Nordatlantik und den Ärmelkanal durch Frankreich (N, Seine-Mündung, u. a. Rouen), dann südwestlich von Merzig wieder über die Grenze nach Deutschland, am Ende der Reise genau entlang der beiden Landebahnen der Ramstein Air Base und schließlich durch die Westkurve wieder zum Anstoßkreis des Fritz-Walter-Stadions. Diese gedachte Strecke führt an einigen Stellen unweit von Fußballplätzen vorbei, aber an keiner Stelle mitten durch, außer beim Betzenberg.

Bei der Durchsicht der Beschreibungen, Kommentare, Äußerungen und Redewendungen über das Stadion und den Betzenberg finden sich interessanterweise sehr viele Begriffe aus der Geomorphologie, Geologie, Tektonik, Vulkanologie und Seismik wieder. In der Außenwahrnehmung scheint es, dass der Betzenberg ein spezielles „Innenleben" hat. Der Betzenberg „brodelt", „schäumt über", ist durch seismische Aktivitäten gekennzeichnet: „der Betze bebt", „der Betze brennt", ja auch von Vulkanausbrüchen und Explosionen sowie vom Erdbeben und dem dazu gehörigen Epizentrum ist bei der Berichterstattung die Rede. Metaphern wie diese werden insbesondere bei Flutlichtspielen benutzt, wenn der helle Lichtkegel nach oben eine spezielle Atmosphäre schafft, in der „der Funke überspringt" und die Stimmung eine Eigendynamik entwickelt. „Und so sieht die Hölle aus", singen die Fans der „Roten Teufel", denn dort oben, „uffem Betze", scheint in besonderen Momenten tatsächlich eine magische Verbindung zwischen Himmel und Hölle zu existieren.

Zum Beispiel wenn es anfängt zu regnen, wie am 18. Mai 2008, und die Betzenberg-Atmosphäre mit einem besonderen Wetterattribut erweitert: das Fritz-Walter-Wetter, das schon 1954 in Bern kein Nachteil war, sondern beflügelte. Durch die Luftmassen-Staulage in der Westwindzone am Nordwestrand des Pfälzerwaldes kommt es zu häufigen Niederschlagsereignissen. Die durchschnittlichen Sonnenscheinstunden erreichen in der Westpfalz keine Rekordwerte.

Die Burg der Neuzeit

Ebenso häufig wird das Stadion verglichen mit einer Art Festung oder einer Bastion: der uneinnehmbare Betzenberg. Wer auf der Autobahn A6 Saarbrücken-Mannheim die Stadt im Norden passiert und dieses kompakt umschlossene Bauwerk bewusst wahrnimmt, mag sich vorstellen, dass gegnerische Mannschaften ähnlich empfinden. Aus der tiefer gelegenen Stadtmitte kommend verstärkt sich der Gipfeleindruck, denn die Anfahrt zum Stadion erfolgt über die steile Nordflanke. Es ist somit beim Annähern bereits zu spüren, dass es sich um einen ganz besonderen Ort handelt; vielleicht ein Grund für die sprichwörtliche „Angst vor dem Betzenberg", die man etlichen Gastmannschaften lange Zeit deutlich angemerkt hat.

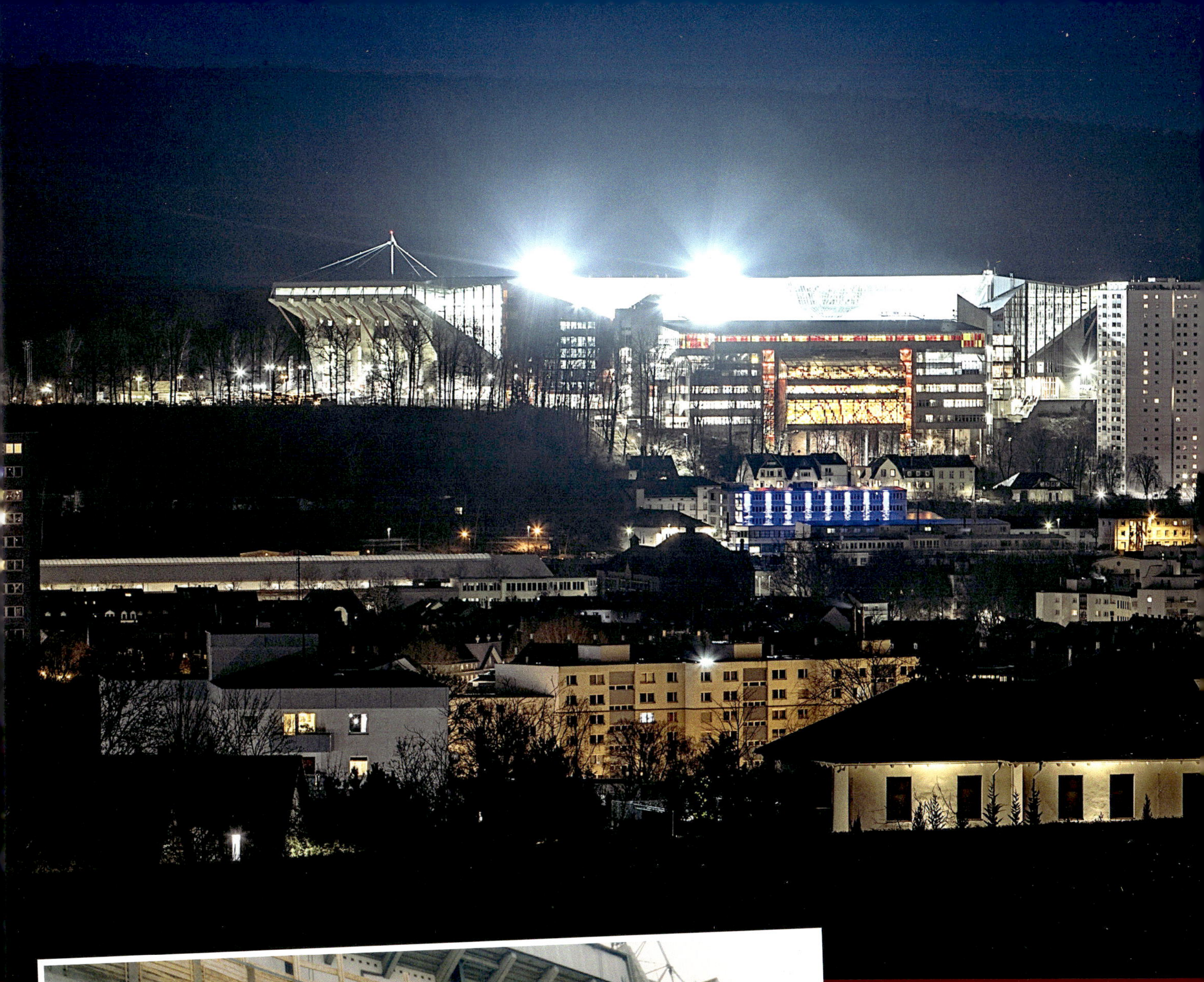

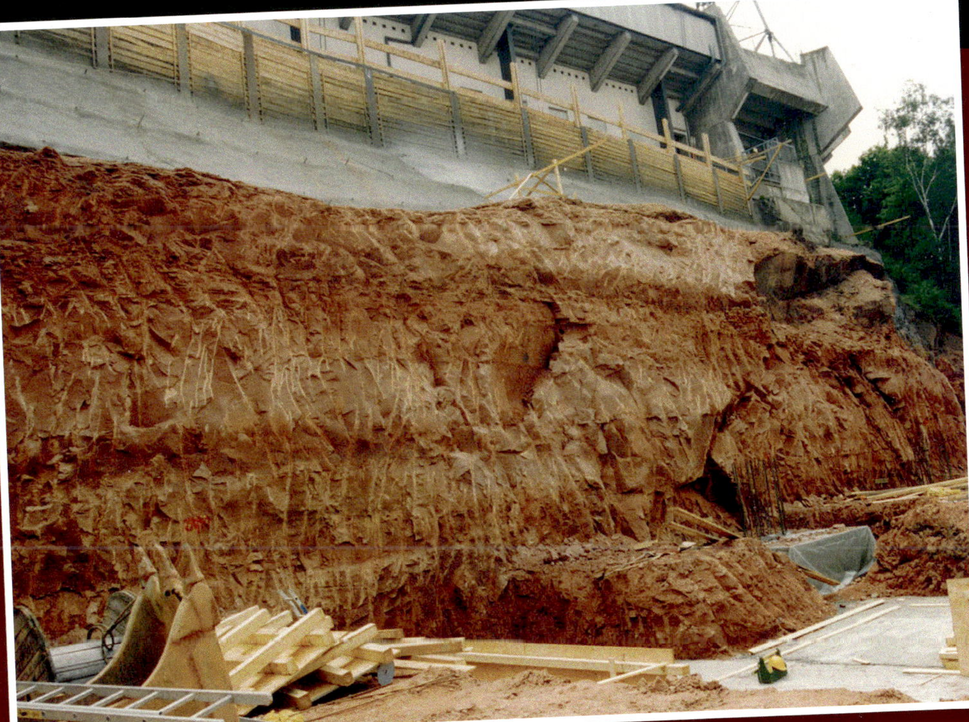

Das vom Flutlicht erleuchtete Stadion auf dem Betzenberg überstrahlt die ganze Stadt.
Das geologische Fundament dieses Wahrzeichens ist passenderweise der Pfälzer Bundsandstein (links).

In den 100 Jahren, in denen das Stadion genau dort oben steht, verlieh es seinem über Millionen Jahre gewachsenen geologischen Fundament nationale und internationale Bekanntheit. Oft wird der komplette Berg – in der Pfalz einfach nur in der Kurzform – als Synonym für den Spielort, den Verein und die Mannschaft verwendet: „Wie hat der Betze gespielt?" „Der Betze hat gewonnen." „Wann spielt der Betze?" Natürlich ist es nicht der Berg, der spielt, aber das auf ihm stehende Stadion ist eine geschichtsträchtige Bühne, immer wieder aus- und umgebaut, mit Tribünen, die gefühlt bis an das Spielfeld reichen, eben ein echtes Fußballstadion. Und dazu kommt das Bühnenbild; das sind die Zuschauer, insbesondere die berühmte Westkurve, der Kernbereich der FCK-Fans. Sie gehören zur besonderen Wirkung des Fritz-Walter-Stadions, ausgestattet mit den essentiellen Kernkompetenzen der Leidensfähigkeit und Identifikation: dies zeigt auch der hohe Zuschauerschnitt über all die Jahre, sogar in der 3. Liga.

Der Weg nach oben

Das Gefühl von Höhe hat einen sehr eigenen Wahrnehmungscharakter. Auf dem Weg von der Stadt ins Stadion sind auf einer horizontalen Luftlinien-Distanz von 400–500 m rund 50 vertikale Höhenmeter zu bewältigen. Nur zwei serpentinenhafte Zufahrtsstraßen oder steile Treppenwege führen nach oben. Deswegen ist der Fußweg zum Stadion für den Großteil der Fans ein elementarer Bestandteil eines Heimspiels, manche erleben es als Ritual.

Das Hochlaufen braucht Zeit: Zeit für Gedanken und Zeit für die Vorfreude, die sich steigert, je näher man zum Stadion kommt. Man unterhält sich spontan, lächelt und nickt einander zu. Hoffnungsvolle Blicke ohne Worte sprechen Bände. Das Erklimmen des Betzenbergs wird begleitet von einem Gefühl: „Du gehst da nicht alleine hoch, und du bist auch nicht alleine." Währenddessen nimmt die Geräuschkulisse, die hörbaren Gesänge der Fans vor Spielbeginn, zu. Die Steigung des Geländes nimmt ebenfalls zu, an manchen Stellen dann nur noch Treppen, bis man endlich oben angekommen ist. Ist das Ziel erreicht, fühlt es sich gut an. Wenn noch genug Zeit ist, lohnt sich der beeindruckende Blick auf das Stadtgebiet. Ein wahres Gipfelempfinden.

Der Betzenberg braucht keine Rekordhöhe, um dieses Gefühl auszulösen. Er ist für zahlreiche Menschen vieles in einem, für das es keinen Fachbegriff gibt. Sein Name allein besitzt Emotionalität, Ausstrahlung, Wirkung und Bedeutung – und dies schon über Generationen.

Der Betzenberg und die Sorgen um die Zukunft

sind sehr groß. Die vorher beschriebenen sportlichen Überlegenheitsphasen vergehen leider im richtigen Burg- oder Festungsdasein wie auch bei den sinnbildlich uneinnehmbaren Stadien. In letzter Zeit ist leider auch von tektonischen Verwerfungen und dauernder seismischer Unruhe am Betzenberg zu hören. Dies sind alles Erscheinungen, die mit einer Entladung größerer Kräfte in Verbindung stehen und mit Auswirkungen, die weit im Umland spürbar, hörbar und auch sichtbar sind.

Und wie wird es 2020 im 100. Jubiläumsjahr des wunderbaren Stadions auf dem Betzenberg? Der FCK spielt in der 3. Liga und tut sich schwer mit dem Weg zurück nach oben. Wie geht es weiter? Man kann nur das Beste hoffen und wünschen.

Der Betzenberg und der Autor

haben eine 50 Jahre andauernde gemeinsame Verbindung. Geboren und aufgewachsen im nordpfälzischen Stetten war ich von dieser Faszination Betzenberg früh ergriffen. Den Eintrag über das erste Betzenberg-Erlebnis habe ich wiedergefunden in einem schon vergessenen alten Tagebuch aus dem Jahr 1968. Es war ein Geschenk zum zehnten Geburtstag, Heimspiel am 16. November, mit meinem Vater gemeinsam zum Spiel FCK – MSV Duisburg, 3:0 (1:0). Die Faszination ist über die Jahrzehnte in dramatischen und hochemotionalen Spielen verstärkt und geprägt worden. Sie bleibt ungebrochen, unabhängig von der Ligazugehörigkeit des FCK. Schon im traditionellen Betzelied wird diese Hingezogenheit zum Betze von vielen im Stadion singend bekräftigt. Tatsache ist, dass man sich kaum erwehren und es nicht lassen kann.

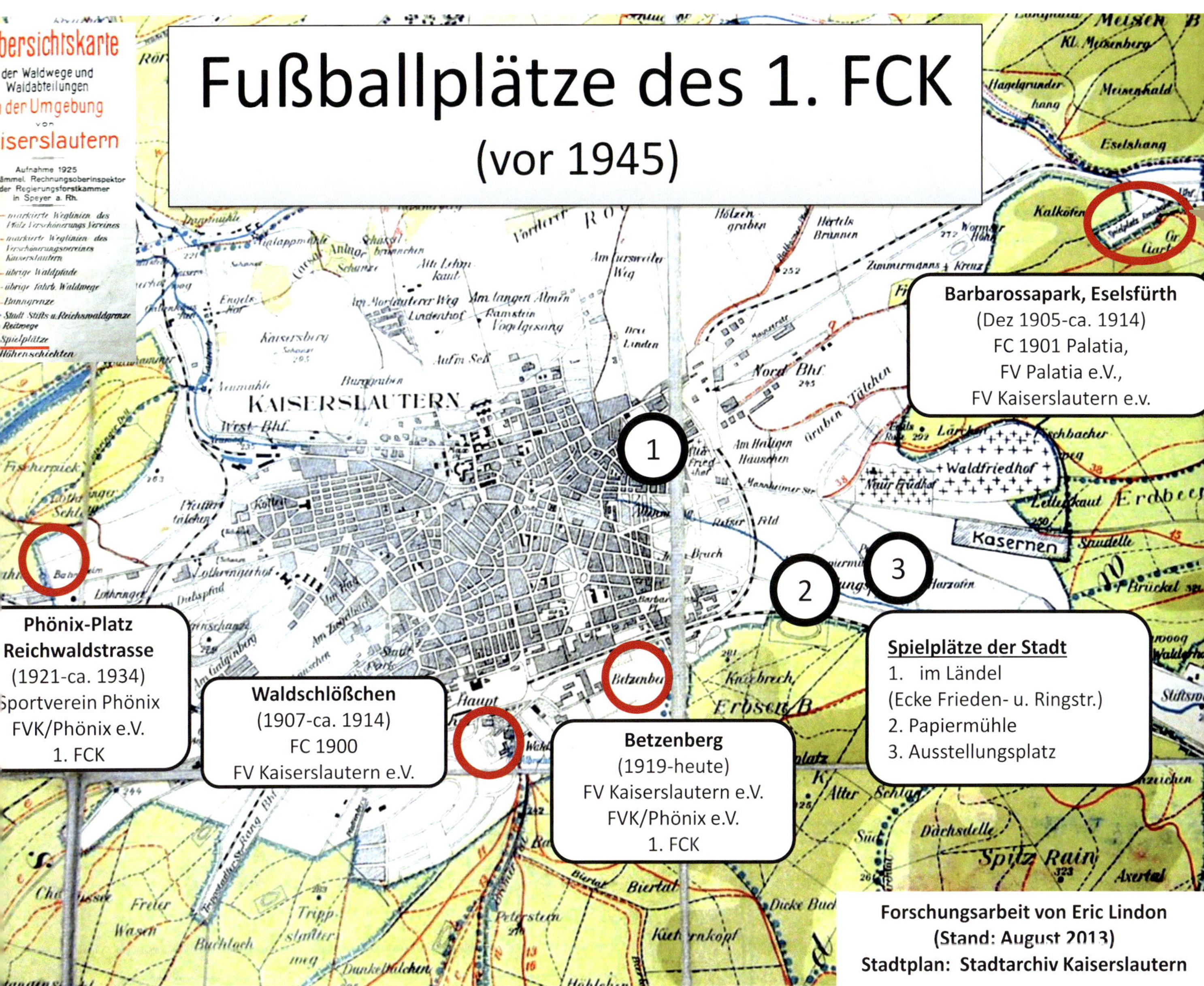

Die Vorgänger des Betzenbergs

Im Juni 1895 wendet sich der Turn- und Schreiblehrer Georg Pöppl an die Stadtverwaltung mit der Bitte, auch in Kaiserslautern einen Platz für die „englischen Rasenspiele" einzurichten. Ihre erste langfristige Heimat finden die Fußball-Pioniere bald nahe des alten Friedhofs im Ländel an der Friedensstraße. Als dieser Ur-Platz den Anforderungen des entstehenden Wettspielbetriebs nicht mehr gerecht wird, entschließt sich der FCK-Vorgänger „Palatia" im Dezember 1905 auf die Eselsfürth umzuziehen. Die dort bestehende Radrennbahn wird gepachtet und auf dem Gelände ein neues Fußballfeld angelegt. Die drei Vereine, die sich 1909 zum FV Kaiserslautern zusammenschließen, tragen ab 1906 alle ihre Wettspiele dort aus, bis sie eine neue Heimat auf dem Betzenberg finden.

Fast zeitgleich, im Oktober 1920, weiht auch der SV Phönix seinen neuen Platz rechts der Pariser Straße (heute Reichswaldstraße) ein und spielt dort bis zur Fusion mit dem FVK im Jahr 1929. Fünf Jahre nach der Fusion verkauft der mittlerweile in 1. FCK umbenannte Verein diesen Platz an den Sportverein der Reichsbahn (später ESC West Kaiserslautern).

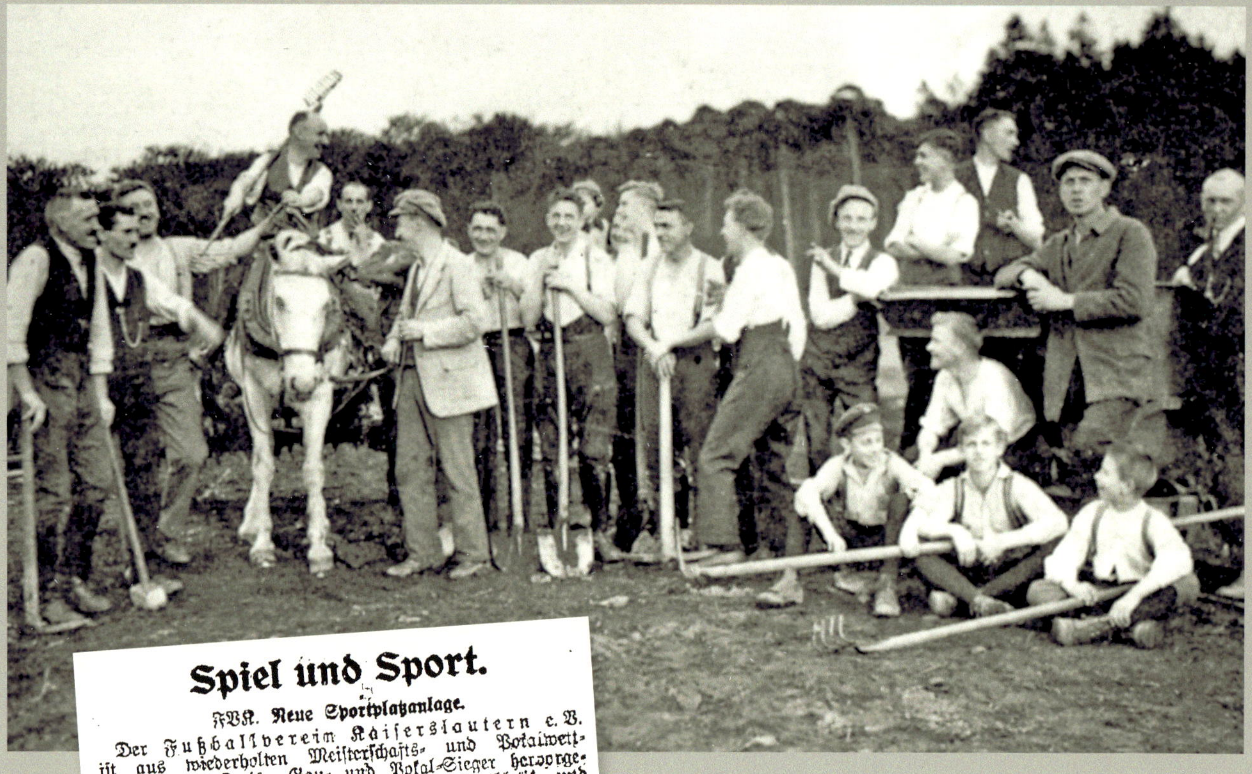

Spiel und Sport.

FVK. Neue Sportplatzanlage.

Der Fußballverein Kaiserslautern e. V.
ist aus wiederholten Meisterschafts- und Pokalwett-
kämpfen als Kreis-, Gau- und Pokal-Sieger hervorge-
gangen. Auch auf dem Gebiete des Leichtathletik- und
Stollball-Sportes hat der Fußballverein e. V. gegen in-
und ausländische Konkurrenten höchst erfolgreich abge-
schnitten.

Der Mangel einer eigenen, jeder Sportart Rechnung
tragenden neuzeitlichen Sportplatzanlage machte
sich bereits vor dem Krieg bemerkbar. Die bisher gemietete Sportplatzanlage zu Eselsfürth ist zu weit entfernt von der Stadt. Der FVK. hat beschlossen, sich in
nächster Nähe der Stadt eine großzügige, aber einfache
Sportplatzanlage zu erstehen, die auf den Betzenberg
zu liegen kommt. Sie umfaßt ein großes Fußballfeld,
umgeben von einer Laufbahn für leichtathletische Ver-
anstaltungen. Auf dem höher gelegenen Gelände wird
ein Uebungsplatz für Hockey und Faustball errichtet.
Daran anschließend kommen 2 Plätze für Netzball zu
liegen. Terrassenförmige Stufen werden einen erhöhten
Ueberblick über den Hauptspielplatz und zu gleicher Zeit
über die ganze Stadt Kaiserslautern bieten. Die ganze
Anlage kommt auf etwa 70 000 Mark zu stehen. Die
Bauarbeiten beginnen in den nächsten Tagen und werden Ende Februar 1920 beendet sein. Die Platzeröffnung
wird voraussichtlich Anfang März 1920 stattfinden. In
den Monaten Januar und Februar wird der Fußballverein seinen Sportbetrieb auf dem Spielplatz Papiermühle und Eselsfürth durchführen bezw. teilweise etwas
einschränken.

Die Mitglieder packen selbst mit an, um das neue Stadion am Betzenberg zu errichten.

Pfälzer Volksbote vom 16. Dezember 1919: Der Bau eines Sportplatzes auf dem Betzenberg wird angekündigt.

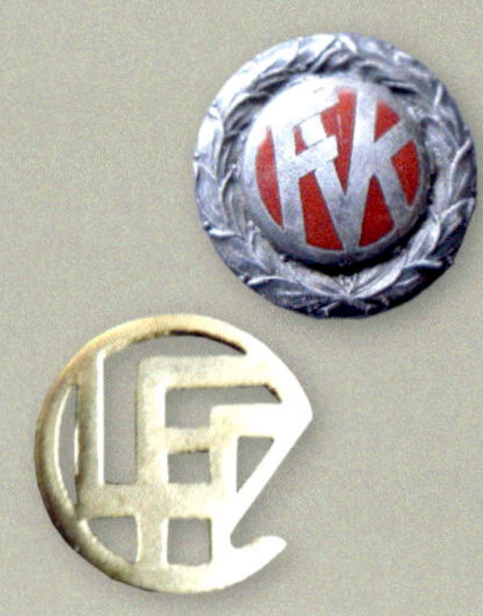

Die Mannschaften des FVK (weiße Hemden) und des FC Pfalz Ludwigshafen am Tag der Eröffnung des Sportplatzes auf dem Betzenberg.

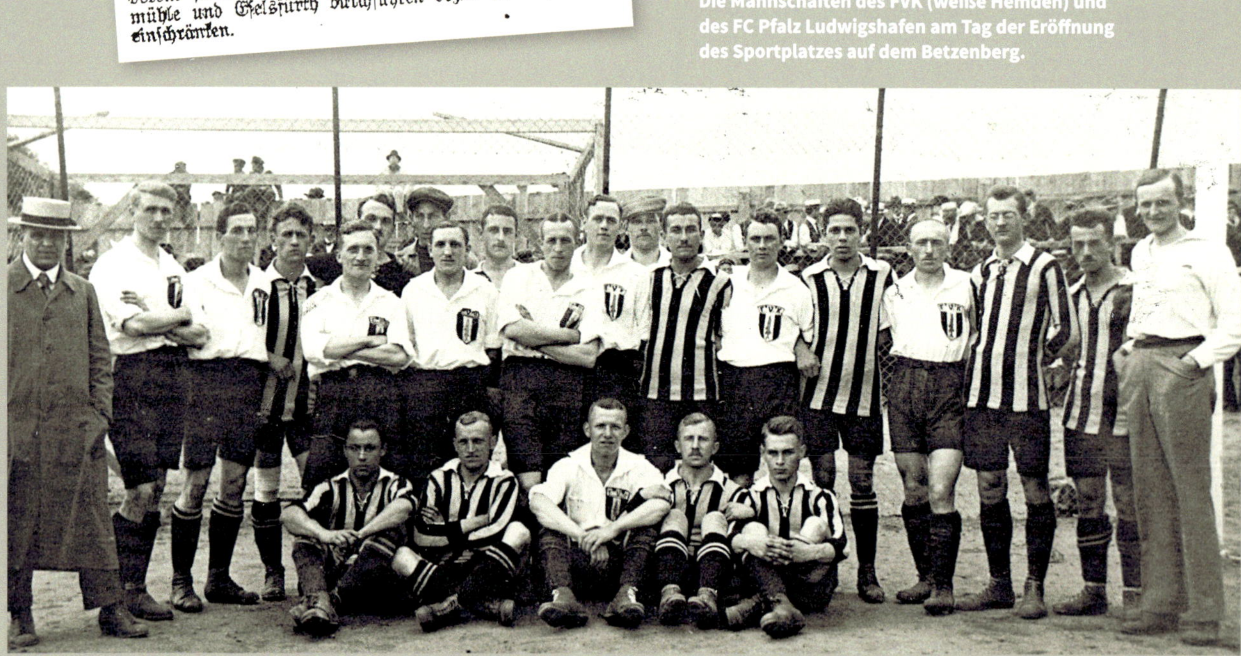

1919:
Der Anfang

100 Jahre Betzenberg sind ein stolzes Jubiläum – und dennoch ist die Frage nach der Zukunft des Stadions dringlicher als je zuvor: „Wie soll es weitergehen?" Unter ungleich widrigeren Umständen prägt diese Ungewissheit Kaiserslautern auch im Jahr 1919. Die französische Besatzungsmacht setzt alles daran, neben der rohstoffreichen Industrieregion an der Saar auch die Pfalz näher an sich zu binden. Die sanfte Tour ist nach dem Ende des Ersten Weltkriegs nicht en vogue. Wichtige Grundrechte wie die Versammlungs- und Meinungsfreiheit sind stark eingeschränkt. Die wirtschaftliche Notlage wird durch die Sperrung des Personen-, Waren- und Fernmeldeverkehrs zwischen der Pfalz und dem rechtsrheinischen Deutschland verschärft. Es herrscht Hungersnot.

Wie soll es weitergehen? Das fragen sich inmitten dieser Zwänge auch die verbliebenen Fußball-Enthusiasten des FVK. Ein Jahrzehnt nach der Fusion von FCK, Palatia und Bavaria im Jahr 1909 hat der schreckliche Krieg dem jungen Verein schwer zugesetzt. Unter den über 70 gefallenen Mitgliedern befindet sich ein Großteil der sportlichen Leistungsträger der frühen Jahre. Und dennoch gibt es ein Problem, das die Vereinsführung um Otto Candidus noch stärker beschäftigt: Wo soll der FVK zukünftig spielen?

Neue Heimat

Die bisherige Heimstätte auf der Eselsfürth im Nordosten der Stadt ist nur gepachtet. Da die Vereinbarung zum Jahresende ausläuft, sucht der Verein eine Alternative, die zwei Nachteile des alten Standorts vermeiden soll: Erstens soll die neue Anlage Vereinseigentum sein und zweitens zentraler liegen als der abseitige Sportplatz östlich der Stadtgrenze. Die Lösung des dringlichen Problems ist „bald auf den luftigen Höhen des Betzenbergs gefunden, teilweise sofort gekauft, teilweise gepachtet", so ist es in der Festschrift zum 25-jährigen Jubiläum des FVK zu lesen.

Die Wahl der Funktionäre findet den Segen des Stadtbaurats Hermann Hussong, der eine Besiedlung des Plateaus über der Stadt ausschließt, da die technischen Mittel für die Wasserversorgung eines Wohngebiets seiner Meinung nach nicht gegeben sind. Diese Einschätzung des einflussreichen Beamten wird durch den technischen Fortschritt knapp fünf Jahrzehnte später widerlegt. Die Entscheidung für den Standort des neuen Fußballplatzes findet dagegen auch 100 Jahre später noch Beifall. Die Lage der Heimstätte auf dem Berg prägt die Identität des Vereins bis in die Gegenwart.

Pionierarbeit

Im Dezember 1919 veröffentlichen die lokalen Zeitungen die Neubaupläne. Der Entwurf des Vereinsmitglieds Cornel Mildenberger umfasst einen Fußballplatz, umgeben von einer Leichtathletik-Laufbahn. Für die Zuschauer sollen entlang der Südseite terrassenförmige Stufen angelegt werden. Auf einem leicht höher gelegenen Niveau sind zudem ein Übungsplatz für Faustball und Hockey sowie zwei Plätze für „Netzball" (Tennis) vorgesehen. „Ein Blockhaus, in dem die Umkleideräume, Waschraum, Abortanlagen untergebracht sind und das mit Wasseranschluss versehen ist, vervollständigt die einfache, aber mustergültige und vor allen Dingen ideal liegende Sportplatzanlage", schreibt der Kaiserslauterer *Stadtanzeiger*. Die Kosten werden auf 70.000 Mark veranschlagt.

Den Plan in die Tat umzusetzen, ist echte Pionierarbeit. Sie erfordert den finanziellen und körperlichen Einsatz aller Mitglieder. Neben Spenden und dem verbliebenen Vereinsvermögen muss eine verzinste Anleihe aufgelegt werden, um den benötigten Betrag aufzubringen. Die knappe Kalkulation beinhaltet die selbstständige Ausführung aller Arbeiten. Jedes verfügbare Mitglied ist aufgerufen, mit Schippe und Hacke die Malzstraße zu erklimmen, um dem Gebiet über dem Steinbruch ein Sportgelände abzutrotzen. Besondere Verdienste attestiert die Festschrift zum 25-jährigen Vereinsjubiläum neben Vorstand Candidus und Architekt Mildenberger ihren Helfern Ludwig Höffler, Otto Herbach, Fritz Burkei, Eugen Kiefer und Karl Lotz. Letztlich ist es aber ein gemeinschaftlicher Kraftakt des gesamten Vereins. Alle Beteiligten opfern unter widrigsten Umständen Geld, Zeit und Energie, die sie guten Gewissens anderweitig investieren könnten. Der Prototyp des Betzenbergs ist in jeder Hinsicht „Marke Eigenbau“.

Premiere an Himmelfahrt

Die ursprünglich veranschlagten drei Monate Bauzeit erweisen sich als zu optimistisch, aber zu Christi Himmelfahrt, am 13. Mai 1920, ist es so weit: Der Betzenberg öffnet erstmals seine Pforten. Der Höhepunkt des Programms ist das Duell zwischen den Fußballern des FVK und dem FC Pfalz Ludwigshafen. Die Mannschaft aus der vorderpfälzischen Industriestadt ist als amtierender Meister des Rheinkreises, in dem der provisorische Spielbetrieb in den besetzten linksrheinischen Gebieten organisiert wird, ein hochkarätiger Gegner. Und so strömten bei herrlichem Maiwetter rund 5.000 Besucher zur Premiere.

Trotz der 1:3-Niederlage erntet der FVK auf allen Ebenen nur Lob. Die sportliche Leistung gegen das Spitzenteam aus Ludwigshafen bezeichnet die *Pfälzische Volkszeitung* am nächsten Tag als „ehrenvoll“. Geradezu euphorisch wird dagegen die neue Anlage auf dem Betzenberg gewürdigt: „Es dürfte nicht zu viel gesagt sein, dass in ganz Süddeutschland schwerlich ein so hübscher Spielplatz, der alle Vorzüge in sich vereint, vorhanden ist.“

Als der rundum gelungene Festtag am Abend mit einem Konzert in der Löwenburg ausklingt, ist der Stolz groß in den Reihen des FVK. Dass dies nur das erste Kapitel einer langen und bewegten Geschichte sein sollte, kann an diesem Abend niemand ahnen.

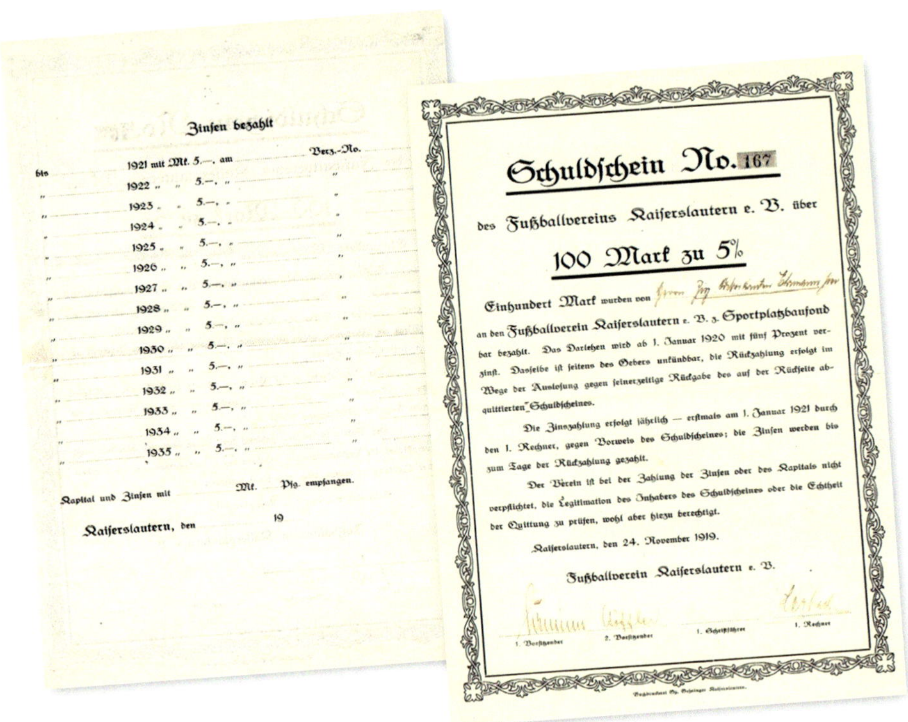

Zinsen bezahlt

Verz.-No.

1921 mit Mk. 5.—, am
bis 1922 „ „ 5.—, „
„ 1923 „ „ 5.—, „
„ 1924 „ „ 5.—, „
„ 1925 „ „ 5.—, „
„ 1926 „ „ 5.—, „
„ 1927 „ „ 5.—, „
„ 1928 „ „ 5.—, „
„ 1929 „ „ 5.—, „
„ 1930 „ „ 5.—, „
„ 1931 „ „ 5.—, „
„ 1932 „ „ 5.—, „
„ 1933 „ „ 5.—, „
„ 1934 „ „ 5.—, „
„ 1935 „ „ 5.—, „

Kapital und Zinsen mit Mk. Pfg. empfangen.

Kaiserslautern, den 19

Schuldschein No. 167

des Fußballvereins Kaiserslautern e. V. über

100 Mark zu 5%

Einhundert Mark wurden von [handwritten] an den Fußballverein Kaiserslautern e. V. z. Sportplatzbaufond bar bezahlt. Das Darlehen wird ab 1. Januar 1920 mit fünf Prozent verzinst. Dasselbe ist seitens des Gebers unkündbar, die Rückzahlung erfolgt im Wege der Auslosung gegen seinerzeitige Rückgabe des auf der Rückseite abquittierten Schuldscheines.

Die Zinszahlung erfolgt jährlich — erstmals am 1. Januar 1921 durch den 1. Rechner, gegen Vorweis des Schuldscheines; die Zinsen werden bis zum Tage der Rückzahlung gezahlt.

Der Verein ist bei der Zahlung der Zinsen oder des Kapitals nicht verpflichtet, die Legitimation des Inhabers des Schuldscheines oder die Echtheit der Quittung zu prüfen, wohl aber hiezu berechtigt.

Kaiserslautern, den 24. November 1919.

Fußballverein Kaiserslautern e. V.

1. Vorsitzender 2. Vorsitzender 1. Schriftführer 1. Rechner

„Schuldschein“ des „Sportplatzfonds“.

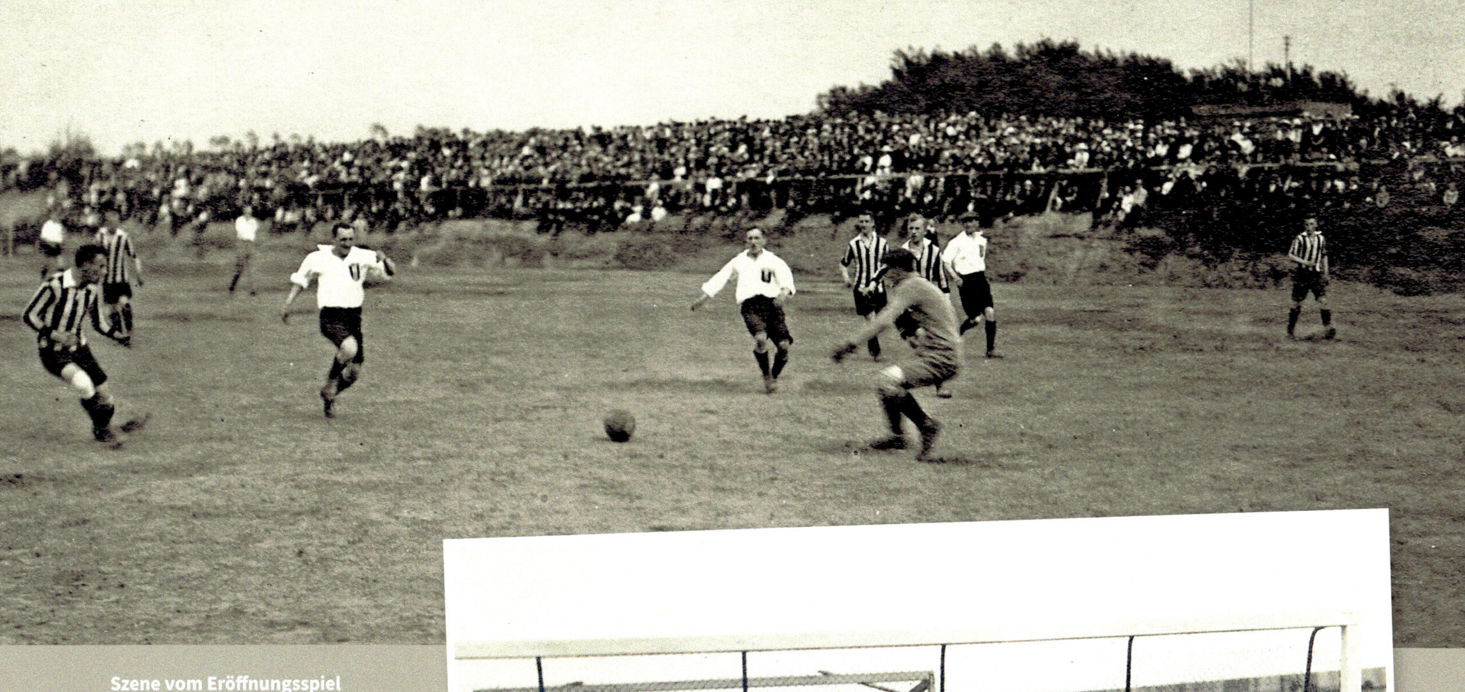

Szene vom Eröffnungsspiel gegen den FC Pfalz Ludwigshafen am 13. Mai 1920.

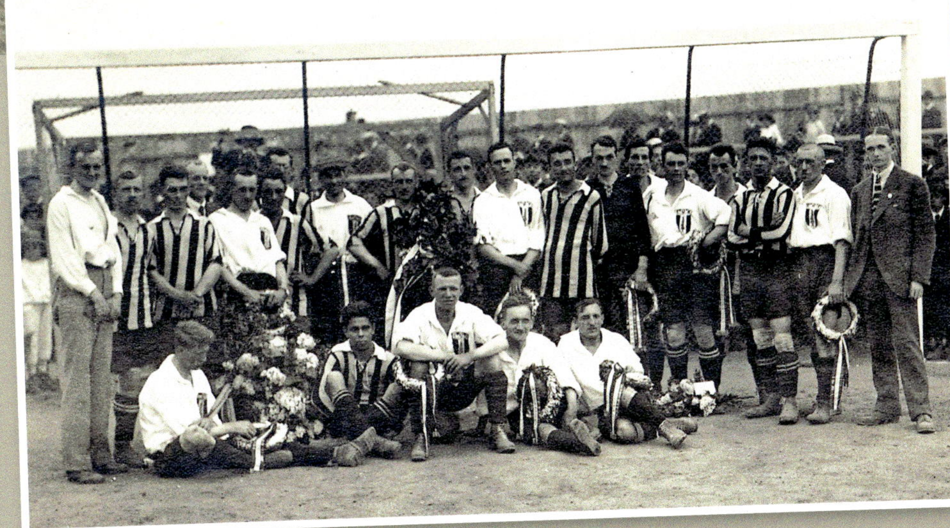

Die Mannschaften nach dem Eröffnungsspiel.

Meldung im *Fußball* Nr. 23 vom 9. Juni 1920.

Aus der Pfälzer Kaiserstadt.

DER NEUE SPORTPLATZ DES F.V. KAISERSLAUTERN E. V.

Der Fußballverein Kaiserslautern e. V. hat die alte gemietete Radrennbahn Eselsfürth verlassen und sich in nächster Nähe der Stadt, direkt am Hauptbahnhof, eine einfache, aber mustergültige Sportplatzanlage geschaffen. Der neue Platz liegt am Eingang des großen Kaiserslauterer Stadtwaldes auf einer Anhöhe mitten im Walde und bietet von da aus dem Auge einen wunderbaren Überblick über die ganze Lage der Stadt. Er ist bequem zu erreichen, hat Straßenbahnanschluß und den Vorteil einer eigenen Wasseranlage. Das Vereinsheim (Löwenburgbrauerei) liegt zwei Minuten vom Platze. Der eigentliche Platz umfaßt ein großes Fußballspielfeld, das umgeben ist von einer Laufbahn. Dieses Feld ist von einer drei Meter hohen Terrasse mit Abstufungen in jeder Lage zu überblicken. Auf dem höhergelegenen Feld befindet sich ein fast gleich großer Platz als Übungsstätte für Hockey und Fußball. Daran anschließend liegen drei der Vollendung noch entgegengehende Tennisplätze. Für dieselben ist ein eigener Umkleideraum vorhanden, an welchem sich der Wasseranschluß befindet. Es folgt dann ein kleiner Faustballplatz und schließlich der Umkleideraum, Abortanlagen, Geräteraum usw. Es sind für später noch vorgesehen: eine Sprunggrube, Reck und eine kleine Licht-Luft-Anlage. Von dem Bau einer Tribüne wurde vorerst Abstand genommen, nachdem durch die stufenförmige Erhöhung der einen Spielfeldseite, das Gelände sehr gut zu beschauen ist. Doch ist eine solche für die nächsten Jahre vorgesehen. Am Platzeingang befindet sich ein im landschaftlichen Stile gehaltenes Kassenhäuschen. Die innere Platzumzäunung ist derart errichtet, daß mit zwei Personen die ganze Platzkontrolle ausgeübt werden kann. Der Kostenaufwand beträgt rund 180 000 M. Plan und Bauleitung sind ein Werk des gepr. Bauassistenten Mildenberger, der sich im Verein mit dem rührigen Vereinsleiter Stadtobersekretär Candidus und dem tüchtigen Platz- und Finanzausschuß ein bleibendes Denkmal gesetzt hat. Die Stadt Kaiserslautern und die ganze süddeutsche Sportwelt dürfte stolz auf eine derartige großzügige Anlage sein. Der Erbauer Fußballverein Kaiserslautern e. V. (mehrmaliger Gau- und Kreismeister), ist derzeit mit über 800 Mitgliedern der stärkste heimische Sportverein, hat sechs Fußball-, zwei Schüler- und zwei Hockeymannschaften. Die Tennisabteilung zählt über 100 Damen und Herren, und die fast 40 Mann starke Leichtathletikabteilung sieht unter der Leitung des Herrn Major einer neuen Zeit entgegen. Die erste Fußballmannschaft konnte nach einigen anfänglichen Mißerfolgen in den letzten Verbandsspielen des Rheinkreises den dritten Platz in der Tabelle des Saarbezirks erkämpfen.

Meldungen aus der *Pfälzischen Volkszeitung* vom 17. (oben) und 10. Mai 1920 (unten).

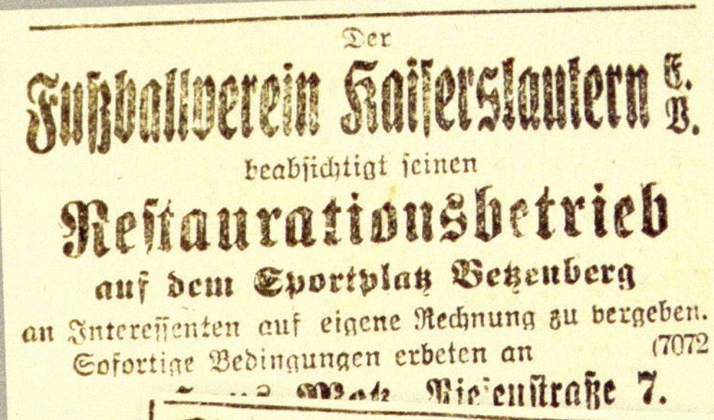

Der
Fußballverein Kaiserslautern E. V.
beabsichtigt seinen
Restaurationsbetrieb
auf dem Sportplatz Betzenberg
an Interessenten auf eigene Rechnung zu vergeben.
Sofortige Bedingungen erbeten an (7072
[illegible] Rie[illegible]enstraße 7.

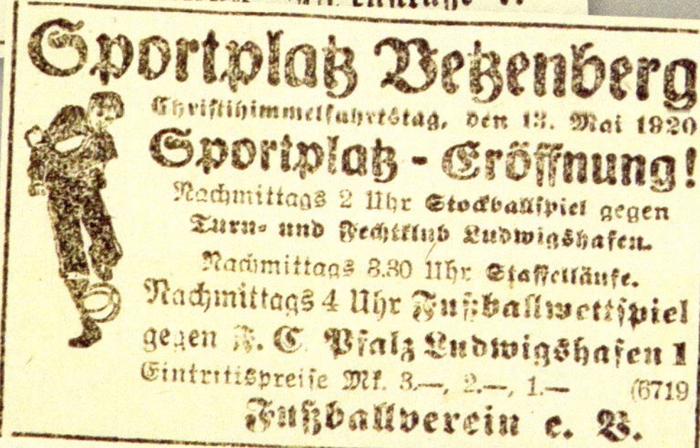

Sportplatz Betzenberg
Christihimmelfahrtstag, den 13. Mai 1920
Sportplatz-Eröffnung!
Nachmittags 2 Uhr Stockballspiel gegen
Turn- und Fechtklub Ludwigshafen.
Nachmittags 3.30 Uhr Staffelläufe.
Nachmittags 4 Uhr Fußballwettspiel
gegen F. C. Pfalz Ludwigshafen I
Eintrittspreise Mk. 3.—, 2.—, 1.— (6719
Fußballverein e. V.

Mein unvergessliches Stadionerlebnis ist der 27. August 2010. An diesem Tag führte das erste Heimspiel nach dem Wiederaufstieg den FC Bayern München auf den Betzenberg. Der FCK erzielte in weniger als zwei Minuten die beiden Tore zum 2:0-Erfolg. Mein Sohn Anselm, der mich begleitet hat, umarmte mich vor lauter Begeisterung derart kraftvoll, dass eine Rippe lädiert wurde, die mich noch Wochen nach dem Spiel schmerzhaft an diesen wunderbaren Vater-und-Sohn-Abend erinnerte.

Nach vier Jahren in der zweiten Liga war das ein unvergessliches Spiel, das sich jedoch nicht so tief ins Gedächtnis eines FCK-Fans einbrennt wie der 7:4-Triumph über den deutschen Rekordmeister am 20. Oktober 1973 – nach 1:4-Rückstand ein wahrhaft historischer Sieg. Für mich hat das Adjektiv historisch eigentlich eine andere Bedeutung. Denn seit zwei Jahrzehnten forsche ich über Sport unter dem NS-Regime, schreibe Aufsätze und Bücher, halte Vorträge im In- und Ausland, veranstalte internationale Konferenzen über dieses Thema. Aus der Forschung müssen Interessen, die nichts mit Wissenschaft zu tun haben, herausgehalten werden, vor allem Gefühle haben hier nichts zu suchen. Wenn ich aber über den FCK im „Dritten Reich" recherchiere, kommt zwangsläufig eine emotionale Komponente ins Spiel, die alles etwas komplizierter macht. Dann schlagen zwei Herzen in meiner Brust, das des Forschers und das des Anhängers. Wenn ich nämlich herausfinde, dass etwa mit Dr. Otto Coressel ein Mitglied „meines" Vereins im Frühjahr 1933 für die Durchsetzung der Prinzipien des nationalsozialistischen Unrechtsstaats in den Lauterer Sportvereinen verantwortlich zeichnete, dann ist das deprimierend. Umgekehrt habe ich mich gefreut, dass nach allen intensiven Recherchen an Fritz Walter nichts „hängengeblieben" ist.

Als ich zu Beginn meiner Forschungen über den „Betze" unterm Hakenkreuz mit Gerhard Herzog sprach, sagte mir der damalige FCK-Vorstand, der Verein werde mich unterstützen, jedoch habe er Sorge, dass „etwas herauskommen" könnte. Ich konnte Herzog überzeugen, dass es falsch verstandene Anhängerschaft wäre, unangenehme Tatsachen zu verschweigen oder zu vertuschen. Es ist aufrichtiger, mit einer Enttäuschung fertigzuwerden und der Wahrheit die Ehre zu geben, als einer Täuschung zu erliegen und mit einer Lüge zu leben.

In diesem Sinne haben mich alle Vorstände der „Roten Teufel vom Betzenberg" in den vergangenen beiden Jahrzehnten mit den ihnen zur Verfügung stehenden Kräften und Möglichkeiten unterstützt, und zwar auch dann, wenn „etwas herauskam".

Diese unvoreingenommene Einstellung fand ich auch bei Fans und Nachkommen ehemaliger Spieler und Funktionäre vor. Eine große Freude war für mich die Begegnung mit einem leidenschaftlichen FCK-Fan, bei dem es sich zudem um den Neffen eines Spielers aus den 1930er Jahren handelte. Der Fan wusste, bevor ich ihn besuchte, nichts von den Taten seines Onkels, die ich herausgefunden hatte. An dessen Händen klebte tatsächlich Blut. Deshalb war ich gespannt, wie er auf die Neuigkeiten über seinen Onkel reagieren würde und war erleichtert, dass er trotz aller Enttäuschung das neue Wissen über die Geschichte seiner Familie und des FCK letztlich als Bereicherung aufnahm und wir uns bis heute freuen, wenn wir uns wiedersehen.

DER VERLUST DER EIGENEN SCHOLLE SCHMERZT

UDO SOPP Vizepräsident von 1973–81; Präsident von 1981–85

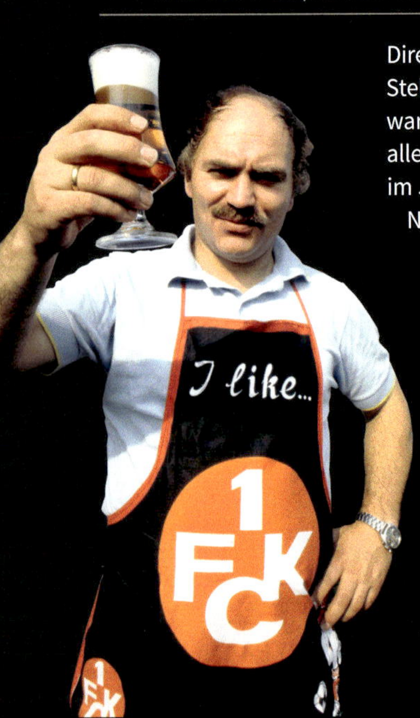

Direkt nach dem Krieg hatte Fußball einen großen Stellenwert im Alltag von uns Kindern. Soldatenspiele waren nun verpönt, stattdessen wurde gekickt mit allem, was uns vor die Füße fiel. Apropos Fuß: Als ich im Juni 1946 meine ersten Spiele sah, gegen Borussia Neunkirchen und eine Woche später gegen den 1. FC Nürnberg, musste ich die knapp zehn Kilometer vom Einsiedlerhof zum Stadion laufen. Es gab weder Verkehrsmittel noch hätte ich das Geld besessen, um sie zu bezahlen. Auch im Stadion bin ich deswegen meist unter dem Zaun durch, um dabei zu sein.

Nicht nur deswegen waren es aufregende Zeiten. Kurz vor dem Einlauf der Mannschaften nahm Werner Kohlmeyer den Ball und schlug ihn von der Ecke Süd/West, von wo damals die Spieler kamen, Richtung Anstoßkreis. Das war das Signal: „Jetzt geht's los." Und wie. Die Heimspiele der Walterelf waren oft Festtage. Besonders in Erinnerung bleibt mir das 9:0 gegen den 1. FC Saarbrücken, damals deutscher Vizemeister. Bedingt durch mein Studium an verschiedenen Orten wurden meine Besuche auf dem Betze zwischendurch sporadischer, aber die Verbundenheit blieb.

Als ich später Pfarrer in der Apostelkirche in Kaiserslautern wurde, gab es nach dem Gottesdienst immer eine gesellige Runde im Café Fegert um die Ecke, in der sich die Gespräche weniger um meine Predigt als um das FCK-Spiel am Vortag drehten. Dort wurde Präsident Willi Müller auf mich aufmerksam und ermunterte mich 1973 zur Kandidatur als Vizepräsident. Somit war ich gleich zu Beginn meiner Funktionärskarriere mitten im Thema Stadion, denn der Neubau der Haupttribüne war ein wichtiger Entwicklungsschub für den Verein. Und die von Willi Müller und Ministerpräsident Helmut Kohl ausgehandelten Finanzierungsmodalitäten zwischen Land, Stadt und

Verein blieben für die weiteren Ausbaustufen bis in die 1990er Jahre erhalten. Der Blick auf das Spiel wird durch das Amt nicht beeinträchtigt, wohl aber die Fremdwahrnehmung. Im kleinen Ehrenblock der 1970er Jahre war man den Reaktionen der Tribünengäste hautnah ausgeliefert. Ich vergesse nie, wie wir beim 7:4 gegen die Bayern noch zur Halbzeit als „Totengräber vom Präsidium" geschmäht wurden und uns die gleichen Leute nach Spielende um den Hals gefallen sind.
Als Jürgen Friedrich 1981 als Präsident hinwarf, musste ich erst einmal meinen Arbeitgeber, die Kirche, überzeugen, dieses Ehrenamt zu übernehmen. Bei weiteren Ausbauplänen habe ich auf die Bremse gedrückt, denn wir mussten versuchen, eine Mannschaft, die zwar erfolgreich, aber in die Jahre gekommen war, zu verstärken. Und in dieser Zeit waren weder die Zuschauerzahlen und schon gar nicht die Fernsehgelder mit heute zu vergleichen. Bis 1983 erhielt ein Bundesligist 280.000, dann 400.000 DM pro Saison. Das kann sich niemand mehr vorstellen.
Dafür hatte ich natürlich ein paar unbezahlbare Erlebnisse, zum Beispiel am Tag nach dem UEFA-Cup-Spiel gegen Real, als deren Präsident, von dem ich mich persönlich im Hotel verabschieden wollte, die Rotsünder wie Schulbuben antreten ließ, damit sie sich entschuldigen. Oder die Herzlichkeit, mit der Elton Johns Mutter uns auf dem herrschaftlichen Landsitz ihres Sohnes bewirtete, als wir gegen den FC Watford antraten.
Der Blick auf die Gegenwart tut natürlich weh. Besonders schmerzt der Verlust des eigenen Stadions. Die eigene Scholle, auf der so viele Schlachten geschlagen wurden, war für die Identität des Vereins immens wichtig. Das war für uns ein unberührbarer Schatz, der unangetastet blieb. Ehrlich gesagt habe ich nicht den Eindruck, dass für dessen Erhalt alles getan wurde. Wie dem auch sei: Als Präsident besitze ich eine Ehrenkarte auf Lebenszeit und gehe immer noch ins Stadion, wenn es meine Zeit erlaubt. Wer einmal so tief drin war, der bleibt FCKler bis zum letzten Atemzug.

VON BUTTERBROTEN UND HOLZVERTÄFELUNGEN

3

KLAUS WESTRICH Spieler der Reserve, Aufsichts- und Ehrenratmitglied

Kontakt zum FCK bekam ich als kleiner Junge über Ernst „Schnaz" Gebhardt, der nicht nur ein Freund unserer Familie, sondern zu Gauliga-Zeiten auch Torwart der ersten Mannschaft war. Als er mich in den frühen Oberligajahren mit ins Stadion nahm, war es sofort um mich geschehen.
Wer zu Fuß aus der Stadt zum Stadion wollte, was damals selbstverständlich war, musste erst die Malzstraße und dann die Treppen hinauf, die sich weiter westlich befanden, wo heute Gärten sind. In der Malzstraße saß vor jeder Partie ein blinder Mann und spielte Akkordeon. Mein Vater gab mir stets ein, zwei Münzen für ihn, da er dies als gutes Omen für den Ausgang des Spiels betrachtete.
Selbst in seiner derzeitigen Form kam mir das Stadion riesig vor. Was habe ich mitgefiebert, als die Mannschaft – damals noch ganz in Weiß – durch das Marathontor zwischen West- und Südtribüne einlief. In der Ecke hinter den Stehrängen stand die Baracke, in der sich die Spieler damals umzogen. Überhaupt sind es viele kleine Details aus jenen Jahren, an die ich gerne zurückdenke: die Tornetze aus alten Panzernetzen, die zum Ärger der Zuschauer und Fotografen undurchsichtig waren, der „Totomat" auf der Südtribüne, wo man während und nach dem Spiel die Ergebnisse der Konkurrenz erfahren konnte. Es war ja selten voll, aber wenn, war es faszinierend zu sehen, was die Leute unternommen haben, um ein Spitzenspiel sehen zu können. Die scheuten nicht vor waghalsigen Kletterpartien auf die angrenzenden Bäume oder den oberen Rand der Anzeigetafel zurück.

1961 vor der alten Holztribüne.

Als Kind wählte ich an diesen Tagen eine andere Strategie. 1954 zum Beispiel kämpften wir gegen den FKP vor rund 30.000 um die Südwestmeisterschaft, Anpfiff um 15 Uhr. Das hieß dann, dass ich zur Einlasszeit morgens um neun Uhr auf der Matte stand, mit Butterbroten und Essenskännchen im Gepäck, um die Stunden bis zum Anpfiff zu überbrücken.
Als Jugendfußballer beim FCK stand ich 1959 zum ersten Mal selbst auf dem Rasen, beim internationalen Jugendturnier, das immer zu Ostern ausgerichtet wurde. Später war ich Kapitän der Reserve, der sogenannten 1B. Trainieren durfte ich mit der ersten Mannschaft, aber auf meinen Durchbruch wartete ich leider vergeblich. Fast wäre ich 1963 zu einem Oberligaeinsatz gekommen, als wir gegen Neuendorf die letzte Südwestmeisterschaft klarmachten, aber Heini Bauer, den ich vertreten sollte, konnte am Ende doch spielen – und ich blieb draußen. Aber auch als Spieler der zweiten Mannschaft hatten wir schöne Erlebnisse, da wir bis ins erste Bundesligajahr immer gegen das Pendant unserer Gegner gespielt haben. Oft als Vorspiel im Stadion, manchmal auf dem Nebenplatz, auf Asche. So blieben mir viele gute Freundschaften zu denen, die als Spieler prominenter waren, zum Beispiel Co Prins, mit dem ich als junger Mann gerne unterwegs war. Aber auch die großen Idole wie Fritz Walter und Werner Liebrich zählen dazu und vor allem Torwart Willi Hölz, der mein Trauzeuge war.
Aber nicht nur als Fußballer hat mich der FCK immer begleitet. Nach meiner Schreinerlehre, die Voraussetzung für ein Ingenieursstudium war, konnte ich in der alten Holztribüne einige Reparaturen ehrenamtlich erledigen, zum Beispiel wechselte ich 1958 die Holzvertäfelung in der Kabine der Walterelf aus. Später hatte ich Funktionen als Aufsichts- und Ehrenrat inne. Und Zuschauer und Fan bin ich sowieso immer geblieben. Ich kann nicht zählen, wie viele Spiele ich gesehen habe, aber ich hoffe, es kommen noch einige – gerne in einer höheren Liga – hinzu.

Luftbild aus dem Mai 1929. Es zeigt das Stadion Betzenberg vor dem Orkan mit dem Hauptspielfeld sowie einem Feld-Handball-/Hockeyplatz und drei Tennisplätzen.

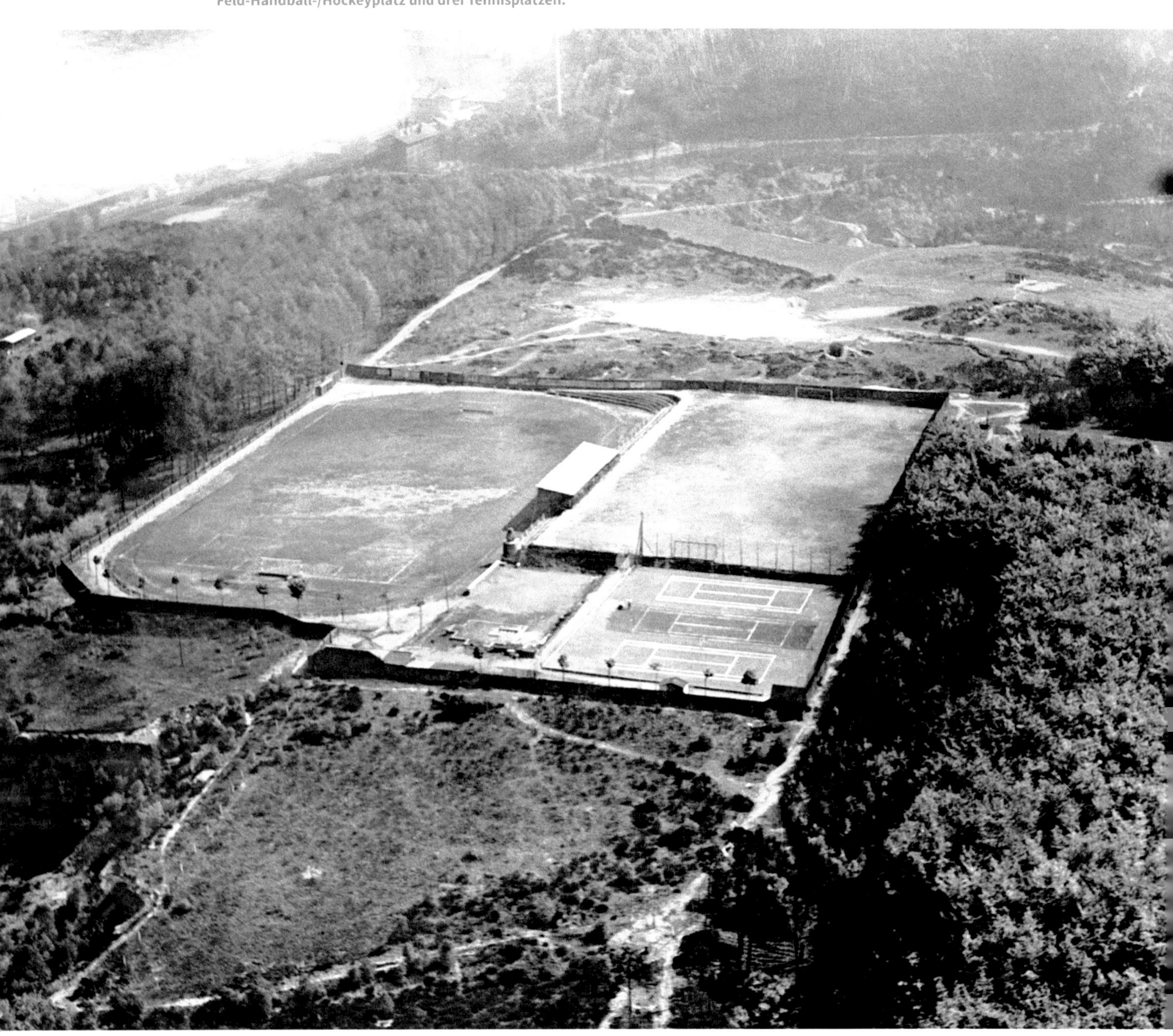

1919 bis 1945: Stürmische Zeiten

Sonnige Festtage bleiben für das nächste Jahrzehnt eine Ausnahme. Die frühen Jahre auf dem Betzenberg gehören zu den schwersten des FVK. Die politischen und wirtschaftlichen Krisen nagen an der sportlichen Substanz der Lauterer Vereine, die mit den Konkurrenten an der Saar und am Rhein vorerst nicht mithalten können.

Davon unberührt schreitet die Pflege und Weiterentwicklung des vereinseigenen Kleinods voran. Zunächst entsteht an der Südseite eine kleine Holztribüne. Anlässlich des 25-jährigen Vereinsjubiläums wird zu deren Rechten das Ehrenmal für die im Krieg gefallenen Mitglieder als stilprägendes Element hinzugefügt (siehe Einwurf). Das gesamte Areal ist von einem Bretterzaun umgeben, der eine effektive Einlasskontrolle gewährleistet. Der nächste Meilenstein ist 1926 eine vereinseigene Wasserpumpstation, die es ermöglicht, auf dem Spielfeld einen Rasenplatz anzulegen. Die Modernisierung der Anlage umfasst auch den Übungsplatz, auf dem die Jugendmannschaften ihre Begegnungen bestreiten. In Folge dessen ist der FVK gezwungen, für einige Monate auf die altbekannten Plätze an der Papiermühle, auf der Eselsfürth oder den des Lokalrivalen und baldigen Fusionspartners Phönix auszuweichen, um den Spielbetrieb aufrechtzuerhalten. Der Fußballsport im Allgemeinen wird immer bedeutender. Der junge Betzenberg ist aber betont multifunktional. Hier finden Handball- und Hockeyspiele statt, werden Leichtathletik-Wettkämpfe und Turnfeste ausgetragen. Die Kombination von Lage und Ausstattung machen ihn zu einem Zuschauermagneten und wichtigen Katalysator der sportlichen Entwicklung der ganzen Stadt.

Als 1929 nicht der FVK, sondern der VfR Kaiserslautern in die höchste Liga aufsteigt, erfolgt im Mai die Fusion mit Phönix, um den sportlichen Abwärtstrend umzukehren. Der Plan geht auf. Bereits in der ersten Saison erringt das Fusionsprodukt FVK/Phönix den Gruppensieg, scheitert jedoch in der Aufstiegsrelegation knapp am VfB Dillingen. Nach dem gleichzeitigen Abstieg des VfR bereinigt ein klarer 5:1-Sieg gegen den städtischen Rivalen im November 1930 nicht nur die sportlichen Verhältnisse vor der eigenen Haustür. Der große Zuschauerzuspruch bei diesem Lokalderby wird zudem als wichtiger Schritt zur Konsolidierung der angespannten Vereinsfinanzen gefeiert. Nur eine Woche später ist die gute Stimmung sprichwörtlich verflogen. In der Nacht vom 22. auf den 23. November fegt ein Orkan über die Stadt, der nicht nur die Holztribüne mit sich reißt, sondern auch die Spielstätten und die Umzäunung stark in Mitleidenschaft zieht.

Nach 18 Monaten vielversprechender Aufbauarbeit trifft diese Naturkatastrophe den frisch formierten Verein hart. Der angerichtete Schaden kann unmöglich aus den vorhandenen Eigenmitteln beglichen werden. Erneut ergeht der Appell an die Mitglieder, sich finanziell zu engagieren. Aber Not macht auch erfinderisch: 1.000 Bildkarten der zerstörten Tribüne werden zum Preis von je einer Mark verkauft. Zudem werden zur Finanzierung der neu zu bauenden Tribüne Dauerkarten für die besten Plätze angekündigt.

Ehrgeizige Generalüberholung

Doch noch ist Geduld gefragt. Erst einmal feiert die Mannschaft im Sommer 1931 die langersehnte Rückkehr in die – damals erstklassige – Bezirksliga und wenige Wochen später wird aus der sperrigen Bezeichnung FV/ Phönix die Bezeichnung 1. FC Kaiserslautern.

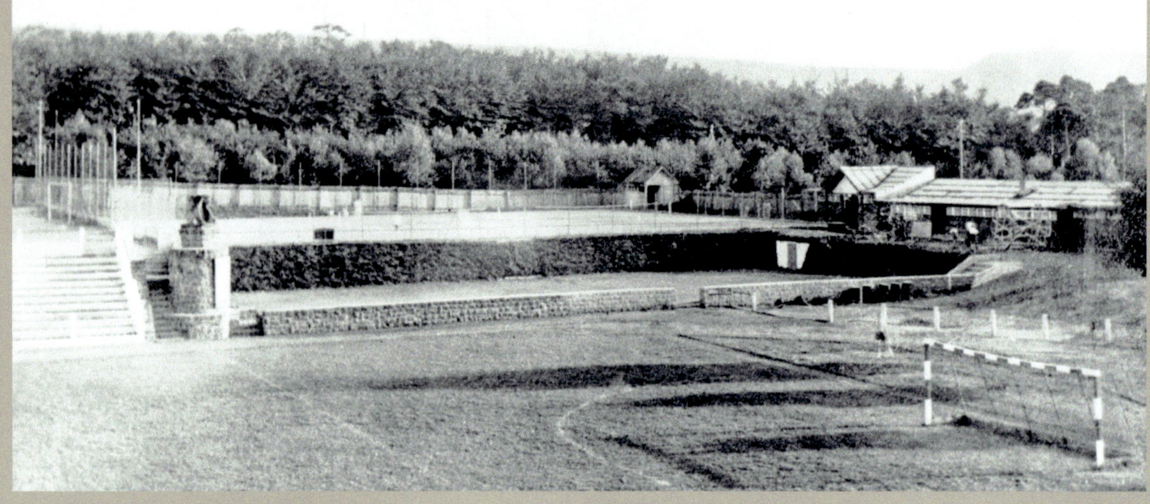

Das Stadion im Jahr 1927.

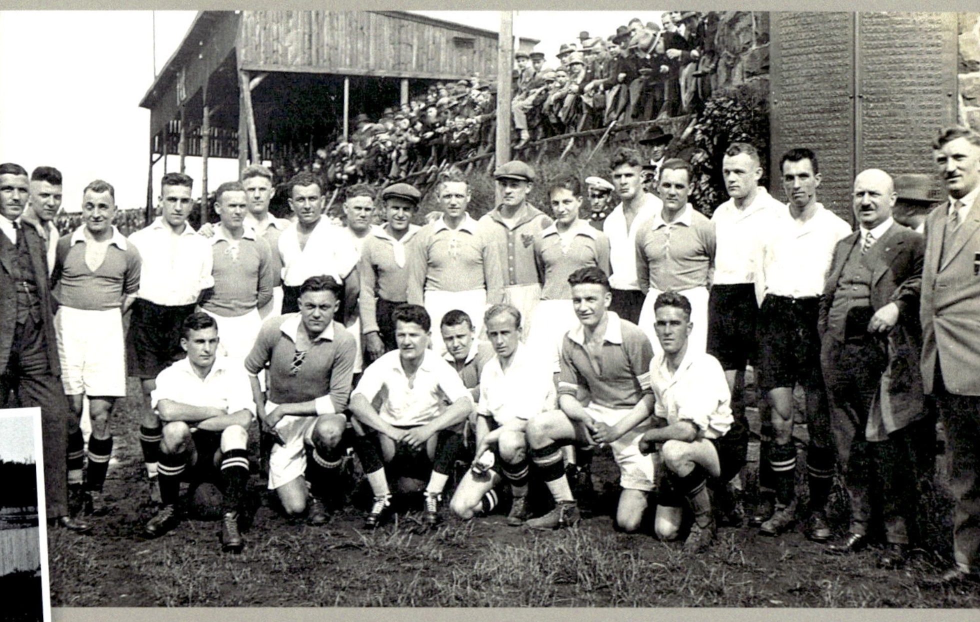

Die Mannschaften von FVK und Phönix Ludwigshafen am 12. Juni 1927 im Stadion am Betzenberg.

Fotos von der Tribüne aus der Festschrift zum 25-jährigen Jubiläum des FVK.

Die Tribüne ist zusammengestürzt!

Die Freude um den prächtigen Sieg gegen den VfR. war noch nicht ganz verklungen - der Verwalter unserer Finanzen hatte ob des Kassenerfolges, der uns von unseren drückendsten Sorgen befreite, erlöst aufgeatmet - als das Wüten der Naturgewalten unseren beiden Sportplätzen außerordentlichen Schaden zufügte. Der in der Nacht vom 22. auf den 23. November aufgekommene Orkan hat nicht nur einen großen Teil der Umzäunung auf dem Betzenberg und auf dem Sportplatz an der Reichswaldstraße niedergelegt, sondern auch die Tribüne vollkommen zusammengerissen. Der uns dadurch entstandene Schaden ist ungeheuerlich und trifft uns unsagbar hart. All die Mühen der vergangenen Monate, alle Bestrebungen den FVK.-Phönix wieder aus finanziellen Nöten zu befreien, sind daher vergebens gewesen. Das Wüten der Natur hat uns um Monate wieder zurückgeworfen.

Es ist klar, daß wir ohne Tribüne auf dem Betzenberg nicht auskommen können. Das werden unsere Anhänger selbst am besten wissen. Gar oft schon hatten wir Gelegenheit uns über das, uns gegen die Unbill der Witterung schützende Dach der Tribüne zu freuen. Ganz abgesehen davon, daß sich der Besuch der Tribüne auch noch in finanzieller Hinsicht ausgewirkt hat, ein Umstand, der bei unseren Sanierungsmaßnahmen eine bedeutsame Rolle spielte. Wir können wirklich unmöglich auf die Tribüne verzichten. Sie ist für unsere Sportplatzanlage auf dem Betzenberg geradezu unerläßlich.

Vollkommen ausgeschlossen ist es aber das Projekt eines Tribünenneubaues ohne fremde Hilfe und ohne die weitgehende Unterstützung

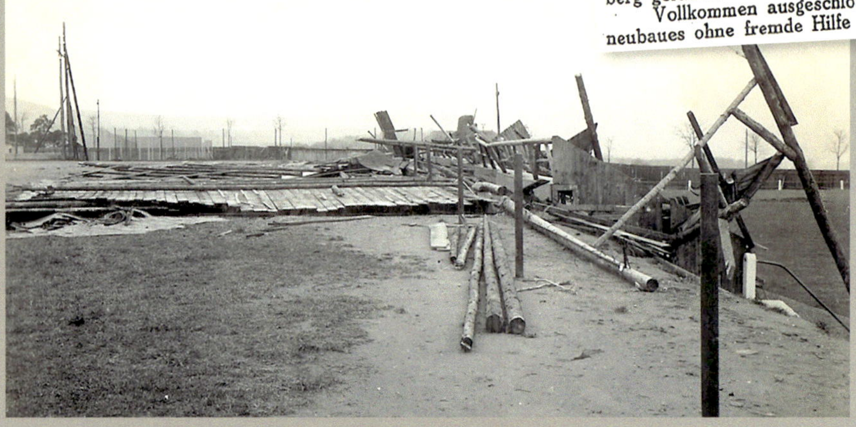

Oben: Meldung der Vereinszeitung des FVK/Phönix vom November 1930.

Links: Eine Ansichtskarte des FVK/Phönix aus dem Jahr 1930. Die Karten der zusammengestürzten Tribüne sollen für eine Reichsmark verkauft werden.

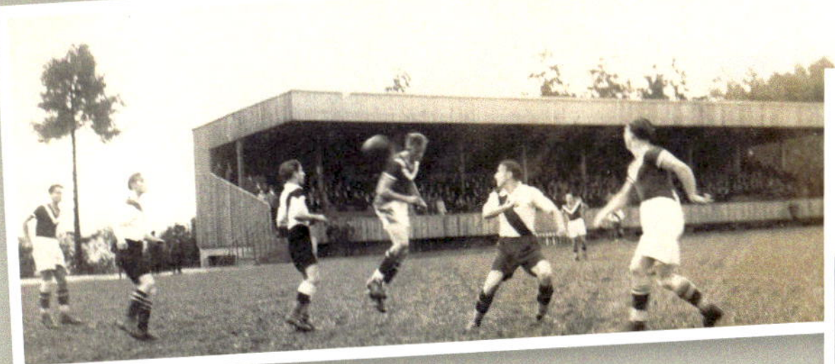

9. Oktober 1932: Bezirksligaspiel gegen SC Saar 05 Saarbrücken (6:1). Die Tribüne wurde bereits am 25. September eingeweiht, dieses Foto ist also vom nächsten Heimspiel.

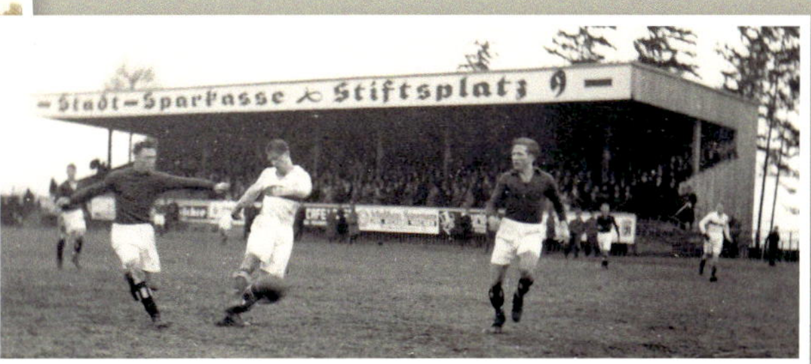

14. Januar 1934: Gauliga-Spiel gegen den 1. FSV Mainz 05 (7:0). Inzwischen wird das Tribünendach auch für Werbung genutzt.

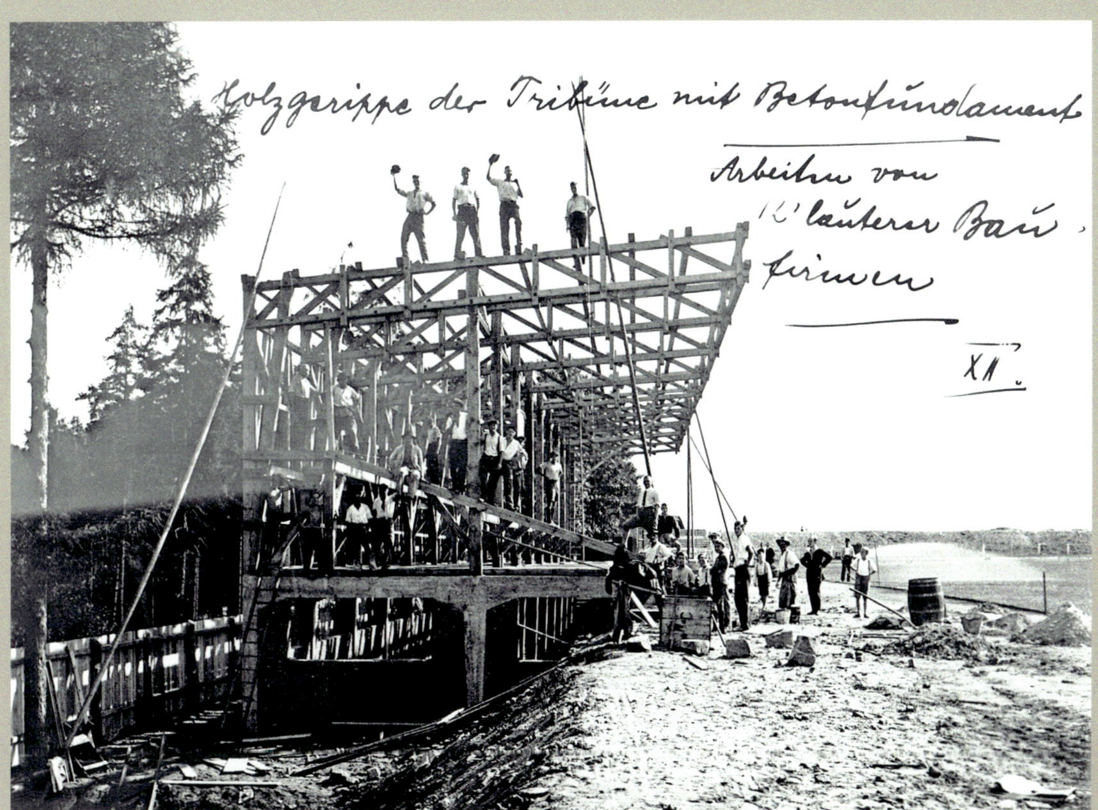

Arbeiten an der neuen Tribüne, 1932/33.

Platzsperre für den 1. F.C.K.

Auf Grund der angeblichen Vorkommnisse beim Spiel gegen Phönix Ludwigshafen hat der Gaufachwart Zimmer verfügt, daß der 1. F. C. K. sein nächstes Meisterschaftstreffen gegen Wormatia Worms auf fremden Platz auszutragen hat.

Ueber die Sperre gegen den 1. F. C. K. ist zu sagen, daß dieselbe jeglicher berechtiger Grundlage entbehrt und lediglich deshalb verhängt wurde, weil der Schiedsrichter mit „Schieberrufen" bedacht wurde. Es ist ausdrücklich bestätigt und nachgewiesen, daß es zu irgendwelchen Ausschreitungen nicht gekommen ist und die Platzordnung durch die SS mustergültig durchgeführt in jeder Beziehung funktionierte. Man muß nun den Gaufußball-Fachwart fragen, wo sich in den DFB. Bestimmungen, eine Handhabe bietet aus diesem Grunde eine Platzsperre zu verhängen.

Der 1. F. C. K. hat inzwischen bei den geeigneten Stellen die entsprrchenden Maßnahmen unternommen, um dieses Urteil aufzuheben.

Im Uebrigen darf in diesem Zusammenhang gesagt werden, daß der Führer des 1. F. C. K. am vergangenen Sonntag in Frankfurt den Fußball-Fachwart auf dem Eintrachtplatz auf die fortwährenden Schieberrufe aufmerksam machte, die gelegentlich des Spieles des 1. F. C. K. ständig aus der Masse herausklangen. Herr Zimmer glaubte indessen feststellen zu müssen, daß dies etwas anderes sei als in Kaiserslautern (!!!) und in Frankfurt die Jugend nicht so gröhle wie auf dem Betzenberg. Da erübrigen sich weitere Worte.

Oben: Artikel aus der *NSZ Rheinfront* vom 15. November 1934.

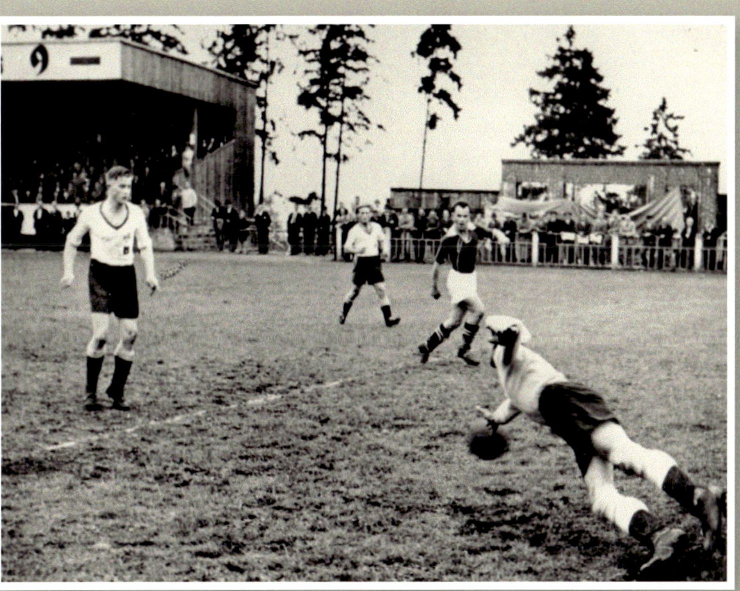

Rechts: 22. August 1937: Eröffnungsspiel der neuen Saison zu Hause gegen Rot-Weiß Oberhausen. Endstand: 1:2 (0:0).

Das Selbstbewusstsein, das die neue Nomenklatur ausdrückt, spiegelt sich in den Plänen für das vereinseigene Gelände, das ab 1932 generalüberholt und ausgebaut wird. Um den zahlreichen Jugendmannschaften Rechnung zu tragen, wird der alte Übungsplatz verlängert und ein weiteres Spielfeld angelegt. Auf dem Hauptplatz wandert die Tribüne von der Süd- auf die Nordseite des Platzes. Das neue Bauwerk ist immer noch aus Holz, steht aber auf massiv errichteten Fundamenten.

Die Stufen für Stehplatzbesucher werden im Süden komplett erneuert und an der Ostseite hinter dem Tor neu angelegt. Der ehemalige Sportplatz nimmt langsam die Gestalt eines echten Stadions an. Eine Entwicklung, die abgerundet wird durch die neue Eingangspforte an der Ecke Nord/Ost, auf die die Zuschauer aus der Stadt oder vom Bahnhof kommend treffen, wenn sie das Stadion über die eigens zu diesem Zweck verlängerte Malzstraße ansteuern. Möglich ist der Ausbau nur durch den freiwilligen Arbeitsdienst, einem öffentlichen Beschäftigungsprogramm der Weimarer Republik, das es den Vereinen ermöglicht, ihre vielen arbeitslosen Mitglieder gegen ein geringes Entgelt für ihre Zwecke einzuspannen.

Propaganda statt Fußball

Sein Ehrgeiz als Bauherr kommt den FCK aber bereits in diesen Jahren teuer zu stehen. Die Mittel, die der Ausbau beansprucht, fehlen für die Unterhaltung einer schlagkräftigen Mannschaft. Gerade in wirtschaftlich schweren Zeiten ist der Amateurgedanke bei ambitionierten Spielern und Vereinen mehr Schein als Sein. Wechsel, selbst auf lokaler Ebene, sind gang und gäbe.

Sportlich gesehen verlaufen die 1930er Jahre daher wechselhaft, mit wenigen Höhen und vielen Tiefen. Schlagzeilen schreibt der Betzenberg unter dem NS-Regime öfters als Austragungsort diverser Sportwettkämpfe und Wehrsportübungen der Hitlerjugend und der SA. Die Nationalsozialisten erkennen in der Berglage auch eine ideale Stätte für die Inszenierung von Thingspielen, einer Art völkisches Theater, und neuheidnischen Sonnenwendfeiern, so Markwart Herzog.

Der Fußball rückt wieder in den Vordergrund, als 1938 ein schmächtiger Jüngling namens Fritz Walter in die erste Mannschaft aufrückt. Seine 59 Tore bahnen den Weg zum Wiederaufstieg in die Gauliga. Der damit einhergehende Prestigegewinn drückt sich im Gastspiel Lazio Roms aus. Die 1:4-Niederlage gegen das italienische Spitzenteam ist leicht zu verschmerzen. Der Aufsteiger marschiert auch in der höchsten Liga durch zur Meisterschaft.

Seine Spielkunst und Torgefahr rücken Fritz Walter in den Fokus des öffentlichen Interesses, erst recht, als der 19-Jährige 1940 der erste Nationalspieler des Vereins wird. Doch er ist nur der herausragende Name einer Schar an jungen Talenten, die Trainer Karl Berndt ab 1938 gekonnt mit den alten Haudegen mischt. Bis 1942 zählt der FCK nicht nur zu den besten Teams der Gauliga, sondern setzt auch überregional erste Duftmarken.

Die 2:3-Niederlage im Tschammer-Pokal 1940 gegen die westdeutsche Spitzenelf Fortuna Düsseldorf wird als Achtungserfolg gefeiert. Ein letzter Höhepunkt auf dem Betzenberg ist das 7:1 gegen Waldhof Mannheim bei der ersten Teilnahme an der Endrunde um die Deutsche Meisterschaft 1942, die allerdings von der folgenden 3:7-Klatsche in der Schalker Glückauf-Kampfbahn ein wenig überschattet wird. Danach zerreißen Einberufungen zur Wehrmacht die Mannschaft und die kurze Blüte findet ein jähes Ende. Der letzte Tabellenplatz in der Gauliga und das letzte im Krieg ausgetragene Heimspiel im Tschammer-Pokal gegen den FV Saarbrücken am 2. August 1943 sind lediglich Randnotizen einer Zeit, in der es nur noch ums Überleben geht.

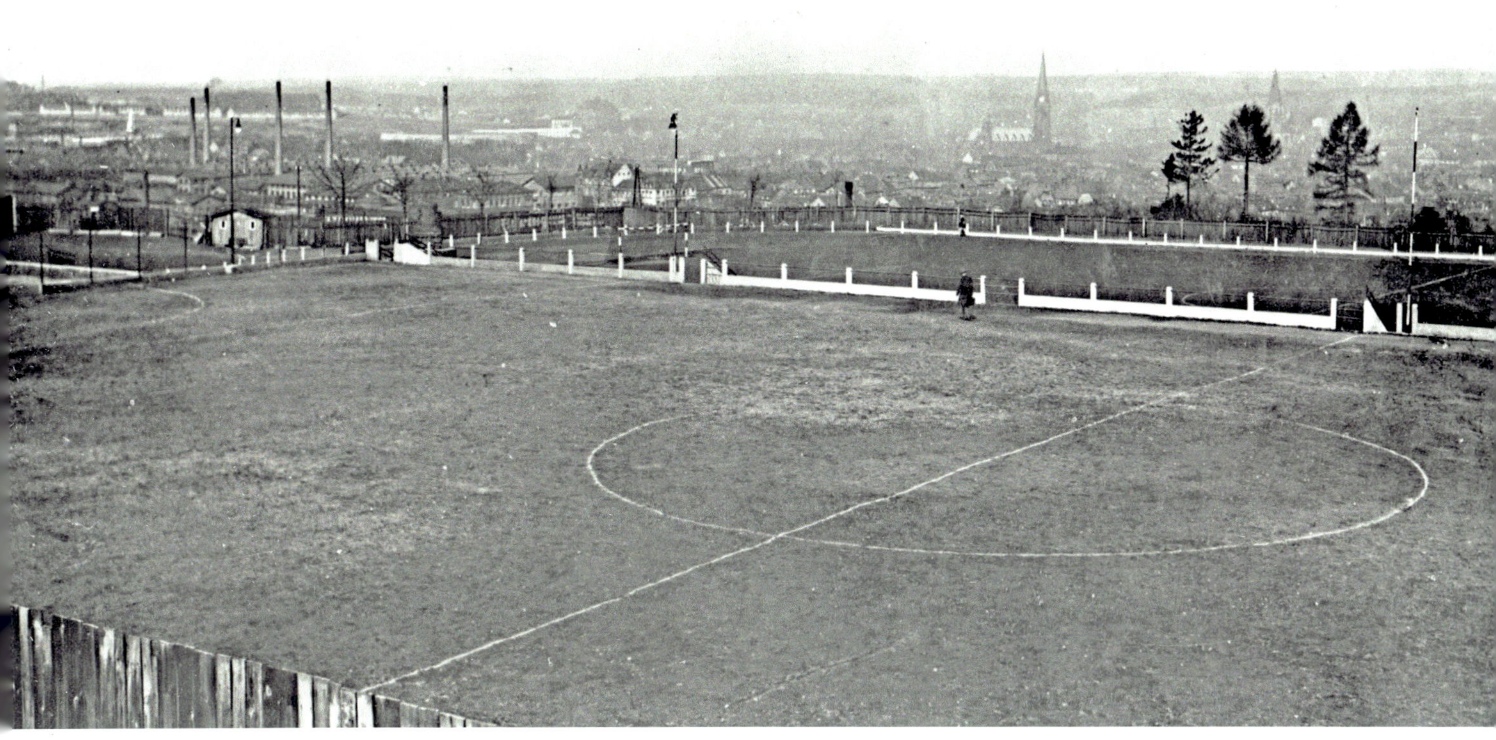

Die Sportplatz-Anlage Betzenberg im Jahr 1932: vorn das Handball-/Hockeyfeld und im Hintergrund der Fußballplatz, auf dessen Nordseite die neue Tribüne gebaut werden wird.

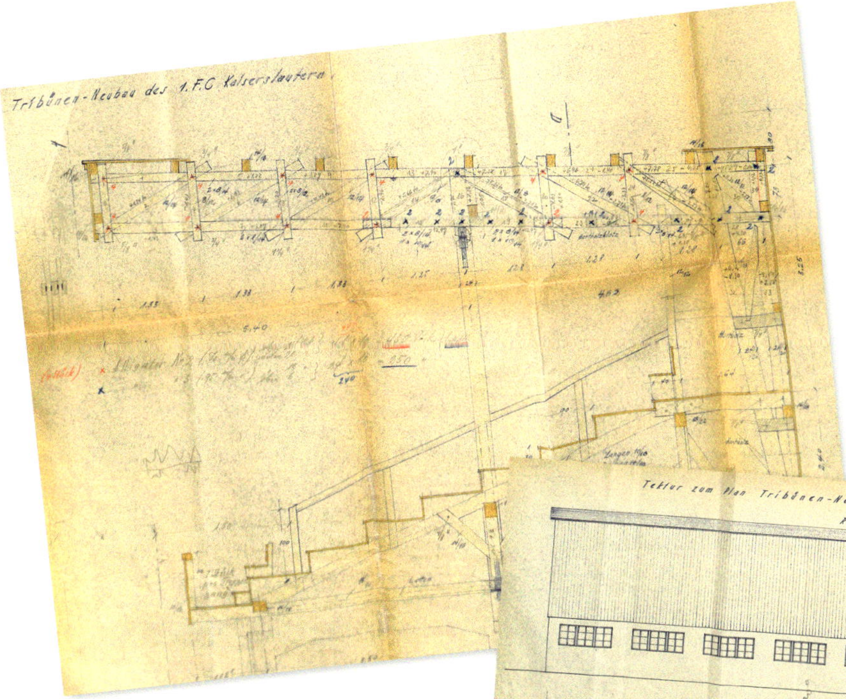

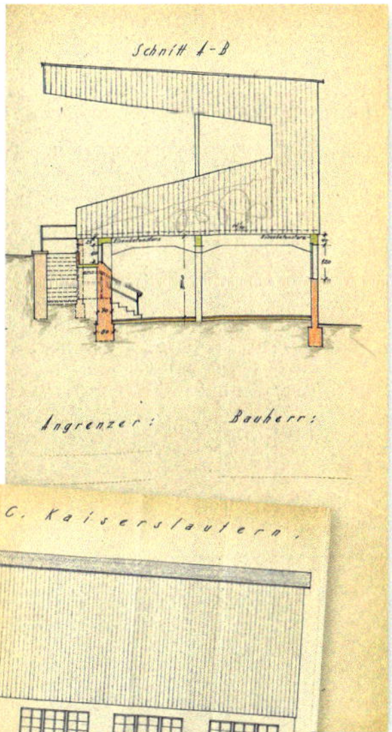

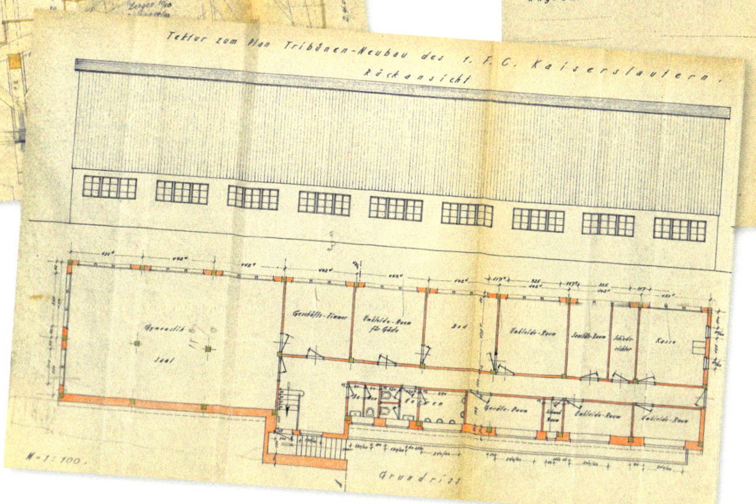

Die neue Tribüne stand auf massiven Fundamenten (Plan rechts oben) und beherbergte nicht nur Zuschauer, sondern verfügte auch über ein Innenleben mit Umkleide- und Funktionsräumen.

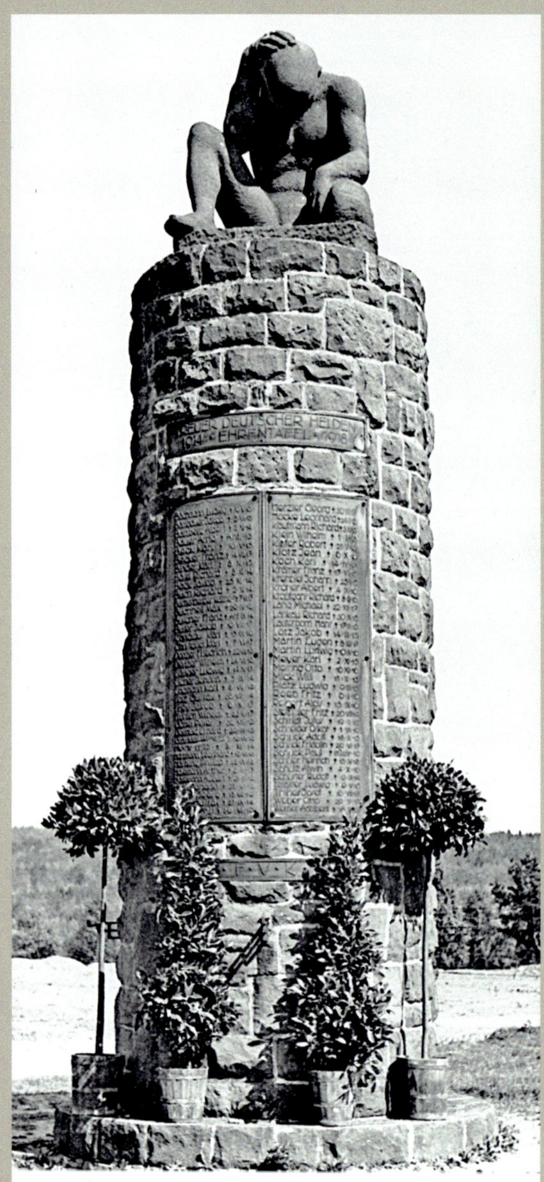

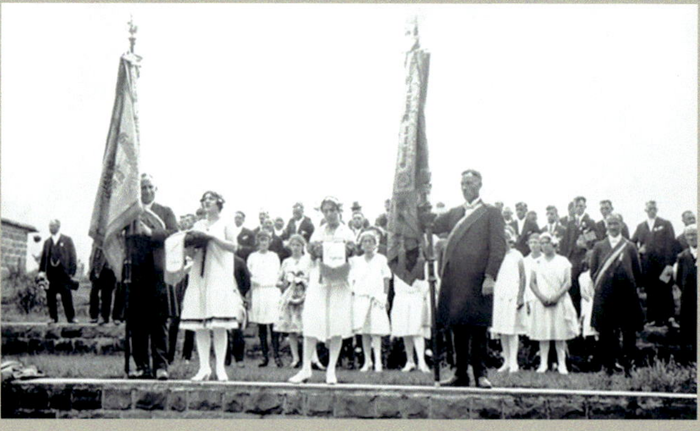

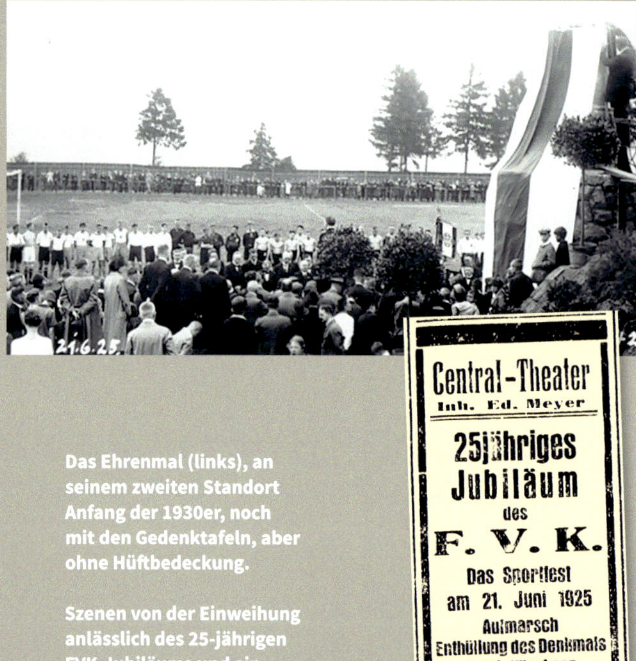

Central-Theater
Inh. Ed. Meyer
25jähriges
Jubiläum
des
F. V. K.
Das Sportfest
am 21. Juni 1925
Aufmarsch
Enthüllung des Denkmals
Spiel Nürnberg
gegen F. V. K.
und Aufnahme
der Zuschauer.
Dieser Film läuft bis
Donnerstag.

Das Ehrenmal (links), an seinem zweiten Standort Anfang der 1930er, noch mit den Gedenktafeln, aber ohne Hüftbedeckung.

Szenen von der Einweihung anlässlich des 25-jährigen FVK-Jubiläums und ein Zeitungsausschnitt der *Pfälzischen Volkszeitung* vom 27. Juni 1925 (rechts).

EINWURF

Das Ehrenmal

Auch wenn die sportliche Entwicklung wenig Anlass dazu bietet, lässt es sich der FVK nicht nehmen, sein 25-jähriges Bestehen gebührend zu feiern. Bei der Ehrung verdienter Mitglieder sollen auch diejenigen nicht vergessen werden, die im Ersten Weltkrieg ums Leben kamen. Ihnen zu Ehren wird am 21. Juni 1925, vor einem Freundschaftsspiel gegen den 1. FC Nürnberg, an der Südseite des Platzes ein Denkmal eingeweiht, auf dessen Sockel eine Metallplatte die Namen der 72 gefallenen Mitglieder festhält. Auf dem gemauerten Sockel des 3,60 Meter hohen Denkmals sitzt „eine Mannesgestalt, entblößt bis zu den Hüften, in trauernder gebäugter [sic] Stellung, den Kopf in die eine Hand gestützt".

Das, in Relation zu den Tribünen, hervorstechende Ehrenmal trotzt sogar dem Orkan, der im November 1930 die Tribüne neben ihm zum Einsturz bringt. Die daraus resultierende, umfassende Renovierung des Stadions bedingt die neue Positionierung am anderen Ende der Südseite, an der Schnittstelle zur Osttribüne. Neu ist auch, dass die Figur nun unbedeckte Hüften hat.

Nicht aufzuklären ist das Schicksal der Metalltafeln mit den Namen der Mitglieder, weder wann noch warum sie entfernt wurden. Eine mögliche Erklärung wäre die Verwendung des knappen Rohstoffs im Zweiten Weltkrieg. Dem entgegen spricht die Vereinnahmung des Denkmals während der NS-Zeit zur Zelebrierung des Heldengedenkens.

Der nackte Mann hatte also allen Grund für seine verhärmte Haltung, die selbst von den glanzvollen Auftritten der Walterelf nicht aufzuweichen war. Erst als die Aufnahme in die Bundesliga einen erneuten Ausbau der Tribünen erfordert, ist in der unmittelbaren Umgebung des Spielfelds kein Platz mehr für ihn. Er zieht noch einmal um, ohne Sockel, und sitzt fortan auf einem von FCK-Mitglied Adi Schaurer gestalteten Podest am Rande des Trainingsplatzes hinter der südöstlichen Ecke des Stadions.

Die „Initiative Leidenschaft" mit Norbert Thines an der Spitze kümmert sich um die vollständige Restaurierung des Objekts, das seit 2013 wieder den angemessenen Rahmen für das jährliche Gedenken aller verstorbenen Mitglieder am Totensonntag bietet.

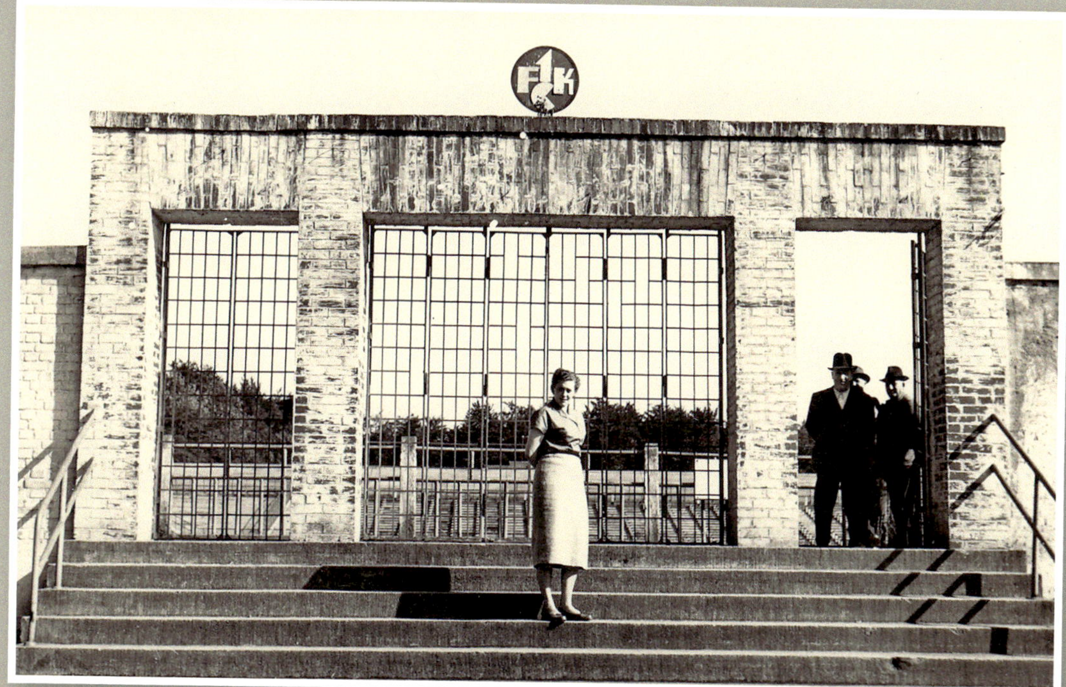

Bild vom Eingangstor der Nordseite von der Malzstraße her kommend (1932). Das Tor wurde 1963 abgerissen.

Sonnwendfeier auf dem Betzenberg

Das altgermanische Fest der Sommer=
sonnenwende führte gestern wieder Tausende
auf den Betzenberg, die in der warmen Juninacht
altes deutsches Brauchtum erleben wollten. Beson=
ders stark war die Jugend vertreten, die als Zu=
kunft unseres Volkes hinaufblickt zu den Werten, die
aus Blut und Boden gewachsen. Die Kampfbahn
auf dem Betzenberg war mit den Fahnen des Rei=
ches geschmückt. Gegenüber der Tribüne hatten die
Fahnenträger der Partei und der Formatio=
nen in Keilform Aufstellung genommen.
Nachdem die SA unter der Leitung von Ober=
führer Hemmer mit Fackeln in die Kampfbahn
einmarschiert war, verkündeten Fanfaren den Be=
ginn der Feier. Ein Vorspruch tönte über das Rund.
Dann klang Richard Wagners herrliche Musik ans
Ohr. Da plötzlich loderte hellglühend der
Holzstoß auf, die Flammen züngelten in die
Luft und die Funken sprühten durch die Nacht. Alle
Gesichter wandten sich dem leuchtenden Feuer zu.
Nun hielt Fritz Wilking die Feuerrede. Er
erinnerte an Jung=Siegfried, den starken, sonnigen
Held, der deutschen Jugend heldisches Vorbild aus
alten Sagen und Märchen. Wotans Speer schlägt er
entzwei und mit kühnem Mut erklimmt er den Fels,
durch rauschenden Bergwald stürmt er hinauf zum
Brünhildenstein. Durch Feuersbrunst und Flam=
menmeer schreitet er kühn zu wecken die schlafende
Maid, die Wotan, der waltende Gott, in zauberhaf=
ten Schlaf versenkt. Weiter erinnerte der Redner
an die zwingende Kraft der Musik des Meisters von
Bayreuth, dessen 125. Geburtstag wir in diesem
Jahr festlich begehen. Sonnenwende ist heute! Das
heilige Brauchtum der Väter hat wieder Einkehr
gehalten in die Herzen all derer, die das völkische
Erheben erlebt haben. Die Sonnenwende war un=
seren Vorfahren ein Sinnbild. Nach der Maienzeit
ist die Wendezeit im Haushalt der Natur gekom=
men. In glückhafter Verbundenheit mit der Natur
wußten unsere Vorfahren um den Sinn die
Stunde, um den Sinn von Werden, Vergehen und
Auferstehen. Jahrhunderte ließen uns das alte
Brauchtum vergessen. Nur wenige kannten es und
leiteten es herüber in unser völkisches Erwachen,
in unsere rassische Erkenntnis und nordische Seelen=
haltung. Sinngemäß lenkte nun der Redner die
Gedanken auf den Führer als den Helden des Lichts,
den uns Gott gesandt hat und der uns befreit hat
von den Fesseln der Finsternis. Er riß tiefe Furchen
in den Acker unseres Bodens. Nun wächst die Saat
aus unserem Blut und unserem Heimatboden. Mil=
lionen schaffen an diesem Werk und Millionen sind
in einem Glauben glücklich geworden. Zuletzt ge=
dachte der Redner der zwei Millionen Gefallenen
des Weltkrieges und der 400 Toten der Bewegung
und wies auf die Jugend hin, in der unsere Zukunft
liegt. Das Feuer unseres Glaubens leuchtet über
Deutschland. Mit einem Gruß an den Führer klang
seine Rede aus, während der Feuerräder, von SA=
Leuten geführt, die Kampfbahn umkreist hatten.

Das Lied „Flamme empor!“ klang auf und dann
warfen die Fackelträger der SA, die in der Kampf=
bahn Aufstellung genommen hatten, die Fackeln zu=
sammen. Noch einmal klang ein Lied auf: „Deutsch=
land, heiliges Deutschland“ und dann endete die
Sonnwendfeier mit den Liedern der Nation.

Artikel aus der *Pfälzischen Presse* zur Sonnenwendfeier auf dem Betzenberg im Juni 1938. Sonnenwendfeiern waren in der NS-Zeit elementare Bestandteile der Sakralisierung der Politik.

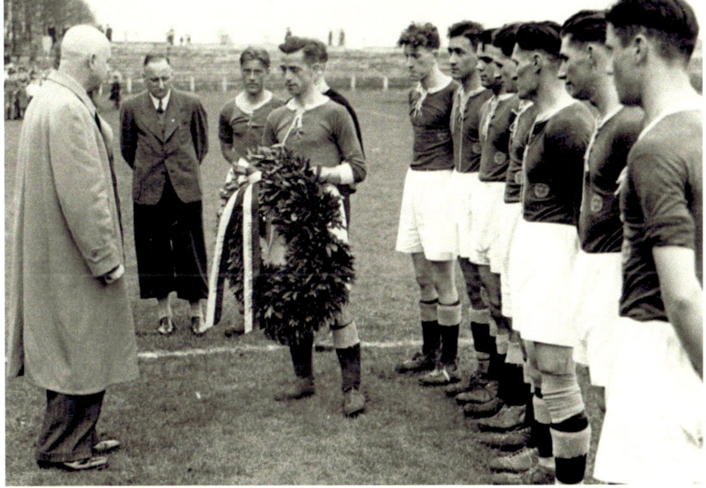

Vereinsführer und Bürgermeister Hans Philipp ehrt den Vorläufer der „Walterelf“, Meister der Gauliga Westmark 1942; von links: Vereinsführer Hans Philipp, Trainer Karl Berndt, Gustav Adam, Heinrich Schaub (mit Kranz), Theo Baumann (verdeckt), Ernst Liebrich, Helmuth Martin, Werner Kohlmeyer, Werner Baßler, Eugen Flohr, Heinz Jergens, Ottmar Walter – nicht auf dem Bild: Fritz Walter.

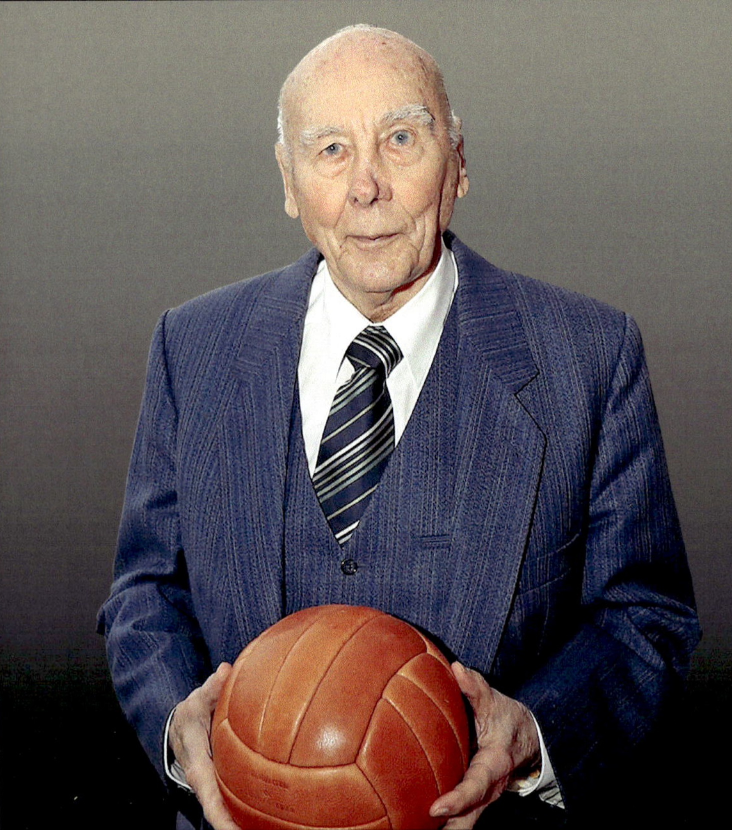

Es sind keine 30 Kilometer von Vogelbach nach Kaiserslautern, aber in meiner Jugend nach dem Krieg waren das noch Welten. Erst durch die Radioübertragung des Endspiels 1948 kam ich gedanklich mit dem FCK in Berührung. Trotz der 1:2-Niederlage gegen Nürnberg war meine Neugier geweckt. Ich schoss als Mittelstürmer unserer Dorfmannschaft viele Tore und wollte mit eigenen Augen sehen, wie gut diese Mannschaft um Fritz Walter wirklich war.

Zusammen mit meinem Freund Ludwig Bleyer fuhr ich in diesem Sommer zum Freundschaftsspiel gegen Wormatia Worms – mit dem Fahrrad. Wir hatten weder Geld für die Bahn noch für eine Karte und mussten unter dem Zaun durch. Was ich da sah, deprimierte mich: Das war Fußball und hatte mit unserem Spiel in Vogelbach sehr wenig gemeinsam, egal wie schnell und ausdauernd ich war, egal wie viele Tore ich schoss.

Zum Glück stimmte das nur zur Hälfte, denn da ich weiter meine Tore machte, stand ein Jahr später die Tochter des Bäckers aus der Nachbarschaft vor mir und richtete mir aus, ich solle am nächsten Tag zum Training der FCK-Junioren kommen – wir hatten kein eigenes Telefon.

Diesmal fuhr ich mit der Bahn in die Stadt, um meine Kräfte fürs Training zu sparen. Vor keinem Spiel in meiner Karriere, nicht einmal vor dem WM-Finale in Bern gegen die Ungarn, war mir derart mulmig zumute. Ähnlich wie heute noch viele Fans, die mit der Bahn anreisen, ging ich zu Fuß vom Bahnhof über die Malzstraße und stand plötzlich vor dieser Treppe, die mir wie ein Sinnbild erschien: ich unten, das Stadion oben, der Weg dorthin ein steiler Aufstieg. Selbst Jahre später, nach meiner aktiven Karriere, parkte ich vor Bundesligaspielen in der Stadt und bin über diese Treppe ins Stadion gegangen.

Als Spieler erlebte ich die markantesten Spiele eigentlich fast alle auswärts: das Debüt mit der ersten Mannschaft in Ludwigshafen, wohin wir ja auch für die Endrunde immer auswichen, und alle Länderspiele, für die unser Stadion ja viel zu klein gewesen wäre. Die denkwürdigen Momente auf dem Betzenberg waren die kurzen Gespräche in der Kabine, in denen unser Trainer Richard Schneider und Fritz Walter mich anwiesen, dies oder jenes an meiner Spielweise zu ändern. Ohne es anfangs zu begreifen, stellten meine Förderer im Bund mit Herrn Herberger die Weichen für meine Karriere im Verein und der Nationalmannschaft.

In den 60 Jahren nach meiner aktiven Laufbahn bin ich dem Verein als Zuschauer und Fan immer treu geblieben. Mitunter auch als Ratgeber, denn wir „Alten" blieben nah an der jeweiligen Mannschaft. Wir waren des Öfteren in der Kabine oder aber ein Spieler kam mit seinem Anliegen zu uns nach Hause. Und jeder kann sich sicher sein, dass davon nie ein Wort öffentlich werden wird.

Was ich erzählen darf, ist das peinlichste Malheur, das mir im Stadion passierte: Als sie ungefähr zehn Jahre alt war, sagte ich meiner Tochter Dagmar, die mich immer begleitete, sie solle noch kurz auf der Tribüne warten. Ich wollte mich nur eben mit Freunden unterhalten, bevor wir wieder nach Hause fuhren. Erst als ich dort aus dem Auto steigen wollte, fiel mir ein, dass ich sie völlig vergessen hatte! Sie saß zum Glück noch auf unserem Platz, als ich wieder auf den Betze kam.

Ihrer Begeisterung für das Stadion und den Verein hat das nicht geschadet. Ich bin sehr froh, dass ich ihr das „FCK-Gen" vererbt habe und sie nun als erste Frau in den Vorstand des Vereins berufen wurde.

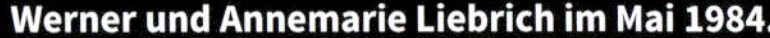

Werner und Annemarie Liebrich im Mai 1984.

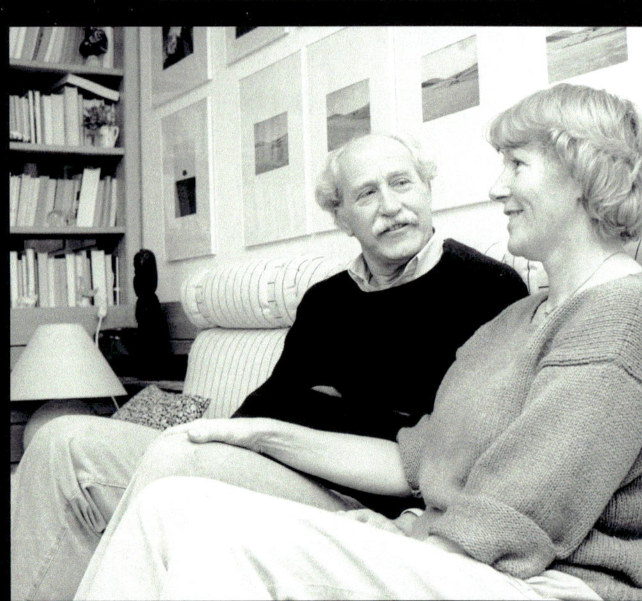

NUR SELTEN GEMEINSAM INS STADION

ANNEMARIE LIEBRICH Frau von Werner Liebrich

Meine ersten Stadionbesuche erlebte ich ganz klassisch mit meinem Vater Anfang der 1950er Jahre. Derartige Unternehmungen waren in der kargen Nachkriegszeit schon etwas Besonderes an sich. Und der FCK hat fast immer gewonnen, oft auch hoch, wie beispielweise beim 9:0 gegen den 1. FC Saarbrücken. Aber die Faszination des Fußballs wirkte auf mich schon damals stärker als zum Beispiel auf meinen älteren Bruder, den das nicht so interessiert hat. Die zweite Person, die mir den FCK näherbrachte, war meine Schulfreundin Ute Müller, die Tochter des damaligen Präsidenten. Als ihre Begleitung durfte ich zum Beispiel mit dem Mannschaftsbus zu den Endrundenspielen nach Ludwigshafen fahren. Das war aufgrund der ungleich höheren Zuschauerzahl damals noch viel eindrucksvoller als ein normales Oberligaspiel auf dem Betzenberg. Dass ich später mit einem der Spieler verheiratet sein würde, war da noch ganz weit weg. Für uns als aktive FCK-Leichtathletinnen gab es auf dem Betzenberg durchaus vereinzelte Berührungspunkte zu den Fußballern, mit unserer privaten Geschichte hatte das alles nicht im Geringsten zu tun.

Im Leben meines Mannes spielte der Fußball und der Verein natürlich stets eine zentrale Rolle, aber ich war davon nur indirekt betroffen. Wir sind ganz selten zusammen ins Stadion gegangen. An offizielle Anlässe oder Ehrungen kann ich mich nicht erinnern. Nach der kurzen Phase, in der er noch Nachwuchs- und Amateurmannschaft trainierte, hat er versucht, den Fußball aus unserem Familienleben herauszuhalten. Werner hat sich die Spiele am liebsten mit Freunden in der Westkurve angeschaut, jegliche Sonderbehandlung war ihm unangenehm. Erst als es ihm gesundheitlich schlechter ging, hat er sich auf die Nordtribüne gesetzt. Ich bin erst Jahre nach seinem Tod durch Stefan Kuntz wieder dazu animiert worden, ins Stadion zu gehen – und bin seitdem Stammgast geblieben. Unsere Plätze auf der Nordtribüne wurden ein geschätzter Treffpunkt mit den Eckels oder der Familie von Ottmar. Aber wir werden alle älter und die Besuche daher seltener. Die Kontakte der 54er-Mannschaft wurden auch über den Tod unserer Männer hinaus von den Witwen weiter gepflegt, nicht nur unter den Lauterern. Aufgrund ihrer engen Bindung würde Werner es ganz sicher bedauern, wenn das Stadion eines Tages nicht mehr den Namen seines Freundes Fritz Walter tragen würde.

SONNTAGMORGEN ...

PETER GLÖCKNER Mitglied des Ehrenrats

Jeden Sonntagmorgen nahm mich mein Vater Karl, der 31 Jahre Fußball-Jugendleiter war, mit ins Stadion, genauer gesagt in die Wohnung des Platzwarts Fritz Kübler, die in der alten Nordtribüne untergebracht war. In deren Wohnzimmer trafen sich allwöchentlich einige Vereinsmitglieder und auch Spieler. Da saß ein Großteil der Walterelf und hat Karten gespielt. Natürlich bin ich auch zu den Spielen. Eine meine ersten Erinnerungen ist das Abschiedsspiel von Fritz Walter, als nach dem Schlusspfiff alle auf den Platz gestürmt sind; oder drei Jahre später, das entscheidende Spiel gegen den FKP um den Einzug in die Bundesliga. Da war ich dann schon zwölf und durfte in die Westkurve, mit selbstgebastelter Fahne inklusive Teufelskopf vom Kasperletheater. An bitterkalten Tagen wie diesem waren wir oft so durchgefroren, dass wir nach dem Spiel erst einmal im Bahnhof Station machten, bis wir unsere eigenen Füße wieder spürten.

Fußball gespielt habe ich natürlich auch. Mit der FCK-C-Jugend bestritten wir das Vorspiel zum ersten Bundesliga-Heimspiel gegen Schalke. Später war ich Teil der FCK-Amateure unter Trainer Werner Liebrich. Ende der sechziger Jahre, als Auswechslungen noch nicht erlaubt waren, bestand der Kader der zweiten Mannschaft aus 13 bis 14 Mann. Wenn dann einige krank oder verletzt waren, hat der Trainer selbst noch mitgespielt. Fünfzig Jahre später klingt das unglaublich, denn selbst im Schatten der ersten Mannschaft hat man die Bezeichnung „Amateure" zu Recht gestrichen. Als ich mich mit 26 schwer verletzte, bin ich ungeplant und übergangslos in die Rolle des Betreuers dieser Mannschaft reingewachsen. Aus einem harmlosen „Kannst du mal den Spielberichtsbogen ausfüllen?" wurden 40 Jahre, die ich vor allem auf den Nebenplätzen des Betzenbergs verbracht habe. Auch dieses Umfeld hat sich mit dem Stadion erst in den letzten 30 Jahren entwickelt. In den siebziger Jahren haben wir noch unter dem schwachen Schein umgebauter Straßenlaternen statt unter Flutlicht trainiert.

Lange waren das auch zwei getrennte Welten. Unter Kalli Feldkamp durfte die zweite Mannschaft nicht mal das gleiche Trikot wie die erste tragen. Das sollten sich junge Spieler erst verdienen. Aber als sich die Regularien änderten und Jungprofis trotz Kurzeinsatz oder Kadernominierung in der Bundesliga am gleichen Wochenende in der zweiten Mannschaft Spielpraxis sammeln durften, war ich es, der die Ballacks, Weidenfellers oder Halfars nach dem Abpfiff der Bundesligapartie zum Spielort der Regionalliga chauffierte. Sichtbar wurde meine Arbeit nur einmal, als einem Linienrichter vor einem Spiel die Fahne zerbrochen war und man mich rief, um Ersatz aufzutreiben. Da wir außer wirklich alten, schmutzigen Exemplaren nichts auftreiben konnten, mussten wir improvisieren. Ich zersägte einen alten Besenstiel, zerschnitt ein Trainingsleibchen und befestigte es mit Klebeband. Das Spiel konnte mit zehn Minuten Verspätung angepfiffen werden und der Linienrichter hat die gebastelte Fahne als Andenken mitgenommen. Ein kleines Stück Betzenberg steht auch bei mir zu Hause im Keller: ein paar Barhocker aus der alten Stadiongaststätte, die nach dem Neubau der Nordtribüne entsorgt werden sollten.

1945 bis 1963: Nur noch Fußball

Am 20. März 1945 nimmt die US-Army Kaiserslautern ein. Die Stadt ist in Folge mehrerer Luftangriffe der Alliierten ab Januar 1944 weitestgehend zerstört. Ihr erster Fußballclub ist angesichts der allgegenwärtigen Not vergleichsweise glimpflich davongekommen. Zwar ist das Vereinseigentum geplündert, aber die am Stadion entstandenen Schäden sind überschaubar. Die Haupttribüne steht noch und auch die Stehränge sind nur stellenweise beschädigt. Ab dem 11. Mai steht die Pfalz unter französischem Kommando. Das Stadion wird beschlagnahmt und nach dem Oberbefehlshaber Joseph de Goislard de Monsabert benannt. Doch an Fußball ist noch nicht zu denken. Vorerst wird die Fläche als Parkplatz für schwere Gerätschaften des Militärs benutzt.

Viel wichtiger ist: Beim FCK formt sich schnell wieder eine Gruppe junger, talentierter Männer, die dem Elend trotzen und ihr liebstes Hobby nicht aufgeben wollen. Allen voran Fritz Walter, der im Oktober 1945 zurückkehrt und als Nationalspieler ein Zugpferd für den Wiederaufbau einer Mannschaft ist. Alleine richten muss er es nicht. Mit Ernst und Werner Liebrich, Werner Kohlmeyer oder Werner Baßler sind manche der Hoffnungsträger aus den Gauligazeiten ebenfalls wieder zurück in der Heimat und auf dem Fußballplatz. Nach einigen Wochen Exil auf dem benachbarten Erbsenberg (siehe Mini-Einwurf) kehrt die Trainingsgruppe Ende 1945 ins „Stade Monsabert" auf dem Betzenberg zurück.

Noch bevor der Verein unter dem Vorsitz von Paul Karch im März informell neu gegründet wird, startet im Januar 1946 die „1. Liga Südwestdeutschland Nord", in der sich die Vereine aus den französisch besetzten Gebieten der Pfalz, Rheinhessen und des Saargebiets organisieren. Die rund 2.000 Zuschauer, die sich am 13. Januar 1946 zum ersten Heimspiel nach dem Krieg einfinden, kommen beim 10:0 gegen Phönix Ludwigshafen voll auf ihre Kosten.

Nicht zweifelsfrei klären lässt sich, wann die temporäre Umbenennung der Stadionanlage wieder aufgehoben wird. Vermutlich geht sie einher mit der endgültigen Genehmigung der neuen Satzung vom 13. Februar 1947. Dies ist das offiziell von den Besatzungsbehörden anerkannte Gründungsdatum. Kurz darauf benutzt zumindest die PVZ wieder die Formulierung: „Das herrlich gelegene Betzenbergstadion …" (11. März 1947). Die Fahrt dorthin ist für Gegner nur selten lohnenswert. Es wird fast vier Jahre dauern, bis Wormatia Worms im November 1949 als erste Mannschaft nach der Wiederaufnahme des Spielbetriebs ein Pflichtspiel auf dem Betzenberg gewinnt.

Abschied von Laufbahn und Barracke

Der Platz hat unterdessen eine einschneidende Wandlung erlebt. Der stetig wachsende Erfolg und die damit einhergehende Popularität der Fußballer prägt die Pläne für die 1948 anstehende Umgestaltung des Stadions. Parallel zum erstmaligen Erreichen des Finales um die Deutsche Meisterschaft entsteht – erneut nach dem Entwurf von Cornelius Mildenberger, dem „Urvater" des Betzenbergs – erstmals eine reine Fußballarena. Die Laufbahn muss der Erweiterung des Fußballfelds weichen.

Für die Leichtathleten wird eine neue Bahn rund um den ebenfalls neugestalteten Platz 2 hinter der Ostkurve angelegt. Eine Maßnahme, die trotz wütender Proteste und Vereinsaustritten in der gleichsam traditionsreichen Abteilung unumstößlich ist. Dort, wo bisher auch Läufer, Werfer und mitunter auch Motorradrennen die Zuschauer anlockten, regiert fortan nur noch König Fußball.

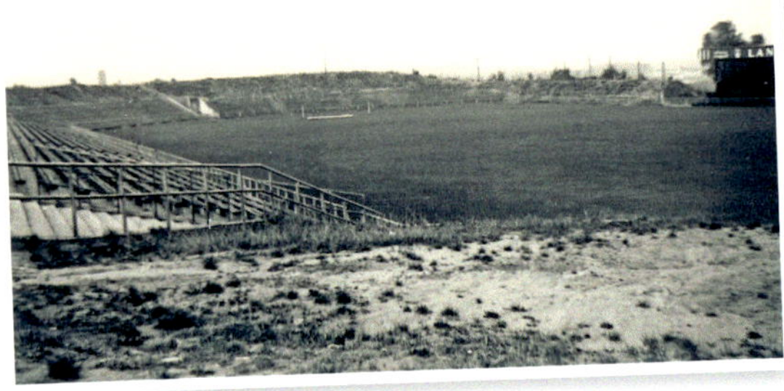

Der Betzenberg von der Südostecke in Richtung Westen, zur Zeit der Oberliga.

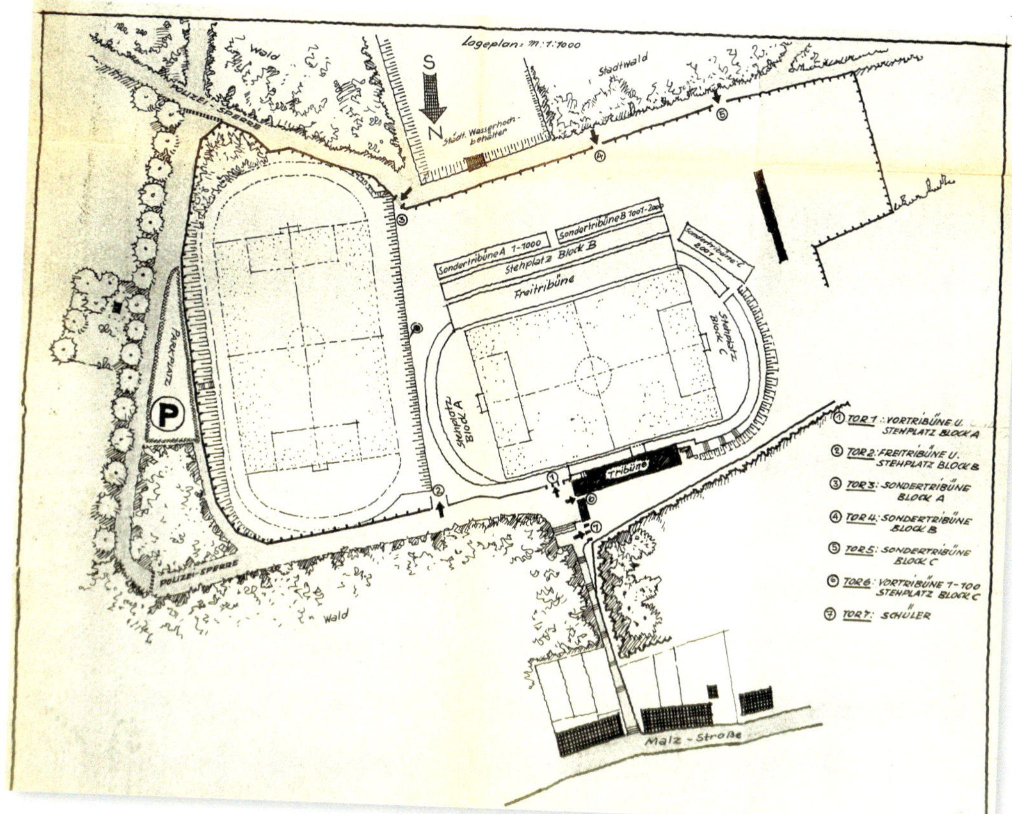

Lageplan der Anlage auf dem Betzenberg. Links Platz 2 mit Laufbahn für die Leichtathleten, rechts das Stadion inklusive der Position der Sondertribünen, die nur für Spitzenspiele errichtet wurden.

Postkarte vom Stadion Betzenberg zu Oberliga-Zeiten.

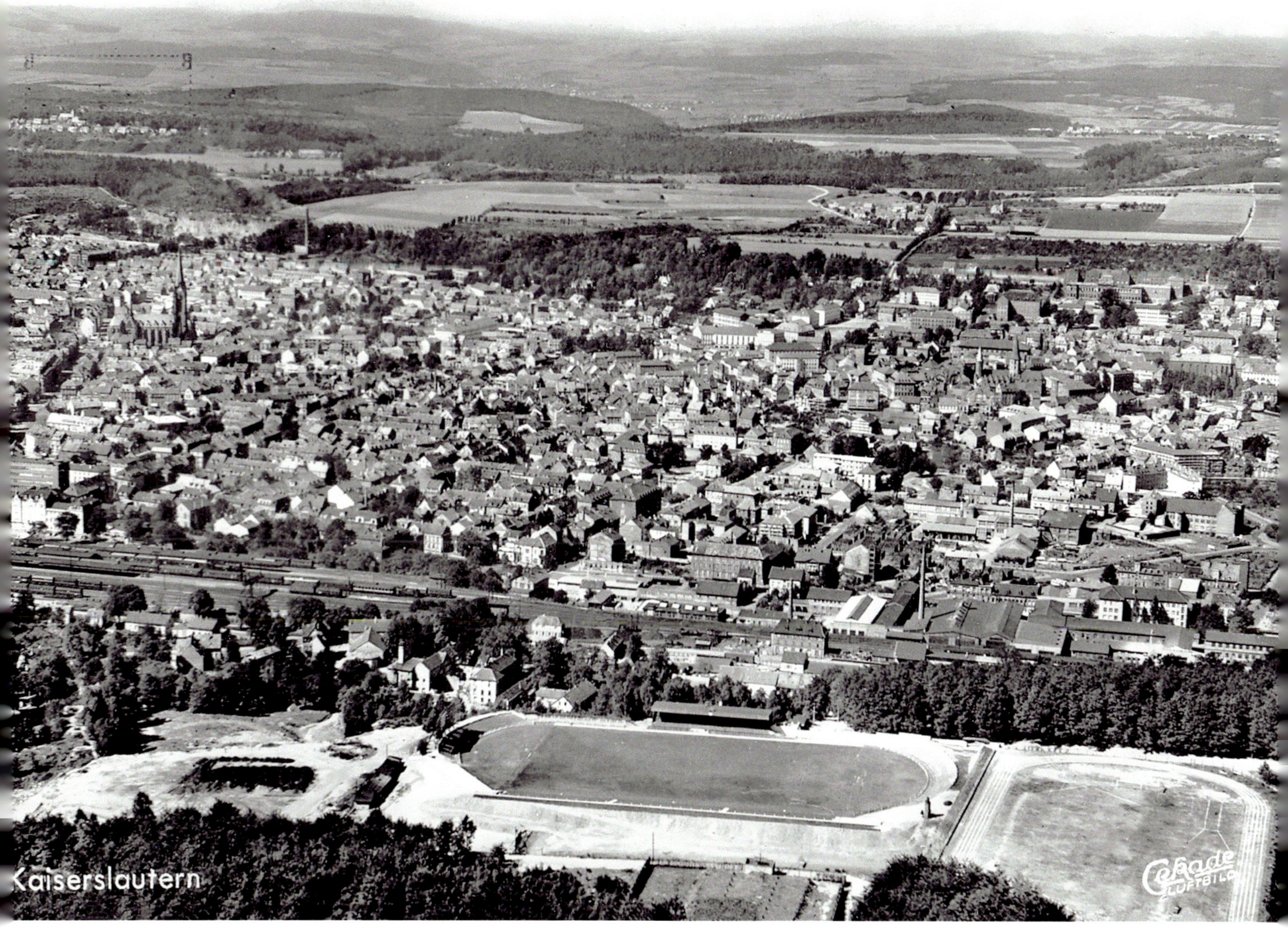

Kaiserslautern

Dem Status als Deutscher Vizemeister gerecht werden soll auch die in Angriff genommene Innenausstattung der Haupttribüne. Nach den spartanischen Jahren in der sogenannten „Baracke", einem hölzernen Verschlag auf der westlichen Seite, der als Umkleide und Materialdepot diente, entstehen erstmals Umkleide-, Wasch- und Duschräume. Das i-Tüpfelchen ist die Einrichtung eines Gastraums.

Neue Attraktion im Westen

Eine weitere Konsequenz der Attraktivität der Walterelf ist die Erhöhung des Zuschauerwalls im Süden und Osten. Die etwas niedrigere Erhebung im Westen, auf der sich bereits damals die größten Fanatiker sammeln, erhält 18 Monate später, im Dezember 1949, ihre ganz besondere Attraktion: die erste Anzeigetafel. Die große Uhr im Zentrum besitzt statt eines regulären Ziffernblatts eine Skalierung von 0 bis 45, um während jeder Halbzeit die abgelaufene Spielzeit anzuzeigen. Darunter, in erreichbarer Höhe, besteht die Möglichkeit, den aktuellen Spielstand anzuzeigen. Mit dem gut zwanzig Meter langen und fast zehn Meter hohen Bauwerk wird nicht nur der Service für die Zuschauer verbessert, sondern auch Geld verdient. Seine monumentalen Ausmaße entstehen vor allem durch eine Vielzahl an Werbeplaketten kleinerer Sponsoren. Und bei der seltenen Gelegenheit eines vollen Hauses

EINWURF

Erbsenberg

Der Begriff „Stadion" ist in Kaiserslautern eindeutig zugeordnet, obwohl unweit des Betzenbergs eine zweite Anlage steht, die sich so nennen darf: das Waldstadion Erbsenberg, Heimat des VfR Kaiserslautern. Dort wurde zwischen 1949 bis zur Einführung der Bundesliga 1963 mit zwei Unterbrechungen ebenfalls erstklassiger Fußball (in der Oberliga Südwest) gespielt.

Die „Rasenspieler" fanden ihre Heimat auf einer Waldlichtung nicht freiwillig. Weil auf dem Standort ihres alten Sportplatzes im Zuge der Aufrüstung Kasernen gebaut wurden, war der Verein 1938 zum Umzug gezwungen. Teile der bis heute erhaltenen Holztribüne sind deswegen sogar älter als das Stadion selbst und standen bereits 1925 auf dem vormaligen VfR-Platz an der Wormserhöhe. Von ursprünglich 10.000 wurde die Kapazität zu Oberligazeiten auf 15.000 erweitert, aber selten ausgeschöpft. Das erste Lokalderby der Oberliga (0:3) fand am ersten Weihnachtsfeiertag 1949 statt und lockte nur 5.000 Zuschauer. Der einzige Heimsieg gegen den FCK (4:2) gelang dem VfR am 23. März 1952 unter Spielertrainer Ernst Willimowski.

Neben dem Ex-Nationalspieler Willimoski gibt es zwei weitere prominente Namen, die (jeweils kurzzeitig) das Traineramt beim VfR inne hatten: 1948/49 gelang unter Fritz Walter der Aufstieg in die höchste Spielklasse und 1970 war es Dietrich Weise, der für die Rückkehr in die damals zweitklassige Regionalliga bürgen sollte. Der Nebenjob des FCK-Assistenztrainers war Teil der „Interessengemeinschaft" der beiden Nachbarn, die auch darin begründet war, dass der FCK auf dem Betzenberg die Plätze fehlten, um den Trainingsbetrieb der Bundesligaelf und den Spielbetrieb der Nachwuchsmannschaften adäquat zu organisieren. Eine ab und an diskutierte Fusion scheiterte am Widerstand der Traditionalisten.

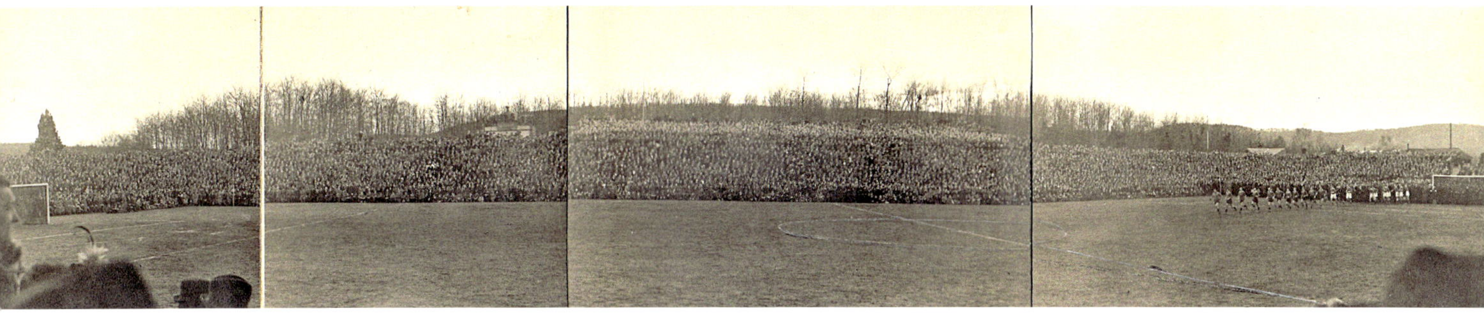

Foto vom Nachholspiel 1. FCK gegen VfB Neunkirchen am 11. Januar 1948.

Das Stadion präsentiert sich außen und innen runderneuert.

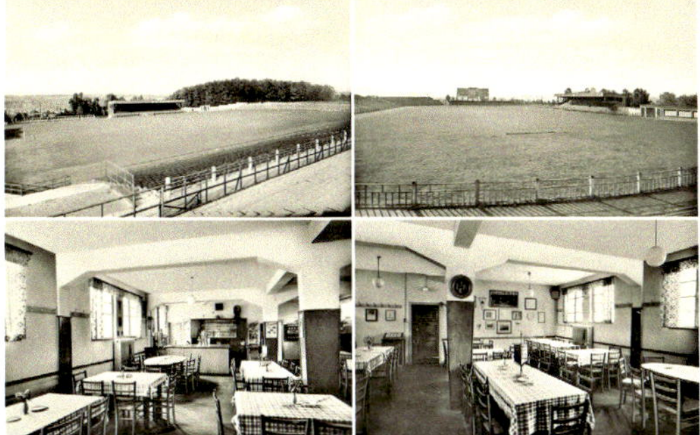

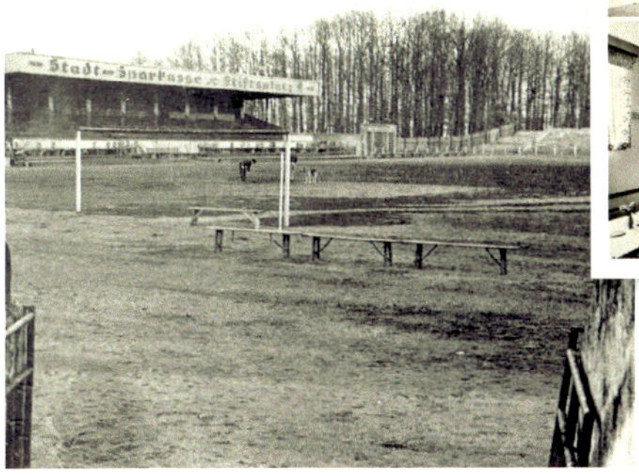

Die große Anzeigetafel im Betzenberg-Stadion dient wagemutigen Kletterern auch als luftiger Sitzplatz.

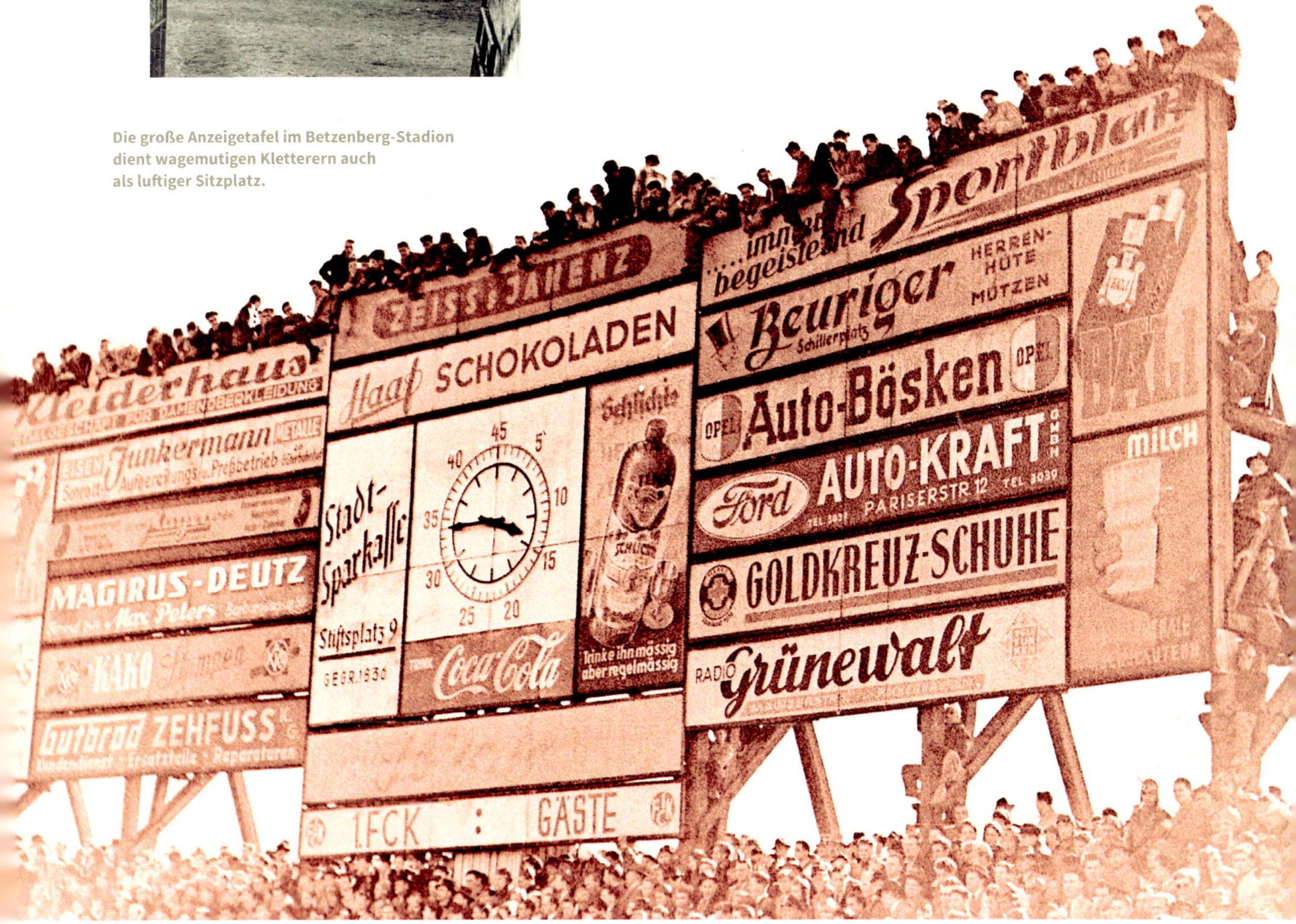

gibt es Wagemutige, die der guten Aussicht wegen die Gefahr eines Absturzes ignorieren und das Spiel aus luftiger Höhe verfolgen.

In den folgenden goldenen Jahren der Walterelf steht der Verein vor einem Dilemma. Oft verlieren sich bei Begegnungen mit Mannschaften aus dem unteren Tabellendrittel der Oberliga Südwest nur 1.000 bis 3.000 Zuschauer im Stadion. Zu erdrückend ist die regionale Dominanz der Lauterer, es fehlt schlichtweg am sportlichen Reiz. Ist dieser gegeben, reicht die Kapazität von rund 15.000 Zuschauern für die Spitzenspiele gegen den FK Pirmasens oder den 1. FC Saarbrücken nicht aus, um die Nachfrage zu stillen. Auch wenn die Errichtung von Zusatztribünen eine Aufstockung auf bis zu 25.000 Plätze ermöglicht, wiegt der ständige Verlust möglicher Mehreinnahmen schwer.

Definitiv zu klein ist der „Betze" für die Austragung der Endrundenspiele um die Deutsche Meisterschaft, die der FCK, mit Ausnahme der Saison 1951/52, ein Jahrzehnt lang wie selbstverständlich erreicht. In Folge dessen finden die Höhepunkte der Saison fast immer im Ludwigshafener Exil statt. Im dortigen Südweststadion (siehe Einwurf) finden zwei- bis dreimal so viele Fans Platz.

Der Platz ist zu klein

Um die Bedingungen der regional organisierten Oberligen zu vereinheitlichen, erlässt der DFB 1953 eine Verfügung, die nach dem 1. August in der höchsten Spielklasse ein Platzmaß von 105 Metern Länge und 70 Metern Breite vorschreibt. Pech für den FCK: sein Platz ist nur 68 Meter breit. Ein Umbau des Stadions ist unausweichlich.

Auf dem sportlichen Zenit der Walterelf ist dies für den Verein ein willkommener Anlass, das Platzangebot im eigenen Haus grundsätzlich neu zu gestalten, quantitativ und qualitativ. Doch bereits damals stellen sich die gleichen Fragen, die sich wie ein roter Faden durch die nächsten 50 Jahre ziehen: Was ist die optimale Größe? Und: Wer bezahlt die Rechnung? Die ehrgeizigen Pläne sehen ein Fassungsvermögen von rund 40.000 Plätzen vor, davon 8.500 für die sitzende Kundschaft statt bisher nur 2.100. Die Kosten für die Umsetzung belaufen sich auf rund 300.000 DM. Eine Summe, die der Verein nur mit Hilfe der Toto-Gesellschaft und städtischer Beteiligung stemmen könnte. Als Argument für den öffentlichen Zuschuss werden zu erwartende Steuereinnahmen angeführt, die unter den aktuellen Gegebenheiten bei allen großen Spielen in Ludwigshafen generiert werden.

Geregelte Besitzverhältnisse

Am Ende steht als Kompromiss eine Erweiterung auf rund 30.000 Plätze. Da der angrenzende Steinbruch eine Erweiterung des Spielfelds auf der Tribünenseite im Norden verkompliziert, wächst der Betzenberg erneut auf der Südseite. Um das Feld vier Meter zu verbreitern, werden mehrere Tausend Kubikmeter Erdreich bewegt und zu einem zehn Meter hohen Damm aufgeschüttet. Darauf entstehen 18 Sitzreihen im unteren Teil, während sich nach oben 25 Stehplatzterrassen anschließen. Der Anschluss an die deutlich kleineren Kurven hinter den Toren bleibt ein Provisorium. Der unumgängliche Verlust des an die alte Gegengerade angrenzenden Trainingsplatzes soll später kompensiert werden.

Ein Randaspekt der Aktion ist der Erwerb vieler bislang nur gepachteter Grundstücksanteile auf dem gesamten Areal. Der 1. FC Kaiserslautern ist damit nicht nur der erfolgreichste Verein seiner Zeit, sondern nahezu alleiniger Besitzer der Sportanlage auf dem Betzenberg.

Rechte Seite:
Das Südweststadion während des Endspiels um die Deutsche Meisterschaft 1952 zwischen dem VfB Stuttgart und dem 1. FC Saarbrücken (3:2).

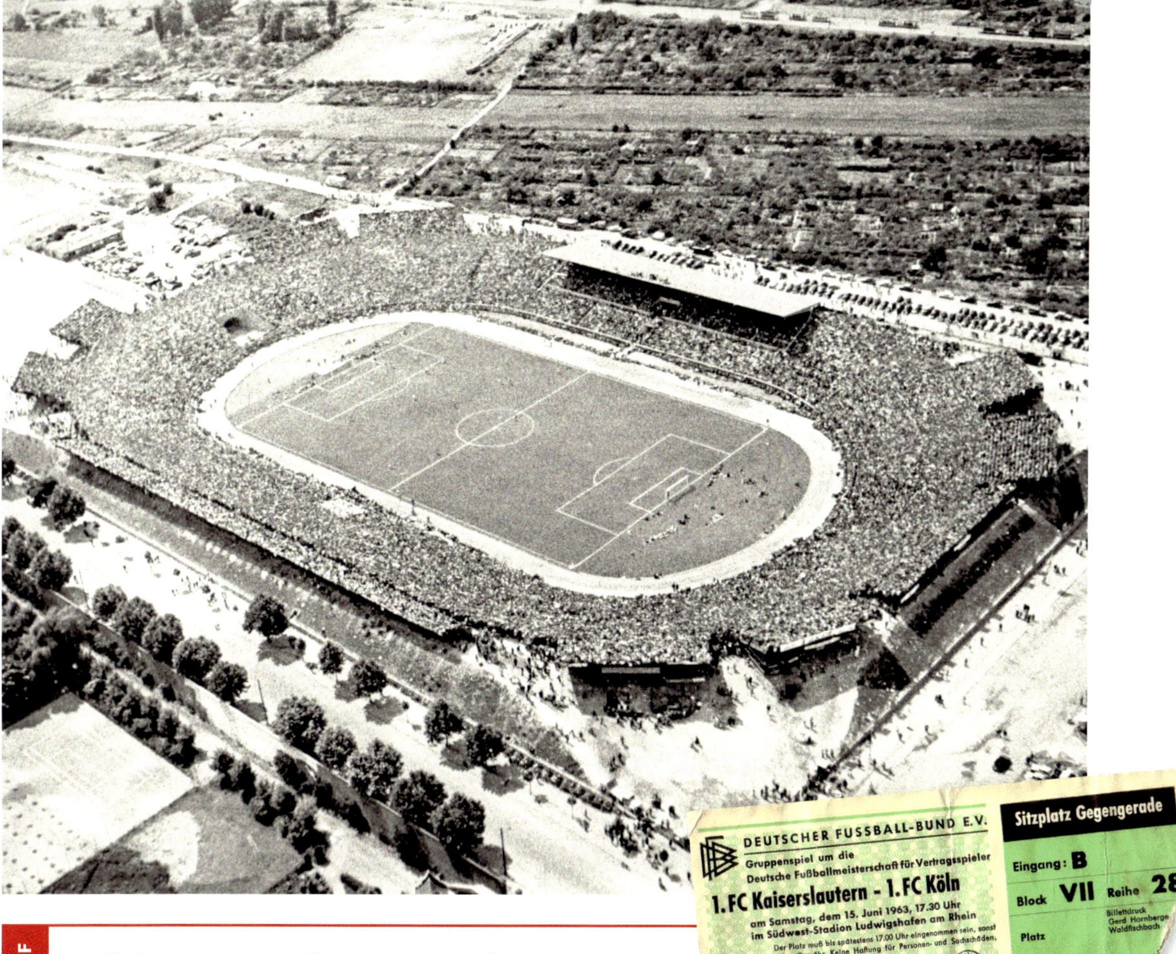

EINWURF

Südweststadion Ludwigshafen

Große Ambitionen und riesige Mengen an Trümmerschutt waren nach dem Ende des Zweiten Weltkriegs die wichtigsten Zutaten beim Bau des Ludwigshafener Südweststadions. Eine Allianz aus dem Vorstand des SV Phönix, des Südwestdeutschen Fußballverbands (SWFV), der Toto-Gesellschaft und der Stadt setzte sich das Ziel, auf dem Gelände des in den 1930er Jahren erbauten Vorgängers südlich der Innenstadt ein neues Großstadion zu errichten. In der durch Luftangriffe fast völlig zerstörten Industriestadt am Rhein und im benachbarten Mannheim gab es solche Mengen an Trümmern, dass die Bauarbeiter mit Backsteinen entlohnt wurden, die sie aus dem Schutt herauslesen und auf eigene Rechnung verkaufen konnten. So entstand „eines der billigsten Stadien der Welt", wie Werner Skrentny schreibt.

Das Problem war (und ist), dass es seit der offiziellen Einweihung im November 1950 niemals einen ortsansässigen Verein gab, der in der Lage gewesen wäre, das zeitweise zweitgrößte Stadion der Bundesrepublik regelmäßig zu füllen. Die Betonung liegt auf ortsansässig und regelmäßig, denn hochklassigen Fußball und gefüllte Ränge erlebte das Vorzeigestadion des Südwestens durchaus. Größter Nutznießer war von Beginn an der FCK, der seine Heimspiele in den Endrunden zur Deutschen Meisterschaft von 1951 bis 1963 (fast) immer in Ludwigshafen austrug, aber auch der FK Pirmasens (1958 bis 1960) folgte diesem Beispiel.

In Zeiten ohne Elfmeterschießen war Ludwigshafen auch beliebt als neutraler Austragungsort von Entscheidungsspielen. Das wichtigste davon war 1952 das Finale um die Deutsche Meisterschaft zwischen dem VfB Stuttgart und dem 1. FC Saarbrücken (3:2) vor der Rekordkulisse von 83.000 Zuschauern. Darüber fanden zwei DFB-Pokalendspiele (1954, 1968) und vier Länderspiele (1952 bis 1966) am Rhein statt.

Der Bedeutungsverlust begann mit der Einführung der Bundesliga. Von 1968 bis 1970 kämpfte der Dorfklub SV Alsenborn hier um den Einzug in die erste Liga und hätte im Erfolgsfall die Fusion mit einem Ludwigshafener Klub angestrebt, scheiterte aber dreimal in Folge.

Spätestens nach der WM 1974 war auch die Infrastruktur höchstens noch zweitklassig. Im gleichen Jahrzehnt wich der FCK noch zweimal kurzzeitig aus, aber erst der Aufstieg des SV Waldhof Mannheim brachte 1983 die Bundesliga unverhofft ins Südweststadion. Da auf der anderen Rheinseite kein erstligataugliches Stadion zur Verfügung stand, erhielten die Waldhöfer eine Sondergenehmigung, denn der Fluss zwischen den Städten trennt nicht nur zwei Bundeländer, sondern auch zwei Fußballverbände. Sehr zum Ärger des FCK, der die Konkurrenz um die Zuschauergunst in der Vorderpfalz fürchtete. Als die Blau-Schwarzen nach 102 Spielen 1989 wieder umzogen (und 1990 abstiegen), bedeutete dies den Abschied vom Profifußball. Von 2005 bis 2009 gab es mit dem FSV Oggersheim noch einmal einen Regionalligisten, dessen Gastspiel ebenfalls eine kurze Episode blieb. Ohne Mieter verschlechterte sich der Zustand der Anlage zusehends. Statt 80.000 sind heute noch 6.000 Zuschauer zugelassen

MEHR ALS NUR FUSSBALL

ROLF CONRAD FCK-Museum, FCK-Friedhofsführung

Jeden Sonntagmorgen bin ich nach dem Gottesdienst mit meinem Opa auf den Betzenberg. Dort, wo heute Häuser stehen, spazierten wir durch den Wald. Mit dem Stadion verbinde ich aber primär meinen Vater, einen verrückteren Fan als ihn kann man sich kaum vorstellen. Der hat selbst im hohen Alter jenseits von 80 Jahren für Heimspiele sogar Krankenhausaufhalte eigenmächtig unterbrochen. „Ich geh uff de Betze", hat er dem Arzt gesagt und ließ sich nicht aufhalten. Notfalls hat er sich eine Wärmflasche um den Bauch gebunden und sich so in die Westkurve gestellt, wo meine Schwester ihm einen Platz an einem Wellenbrecher freihalten musste.

Seine Leidenschaft ging auf die 1930er Jahre zurück, in denen sein Bruder, mein Onkel Albert, erfolgreich für den FCK spielte, bevor er zu Eintracht Frankfurt wechselte. Daher kannte er auch die Spieler aus den Gauligazeiten und wenn wir zusammen durch die Stadt gingen, stoppten wir immer an der Metzgerei Kohler, wo in einem Kästchen die Aufstellung für das kommende Spiel ausgehängt war. Und sonntagabends schickte er mich zum Bahnhof, wo es für zehn Pfennig die druckfrische Sportausgabe der *Rheinpfalz* gab.

Ab den 1950er Jahren durfte ich meinen Vater ab und an begleiten. Die Klasse Fritz Walters ist unbestritten, aber mein Held hieß Werner Liebrich. Mir imponierte sein Einsatz, die Kompromisslosigkeit, mit der er verteidigte; Grätschen, für die man heute sofort eine Karte sehen würde. Als Kind ist es aber mehr als der Sport, der einen beeindruckt. Man sieht, hört und riecht ein Stadion und vergisst auch die Personen am Rande nicht: der blinde Mann mit dem Schifferklavier, der immer hinter der Unterführung saß, oder den „Bretzel-Adam", ein Lauterer Original. Der lief unten an der Kurve entlang, warf auf Zuruf die Bretzel über 20 Reihen nach oben und erhielt in umgekehrter Richtung sein Geld. Herrlich!

Richtig Fahrt gewann meine Laufbahn als Stadionbesucher mit dem Start der Bundesliga. Ich habe seit 1963 nur eine einstellige Anzahl an Heimspielen verpasst. Selbst in zwölf Jahren bei der Bundeswehr fand ich dank verständnisvoller Kompaniechefs und Kameraden mit knapper Kasse immer einen Weg, meine Wochenenddienste zu tauschen. In den Anfängen der Bundesliga waren wir ja ein echter Underdog. Da wurdest du als Lauterer unverhohlen belächelt, aber jeder Sieg und jedes weitere Jahr, in dem der FCK sich behauptete, hat mich in meiner Begeisterung für den Verein bestärkt.

Sie ist mir bis heute erhalten geblieben. Ich engagiere mich für die „Initiative Leidenschaft", mit der wir das FCK-Museum betreiben. Mein persönliches Steckenpferd sind Führungen auf dem Lauterer Hauptfriedhof. Auch hier ist Fritz Walter sicher die bekannteste, aber nicht die einzige interessante Person, die dort begraben liegt. Mittlerweile sind es über 50 Gräber mit FCK-Bezug, deren Lage wir ermittelt haben. Nachdem es uns gelungen ist, für Werner Kohlmeyer wieder einen Gedenkstein aufzustellen, können wir an vier verstorbene Weltmeister erinnern. Aber auch an Vorstände, Fans mit besonderen Grabsteinen oder an erfolgreiche Boxer und Leichtathleten. Denn was mir immer am Herzen liegt, ist die Tatsache, dass der FCK mehr ist als nur Fußball.

7

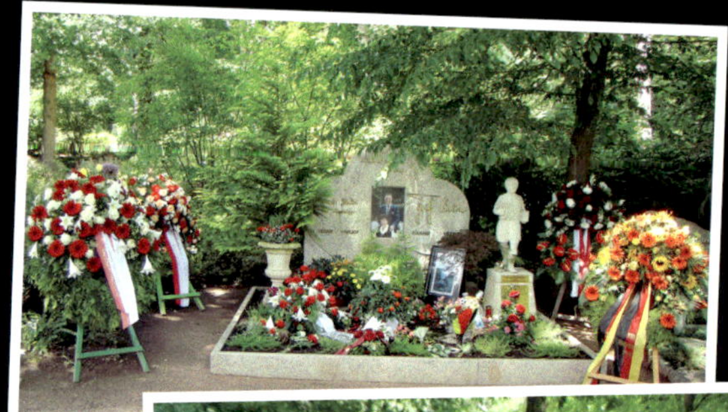

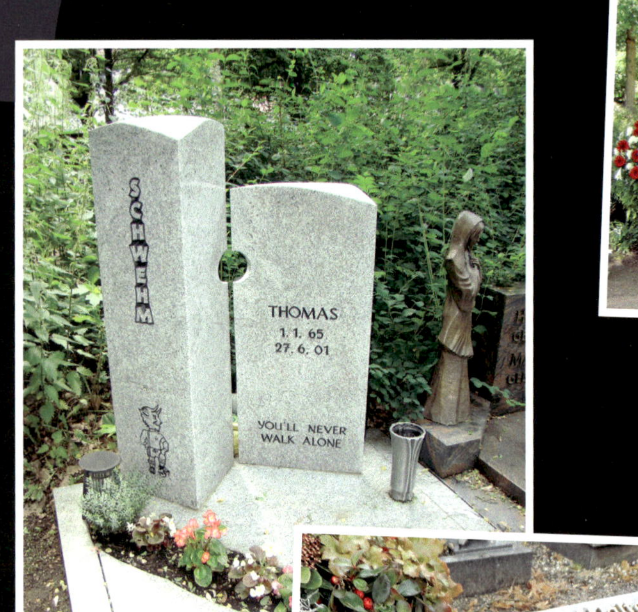

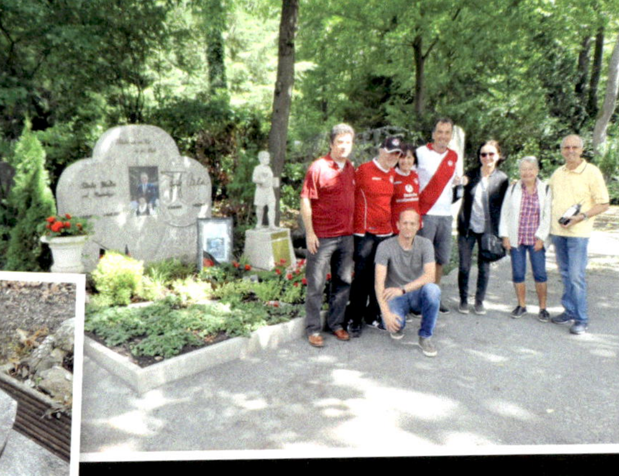

Rolf Conrad (mittleres Bild ganz rechts) am Ende einer Friedhofsführung vor dem Grab von Fritz Walter.

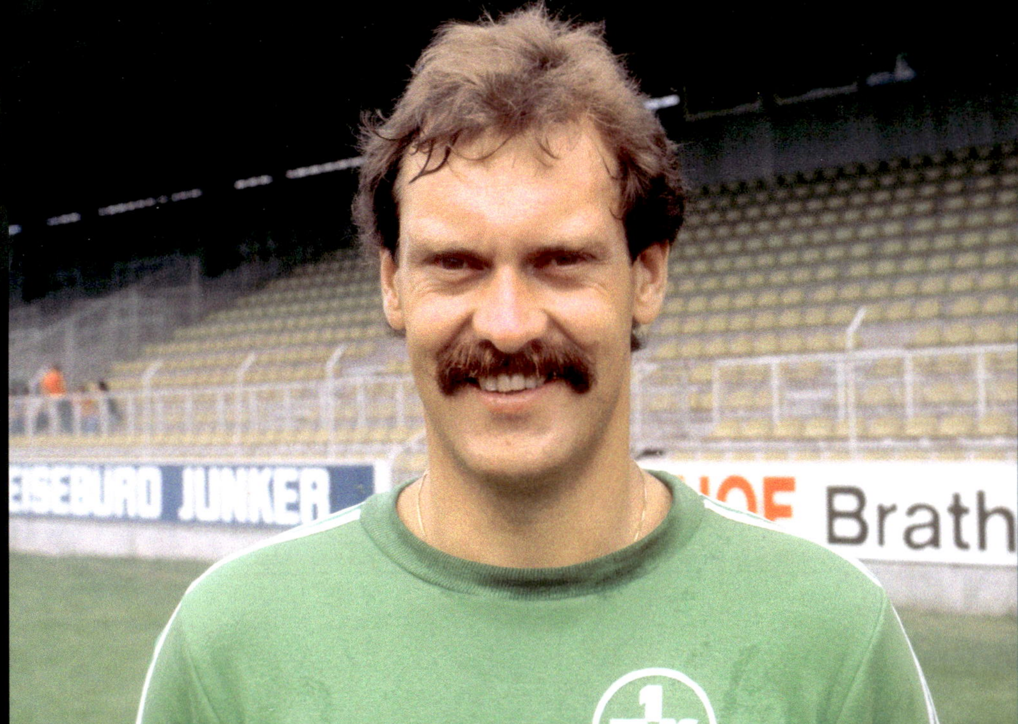

SEPP STABEL

Spieler 1967–80; Trainer 1987–89

Meine erste Begegnung mit dem Betzenberg war äußerst schmerzhaft. Gyula Lorant hatte mich bei einem Spiel der Kreisauswahl Pirmasens gegen Kaiserslautern entdeckt und wollte mich verpflichten. Man ließ mich abholen und mein Fahrer brachte mich direkt ins Stadion. Nervös rutschte ich auf den Holzbänken herum und zack – hatte ich einen langen Holzsplitter im Hintern stecken. Einstecken können musste man in diesen Zeiten sowieso. Am Anfang habe ich noch gezittert beim Training, hatte unheimlich viel Respekt. Die Vereine hatten noch keine Ausrüster, jeder Profi konnte wählen, welche Schuhe er trug. Im Training spielten wir dann „Adidas“ gegen „Puma“ und die Führungsspieler versuchten, uns Junge auf die jeweilige Seite zu ziehen. An eine spezielle Ausrüstung für Torhüter war auch noch nicht zu denken. Vor einem Freundschaftsspiel gegen die Glasgow Rangers bin ich mittags zu Hertie und habe mir ein hellblaues Sweatshirt gekauft, um mich gegen die Kälte zu schützen. Handschuhe gab es auch keine. Im Winter kam der Platzwart mit der Wärmflasche, damit wir uns zwischendurch die kalten Hände aufwärmen konnten.

Das Spiel, das mit meinem Namen verbunden wird, ist natürlich das UEFA-Cup-Spiel im Dezember 1972 gegen Ararat Eriwan. Mein Onkel hat damals mit einer Super-8-Kamera gefilmt: Bereits während der regulären Spielzeit hatte ich einige starke Szenen, in denen ich das Tor sauber hielt und uns in die Verlängerung rettete. Den Elfer zu halten, der uns ins Viertelfinale brachte, ist dann auch Glückssache. In besonderer Erinnerung bleibt mir auch ein zweites Heimspiel ein paar Wochen zuvor, das allerdings in Ludwigshafen ausgetragen wurde, weil die Tribüne umgebaut wurde. Vor 60.000 Zuschauern schlugen wir die Bayern mit 3:1. Vor so einer Kulisse diesen Gegner zu schlagen, war emotional ein Höhepunkt.

Die frühen Siebziger waren meine beste Zeit. Ein Jahr vor der WM in Deutschland war ich einer von fünf Torhütern im erweiterten DFB-Kader, aber nach dem Turnier war meine Karriere quasi beendet. Der FCK verpflichtete Ronnie Hellström und ich war nur noch zweiter Mann. Trotzdem habe ich nie daran gedacht, den Verein zu verlassen, was sicherlich auch daran lag, dass Ronnie nicht nur ein Weltklasse-Torhüter, sondern auch ein Pfundskerl war. In den wenigen Fällen, in denen er auf die Bank musste, hat er es genauso sportlich genommen wie ich. Noch während meines letzten Vertragsjahrs durfte ich 1979/80 den Fußball-Lehrer machen und wurde anschließend unter Kalli Feldkamp Co-Trainer. Zeitgleich mit ihm verließ auch ich den Verein in Richtung Worms, kehrte aber 1987 als Trainer der zweiten Mannschaft, zu der beispielsweise ein junger Spieler namens Mario Basler gehörte, zurück. Der war damals schon keine Persönlichkeit von der Stange, hatte aber wenig damit zu tun, dass es ein turbulentes Jahr wurde. Im November rief mich „Atze“ an und teilte mir mit, dass Cheftrainer Hannes Bongartz weg wäre und ich das Training am Nachmittag leiten würde. Da blieb keine Zeit zum Überlegen. Ich übernahm also eine Mannschaft im Abstiegskampf, ohne Co-Trainer, und blieb bis Weihnachten auch verantwortlich für die Amateure, bis dort meine Nachfolge geregelt war.

Auch in der ersten Mannschaft hatten wir in Wolfram Wuttke einen Spieler, der – vorsichtig formuliert – nicht pflegeleicht war. Mit vier Siegen in den letzten fünf Spielen verhinderten wir den Abstieg und als wäre das nicht dramatisch genug gewesen, verkündete „Atze“ nach dem 5:2 gegen Gladbach noch in der Kabine seinen Rücktritt. Was blieb, war ein komplettes Vakuum. Ich selbst wusste nicht, wie es weitergehen soll, denn auch mein Vertrag lief aus. Ich habe dann zum Beispiel Tom Dooley verpflichtet – klischeehaft beim Italiener mit den Summen auf dem Bierdeckel – und bin mit der Mannschaft Neunter geworden, aber das war einer bestimmten Person wohl nicht genug und ich musste gehen.

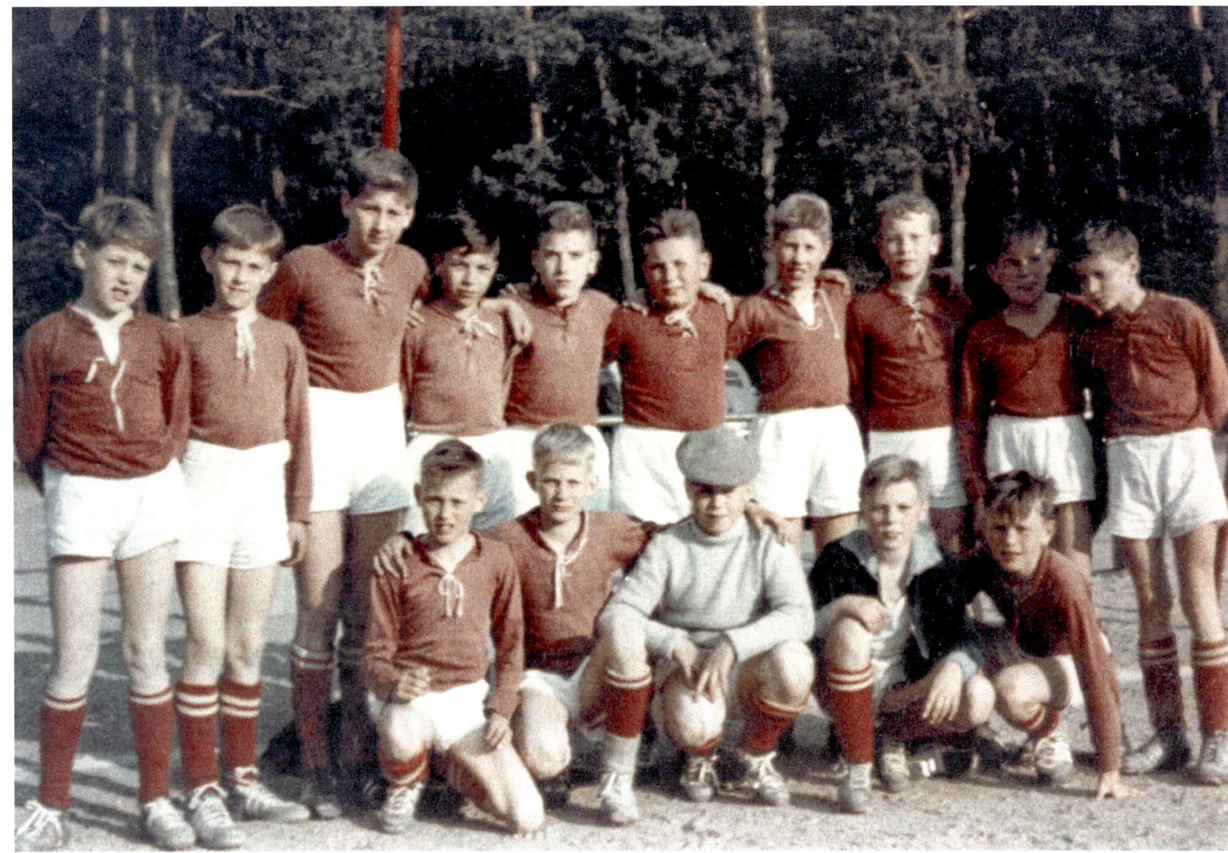

Die C-Jugend des 1. FCK 1963: Marcel Reif steht in der hinteren Reihe an dritter Stelle (von links). Hinten ganz links steht Peter Glöckner (siehe Stimme Nummer 6).

MARCEL REIF

Sportjournalist und ehemaliger Jugendspieler des FCK

Fußball war für meine frisch immigrierten Eltern zuallererst ein Mittel der Integration. Damit ihr achtjähriger Sohn die deutsche Sprache lernt, meldete mich meine Mutter beim Nachwuchs des FCK an. Sie hat sich nicht ausmalen können, was sie damit bewirkt: Dieses weinrote Trikot überzustreifen, war wie die Aufnahme in einen Ritterorden. Die Anziehungskraft des Klubs zu spüren, der weit und breit konkurrenzlos war, und ihm nicht zu verfallen, war unmöglich. Dagegen gibt es kein Mittel. Ich kann mich während unserer zehn Jahre in Kaiserslautern an kaum einen Samstag erinnern, an dem ich nicht zu den Heimspielen im Stadion gewesen bin. Zuerst die letzten Ausläufer der Walter-elf, inklusive Abschiedsspiel von Fritz, dann die mageren Oberligajahre bis zur letzten Südwestmeisterschaft und der damit verbundenen Qualifikation für die Bundesliga. Dieser Erfolg ist in seiner Bedeutung nicht hoch genug einzuschätzen, das hat man auch als Zeitzeuge gespürt. Die Bundesligazugehörigkeit hat den FCK auf die Landkarte mit den ganz Großen gesetzt.

Persönlich habe ich in zweierlei Hinsicht davon profitiert. Während sich der Alltag der FCK-Jugendmannschaften auf dem Ascheplatz hinter der Westkurve abspielte, durften wir nun ab und an ins Stadion der Großen, zum Vorspiel. Das waren für uns Top-Ereignisse, vor gut 20.000 Leuten zu kicken, die gegen Ende unserer Partie bereits im Stadion waren. Zum Beispiel vor dem allerersten Bundesliga-Heimspiel gegen Schalke. Auch als Fan begann eine neue Zeit. Mit der neuen Anlage waren Flutlichtspiele große Abende. Welche Wirkung die im Licht glänzenden Trikots besaßen … Und dann gab es noch mein Idol, das einzige, das ich je besessen habe: „Co“ Prins. Das war in meinen Augen ein Weltstar, den ich vergöttert habe. Die Socken unten, das Hemd aus der Hose – so wie dieser Künstler am Ball lief ich als Steppke auch auf den Platz. Und als mir ein Schiedsrichter dies in einem Westpfalz-Endspiel gegen den VfB Pirmasens untersagte, lief bei mir nichts mehr zusammen, da ich davon überzeugt war, nur so Fußball spielen zu können.

Diese Emotionen bei der Ausübung meines Berufs ausschalten zu können, hat mich nur vor dem ersten Spiel als Kommentator beunruhigt. Obwohl es das einzige Stadion war, in dem ich keine Arbeitskarte am Einlass gebraucht hätte, konnte ich das am Ende professionell handhaben. Aus dieser Perspektive habe ich dann die Höhepunkte der 1990er Jahre erlebt. Spiele wie im Rausch, diese einzigartige Stimmung, wenn das Stadion voll war und brodelte. Leider hat man dann vergessen, dass man Provinz ist – und ich benutze dieses Wort mit aller Liebe und Wärme. In Lautern war bis dahin immer der Weg das Ziel, aber mit den neuen Zielen ist das überdimensionale Stadion dem Verein über den Kopf gewachsen. Daran leidet er noch heute – und ich mit.

ERNST DIEHL

Spieler und Trainer beim FCK 1967–2000

Nach meinem ersten Spiel auf dem Betzenberg hätte ich auf der Heimfahrt fast einen Unfall gebaut, so beschäftigt war ich damit, dieses Erlebnis zu verarbeiten. Für die Möglichkeit, Fußballprofi zu werden, habe ich einiges in Kauf genommen. Nach dem Halbtagsjob als Einzelhandelskaufmann fuhr ich mit dem Zug zum Training der A-Jugend nach Kaiserslautern und zurück, und vom Bahnhof nach Hause musste ich drei Kilometer zu Fuß gehen. Mit 18 hatte ich nicht nur den Führerschein, sondern auch mein Ziel erreicht, in der Bundesliga zu spielen. Im November 1967 debütierte ich unter Otto Knefler gegen den MSV Duisburg. Um 10:30 Uhr fand am Morgen die Sitzung mit der Mannschaft statt, dann war jeder sich selbst überlassen, bis wir uns 60 Minuten vor dem Spiel wieder trafen. Es gab zwei Kabinen, von denen eine am Wochenende für die gegnerische Mannschaft geräumt werden musste. Dazwischen lag der einzige Waschraum, mit sechs oder acht Duschen für beide Mannschaften. Obwohl es auf dem Platz mitunter zur Sache ging, kann ich mich nicht erinnern, dass es jemals Theater gegeben hätte. Das war eigentlich mehr eine Gaudi, wenngleich sich die Wortwahl nicht immer dazu eignete, öffentlich zitiert zu werden. Auch die Platzverhältnisse, unter denen wir trainieren mussten, waren oft katastrophal. Es gab ja an beiden Seiten noch echte Kurven und in den Halbkreisen hinter den Toren fanden dann viele unserer Einheiten statt. Bei besonderen Heimspielen standen dort auch Zuschauer bis fast an die Linie. Ich erinnere mich an ein 0:0 gegen die Bayern 1969, in dem uns der Schiedsrichter drei Tore aberkannt hat, darunter ein Eigentor (!). Wenn da nur ein einziger Fan die Nerven verloren hätte, hätte es kein Halten mehr gegeben.

Denkwürdige Spiele habe ich dann jede Menge erlebt – aus den unterschiedlichsten Perspektiven. 1973 das 7:4 gegen die Bayern als Kapitän und Torschütze, 1982 das 5:0 gegen Real als Co-Trainer, denn nachdem ich meine Karriere als Spieler 1978 als Sportinvalide beenden musste, hat mich „Atze“ Friedrich – als Nachfolger von Roland Sandberg – zum Trainer der A-Jugend gemacht. Später übernahm ich zusätzlich die B-Jugend. Zusammen mit wenigen Helfern haben wir diesen Bereich professionalisiert, unser Einzugsgebiet ausgeweitet; erstmals systematisch Talente aus dem ganzen Südwesten hierhergeholt und uns als Nachwuchsstandort einen exzellenten Ruf erworben. 1983 (B-Jugend) und 1992 (A-Jugend) wurden wir Deutscher Meister, aber die beste Mannschaft, die ich trainiert habe, war die A-Jugend 1984/85. Die verlor zwar das Endspiel um die Deutsche Meisterschaft, aber mit Moser, Schupp, Foda, Löchelt oder Graf verfügte dieser Kader über eine Reihe von U-Nationalspielern, die auch – zumindest zeitweise – den Sprung in die erste Mannschaft packten.

Alleine zwei Jugendmannschaften parallel zu trainieren, wäre heute undenkbar, aber ich war zudem auch Co-Trainer. Von Kalli Feldkamp bis zu Hannes Bongartz und dann – als später Höhepunkt meiner Karriere – 1996/97 noch einmal unter meinem alten Teamkollegen Otto Rehhagel. Seine Art der Menschenführung war schon einmalig. Interimistisch war ich auch Cheftrainer, zum ersten Mal nach Rudi Kröners Abgang 1983, als wir mit einer prominenten Mannschaft unbedingt den UEFA-Cup erreichen mussten, da wir für Spieler wie Thomas Allofs und Tobjörn Nilsson viel Geld investiert hatten. Dabei gelang mir im ersten Heimspiel der höchste Heimsieg der FCK-Bundesligageschichte, ein 7:0 gegen den KSC. Und dank Hans-Peter Briegel gewannen wir im Olympiastadion 1:0 gegen Bayern. Am Ende brauchten wir aber die Hilfe des 1. FC Köln als Pokalsieger, um die Qualifikation zu schaffen.

Auch wenn es nicht das letzte Mal blieb, dass ich aushalf, war es nie meine Absicht, langfristig in diese Rolle zu schlüpfen. Abgelehnt habe ich ein einziges Mal: im Abstiegskampf 1996. Wenn ich sehe, was daraus wurde, ist dies der einzige Vorwurf, den ich mir nach all den Jahrzehnten im Dienst des FCK manchmal mache.

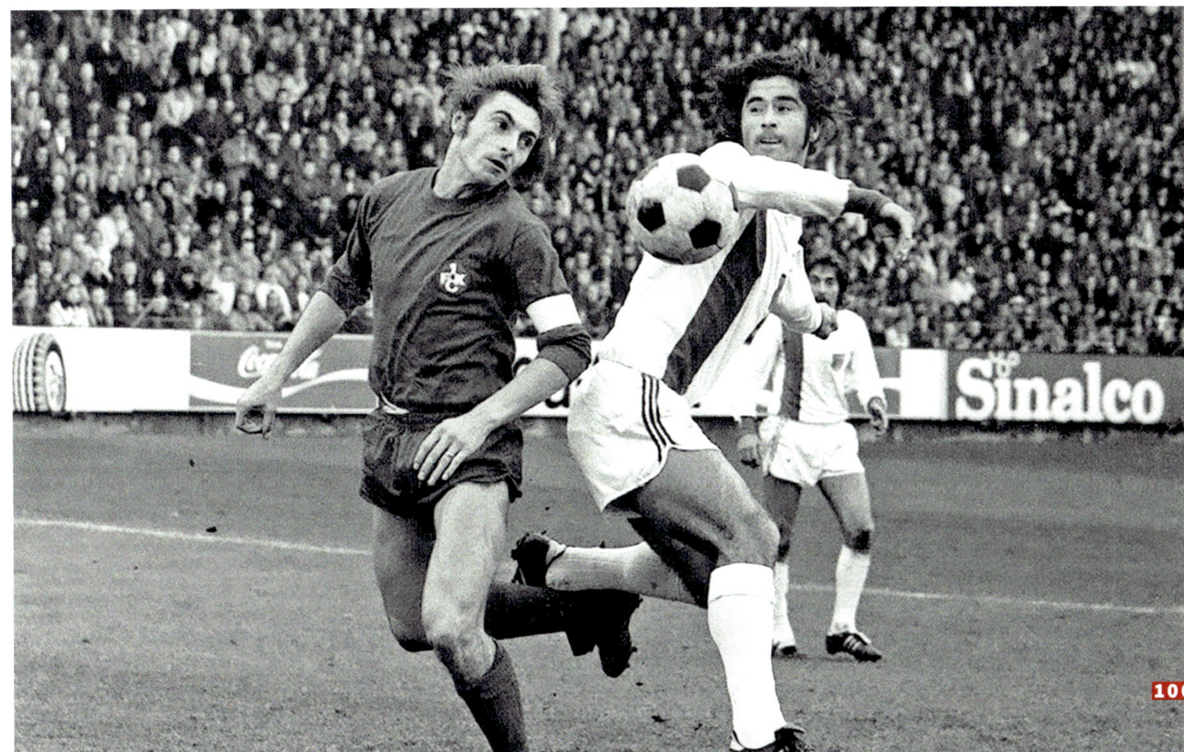

HORST KONZOK ehemaliger Sportchef der Tageszeitung *Die Rheinpfalz*

31. Oktober 1970: Fritz Walter wird 50. „Der Fritz" feiert – und wird gefeiert. Auf dem Betze, seinem Berg, dem Berg der Berge. Helmut Kohl, der rheinland-pfälzische Ministerpräsident, später Mitglied Nummer 1 des 1. FC Kaiserslautern, zeichnet Fritz Walter vor dem Anpfiff der Bundesligapartie gegen den 1. FC Köln mit dem Bundesverdienstkreuz aus. Kohl bewundert „den Fritz". Die Sympathie ist gegenseitig.

31. Oktober 1970 – vor 50 Jahren –, es ist meine erste Begegnung mit dem Betzenberg, es ist mein erstes Bundesligaspiel, das ich live im Stadion erleben darf. Ich bin 14 – und glühender Fan. In der Westkurve, ganz vorne am Zaun, ist mein Platz. Lange vor dem Spiel stehe ich dort mit meinem Cousin Lothar. Aus den Lautsprechern dröhnt Herbert Zimmermanns Reportage vom WM-Finale, von jenem wunderbaren 3:2 gegen Bern. „Rahn müsste schießen …" Und er schoss: 3:2! „Aus. Aus. Aus … Deutschland ist Weltmeister." Geschossen haben an jenem 31. Oktober 1970 auch die Lauterer. Oft und scharf. Lange gegen zehn Kölner, denn Peter Blusch flog vom Platz. Aber Manfred Manglitz hielt wie ein Gott. 0:0 – ein tolles Spiel. Welch ein Tag!

Später heißt das Stadion auf dem Betzenberg Fritz-Walter-Stadion. Die Postanschrift des FCK lautet seither Fritz-Walter-Straße 1. Eine Verbeugung vor dem Ehrenspielführer, „dem besten Fußballer, den es je gab", würde Miro Klose, der Weltmeister von 2014, einmal sagen. Sein erstes Bundesligator bei einem 4:0 gegen Werder Bremen feierte der Miro mit einem Salto auf dem Betze – vor „der West", wo er früher selbst Stammgast war.

Der Betze blieb der Betze. Er steht für legendäre Spiele, Sternstunden des Fußballs: 7:4 nach 1:4 gegen die Bayern. 5:0 im Europapokal gegen Real Madrid. 3:1 gegen den FC Barcelona – und trotzdem aus dem Europacup ausgeschieden. Ja, der Betze kann auch Drama.

Der Betzenberg – immer mal wieder Baustelle. Alle, die bauten, bauten ihre Stadien zum Platz hin. Eng, weil stimmungsvoll. So wie in England – und in Lautern. Als ich am 2. Januar 1994 zum ständigen journalistischen Begleiter wurde, war es damit vorbei. Dort wurde der Abstand mit dem Umbau größer – der FCK wollte das Stadion auch als Konzertstätte nutzen – zwischen Nordtribüne und Rasen wurde quasi die „Straße" gebaut, damit die schweren Lkw mit Bühnenzubehör ins Stadion fahren können. Es gab und gibt die Konzerte nicht. Aber ein erster Stimmungstöter war geschaffen. Es sollte noch schlimmer kommen: Klubchef Jürgen Friedrich, der nach der sensationellen Deutschen Meisterschaft 1998 den Traum träumte, mit dem FCK „dauerhaft auf Augenhöhe mit den Bayern zu spielen", sah die Möglichkeit, den Betze mit öffentlichen Geldern zu einer modernen Zukunftsarena werden zu lassen. Die WM 2006 musste her. Nicht mehr mit nur 34.000 Zuschauern – 50.000 … Der FCK – in der Königsklasse. Der WM-Zuschlag kam. Das Grab für den FCK wurde auf dem Betze ausgehoben. Der Verein kollabierte an den ausufernden Kosten. Sinnbildlich die Holzmann-Pleite auf der WM-Baustelle.

Um den Bankrott des FCK abzuwenden strickten Land, Stadt und der FCK, den inzwischen der Schweizer René C. Jäggi führte, ein Rettungskonstrukt. Es war mit seiner Stadionmiete darauf ausgelegt, dass der FCK erstklassig bleibt. 2006 – der zweite Abstieg aus der Bundesliga. Der Mietvertrag wurde zum Knebelvertrag, der FCK zahlte in dieser Zeit mehr Miete, als andere für ihren Zweitliga-Etat ausgaben. Das Millionengrab Betzenberg – eine Fallgrube. Ein überdimensioniertes Stadion. Der in Stein gehauene Wahnsinn.

Der Betze – hier war der FCK mal eine Macht. Das ist Vergangenheit. Mehr und mehr ist der Betze zum Selbstbedienungsladen geworden. Der FCK – ein Dauersanierungsfall. 2018 – der Sturz in die 3. Liga – die Quittung für jahrelange Selbstzerstörung und für eine Fehlsteuerung durch die Vereinsführungen.

Mythos Betzenberg – es gibt ihn. Das erste Drittligaspiel gegen 1860 München sehen mehr als 40.000 Zuschauer. Welch eine Wucht. In der ersten DFB-Pokalrunde 2019/20 gewinnt der drittklassige FCK 2:0 gegen Mainz 05. Als Florian Pick das 2:0 schießt, scheint der Betze zu explodieren. Der Mythos lebt. Die Erinnerung ist wach. Die Tradition groß. Die Angst vor der ungewissen Zukunft auch. Der Zahn der Zeit nagt an der Arena. Sie verwahrlost mehr und mehr.

2020: Der FCK wird 120. Der Betze wird 100. Am 31. Oktober ist der 100. Geburtstag Fritz Walters. Er ist am 17. Juni 2002 gestorben. Sein Erbe ist Verpflichtung, neuen Glanz in sein Stadion zu bringen. Mein Berufsleben als Sportjournalist endet Mitte Januar 2020. Die Liebe zum Betze nicht. Die Dauerkarte für 2019/20 ist gekauft. Nordtribüne. Block 13.1, Reihe 8, Platz 2. Der Mythos Betze lebt!

DIE SCHUHE DER STARS GEPUTZT

VOLKER TINTI FCK-Ehrenmitglied

Über vier Generationen kommen wir Tintis auf 250 Jahre Mitgliedschaft im FCK. Nimmt man alle Dauerkarten und Trikots im Laufe der Jahrzehnte hinzu, könnte man von unserem Geld wahrscheinlich einen Drittliga-Spieler verpflichten.

Den Anfang machte mein Vater Hans Tinti, der 1937 aus Kehl nach Kaiserslautern kam, wo er ab 1950 als Stadtbaudirektor fungierte. Er fand als Leichtathlet den Weg zum FCK, arbeitete als Trainer und Kampfrichter und wurde aufgrund seines beruflichen Hintergrunds Anfang der 1960er Jahre Vorsitzender des Bauausschusses. In dieser Funktion oblag ihm die Planung des Betzenberg-Umbaus in ein bundesligataugliches Stadion – eine Aufgabe, die er ehrenamtlich erledigte.

Für mich waren die 1950er Jahre eine besonders schöne Zeit. Mit den Erfolgen der Walterelf groß zu werden bleibt unvergesslich. Mit der selbstgebastelten Fahne stand ich immer in der Ostkurve, aber auch abseits der Spieltage verbrachte ich mit meinen Freunden einen Großteil meiner Kindheit auf dem Betzenberg. Oft warteten wir am Stadion, bis uns Platzwart Fritz Kübler zu sich rief. Im Kohlekeller der alten Holztribüne putzten wir die Schuhe der ersten Mannschaft. Zur Belohnung durften wir auf dem Platz hinter der Westkurve bolzen.

Mitglied wurde ich im Dezember 1950, wie mein Vater als Leichtathlet und dann vor allem als Handballer. Fußball spielte ich lange nur zum Spaß nebenher, half aber 1961 tatsächlich einmal im Spiel der FCK-Reserve als Torwart aus. Wirklich Fußballer wurde ich erst beim SV Alsenborn, wo ich ab 1964 als zweiter Torwart die großen Jahre dieses kleinen Vereins hautnah miterlebt habe. Mit Trainer Otto Render, der Nummer eins im Tor, Willi Hölz und natürlich Fritz Walter arbeitete ich jetzt mit Persönlichkeiten zusammen, denen ich als kleiner Junge zugejubelt hatte.

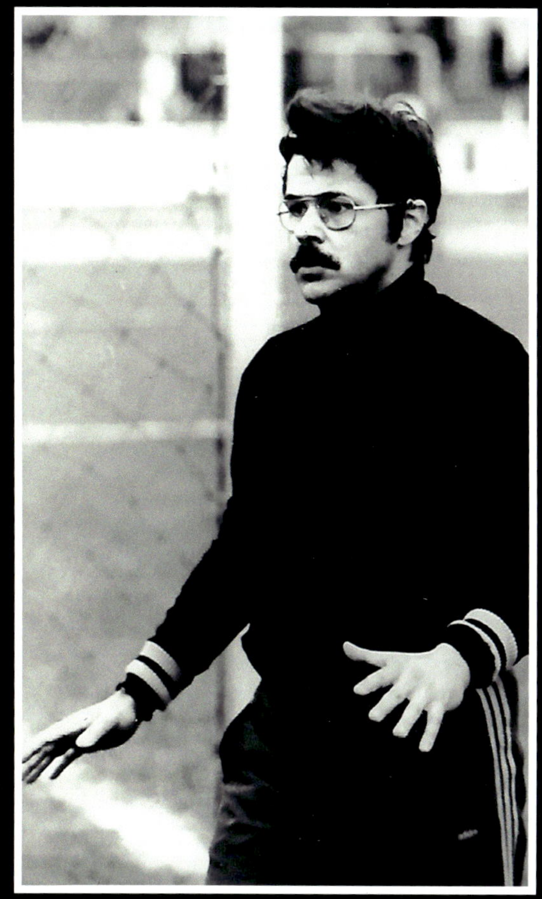

Die damals geweckte Begeisterung hat mich dem FCK als Zuschauer immer treu bleiben lassen. Einen der schönsten Tage erlebte ich 1991 in Köln, als wir an meinem 50. Geburtstag Meister wurden. Die Feier musste im Bus und im Stadion stattfinden. Zu Hause, auf dem Betzenberg, war ich 60 Jahre mit kurzen Unterbrechungen Stammgast und lasse es erst seit ein paar Jahren ruhiger angehen. Dafür hält mein Sohn Markus die Stellung. Er ist nicht nur als Torwart in meine Fußstapfen getreten und hat in der Jugend beim FCK gespielt, sondern ist als Fan noch unerbittlicher als ich. Er hat seit 1981 eine eigene Dauerkarte und verpasst bis heute kaum ein Spiel. Ob meine Enkeltochter Sarah diese Tradition fortführen wird, muss sich noch zeigen.

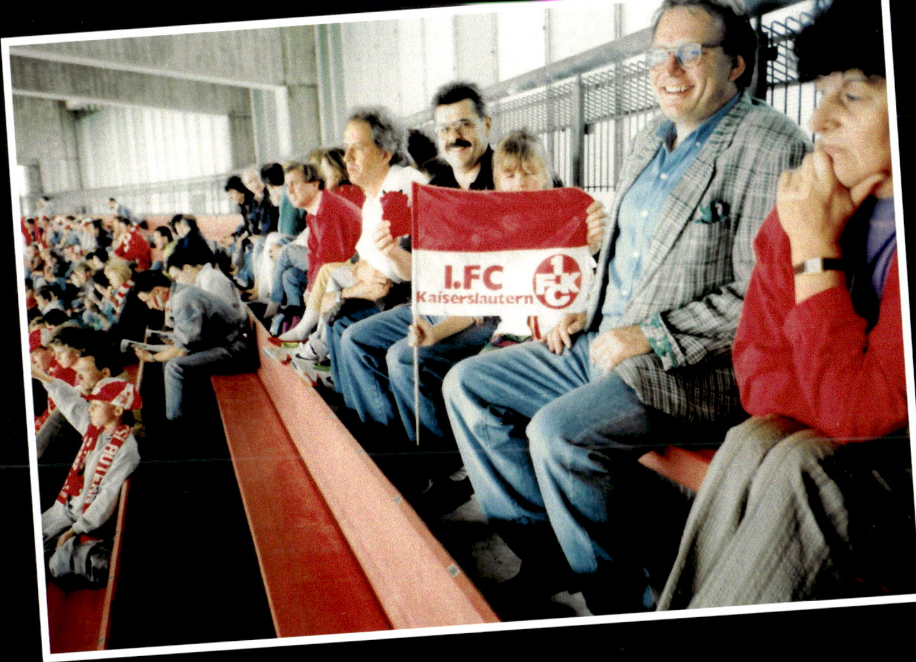

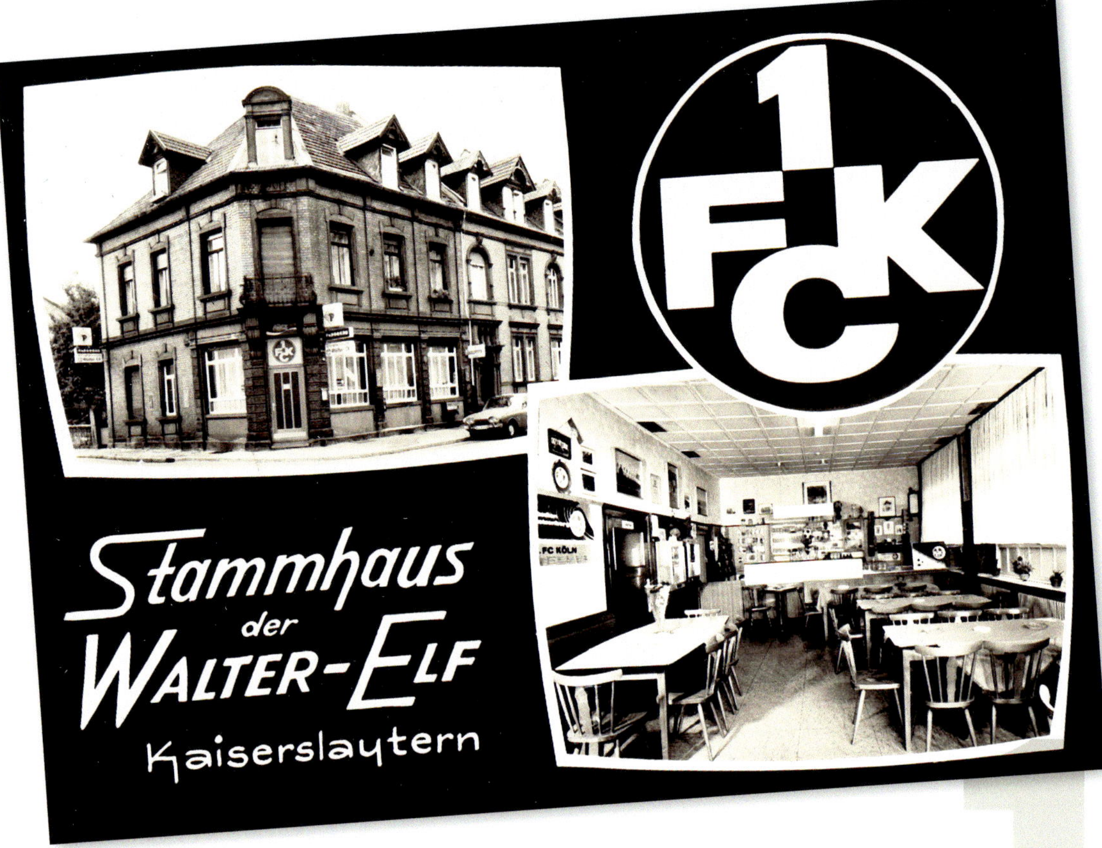

13

GANZ NORMALE MENSCHEN

MARION WUTTKE Nichte von Fritz und Ottmar Walter

Wenn im Stadion gespielt wurde, hat meine Mutter bei uns zu Hause in der Badstraße das Fenster geöffnet. Je nachdem wie der Wind stand, wusste man Bescheid, wie das Spiel lief. Wenn wir die Fans jubeln hörten, haben wir schnell das Radio lauter gedreht, um herauszufinden, wer das Tor erzielt hat.
Als Kind waren die Spieltage auf dem Betzenberg für mich in erster Linie mit der Gaststätte meiner Großeltern verbunden. In die „Walterelf" strömten an diesen Samstagen Fans aus allen Himmelsrichtungen, es war gerammelt voll, auch wenn meine Onkels nicht mehr selbst auf dem Platz standen. Kurz vor Spielende hat mich meine Mutter dann geschnappt und wir sind in die Bismarckstraße gelaufen. Sie hat dann geholfen und ich habe in der Wohnung in der ersten Etage gewartet, bis der größte Ansturm vorbei war.
Meine Mutter Gisela war das Nesthäkchen der Familie Walter und als solches auch überall bekannt. Als Kind fand ich es nervig, mit ihr in die Stadt zu gehen. Weit kam man nie, ohne stehenzubleiben und mit der oder dem Nächsten zu reden. Sie hat ihre Brüder vergöttert. Es war ihr bewusst, dass deren Karriere auch ihr Leben nachhaltig beeinflusst hat, gerade in den schweren Zeiten. Sie war total FCK-verrückt, auch wenn ich nie mit ihr bei einem Spiel war. Diese Aufgabe fiel meinem Vater zu. Mit acht Jahren nahm er mich mit in die Ostkurve. Erst als Teenager durfte ich dann alleine gehen. Mit 15, 16 habe ich das genutzt, um mich dort mit Jungs zu verabreden. Ich hatte zu Hause eine sehr gute Ausrede und gleichzeitig war es eine unverfängliche Umgebung für ein erstes Treffen. Wirklich regelmäßig ging ich erst in den späten 1980er und 1990er Jahren. Da hatte ich dann mit meinem Mann Dauerkarten. Er hat lieber gesessen, deswegen auf der Nordtribüne. Teure Plätze in den ersten Reihen, in denen man zur Belohnung schön nass wurde, wenn es regnete.
Trotz all der schönen Momente aus dieser Zeit bleibt mir besonders der Abstieg 1996 in Erinnerung. Wir haben das Spiel in Leverkusen bei uns im Stadion auf der Leinwand verfolgt. Die Tränen und Verzweiflung der Menschen haben mich noch tagelang in meinen Träumen verfolgt. Man hat den Verein in diesen Jahren hier sehr extrem gelebt. Auch ich erinnere mich, wie ich schon morgens vor wichtigen Heimspielen Bauchweh hatte. Im Lauf der Jahre ist das, auch durch private Umstände, in den Hintergrund gerückt. Nach langen Jahren ohne Fußball kam ich über Facebook wieder mit dem Thema FCK in Berührung. Seit 2017 gehe ich wieder ins Stadion, erst sporadisch, dann immer öfter. Durch meine Mitgliedschaft beim Fanklub „Wir sind Betze" steht der soziale Aspekt des Fußballs im Vordergrund. Natürlich bin ich Fan und möchte, dass wir das Spiel gewinnen, aber meine Leute dort zu treffen, spielt auch eine große Rolle für mich.
Dass das Stadion nach meinem Onkel benannt ist, ist okay. Für mich waren Ottmar und Fritz zwei ganz normale Menschen. Nur wenn ich die Büste sehe, die unten in der Nordtribüne hängt, denke ich immer, dass sie Fritz so gar nicht ähnlich sieht. Als Lauterer geht man ohnehin „uff de Betze". Wenn es sich finanziell lohnen würde, würde ich nicht an dem Namen hängen. Nur meiner Mama, der hätte das wehgetan, denn das Vermächtnis ihres Bruders hat ihr viel bedeutet.

EIN TEIL MEINER HEIMAT

EVA ESTORNELL-BORRULL Leiterin des Informations- und Beratungszentrums Kaiserslautern der Krebsgesellschaft RLP e.V. und geschäftsführender Vorstand des Fördervereins „Mama/Papa hat Krebs“ Kaiserslautern e.V.

Das Stadion ist mein ganz persönliches Synonym für Integration, Heimat und den Willen, nicht aufzugeben, auch nach Misserfolgen. 1965 kamen meine Eltern als Gastarbeiter nach Kaiserslautern und mein Papa, ein echter „Blanquinegro“ aus Valencia, war sofort ein glühender Betzefan. Meine Mama gönnte ihm seine Fußballleidenschaft, solange er die Kinder mitnahm. So kam ich im zarten Alter von drei Jahren zum ersten Mal auf den Berg. Es hat mich sofort erwischt. Wie ein Virus, wie eine Erkältung mit Halsentzündung, gegen die man nichts tun kann, außer sich einen Schal um den Hals zu wickeln. Bei mir wurde es der FCK-Fanschal, den ich bis heute in vielen Variationen zu Hause lagere. Wie sehr Kaiserslautern meine Heimat geworden war, wurde mir in Kalifornien bewusst, wo ich zuerst studierte und dann lebte. Als ich nach elf Jahren Auslandsaufenthalt wieder zurückkam, zurück in diese Stadt, geschah das ganz bewusst. Hier hatten sich meine Wurzeln gefestigt, hierhin wollte ich zurück und daran hat der FCK einen großen Anteil. Den Verein hatte ich in der ganzen Zeit nie aus den Augen verloren.

Die Roten Teufel und die Stimmung im Stadion haben es mir angetan. Ein Spieler ganz besonders: Ronnie Hellström. Als ich etwa elf war, wurde unser Schwede auf dem Schillerplatz zum Spieler des Jahres gekürt. Ich hatte meine Mutter angebettelt, um mit mir dahinzugehen. Also zogen wir, mit Fotoapparat bewaffnet, los, nur traute ich mich nicht, mich neben Ronnie zu stellen. Ich war so perplex, meinem Idol gegenüberzustehen, dass ich mich hinter einem Auto versteckte. 15 Jahre später habe ich meinen damaligen Fehler gutgemacht – nach der gewonnenen Meisterschaft, als Ronnie durch die feiernde Altstadt lief: „Roonnniiiee“, entfuhr es mir und ich begrüßte ihn herzlich und bekam ein Foto zusammen mit ihm.

Einen völlig neuen Zugang zum Thema FCK bekam ich durch Martin Amedick. Der damalige FCK-Kapitän meldete sich 2009 bei mir auf der Beratungsstelle der Krebsgesellschaft. Er wolle sich sozial engagieren, sagte er. Toll, dachte ich mir. Und sofort fiel mir ein, was er tun könnte. Ich hatte gerade ein Hilfsprojekt in der Planung. Und zusammen mit Martin Amedick nahm „Mama/Papa hat Krebs“, das Kinder krebskranker Eltern betreut, Form an. Als wir uns im Stadion, zusammen mit *Rheinpfalz*-Sportchef Horst Konzok, zum ersten Gespräch trafen, empfand ich das als grandiose Sache. Mein Blick schweifte nach draußen über den Rasen und die Kurve, wo ich immer stand, während ich in diesem Moment den Verein auf einer neuen Ebene kennenlernen durfte, einer Ebene, die meine beruflichen und privaten Interessen perfekt verknüpfte. Mit Martins Hilfe bekam das Projekt einen Anschub und erlebte einen Erfolg, der ohne sein außergewöhnliches Engagement nicht möglich gewesen wäre. Dafür bin ich heute noch sehr dankbar. Besondere Momente zusammen im Stadion zu erleben, schafft Bindungen, die vieles überdauern. Mein sechs Jahre jüngerer Bruder Carlos ist bereits 1980 mit meinen Eltern zurück nach Spanien gezogen und lebt heute wieder in Valencia. Und immer noch teilen wir die Liebe zum FCK, die an diesen gemeinsamen Samstagnachmittagen mit unserem Papa in der Westkurve gewachsen ist. Seine Besuche in Deutschland richten sich immer nach dem Spielplan, der Stadionbesuch ist Pflicht. Egal, ob er früher für Europacupspiele angeflogen kam oder heute die 3. Liga mit uns erträgt. Deswegen hat der FCK auch in schwerer Stunde immer einen Platz in meinem Herzen. Er ist mein Verein. Er ist Teil meiner Heimat. Darum besitzen mein Mann und ich auch jede Saison eine Dauerkarte, und nach vielen langen Jahren auf der West sitze ich nun in Block 4.3 – und das ist gut so!

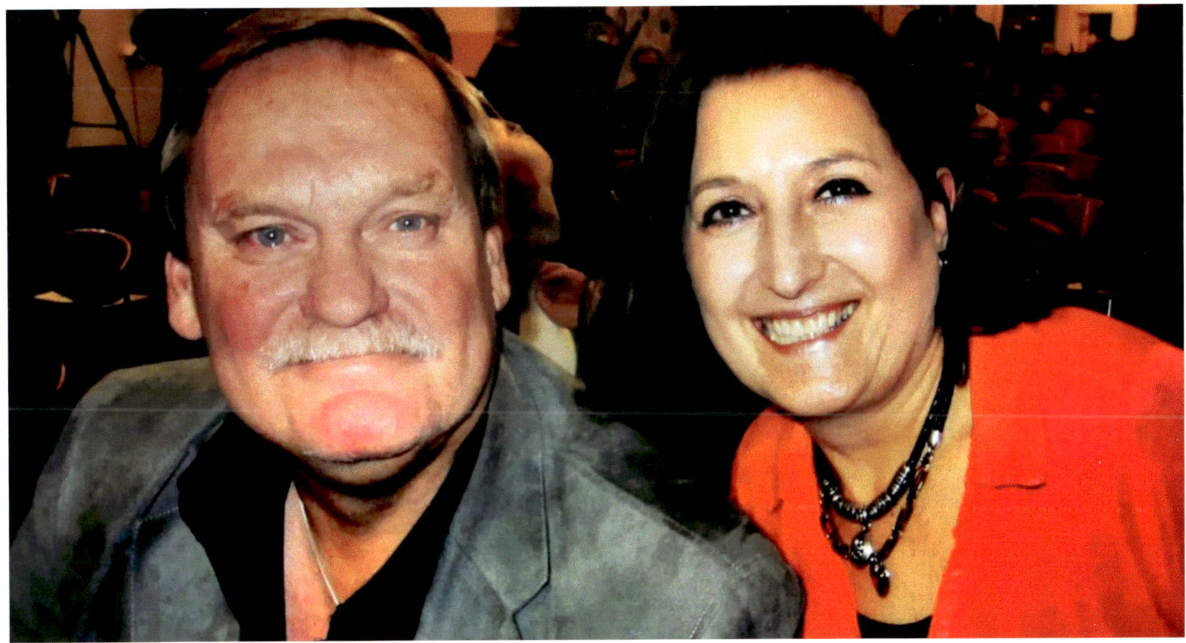

Große Pläne: Die Bundesliga war nicht nur sportlich, sondern vor allem hinsichtlich der Infrastruktur eine immense Herausforderung für den Verein. Nicht nur das Stadion, sondern das gesamte Umfeld wurde grundlegend neugestaltet.

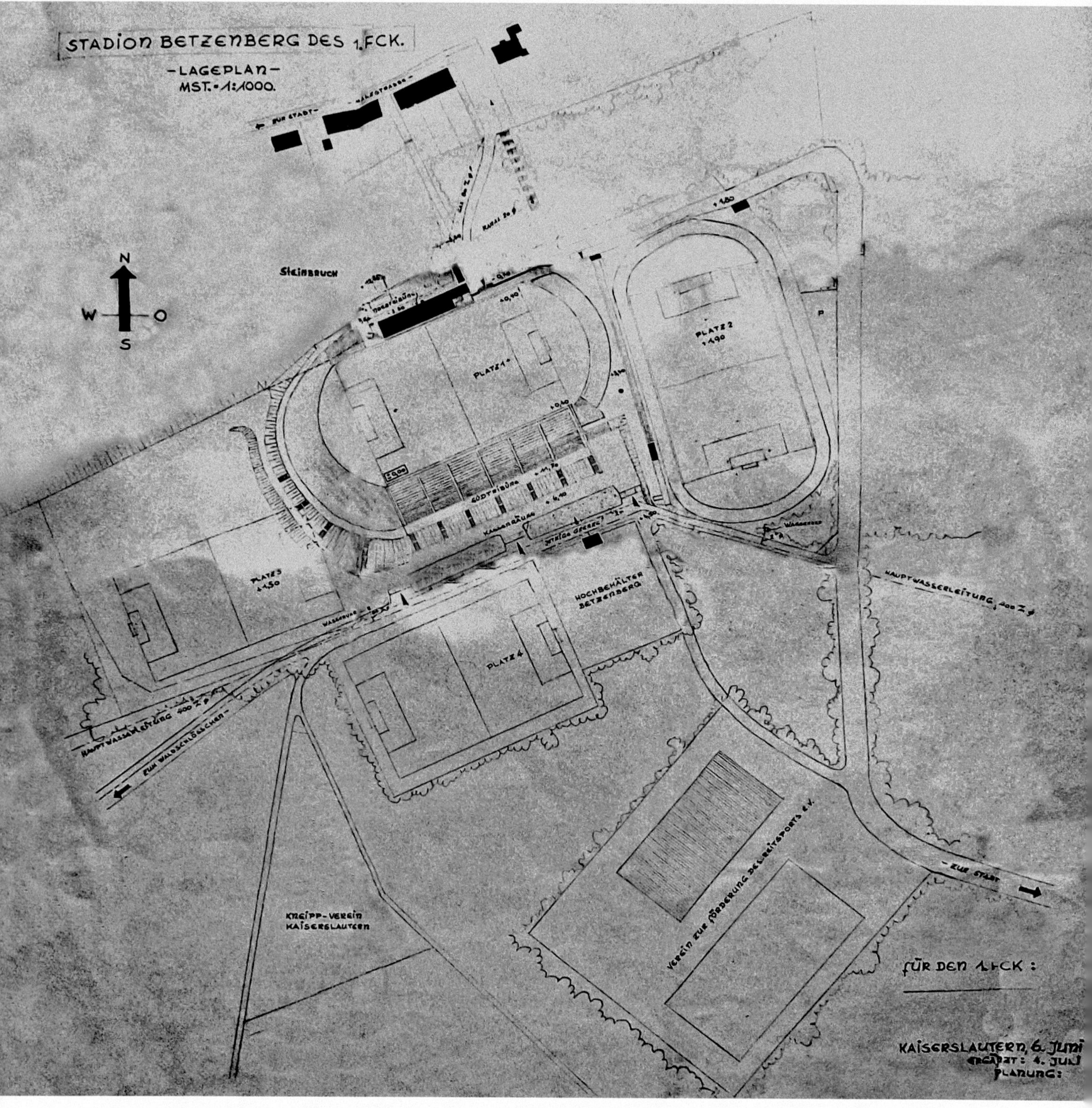

1963: Eine neue Zeit

25. Mai 2019, Finale des Südwestpokals: Der FCK trifft in Pirmasens auf Wormatia Worms. Der Verein ist – unfreiwillig – zurück in jenem Teil der Fußballwelt, den er 1963 mit der Einführung der Bundesliga hinter sich gelassen hat. Versuchte man sich einen Betzenberg vorzustellen, der nie ein Teil der höchsten deutschen Spielklasse gewesen wäre, könnte der Sportpark Husterhöhe als realistische Referenz dienen. Oder eben auch nicht: Das schicke kleine Stadion des damals schärfsten Rivalen FK Pirmasens steht auf dem Gelände der ehemaligen US-Kaserne außerhalb der Stadt. Die alte Heimat an der Zweibrücker Straße ist längst abgerissen. Keine 50 Kilometer weiter westlich verdeutlicht ein Besuch beim zweiten Konkurrenten dieser Tage, Borussia Neunkirchen, dass das Pirmasenser Szenario ein günstiges ist: Das Neunkirchner Ellenfeld, in dem in den 1960ern tatsächlich noch erstklassiger Fußball zu sehen war, ist mittlerweile baufällige Heimat eines Sechstligisten.

Gründungsmitglied der Bundesliga zu sein und diesen Status zäh zu verteidigen, wird nach den Erfolgen der Walterelf *das* prägende Identitätsmerkmal des Vereins. Bühne im Konzert der Großen zu sein, definiert auch das Bild des Betzenbergs neu, sowohl im wortlichen als auch im übertragenen Sinn.

Mehrere Haken

28. Juli 1962: Der 14. DFB Bundestag beschließt die Einführung der Bundesliga im kommenden Sommer. Einem schon damals realitätsfernen Amateurgedanken verhaftet und um ihren Einfluss fürchtend, hat sich die regionale Funktionärsriege des deutschen Fußballs länger gegen eine nationale Profiliga gewehrt als in jedem anderen europäischen Land. Doch nun ist es so weit: Anstatt 74 Oberligisten sollten ab 1963 nur noch 16 Vereine erstklassig sein. Als zweimaliger Deutscher Meister gehört der 1. FC Kaiserslautern zu den 46 Klubs, die bis zum 31. Dezember 1962 fristgerecht ihre Bewerbung einreichen. Leider gibt es gleich mehrere Haken: Von den zwei Plätzen für den Südwesten ist dank Hermann Neuberger einer für den 1. FC Saarbrücken reserviert. Zweitens sind die fetten Jahre der Walterelf längst vorbei; sowohl der FK Pirmasens als auch Borussia Neunkirchen haben dem FCK sportlich den Rang abgelaufen. Und zu guter Letzt ist hinsichtlich der Infrastruktur eine hohe Hürde zu überwinden: Jedes Bundesligastadion muss 35.000 Zuschauern Platz bieten und über eine adäquate Flutlichtanlage verfügen.

Debatte um Steuergelder

Klar ist, dass der Verein als Eigentümer des Stadions diese Aufgabe nicht alleine lösen kann. Er ist bereit, sein Vereinsheim „Löwenburg" zu verkaufen und den Erlös einzubringen. Darüber hinaus beantragt er die Hilfe der Stadt Kaiserslautern und der Landesregierung. Damit beginnt eine Debatte um die Rechtfertigung des Einsatzes von Steuergeldern für den Profifußball, die bis heute nicht beendet ist.

Der FCK verweist auf den Wettbewerbsnachteil, der ihm aus dem Besitz der Anlage erwächst. In der Regel spielen die großen Vereine in kommunalen Stadien, mit deren Ausstattung und Erhalt sie nichts zu tun haben. Das Problem, ein vereinseigenes Gelände zu modernisieren, ist im Kreis der Bewerber ein exklusives.

Konkret beantragt der FCK einen städtischen Zuschuss von 200.000 bis 250.000 DM für die Errichtung der geforderten Flutlichtanlage. Die Argumente dafür und dagegen sind seit 1962 grundsätzlich gleich geblieben. Einerseits soll der Bedeutung

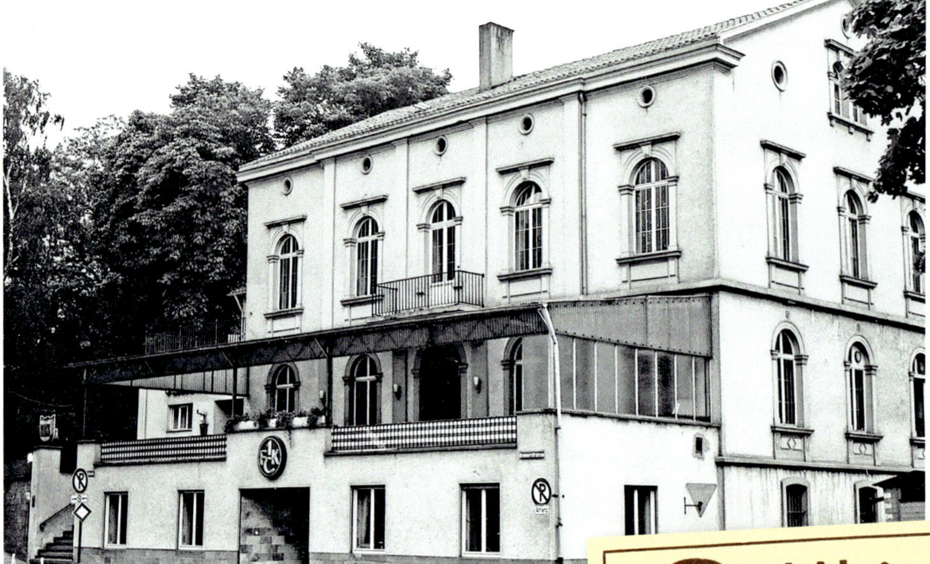

Der Erwerb und Umbau der Löwenburg war für das Vereinsleben eine unschätzbare Bereicherung. Obwohl dem FCK das Domizil nur wenige Jahre gehörte, schwärmen die Zeitzeugen noch heute von dieser kurzen Ära.

Anzeige aus der *Rheinpfalz* vom 28. Februar 1959.

FCK **Clubheim Löwenburg**

unter neuer Führung wieder **eröffnet**

Ab sofort stehen die Gast- und Gesellschaftsräume allen Mitgliedern, Gästen und Freunden wieder in vollem Umfange zur Verfügung.
Gepflegte Küche — erstklassige Getränke und fachmännische Bedienung sind uns Verpflichtung.

Wir bitten, das bisherige, dem Hause entgegengebrachte Vertrauen auch auf uns zu übertragen. (k

E. Krausse und Frau

EINWURF

Die Löwenburg

Da die fortlaufende Modernisierung des Stadions und der umliegenden Plätze immer nur auf den sportlichen Betrieb schielt, fehlen dem Klub Räumlichkeiten für die administrativen und gesellschaftlichen Anforderungen eines Großvereins, der er nunmehr ist. Noch während der WM 1954 nimmt die Stadt das Angebot des FCK an, dessen Haus in der Beethovenstraße 44 (in dem sich über der Geschäftsstelle auch die Privatwohnung Fritz Walters befindet) zuzüglich 15.000 DM gegen die Löwenburg am Fuße des Betzenbergs einzutauschen.

Der Name des Gebäudes geht zurück auf die gleichnamige Brauerei, die schon lange nicht mehr existierte, deren Name aber in der ehemaligen Hauswirtschaft weiterlebte. Im Wortlaut der Vereinszeitschrift sollte der Umbau dieser Liegenschaft „zur Erfüllung der ihm obliegenden sportlichen, erzieherischen und kulturellen Aufgaben“ dienen. Konkret bedeutete dies, dass im Erdgeschoss neben der neuen Geschäftsstelle auch moderne Funktionsräume für die Mannschaft – inklusive einer damals topmodernen Anlage für Unterwassermassage – untergebracht waren. Das Herzstück aber war das Restaurant im Erdgeschoss, mit Kegelbahn und großem Saal für Feierlichkeiten wie zum Beispiel die legendären Rosenmontagsbälle, von denen Zeitzeugen noch heute schwärmen. Wieder eine Etage höher gab es noch weitere Zimmer für Besprechungen und sogar Gruppenschlafräume für Jugendmannschaften. Die Zeit in der Löwenburg war schön, aber kurz: Zur Finanzierung des Stadionumbaus auf Bundesliganiveau trennte sich der FCK bereits 1962 wieder von seinem liebgewonnenen Schmuckstück.

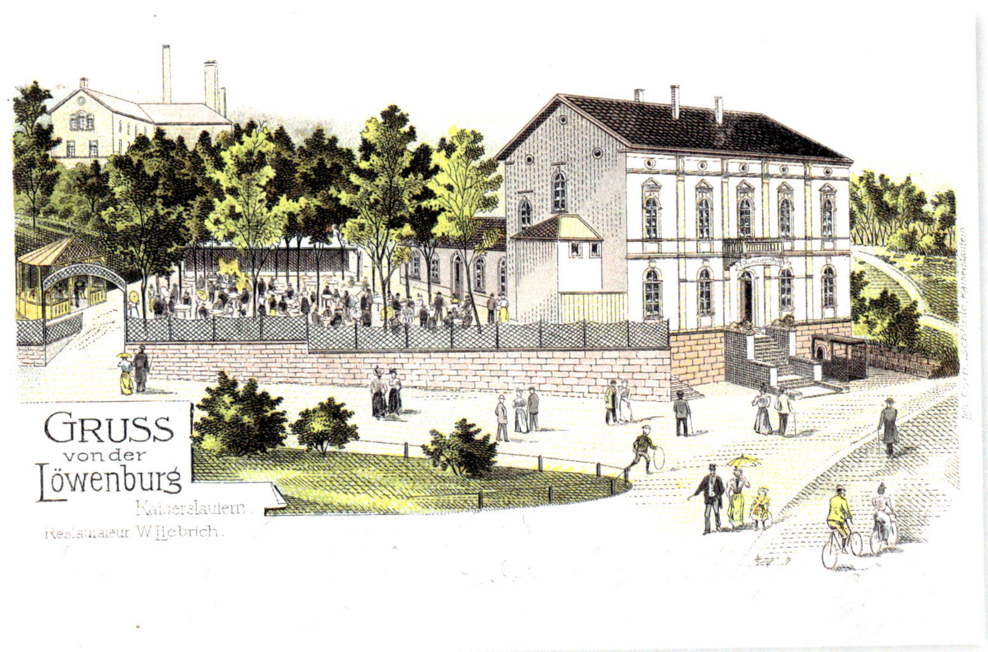

Postkarte von 1902.

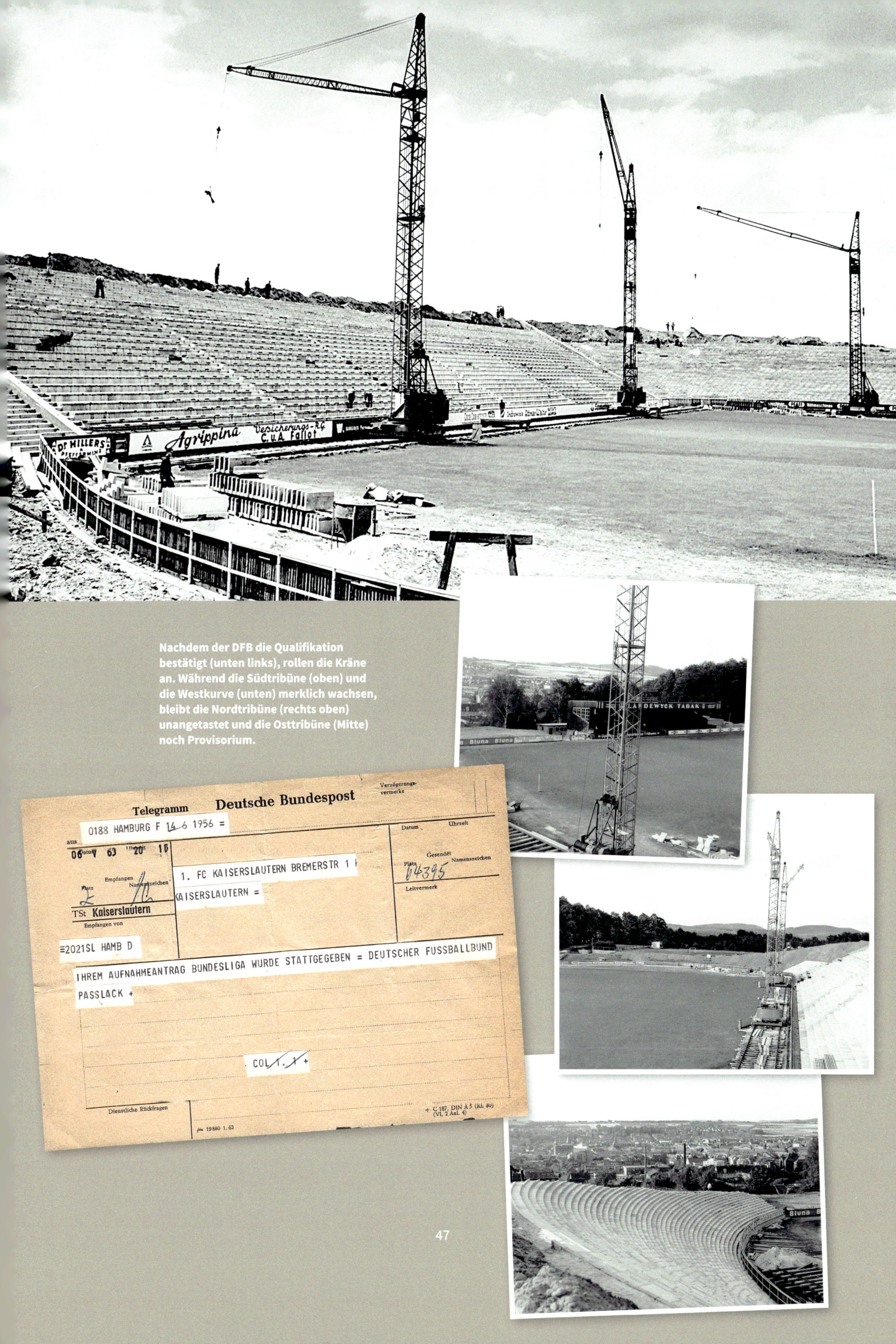

Nachdem der DFB die Qualifikation bestätigt (unten links), rollen die Kräne an. Während die Südtribüne (oben) und die Westkurve (unten) merklich wachsen, bleibt die Nordtribüne (rechts oben) unangetastet und die Osttribüne (Mitte) noch Provisorium.

Telegramm Deutsche Bundespost

Verzögerungsvermerke

0188 HAMBURG F 14 6 1956 =

aus

Datum 06 V 63 Uhrzeit 20 15

Empfangen Platz Namenszeichen

TSt Kaiserslautern

Empfangen von

≡2021SL HAMB D

1. FC KAISERSLAUTERN BREMERSTR 1

KAISERSLAUTERN =

Datum Uhrzeit

Gesendet Platz Namenszeichen 64395

Leitvermerk

IHREM AUFNAHMEANTRAG BUNDESLIGA WURDE STATTGEGEBEN = DEUTSCHER FUSSBALLBUND PASSLACK +

COL 1. 1 +

Dienstliche Rückfragen

+ C 187, DIN A 5 (Kl. 30) (VI, 2 Anl. 4)

19880 1. 62

des Vereins für das Ansehen der Stadt Rechnung getragen werden, andererseits befürchten Kritiker eine einseitige Förderung des Spitzen- zu Lasten des Breitensports und die Vernachlässigung anderer kommunaler Aufgaben. Der zunächst gefasste Beschluss enthält nebst salbungsvollen Worten dann den bewusst vage formulierten Willen der Stadtverwaltung, „dem 1. FCK nach Kräften behilflich zu sein", um die im Fall der Qualifikation geforderte Infrastruktur zu schaffen.

Qualifikation vor Ausbau

Die Tragweite der Entscheidung ist enorm. Ein durchschnittliches Oberligaspiel zieht Anfang der 1960er Jahre selten mehr als 2.500 Zuschauer, manchmal sind es noch weniger. Diese keineswegs unüblichen Zahlen sind ein wichtiges Argument der Bundesliga-Befürworter. Die größere Attraktivität der Gegner soll dafür sorgen, dass die Vereine ihre Einnahmen steigern können. In Zeiten ohne Fernsehgelder ist der Verkauf von Karten die einzige Möglichkeit. Umgekehrt ist klar, dass die Refinanzierung eines solchen Projekts nur als Bundesligist gelingen kann. Der regionale, nur noch zweitklassige Spielbetrieb wird absehbar an Reiz verlieren.

Für den FCK und die Stadt heißt es also planen und abwarten, ob die Qualifikation gelingt. Das Zaudern der Vereine und Verbände erweist sich für den FCK als Glücksfall. Just in dem Moment, in dem es zählt, kehrt der sportliche Erfolg zurück. Mit zehn Siegen in Folge, darunter das wichtige Derby gegen den FKP (5:2), erobert die verhalten in die Saison gestartete Mannschaft die Tabellenspitze und verteidigt diese bis zum Ende. Am vorletzten Spieltag besiegelt der 8:2-Erfolg gegen die TuS Neuendorf die Meisterschaft. Zwei Tage später ist es amtlich: „Ihrem Aufnahmeantrag Bundesliga wurde stattgegeben" telegrafiert der Generalsekretär des DFB, Hans Paßlack. Jetzt geht es los. Es bleiben rund drei Monate für das Infrastrukturprojekt, das nicht nur das Stadion, sondern auch dessen unmittelbare Umgebung grundlegend verändern wird.

Selbst die US-Army hilft

Übrig bleiben wird nur die alte Haupttribüne im Norden. Durch ihre Lage an der steilen Felskuppe ist ein Neubau in der Kürze der Zeit nicht zu realisieren. Der Rest des Stadions wird nach den Entwürfen von Oberbaurat Hans Tinti neu gestaltet. Der Angelpunkt ist die neue Gegengerade, die erst jetzt ihre bis heute gültige Bezeichnung als „Südtribüne" erfährt. Sie ist unterteilt in 3.400 Sitz- und 8.000 Stehplätze, allesamt überdacht, um witterungsunabhängig mehr Komfort und gute Sicht zu gewährleisten. Auf die gleiche Höhe werden an beiden Stirnseiten des Platzes zwei halbovale Kurven aufgeschüttet, die jeweils zur kleineren Holztribüne auf der Nordseite hin abfallen.

Der enge Zeitkorridor lässt die Bauarbeiten auch am Wochenende nicht zur Ruhe kommen. Koordiniert werden sie von FCK-Geschäftsführer Erich Schickedanz und dem Architekten Egon Opp, die ebenfalls rund um die Uhr im Einsatz sind. Unterstützung erfährt das Projekt von Pioniertruppen der US-Army, die Großraupenfahrzeuge und anderes schweres Gerät zur Verfügung stellt.

Nicht nur bei der Aufschüttung der rund zwölf Meter hohen Erdwälle im Stadion beweisen die „Caterpillars" ihre Kletterkünste. Die Bundesliga forciert auch die Erschließung neuer Verkehrswege rund um das Stadion. So wird die östliche Anfahrt über die Kantstraße bis auf die andere Seite des Bergs verlängert, um eine ringförmige Anbindung zu schaffen, die die An- und Abfahrt vereinfachen

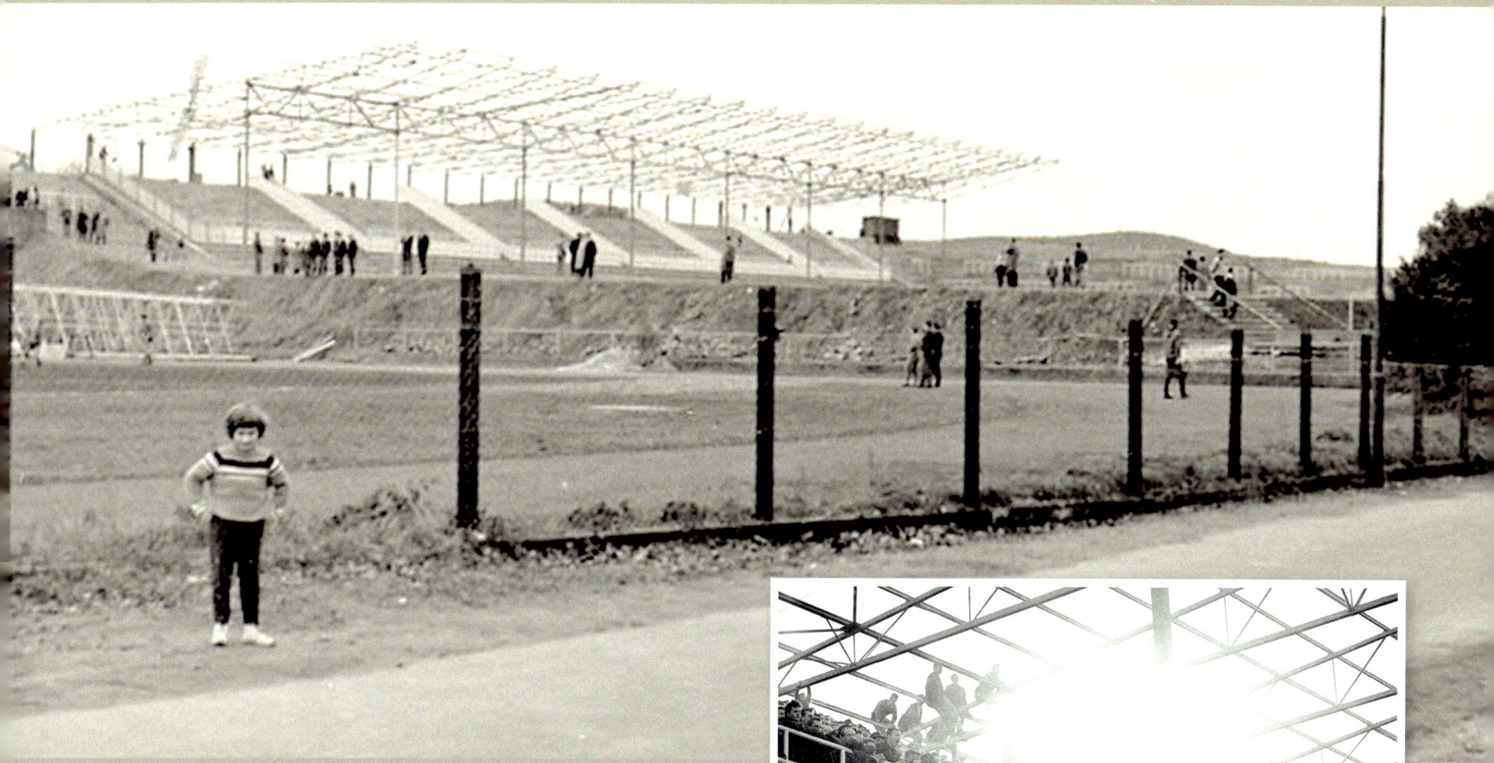

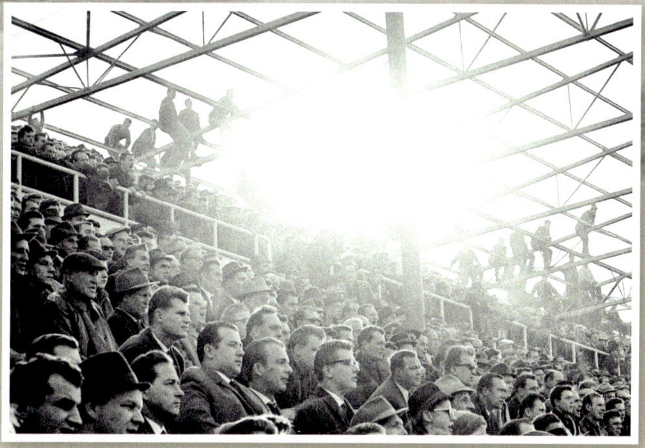

Mit 900 Lux hält Betzenberg den Rekord

Der Bundesligist 1. FCK spielt im hellsten Fußball-Stadion Europas
In Köln und Dortmund ist es entschieden zu dunkel

FRANKFURT — Genügen die Flutlichtverhältnisse in den 16 deutschen Bundesliga-Stadien den internationalen Anforderungen? Diese Frage drängt sich auf, nachdem der 1. FC Kaiserslautern vor kurzem die hellste Flutlichtanlage Europas mit 900 Lux ihrer Bestimmung übergab — die Lichtstärke im Köln-Müngersdorfer Stadion hingegen nur 60 Lux beträgt.

Die Europäische Fußball-Union empfiehlt für Stadien mit einem Fassungsvermögen von über 20 000 Zuschauern eine Lichtstärke zwischen 100 und 200 Lux. Demnach wäre es also in Köln entschieden zu dunkel. Aber auch in der Dortmunder Kampfbahn „Rote Erde" reichen die 80 Lux nach den UEFA-Vorschriften eigentlich nur für ein Stadion mit einem Fassungsvermögen bis zu 10 000 Zuschauern.

„In Köln und Dortmund ist es tatsächlich zu dunkel", erklärte Elektro-Oberingenieur Richard Ott, der große Wiesbadener Licht-Experte, der schon weit über 120 Flutlichtanlagen in vielen Ländern Europas herstellte. „Wenn man bedenkt", so führte Herr Ott als Beispiel an, „daß die Luxstärke eines Büroraumes etwa bei 250 und die in einer Feinmechaniker-Werkstatt bei 500 Lux liegen soll, so kann man sich vorstellen, mit welchen Schwierigkeiten vor allem die Torhüter bei 60 oder 80 Lux zu kämpfen haben!"

Jahrelang galt das Bernabeu-Stadion von Real Madrid mit 480 Lux als das hellste in Europa. Es wurde später vom Stadion in Gent mit 685 Lux übertroffen. Seit einigen Tagen hält nun das Betzenberg-Stadion in Kaiserslautern mit seinen 900 Lux den Rekord in Europa vor dem Berliner Poststadion mit 750 Lux, dem Berliner Olympia-Stadion (640), dem Stuttgarter Neckarstadion (600) und dem Ludwigspark-Stadion in Saarbrücken (590).

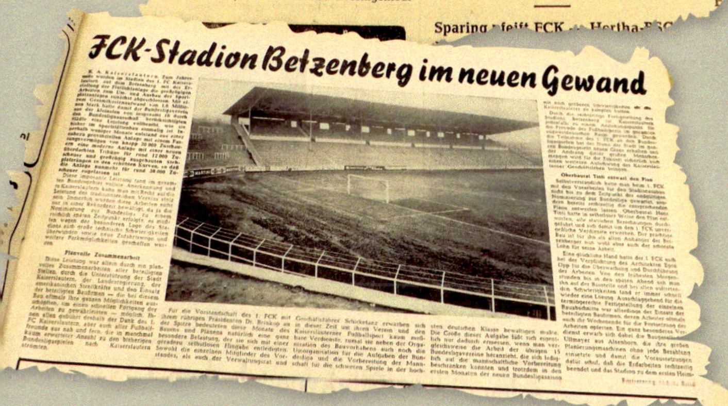

FCK-Stadion Betzenberg im neuen Gewand

Zeitungsartikel zum Umbau des Betzenbergs; oben vom 10. Januar, darüber vom 22. Januar 1964; beide aus der *Rheinpfalz.*

Der neue Betzenberg von der Ostseite. Im Vordergrund Platz 2 (großes Foto). Das noch unfertige Dach bietet eine seltene Perspektive.

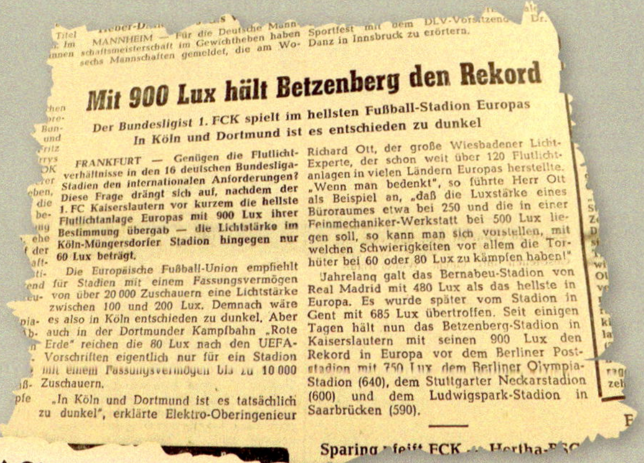

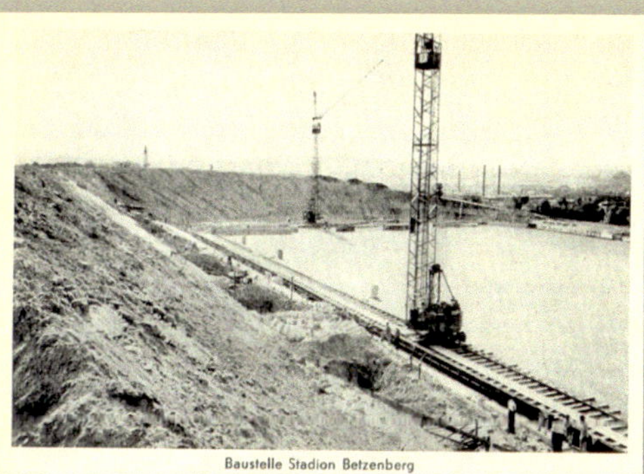

Baustelle Stadion Betzenberg

Ausschnitt aus dem Mitgliederheft Nummer 1 von 1964.

soll. Und auch die heutige Straße „Zum Betzenberg“, über die sich die Mehrzahl der bahnreisenden Fans auf den Weg zur Westkurve macht, wird planiert und zunächst als Fußweg angelegt.

Am Ende fügt sich alles. Die geforderte Kapazität von 35.000 Zuschauern ist noch nicht ganz erreicht und die Flutlichtanlage wird erst im Dezember aufgestellt. Trotzdem wird drei Tage vor dem ersten Spieltag voller Stolz Richtfest gefeiert. 45.000 Kubikmeter Erde sind bewegt, 2.000 Tonnen Beton rechtzeitig verbaut. Von rund 1,6 Millionen DM Baukosten bestreitet der Verein ein Drittel aus Eigenmitteln, 750.000 DM sind Zuschuss des Landes und 200.000 DM gewährt die Stadt als zinslosen Kredit.

Baulich und logistisch gewappnet

31. August 1963, erstes Bundesligaspiel auf dem Betzenberg: Der FCK trifft auf Schalke 04. Die Neugier auf das neue Stadion und die neue Mannschaft ist riesig. 34.000 Zuschauer unterziehen die Planungen sofort einem ersten Stresstest. Die Mannschaft verliert mit 2:3, aber baulich und logistisch erweist sich Kaiserslautern für die neue Liga gewappnet.

Mitten im dramatischen Abstiegskampf wird die Beleuchtung des Betzenbergs 1965 noch einmal zum Gegenstand einer Stadtratssitzung. Statt der veranschlagten 200.000 soll die Anlage insgesamt 460.000 DM gekostet haben. Die Stadt soll erneut mit der Bürgschaft für einen Kredit von 200.000 DM einspringen. Ein nicht zu bestätigendes Gerücht besagt, dass die Mehrkosten weniger auf Lampen als auf der findigen Finanzierung des Transfers von „Co“ Prinz beruhen. Wäre dem so, hat es sich drei Tage später gelohnt. Mit einem Treffer und einer guten Leistung sichert der Holländer in seinem letzten Spiel für den FCK den Klassenerhalt im Frankfurter Waldstadion.

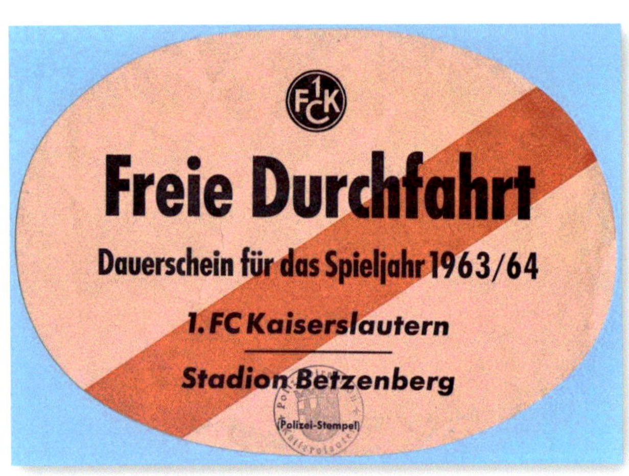

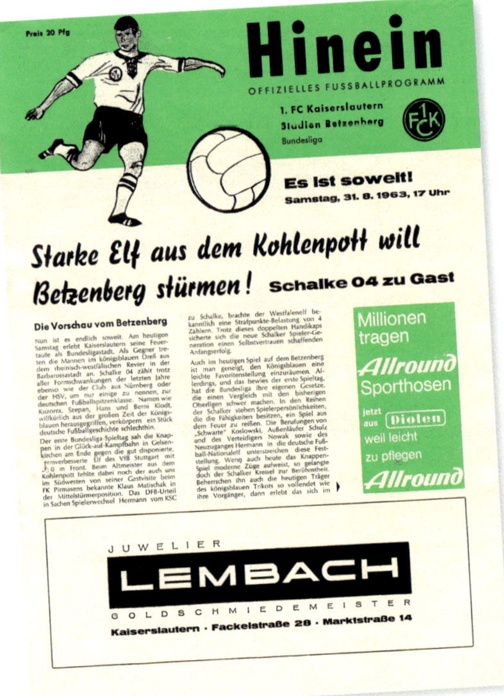
Preis 20 Pfg

Hinein

OFFIZIELLES FUSSBALLPROGRAMM

1. FC Kaiserslautern
Stadion Betzenberg
Bundesliga

Es ist soweit!
Samstag, 31. 8. 1963, 17 Uhr

Starke Elf aus dem Kohlenpott will Betzenberg stürmen! Schalke 04 zu Gast

Die Vorschau vom Betzenberg

Nun ist es endlich soweit. Am heutigen Samstag erlebt Kaiserslautern seine Feuertaufe als Bundesligastadt. Als Gegner treten die Mannen im königsblauen Dreß aus dem rheinisch-westfälischen Revier in der Barbarossastadt an. Schalke 04 zählt trotz aller Formschwankungen der letzten Jahre ebenso wie der Club aus Nürnberg oder der HSV, um nur einige zu nennen, zur deutschen Fußballspitzenklasse. Namen wie Kuzorra, Szepan, Hans und Berni Klodt, willkürlich aus der großen Zeit der Königsblauen herausgegriffen, verkörpern ein Stück deutsche Fußballgeschichte schlechthin.

Der erste Bundesliga-Spieltag sah die Knappen in der Glück-auf-Kampfbahn in Gelsenkirchen am Ende gegen die gut disponierte, formverbesserte Elf des VfB Stuttgart mit [illegible]:0 in Front. Beim Altmeister aus dem Kohlenpott fehlte dabei noch der auch uns im Südwesten von seiner Gastvisite beim FK Pirmasens bekannte Klaus Matischak in der Mittelstürmerposition. Das DFB-Urteil in Sachen Spielerwechsel Hermann vom KSC zu Schalke, brachte der Westfalenelf bekanntlich eine Strafpunkte-Belastung von 4 Zählern. Trotz dieses doppelten Handikaps sicherte sich die neue Schalker Spieler-Generation einen Selbstvertrauen schaffenden Anfangserfolg.

Auch im heutigen Spiel auf dem Betzenberg ist man geneigt, den Königsblauen eine leichte Favoritenstellung einzuräumen. Allerdings, und das bewies der erste Spieltag, hat die Bundesliga ihre eigenen Gesetze, die einen Vergleich mit den bisherigen Oberligen schwer machen. In den Reihen der Schalker stehen Spielerpersönlichkeiten, die die Fähigkeiten besitzen, ein Spiel aus dem Feuer zu reißen. Die Berufungen von „Schwarte“ Koslowski, Außenläufer Schulz und des Verteidigers Nowak sowie des Neuzuganges Hermann in die deutsche Fußball-Nationalelf unterstreichen diese Feststellung. Wenn auch heute das Knappen-Spiel moderne Züge aufweist, so gelangte doch der Schalker Kreisel zur Berühmtheit. Beherrschen ihn auch die heutigen Träger des königsblauen Trikots so vollendet wie ihre Vorgänger, dann erlebt das sich im

Millionen tragen Allround Sporthosen jetzt aus Diolen weil leicht zu pflegen Allround

JUWELIER LEMBACH GOLDSCHMIEDEMEISTER
Kaiserslautern · Fackelstraße 28 · Marktstraße 14

Foto links: Durchfahrtsschein (aus dem Archiv von Hagen Leopold). Foto rechts: Programmheft aus dem FCK-Museumsbestand.

E I N W U R F

Tod auf dem Betzenberg

Die ersten negativen Schlagzeilen schreibt das Stadion am 7. November 1964. Für Emil Heim wird der Betzenberg vor dem Heimspiel gegen den 1. FC Köln zur tödlichen Falle. Eine Absperrkette, die auf der Südtribüne die Stehränge von den darunterliegenden Sitzplätzen trennt, wird dem 55-jährigen FCK-Fan zum Verhängnis.

Zu spät erkennt der Ordnungsdienst, mit welcher Wucht die nachdrängenden Zuschauer die ersten Reihen auf den Stehplätzen gegen die Absperrung pressen. Bis jemand einschreitet, kommt für Emil Heim jede Hilfe zu spät. Elf Rippen sind gebrochen, Leber und Milz gerissen. Im Krankenhaus kann nur noch der Tod des Vorderpfälzers festgestellt werden.

Wie die Ermittlungen der Staatsanwaltschaft ergeben, sind zwei Faktoren für das Unglück verantwortlich. Es stellt sich heraus, dass der Architekt das Fassungsvermögen der Tribüne zu großzügig berechnet hat und seine Angaben ungeprüft von der zuständigen städtischen Behörde übernommen wurden. Zudem müssen alle Besucher der Tribüne über die rückwärtigen Eingänge von oben auf ihre Plätze gelangen. Dass gegen den amtierenden Deutschen Meister mehr Karten als sonst verkauft werden, macht die kurz zuvor angebrachte Kette zur Todesfalle. Gegen fünf Personen wird Anklage wegen fahrlässiger Tötung erhoben: Der FCK-Präsident Dr. Karlheinz Brinkop und der Leiter des Ordnungsdienstes, Friedrich Seitz, werden freigesprochen. Der Verein kann nachweisen, mit insgesamt 174 Ordnern genügend Personal für den sicheren Ablauf der Veranstaltung bereitgestellt zu haben. Architekt Egon Opp, der Leiter der Lauterer Baupolizei Adolf Jung und FCK-Geschäftsführer Erich Schickedanz hingegen entgehen einer Gefängnisstrafe und werden zu einer Geldstrafe von jeweils 2.400 DM verurteilt.

Die Konsequenzen sind vielerorts zu spüren. In einigen Städten folgt man dem Beispiel Kaiserslauterns, wo das Fassungsvermögen der Tribüne um 3.000 Zuschauer nach unten korrigiert und zusätzliche Wellenbrecher installiert werden. Es mag für die Angehörigen von Emil Heim nur ein schwacher Trost sein, dass sein Tod geholfen hat, weitere Katastrophen zu vermeiden.

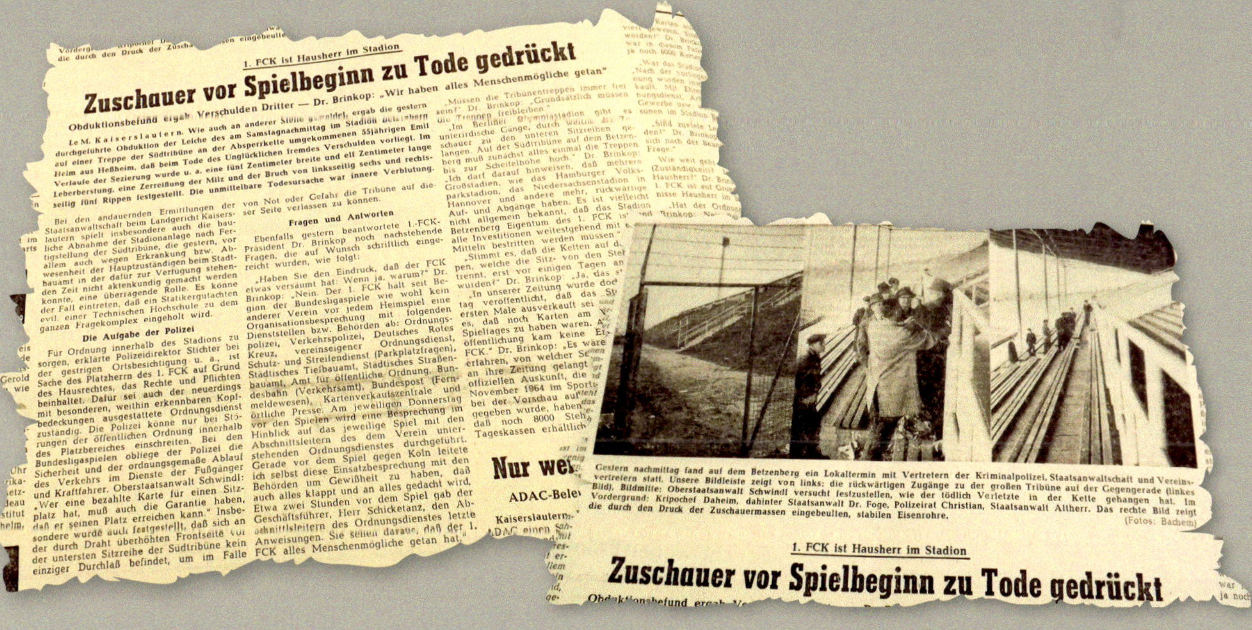

1. FCK ist Hausherr im Stadion

Zuschauer vor Spielbeginn zu Tode gedrückt

Obduktionsbefund ergab Verschulden Dritter — Dr. Brinkop: „Wir haben alles Menschenmögliche getan"

LeM. Kaiserslautern. Wie auch an anderer Stelle gemeldet, ergab die gestern durchgeführte Obduktion der Leiche des am Samstagnachmittag im Stadion Betzenberg auf einer Treppe der Südtribüne an der Absperrkette umgekommenen 55jährigen Emil Heim aus Heßheim, daß beim Tode des Unglücklichen fremdes Verschulden vorliegt. Im Verlaufe der Sezierung wurde u. a. eine fünf Zentimeter breite und elf Zentimeter lange Leberberstung, eine Zerreißung der Milz und der Bruch von linksseitig sechs und rechtsseitig fünf Rippen festgestellt. Die unmittelbare Todesursache war innere Verblutung.

Bei den andauernden Ermittlungen der Staatsanwaltschaft beim Landgericht Kaiserslautern spielt insbesondere auch die bauliche Abnahme der Stadionanlage nach Fertigstellung der Südtribüne, die gestern, vor allem auch wegen Erkrankung bzw. Abwesenheit der Hauptzuständigen beim Stadtbauamt in der dafür zur Verfügung stehenden Zeit nicht aktenkundig gemacht werden konnte, eine überragende Rolle. Es könne der Fall eintreten, daß ein Statikergutachten evtl. einer Technischen Hochschule zu dem ganzen Fragekomplex eingeholt wird.

... von Not oder Gefahr die Tribüne auf dieser Seite verlassen zu können.

Fragen und Antworten

Ebenfalls gestern beantwortete 1.-FCK-Präsident Dr. Brinkop noch nachstehende Fragen, die auf Wunsch schriftlich eingereicht wurden, wie folgt:

„Haben Sie den Eindruck, daß der FCK etwas versäumt hat: Wenn ja, warum?" Dr. Brinkop: „Nein. Der 1. FCK hält seit Beginn der Bundesligaspiele wie wohl kein anderer Verein vor jedem Heimspiel eine Organisationsbesprechung mit folgenden ...

„Müssen die Tribünentreppen immer frei sein?" Dr. Brinkop: „Grundsätzlich müssen die Treppen freibleiben."

„Im Berliner Olympiastadion gibt es unterirdische Gänge, durch welche die Zuschauer zu den unteren Sitzreihen gelangen. Auf der Südtribüne auf dem Betzenberg muß zunächst alles einmal die Treppen bis zur Scheitelhöhe hoch." Dr. Brinkop: „Ich darf darauf hinweisen, daß mehrere Großstadien, wie das Hamburger Volksparkstadion, das Niedersachsenstadion in Hannover und andere mehr, rückwärtige Auf- und Abgänge haben. Es ist vielleicht nicht allgemein bekannt, daß das Stadion Betzenberg Eigentum des 1. FCK ist und alle Investitionen weitestgehend mit eigenen Mitteln bestritten werden müssen."

„Stimmt es, daß die Ketten auf den Treppen, welche die Sitz- von den Stehplätzen trennt, erst vor einigen Tagen angebracht wurden?" Dr. Brinkop: „Ja, das ..."

„In unserer Zeitung wurde doch ... tag veröffentlicht, daß das Stadion zum ersten Male ausverkauft sei ... es, daß noch Karten am ... haben waren ..."

Gestern nachmittag fand auf dem Betzenberg ein Lokaltermin mit Vertretern der Kriminalpolizei, Staatsanwaltschaft und Vereinsvertretern statt. Unsere Bildleiste zeigt von links: die rückwärtigen Zugänge zu der großen Tribüne auf der Gegengerade (linkes Bild). Bildmitte: Oberstaatsanwalt Schwindl versucht festzustellen, wie der tödlich Verletzte in der Kette gehangen hat. Im Vordergrund: Kripochef Daheim, dahinter Staatsanwalt Dr. Foge, Polizeirat Christian, Staatsanwalt Altherr. Das rechte Bild zeigt die durch den Druck der Zuschauermassen eingebeulten, stabilen Eisenrohre. (Fotos: Bachem)

1. FCK ist Hausherr im Stadion

Zuschauer vor Spielbeginn zu Tode gedrückt

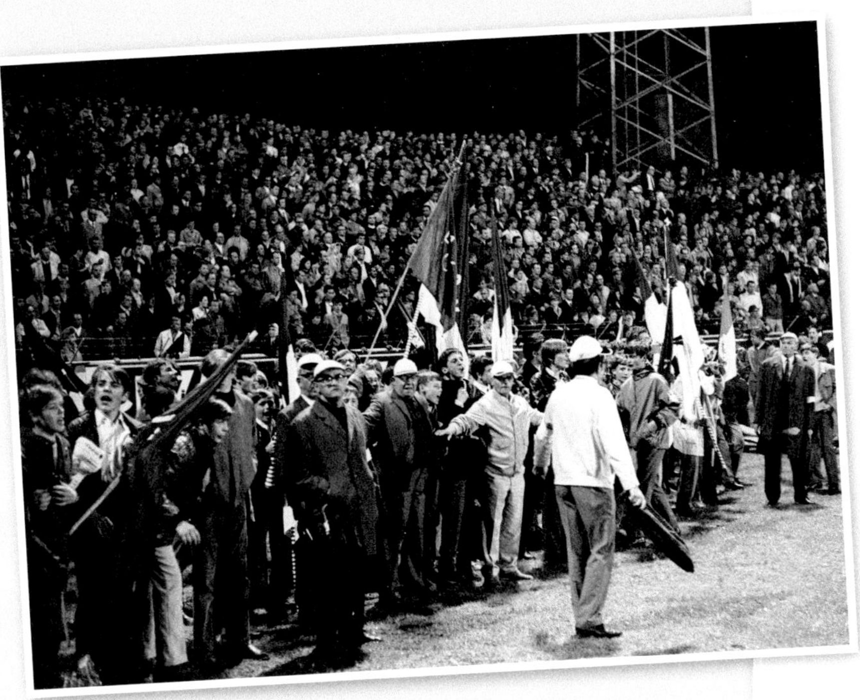

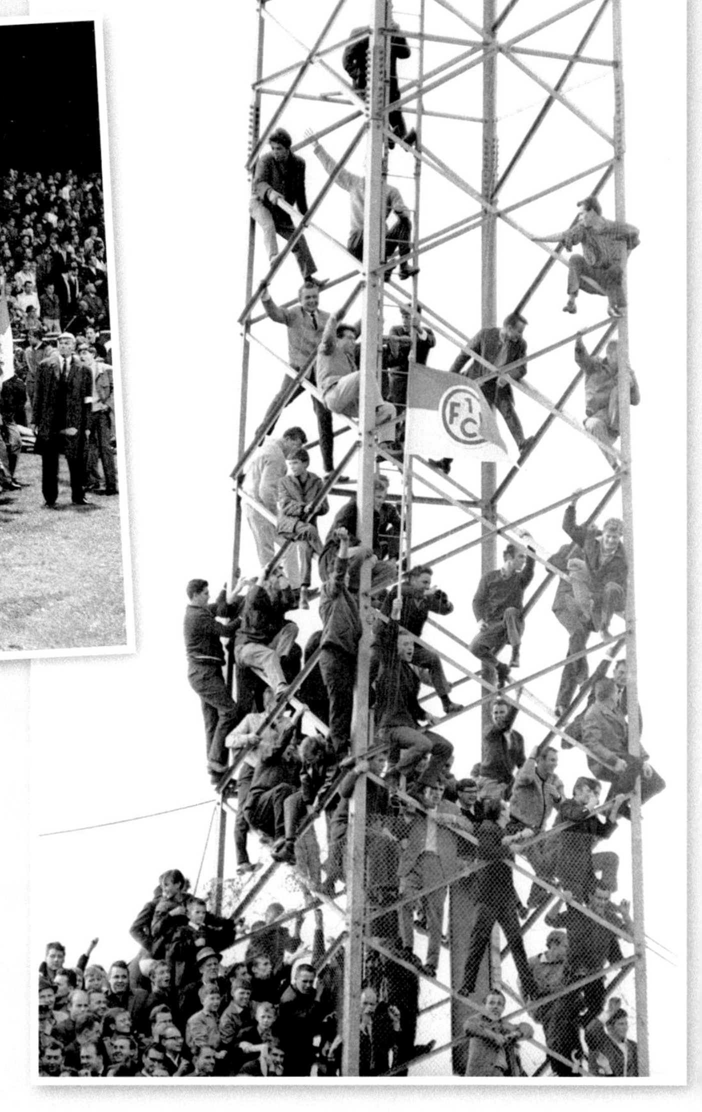

Oben: Hölle Betzenberg am 33. Spieltag der Saison 1968/69: Die Fans warten sehnsüchtig auf den Schlusspfiff, um den Klassenerhalt zu feiern.
Rechts: 31. Oktober 1966: Für die bessere Sicht besteigen Wahnsinnige die Flutlichtmasten.
Unten: 1. November 1969: wenig Komfort, viel Leidenschaft.

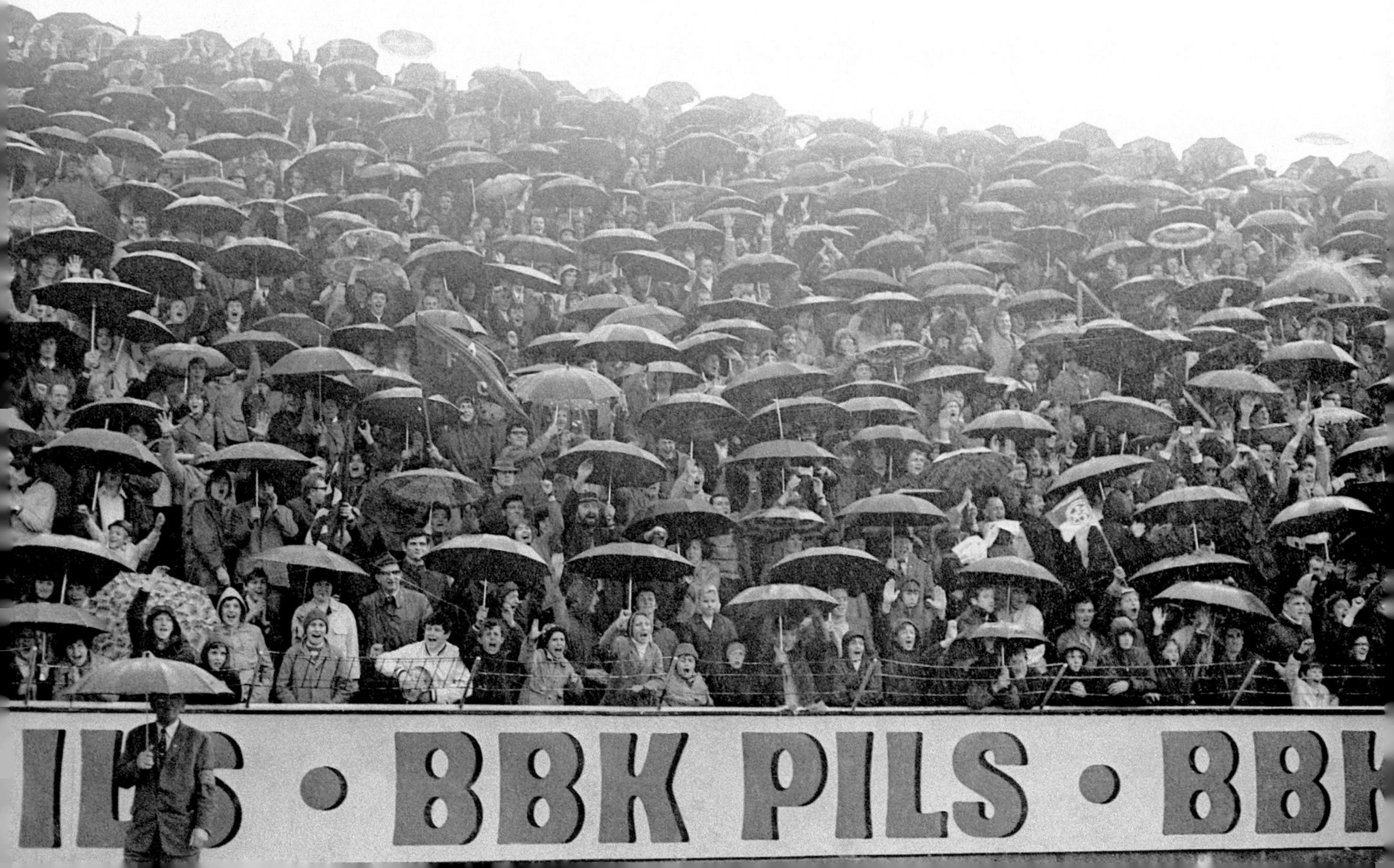

1973: Ein geschlossener Kessel

Der Ausbau zum Bundesligastadion bedeutet eine epochale Veränderung, ist gleichzeitig aber nur die erste Etappe eines nie endenden Entwicklungsprozesses. Notgedrungen schreitet er nur langsam voran. Das Dilemma bleibt stets gleich. Als ständiger Abstiegskandidat braucht der FCK in den Anfangsjahren der Bundesliga jede Mark zur Erhaltung einer konkurrenzfähigen Mannschaft. Höhere Einnahmen und bessere Bedingungen ließen sich mit einer zeitgemäßen Haupttribüne erzielen, aber eine solche Investition ist vorerst illusorisch. Als das alte Gebälk 1966 für baufällig erklärt wird, schmerzen die 170.000 DM für die Stahlrohrkonstruktion zur Überdachung bereits genug.

Schatten der Großereignisse

In diesem Sommer 1966, fast zeitgleich mit der eher kosmetischen Reparatur, kündigte sich die nächste Evolutionsstufe im deutschen Stadionwesen an. Nachdem München bereits im April den Zuschlag für die Olympischen Spiele 1972 erhalten hat, kürt der FIFA-Kongress in London Deutschland zum Ausrichter der WM 1974. An der Spitze des Organisationskomitees setzt Hermann Neuberger nie dagewesene Maßstäbe für alle interessierten Bewerber fest. Nicht nur eine Kapazität von mindestens 60.000 Zuschauern, sondern auch feste Quoten für Sitzplätze und Überdachung werden gelistet. „Wir müssen endlich für den Kunden planen", verteidigt der spätere DFB-Präsident im *Spiegel* seine Vorgaben, die auch der kriselnden Bundesliga helfen sollen, die schwindende Gunst des zahlenden Publikums zurückzugewinnen. Dessen Ansprüche sind gestiegen. Es ist nicht mehr das Nachkriegs-, sondern das Nachwirtschaftswunder-Land, für das geplant wird.

Eine Bewerbung Kaiserslauterns steht aus Solidarität mit Ludwigshafen vorerst nicht zur Debatte. Das Südweststadion soll seinem Namen entsprechend als einziger Kandidat der Region ins Rennen gehen. Zu oft waren und sind die Lauterer auf ihr „Zweitstadion" angewiesen, als dass sie nun in Konkurrenz treten könnten. Erst als klar wird, dass die Chemiestadt am Rhein nicht gewillt ist, die DFB-Anforderungen zu erfüllen, strickt eine Allianz aus Politik und Sport in letzter Minute an einer Bewerbung, die erst durch die offizielle Ablehnung des DFB öffentlich wird. „50.000 Besucher, die hätten wir unterbringen können. 60.000 […], das sind Schuhe, die uns zu groß wären", so erklärt Oberbürgermeister Dr. Hans Jung, dass auch die Lauterer „Blitzoffensive" (O-Ton der *Rheinpfalz*) letztlich die Vorgaben nicht erfüllt.

Die Baupolizei im Nacken

Die Verlockung, sich die mit der WM assoziierten Zuschüsse von Bund, Land und Stadt zu sichern, erklärt sich aus dem ohnehin vorhandenen Bedarf, den Betzenberg zu modernisieren. Die bereits 1963 als Provisorium deklarierte Holztribüne an der Nordseite erregt zunehmend die Aufmerksamkeit der Baupolizei. Die Kabinen und Funktionsräume sind eines Bundesligisten längst unwürdig. Beispielsweise gibt es für beide Teams und den Schiedsrichter (!) nur einen gemeinsamen Duschraum. „Man muss sich jedes Mal schämen, wenn Gastmannschaften kommen", verdeutlicht FCK-Präsident Willi Müller die miserablen Zustände. Pläne zum Ausbau und die Unterstützung der Landesregierung unter Helmut Kohl sind daher längst vereinbart.

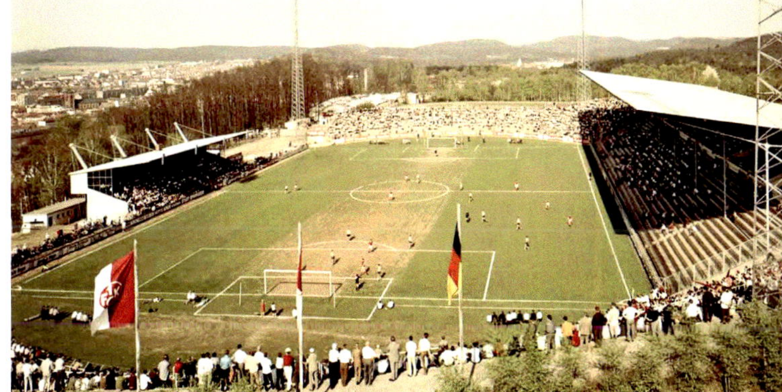

Das neue Bundesligastadion Betzenberg mit der kleinen und veralteten Holztribüne an der Nordseite.

Innerhalb weniger Jahre ist die Zugehörigkeit zur Bundesliga das regionale Alleinstellungsmerkmal des FCK geworden. Der Verein ist den alten Konkurrenten im Südwesten enteilt. Sein Einzugsgebiet ist in östlicher Richtung vom Rhein begrenzt, geht aber über die Grenzen der Stadt und auch der Pfalz hinaus. Die neuen Wettbewerber sind all die anderen Städte – nicht nur die neun WM-Standorte –, in denen mit Millionenbeiträgen kommunale Stadien entstehen, die größer, komfortabler und damit um ein Vielfaches lukrativer sind als der Betzenberg.

Die Lücken werden gestopft

Im Frühjahr 1972 werden Fakten geschaffen. Nach dem Land Rheinland-Pfalz (2 Millionen) bewilligt auch die Stadt eine Million DM für die neue Nordtribüne. Sie erstreckt sich auf 106 Metern über die gesamte Länge des Platzes und stopft endlich die Lücken in Richtung der beiden Kurven. Das Stadion ist erstmals ein rundum geschlossener Kessel für rund 39.000 Zuschauer, von denen 4.700 überdachte Sitz- und Stehmöglichkeiten auf der neuen Haupttribüne finden. Sie ist damit weiterhin die deutlich kleinste der vier Ränge. Ihre Lage über der steilen Kante des Steinbruchs macht selbst den Umbau von bescheidener Größenordnung zu einer technischen Herausforderung. Die Planung obliegt zum ersten Mal dem einheimischen Architekten Folker Fiebiger, der fortan alle weiteren Ausbaustufen begleiten wird.

In der Sommerpause 1972 erfolgt der Abriss der Holztribüne. Außerdem will der FCK auch die Nebenplätze neu gestalten. Um den daraus resultierenden Eigenanteil von 500.000 bis 700.000 DM aufzubringen, beschließt der Vorstand, in „fünf Schlagerspielen der kommenden Saison zu den Eintrittspreisen als sogenannte Bausteine jeweils einen Betrag von einer bis drei Mark zu erheben, und die Dauerplätze mit einer Umlage von 10 bis 15 DM zu belegen", schreibt die *Pfälzische Volkszeitung*. Mehreinnahmen generiert auch der Umzug nach Ludwigshafen: Die 60.000 Zuschauer, die den 3:1-Erfolg gegen den FC Bayern sehen, sind bis heute gültiger Bundesligarekord für ein Heimspiel des FCK. Unter ihnen auch der begeisterte Ministerpräsident Helmut Kohl: „Es war eines der schönsten Spiele, die ich je gesehen habe. Kaiserslautern war großartig."

Der erste Schwede

Die Münchner dürfen dafür im kommenden Jahr gleich zweimal auf dem Betzenberg antreten. Genau drei Monate vor ihrer unvergessenen 4:7-Niederlage ist die Mannschaft um Franz Beckenbauer der klangvolle Gegner bei der Einweihung des neu gestalteten Betzenbergs. (Sie begleichen damit alte Schulden, denn das Freundschaftsspiel ist Bestandteil der Ablösemodalitäten für Herward Koppenhöfer, der 1969 als erster Spieler vom FCK zu den Bayern wechselte, dort aber zum Zeitpunkt der Begegnung bereits nicht mehr spielt.)

Angesichts der vielen klangvollen Namen auf Seiten der Münchner fast unbemerkt gibt Roland Sandberg sein Debüt im roten Dress. Mit dem flinken Stürmer beginnt beim FCK nicht nur neben, sondern auch auf dem Platz eine Ära, denn er ist nur der erste einer Reihe von Schweden, die in Kaiserslautern zu Publikumslieblingen werden, allen voran Torwart Ronnie Hellström.

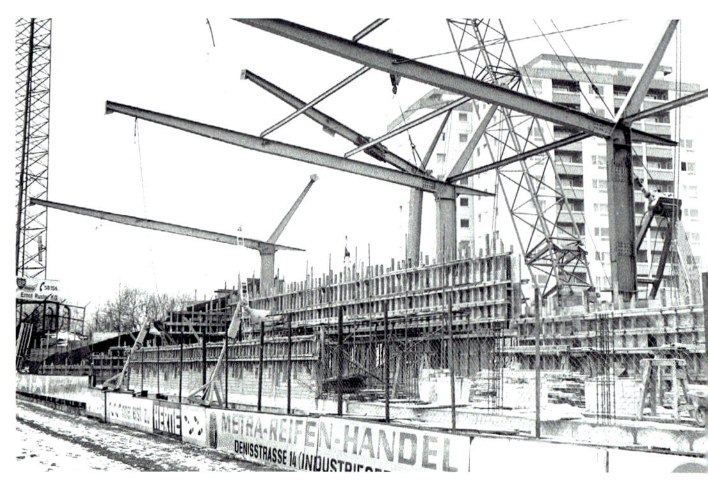

Bau der Nordtribüne im Jahr 1973.

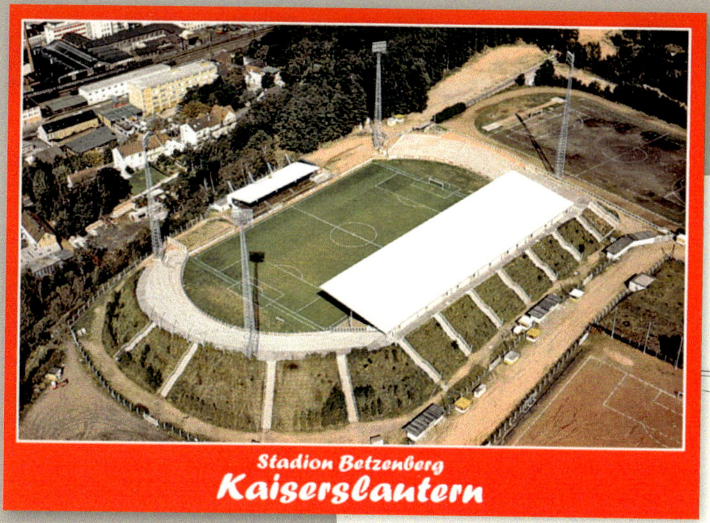

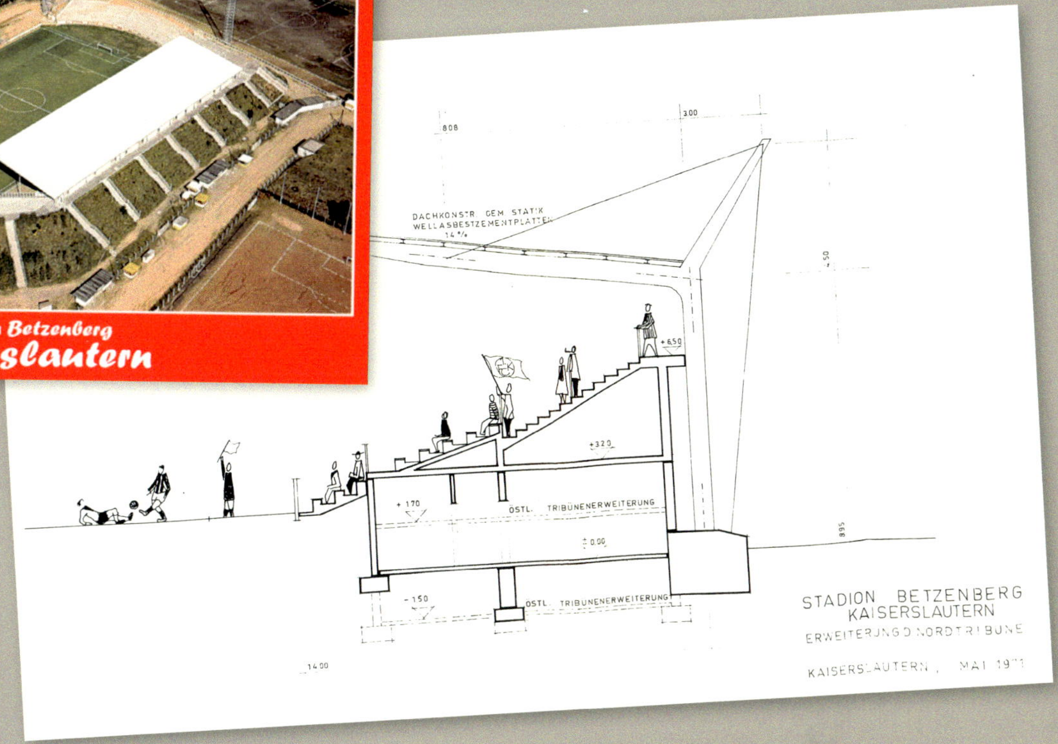

1966 erhält die alte Holztribüne ein neues Dach.

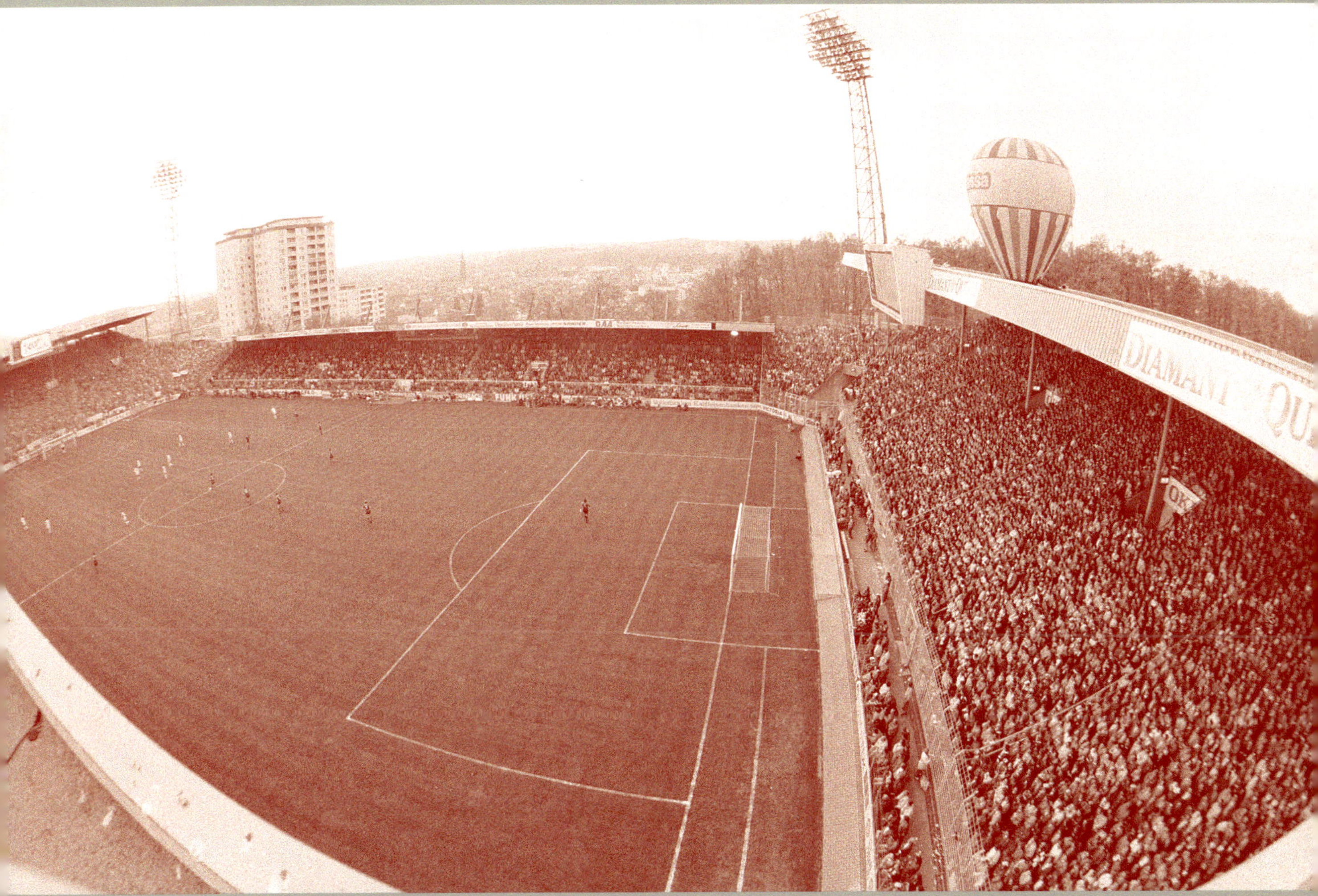

Die neue, eng am Spielfeld gebaute Nordtribüne prägt das Stadionerlebnis und das Vereinsleben für die nächsten 20 Jahre. Ihren Höhepunkt erlebt sie in der Meistersaison 1990/91 (Bild).

HAUTNAH AM SPIELFELD

HANS-REINHARD SCHEU SWR-Reporter auf dem Betzenberg 1965–2005

Ich habe nicht gezählt, wie oft ich in den vier Jahrzehnten meines Berufslebens den Betzenberg erklommen habe. Ich schätze: weit über 300-mal – immer mit der Vorfreude auf Fußball pur, mit voller Leidenschaft auf dem Rasen wie auf den Rängen. In meiner Zeit von 1965 bis 2005 spielte der FCK nämlich (fast) ausschließlich erstklassig und sogar ein Dutzend Mal auf europäischer Bühne, was dem Verein und mir illustre Reisen bescherte – u. a. nach Yerevan, Sofia, Miskolc, Reykjavik, Madrid und Moskau. Entschieden aber wurden die (erfolgreichen) Duelle fast ausnahmslos am Betze – mit dem 12. Mann im Rücken.

Ja, der FCK-Fan – eine besondere Spezies Mensch. Ein Paradebeispiel hatte seinen Stammplatz auf der alten Nordtribüne, vier Reihen unterhalb der bescheidenen Reporterkabine, die ich mir über Jahre mit Kameraleuten, der Polizei-Leitstelle und sogenannten Adabeis teilte. Wenn´s bei den Roten Teufeln nicht lief, tobte jener Edelfan und ließ kein gutes Haar an seinen Mannen („Der Briegel lernt´s nie!“). Wenn aber ich folgerichtig die Gastgeber kritisierte, ward flugs der neue Adressat seiner Wutausbrüche gefunden. „Höhepunkt“ unserer innigen Beziehung: Bei einem der nächsten Heimspiele hängte der Wüterich meine Kabine zu mit den Worten: „Du siehst ja eh nix!“ In die gleiche Kerbe schlug eines Tages ein Vizepräsident namens Sommerrock, der nach einer deftigen Heimniederlage, die ich ebenso deftig einstufte, gegen mich eine sechswöchige Platzsperre verhängen wollte, aber an den Falschen geriet. Denn Sportchef Rudi Michel, selbst Lauterer Urgestein, entschied spontan: „So nicht, jetzt überträgt Scheu erst Recht das nächste Heimspiel!“

Zugegeben, ich war kein Schönredner, habe bei aller Begeisterungsfähigkeit für guten Fußball, wo angezeigt, auch Klartext gesprochen. Noch heute weiß ich die Stelle, wo der Spieler Otto Rehhagel „seinen Gegner in die Luft beförderte und beim Herunterkommen erneut getroffen hat“. Kein leichtes Unterfangen, Jahre später vom (Erfolgs-)Trainer Otto Rehhagel ein TV-Portrait zu erstellen; schließlich erinnerte sich Otto ganz genau, was ihm anno dazumal zugetragen worden war…

Auch 1976 machte ich mir keine Freunde mit meinem „Jawohl, Herr Frickel“, als der Münchner Schiedsrichter die Partie gegen Fortuna Düsseldorf wegen der Flaschenwürfe („Fläschchen, Herr Richter“) abbrach. Mein armer Techniker fühlte sich sehr unwohl, weil die Fans hernach minutenlang unseren Ü-Wagen mit den Fäusten traktierten. Ein andermal hat es mich im wahrsten Sinn des Wortes selbst getroffen: vier Hände zogen mich in der Malzstraße aus dem Auto, vier Fäuste malträtierten meine Visage derart, dass der spätere TV-Kommentar in der Landesschau recht schwer verständlich war.

25 Trainer kamen und gingen nebst Hunderten von Spielern in meinen vierzig Jahren Betzenberg. Für mich die markantesten Köpfe: der kantige Gyula Lorant, der gute Mensch Dietrich Weise, der Gentleman Erich Ribbeck, der Souverän Kalli Feldkamp, die ehrliche Haut Friedel Rausch. Mit Weise und Feldkamp durfte man sogar fachsimpeln. Dass Atze Friedrich der Ästhet, Ronnie Hellström, der Sympathikus, Hans-Peter Briegel, die personifizierte Dynamik und Stefan Kuntz, der Mitreißende, meine „Top-4-Spieler vom Betze“ sind, wird niemanden überraschen. Nicht zu vergessen die Torgarantie Klaus Topmöller, der mich demonstrativ umarmte, als bei der Mannschaftsaufstellung zum Vorspiel „Journalisten gegen AH“ meine Namensnennung aus der Westkurve mit Pfiffen quittiert wurde. Zu den FCK-Spielern hatte ich überhaupt einen guten Draht; erst recht zum besten Lauterer aller Zeiten, meinem Stammhörer Fritz Walter, den ich leider nicht mehr live, sondern nur in Archivbildern zaubern sah.

Das Kontrastprogramm hieß Uwe Klimaschewski, der beim Warmlaufen an den Rotorblättern unseres Hubschraubers drehte und sein garstig Werk wiederholte, obwohl der Pilot ihm bedeutet hatte, dass sein Tun tödliche Folgen nach sich ziehen könnte. Da blieb uns allen die Bratwurst im Halse stecken – allzeit ein leckeres Muss am Eingang zur alten Nordtribüne.

Spiele am Betzenberg, die ich nie vergesse? Natürlich die drei Klassiker – zwei berauschende Sternstunden und eine niederschmetternde Spielminute: das sensationelle 7:4 gegen die Bayern, das gigantische 5:0 gegen Real, als Wille und Wucht Kunst und Knete überrollten. Und der 3:1-Pyrrhussieg gegen Barcelona, als es dem oft geschmähten SWR-Reporter nach Bakeros Tor mit Klos im Hals die Stimme verschlug.

Heute reportieren meine Kollegen von hoch droben statt hautnah am Spielfeld, das WM-Stadion ist dem FCK über den Kopf gewachsen (selbst halbvoll klingt eben wie halbleer) und die Mannschaft dümpelt durch die 3. Liga – unglaublich, aber wahr gewordener Alptraum!

Ich bewundere die Leidensfähigkeit und Treue der verbliebenen Fans. Aber nee, das ist nicht mehr der Betzenberg von einst – nicht mehr Kampfbahn und Kultstätte für teuflische Fußballer und Fans, nicht mehr Berg und Burg für Gäste und Gegner, nicht mehr die journalistische Achterbahn voller Reiz und Risiko. Schade drum – ich gratuliere trotzdem von Herzen zum Hundertsten!

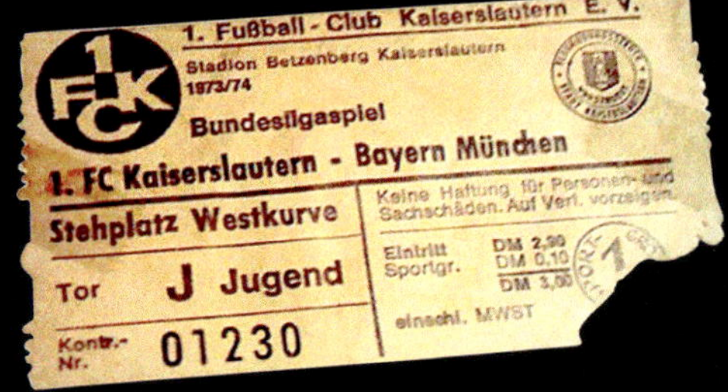

DE BETZE UN DE FRITZ

MICHAEL BAUER Schriftsteller und Liedermacher aus Kaiserslautern

Meine frühesten Erinnerungen an den „Betze" reichen in die 1950er Jahre zurück. In die Zeit um die WM in Bern. Fritz Walter war damals schon berühmt, natürlich, aber bei uns Lauterern mischte sich in die Verehrung ihm gegenüber etwas Kumpelhaftes, Verwandtschaftliches. Ich erinnere mich an ein sonntägliches Meisterschaftsspiel. Mein Vater und ich standen direkt an der Eckfahne in Höhe der heutigen Ostkurve. Es gab einen Eckball für den FCK. Und genau von der Eckfahne, die wir mit einigen anderen Zuschauern belagerten, sollte er getreten werden. Das heißt, der Fritz kam mit dem Lederball in der Hand genau auf uns zugetrabt. Da gab es ein Geraune, Gezisch und Getuschel unter den Umstehenden. „Machen Platz. De Fritz schießt." Wir bildeten eine Gasse für seinen Laufweg. Fritz legte sich den Ball zurecht. Kann gut sein, dass er schnell noch eine hastig ausgetretene Zigarettenkippe wegkickte, die bis eben einer aus der Fan-Ansammlung gequalmt hatte. Fritz brauchte nach meiner Erinnerung nicht viel Anlauf, vielleicht fünf Meter trabte er durch das Spalier, das wir für ihn bildeten. Garantiert gab er dem Ball doch viel Wucht und einen unglaublichen Effet. Genau kann ich das nicht mehr sagen. Ob darauf ein Tor fiel, kann ich nicht mehr sagen. Wir wollen es aber mal stark annehmen. Vor allem das Gefühl der Verehrung ist mir in Erinnerung. Aber auch ein Eindruck, der sich so anfühlte, als hätte ich den Eckball selbst getreten. Der Fritz war ja nicht nur berühmt. Sondern auch einer von uns.

16

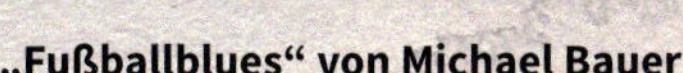

„Fußballblues" von Michael Bauer

In de Säsong 73/74 hat der 1. FC Kaiserslautern – de Betze – geje Bayern gespielt. Endergebnis siwwe zu vier fer de Betze. Unn vun dem Spiel will ich eich jetzt verzehle. Genauer gesaa dodevun, was de Paul, mei Freund, und ich dodebei erlebt han.

Refrain: Des is e Ding wo ich eich ubedingt verzehle muss, im Betzebercher Fußballguckverzehlschersblues.

Am Samschtachmoie hat in de Zeidung gestann, in Südamerika wär e Regierung geschterzt, un in Asie e Fluchzeich, un wann die Punkte heit net am Betzeberch bleiwe deten, wär er in Gefahr, ins Mittelfeld abzuschterze. Um halb vier hat des Spiel aagefang. Um halb drei war mer drowwe, de Paul und ich. Do wars schon probbevoll. Vun de deire Plätz, do warn noch e paar frei. Awwer sunscht: e paar han schun uff de Bääm gehockt.
De Paul und ich, mir han jedenfalls ganz hinne gestann un vum Spielfeld so gut wie nix gesieh. Newer uns hat änner gestann , der war viel kläner als mir, hat awwer e Woikischtche debei gehat. Ach, hätte mer doch aa e Woikischtche mitgebrung. De Paul hat gesaa, mer missts em abkaafe odder ne ääfach runnerschmeiße. De Paul is immer glei so impulsiv. Awwer ich han ne beruhicht un han uns zwää Fläschjer Schnaps gehol.

Refrain: Des is e Ding, …

De Paul hat soi Fläschje glei halwer leer gehat, un ich glaab aa. Wann das Spiel aagefang hat, kennt ich Ihne jetzt net mit Bestimmtheit saa. Ich wääß bloß, dass se all ganz still wor sinn. De Mann uffm Woikischche hat ganz blass ausgesieh und gesaa, die annere deten fiehre un es Spiel wär greschdendääls vor unserm Dor.
De Paul hat gescholl: „Die Flasche! Die kennen sowieso kä Fußball schbiele!" Ich han ne widder beruhiche misse un han uns noch zwää Fläschjer Schnaps gehol. Un in de Paus ham mer vor lauder Wut und Zorn an de Flutlichtmascht gepinkelt.

Refrain: Des is e Ding … im Betzebercher Fußballspielverzehlschersblues.

Awwer dann, in de zwät Halbzeit, han unsere geschbield wie die Herrgödder. Do war was los! Sechs Eier dem Maier in de Kaschde! He! Die erschte zwä han ich net so richdich mitkriet. Beim dridde hat mer de Paul dann awwer so feschd uff die Schulder geschlaa, dass ichs heit noch spier. Beim vierte is äner vum Baam gefall. Beim fünfde is dem anner sei Woikischdche zusamme gekracht. Beim sechste hat de Paul vor Riehrung geheilt.

Refrain

Dann war des Spiel aus un mir sin häämgeschob. E paar von uns han die Bayere veschlaa. All war mer glicklich un zufriede. Die Punkte warn am Betzeberch geblieb, un de Paul un ich, mir warn ganz schää staawich.
Am Sundach wars mer de ganze Daa schlecht. Ich bin nur ämol korz uffgestan un han mir die „Blut … äh … Bild am Sunndach" kaaf. Do hat drinngestann: „35.000 am Betzeberch waren begeistert." Ääner devun war ich.

Refrain

Am Montag simmer widder schaffe gang, de Paul un ich.

Zitiert nach: https://www.youtube.com/watch?v=dsWjpqlfV2A

RONNIE HELLSTRÖM

FCK-Profi 1974–84

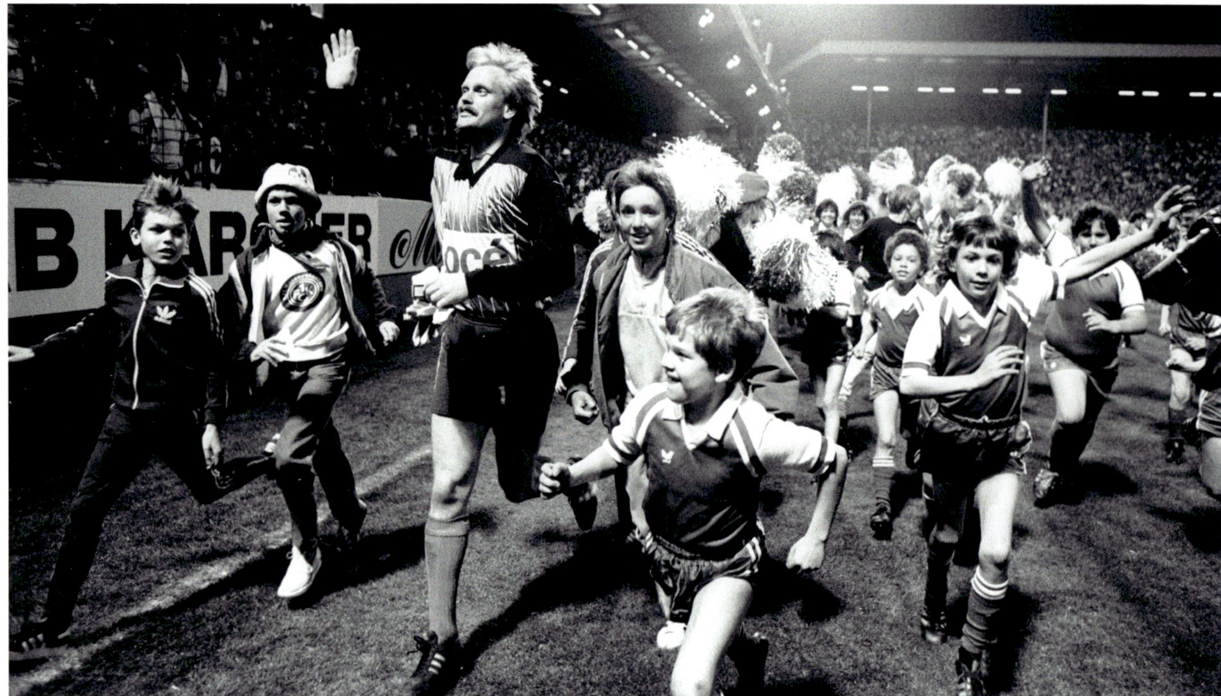

Die schönste Erinnerung an den Betzenberg ist für mich mein Abschiedsspiel im April 1984. Das Stadion war restlos ausverkauft, 35.000 Zuschauer, die noch einmal wegen mir gekommen waren. Und „meine" Auswahl, in der neben schwedischen Nationalspielern die fünf deutschen Weltmeister Beckenbauer, Breitner, Grabowski, Maier und Overath aufliefen. Auch Klaus Toppmöller wollte unbedingt dabei sein. Am Ende meiner Karriere diese Anerkennung von Fans, Mitspielern und Gegnern zu erhalten, war einfach großartig.

Übrigens war allein die Tatsache, dass der DFB das Spiel genehmigte, eine Auszeichnung, da dies normalerweise deutschen Spielern vorbehalten war, aber dank des Geschicks und der Beharrlichkeit von Norbert Thines hat es geklappt. Der einzige Nachteil dieses Spiels war, dass es kurz vor Ende der Saison stattfand. Ehrlich gesagt ist es mir nach diesem emotionalen Höhepunkt in den letzten Begegnungen schwergefallen, mich hundertprozentig zu konzentrieren.

Zum ersten Mal auf dem Betzenberg spielte ich 1973 in einem Testspiel der schwedischen Nationalmannschaft gegen den FCK. Ich hatte einen guten Tag und wir gewannen 1:0. Abends war ich noch bei Roland Sandberg in Morlautern, und als das Angebot des FCK kam, fiel die Entscheidung leicht. Ich wusste genau, was mich erwartet. So dachte ich bis zu meinem Debüt im FCK-Trikot, einem Testspiel gegen den FC Liverpool. Der erste Ball aufs Tor war sofort drin, ein Eigentor von Fritz Fuchs. Dafür habe ich das erste Bundesligaspiel auf dem „Betze" gegen Braunschweig mit 2:0 gewonnen. Das war irgendwie normal: gefühlt haben wir zu Hause immer gewonnen und auswärts immer verloren. Unsere Fans im Rücken zu wissen, hat eben einen Unterschied gemacht, besonders abends, wenn das Flutlicht an war.

Mein persönliches Verhältnis zum FCK-Anhang war ohnehin ein besonderes. Kaum hatte ich den Rasen zum Warmmachen betreten, wurde ich aus der Westkurve mit einem lauten „Rooonie, Rooonie!" begrüßt. Beim ersten Mal war ich total überrascht, später wusste ich genau, dass ich erst ein paar Sekunden warten muss, bevor ich die Hand hob um.

Zu meiner Zeit sah das Stadion natürlich noch ganz anders aus. Am Anfang stand ich noch zwischen viereckigen Pfosten, und zwischen Tor und Westkurve gab es noch ein Stück Rasen. Einmal haben wir dort ein Torwarttraining absolviert, ich werfe mich nach einem Ball, stehe auf und blicke auf mein Bein, wo eine blutige Fleischwunde klaffte. Ich war auf einem zerbrochenen Schnapsfläschchen gelandet, das wir übersehen hatten. Die Wunde wurde schnell genäht – unser „Doc" nannte das Elefantenstich. Zum Glück fiel an diesem Wochenende unser Spiel gegen Köln aus – ich hätte aber wohl trotzdem gespielt.

Es waren andere Zeiten. Die Geschäftsstelle war noch am Kolpingplatz. Da habe ich mir anfangs noch wöchentlich mein Gehalt abgeholt. Und auch später, als die Nordtribüne innen ausgebaut war, blieb es klein, aber gemütlich.

Die einzigen negativen Erinnerungen sind mit meinen Verletzungen verbunden. Das gebrochene Schultergelenk und dann ein gebrochener Finger machten mich erstmals in all den Jahren zum Zuschauer. Auf diese Erfahrung hätte ich gut verzichten können. Aber so wollte ich mich nicht verabschieden und bin froh, mich in meiner letzten Saison zurückgekämpft zu haben.

Wobei verabschieden eigentlich das falsche Wort ist. Ich habe 1984 meine Karriere als Spieler beendet, um in Schweden eine Sportartikelfirma zu gründen, komme aber bis heute gerne nach Kaiserslautern zurück. Und genau wie damals, bei meinem Abschiedsspiel, bin ich immer noch dankbar für die Anerkennung unserer Fans, die ich jedes Mal erfahre.

HENRY LOCH

FCK-Masseur 1973–2014

41 Jahre habe ich ununterbrochen für den FCK gearbeitet. Damit war ich mit Abstand der Dienstälteste. Die Liste der denkwürdigen Spiele ist zu lang, um einzelne zu nennen, aber ich bin stolz darauf, einen bescheidenen Beitrag zu zwei Pokalsiegen und zwei Meisterschaften geleistet zu haben. Eigentlich weiß ich bis heute nicht genau, wer auf die Idee kam, mich zu verpflichten, denn ich hatte die Pfalz nach meiner Zeit bei der Bundeswehr in Zweibrücken schon wieder Richtung Bayern verlassen. Dass ich 1973 für den Rest meines Lebens nach Kaiserslautern kommen würde, hätte ich mir nicht ausgemalt.

Ein wirklicher Traumjob war es zu Beginn nicht. Die medizinische Betreuung einer Bundesligamannschaft hatte in den frühen Siebzigern lange nicht den Stellenwert, der ihr heute beigemessen wird. „Kostet alles nur unnötig Geld“, lautete die Antwort, wenn ich Vorschläge zur Ausstattung machte. „Die Spieler sollen zum Arzt gehen, wenn sie verletzt sind“, hieß es dann. Alles, was mir zur Verfügung stand, war eine Massagebank, die mitten in der Kabine aufgestellt war und ein bisschen Öl und Verbandsmaterial, das an der Wand hing. An eigene Räumlichkeiten war in der alten Tribüne nicht zu denken. Mich überhaupt zu beschäftigen, wurde schon als Luxus deklariert. Und so blieb ich lange Einzelkämpfer. Dabei kam mir zugute, dass ich selbst Fußball gespielt habe. Am freien Sonntag fungierte ich nebenbei als Spielertrainer bei der Eintracht Kaiserslautern, einem kleinen Amateurverein. Das bedeutete, dass ich angeschlagene Spieler nicht nur massierte, sondern auch Reha-Training auf dem Platz absolvierte. Wenn es zahlenmäßig nicht aufging, mischte ich manchmal auch beim Trainingsspiel mit, war dabei aber nicht sonderlich beliebt, weil ich ein „Fuddler“ war, der den Ball nicht gerne abgab. Auch die Laufeinheiten in der Vorbereitung absolvierte ich, rannte beim Cooper-Test allen davon. Aber wenn ich daran denke, was man Sportlern zugemutet hat, ohne dass sie etwas trinken durften, weil ein trockener Körper angeblich leistungsfähiger war, kann man heute nur den Kopf schütteln. Fit und wach musste man natürlich auch während des Spiels sein. Sobald ein Spieler auf dem Boden lag, rannte ich los. Wie gesagt, war ich lange der Einzige, der die Erstversorgung auf dem Platz übernahm. Das veränderte sich dann nach und nach. Erst kam mit Heinz Bossert ein zweiter Kollege hinzu, dann wurde der medizinische Stab schrittweise größer und professioneller und mit dem Neubau der Nordtribüne herrschten schlagartig bessere und zeitgemäße Bedingungen für unsere Arbeit.

In den 30 Jahren gab es mit Rainer Zobel nur einen Trainer, der ein Problem mit mir hatte. Er wollte immer, dass ich sofort auf den Platz renne, obwohl mittlerweile längst geregelt war, dass man das Zeichen des Schiedsrichters abwarten musste. Er blieb im Gegensatz zu mir nicht sehr lange. Wie viele Spieler ich in diesem Zeitraum durchgeknetet habe, lässt sich kaum zählen. Einige von ihnen waren sehr großzügig und wussten unsere Arbeit im Hintergrund wertzuschätzen. Andere wiederum durfte ich von ihrer weniger schönen Seite kennenlernen, vor allem wenn es ums Geld ging.

2003 wurde ich als Masseur des Bundesligakaders verabschiedet und freute mich, endlich mehr Zeit für mein Hobby Tennis zu haben. Ich habe mich aber schnell überreden lassen, fortan im Nachwuchsbereich auszuhelfen. Das habe ich dann noch weitere elf Jahre gemacht. Jetzt bin ich 82 und kümmere mich ab und an um die alten Muskeln der Traditionself.

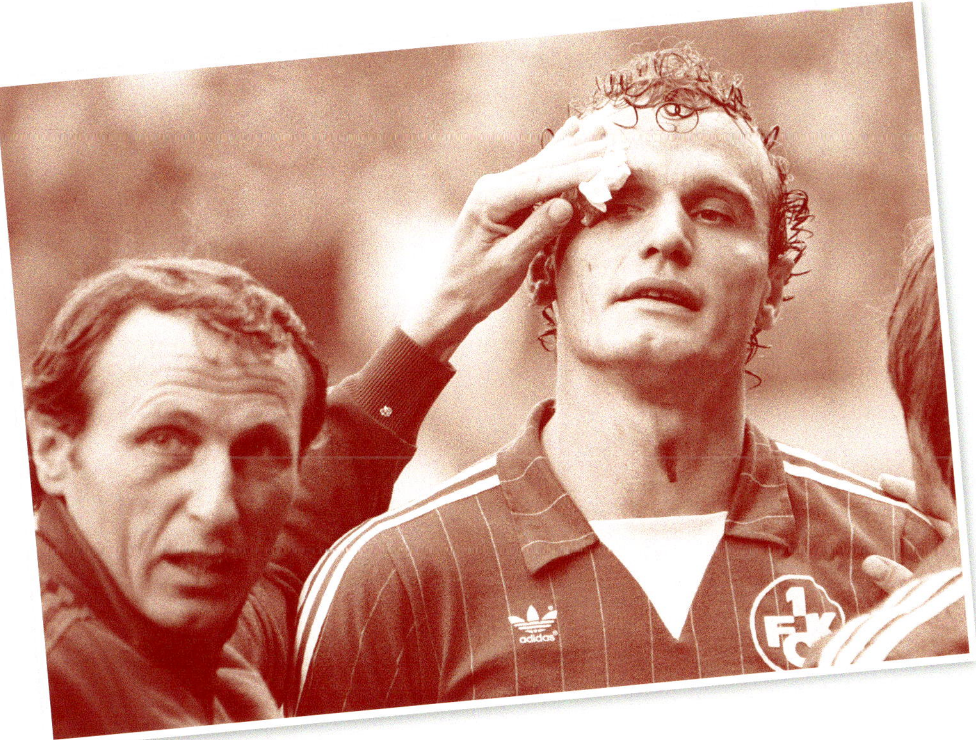

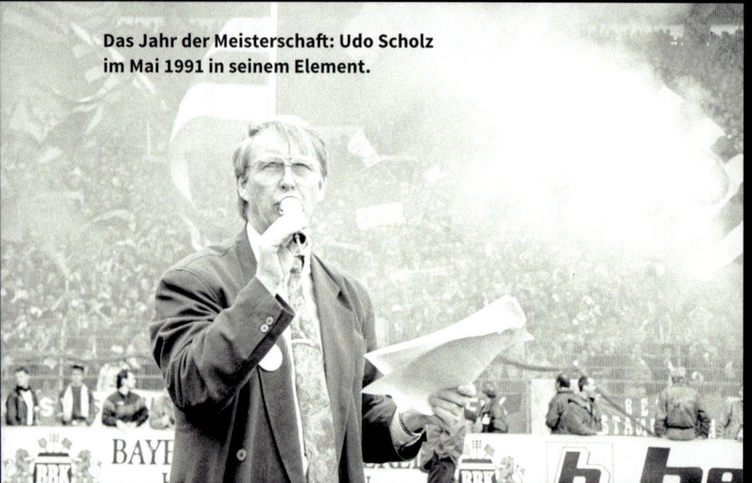
Das Jahr der Meisterschaft: Udo Scholz im Mai 1991 in seinem Element.

Eigentlich war ich als Dortmunder natürlich ein waschechter Borusse. Aber als ich aus beruflichen Gründen nach Weinheim an der Bergstraße zog, kam ich zum ersten Mal auf den Betzenberg, da mein Trauzeuge, der Ex-Dortmunder Reinhold Wosab, mit dem VfL Bochum dort spielte. Über den damaligen Trainer Erich Ribbeck und den Geschäftsführer Georg Köhler entstanden erste Kontakte zum Verein. Köhler kannte mich als Stadionsprecher in Dortmund und da Erich Schickedanz aus Altersgründen ans Aufhören dachte, wurde ich nach einer skurrilen Bewerbungsrunde als neuer Sprecher auserwählt.

Meinen ersten Einsatz gegen Braunschweig hätte ich fast verpasst. Ich hatte schlichtweg keine Ahnung von den Verkehrsverhältnissen vor einem Bundesligaspiel in Kaiserslautern. Alles war verstopft! Zum Glück hat mich ein netter Polizist auf dem Rücksitz seines Motorrads mit Blaulicht ans Stadion gebracht.

Unvorstellbar war auch die Sprecherkabine: ein kleiner muffiger Raum, in dem es penetrant nach Zigaretten roch, denn mein Vorgänger – auch so ein absolutes Original – hatte mindestens 20 Reval pro Spiel gepafft. Es gab anfangs nicht mal eine Heizung, im Winter war es saukalt. Einmal musste ich mir bei Seppl Pirrung einen Fön leihen, um die Schallplatte zum Laufen zu bringen. Ja, die technische Ausstattung war vom Feinsten: ein eckiger Plattenspieler, dessen Tonarm man manuell bediente, zwei Platten von James Last und ein Telefon. Dort riefen während des Spiels auch ständig Leute an, um nach dem Spielstand zu fragen. Der Prominenteste von ihnen war Fritz Walter, der selten bis zum Schluss blieb und dann immer informiert werden wollte.

Im ständigen Austausch war man aber auch mit der Tribüne. Die Scheiben konnte man aufschieben und vor mir saßen ja immer die gleichen Gesichter: die Experten von der Presse, lokale Geschäftsleute und das Präsidium. Ich sehe immer noch August Diehl vor mir, wie er allen Pullmoll-Bonbons anbietet. Das war FCK pur, alles Leute, denen der Verein am Herzen lag.

In diese Strukturen wuchs ich immer mehr hinein, da ich ja nicht nur die 90 Minuten moderierte, sondern auch das Vorprogramm und die Pressekonferenz nach dem Spiel. Zwei Stunden vor dem Anpfiff hat mir das Stadion gehört. Da gab es niemanden, der mir reingequatscht hat. So konnte ich später auch die Anregung umsetzen, die Mannschaftsaufstellungen auf dem Rasen vorzulesen. Nur den Vornamen und aus der Kurve kam der Rest. In der Bundesliga waren wir die Ersten, die das gemacht haben.

Ich habe mir auch eigene Werbetexte ausgedacht, die viele Fans heute noch aufsagen, wenn sie mich treffen. Unter anderem habe ich da einen lokalen Nachtclub beworben. Einmal klopften zwei Männer an meine Scheibe und rieten mir, das zu unterlassen. Als ich schon dachte: „Warum so prüde?“, sagten sie nur, dass sie dort waren und es sich nicht lohnen würde …

Die Fans konnten mit mir reden und ich mit den Fans. Die wussten: Da sitzt einer, der hat unsere Socken an. Der Vorstand hat mich sogar in offizieller Mission zu den Hooligans geschickt. Also bin ich ins „First Class“ gefahren und habe mich mit Stalin und den Jungs an die Theke gesetzt und ein Bier getrunken. Im direkten Dialog ließ sich vieles ohne große Wellen klären.

Wir waren eben anders. Die kleine Stadt und die enge Tribüne erzeugten eine Nähe, die einzigartig war. Da saß man noch lange nach dem Abpfiff zusammen und packte mit an, wenn es Arbeit gab. Da stand ich als Stadionsprecher in der Sommerpause mit der Boxlegende Karl Mildenberger und habe die Wände der Südtribüne sandgestrahlt. Oder Norbert Thines. Die Dinge, die wir erlebt haben, werde ich nie vergessen.

Zu der Zeit war der FCK wirklich eine große Familie, deren Wohl und Wehe mit allen Mitteln verteidigt wurde. Deswegen war der „Betze“ bei Gegnern so unbeliebt. Vor allem bei den Busfahrern: Die konnten nie ein Spiel gucken, weil sie die ganze Zeit damit beschäftigt waren, die Currywurst von der Scheibe zu kratzen, die ihnen bei der Anfahrt zum Stadion entgegengekommen war …

FLIEGENDER FUSSBALLSCHUH

HARRY EBERLE ehemaliger Fußballrowdy der ersten Stunde

Was unser Stadion einzigartig macht, ist der Standort: wie früher die Burgen, uneinnehmbar, oben auf dem Berg. Leider hat die Uneinnehmbarkeit inzwischen stark gelitten.

Für mich fing es in der Ostkurve an – da durfte man als FCK-Jugendfußballer kostenlos rein, mit Fahne und allem, was dazugehört. Obwohl ich die legendären Spiele gegen Bayern und Real erlebt habe, ist die Partie gegen Braunschweig 1969 eine ganz besondere für mich: Ich durfte als rechter Verteidiger der FCK-E-Jugend das Vorspiel machen und bei einem Abschlag flog mein Fußballschuh hinterher … ojemine. Außerhalb des Fußballs war Bob Marleys Konzert ein wahres Highlight. Schade, dass solche Events anscheinend nicht mehr möglich sind.

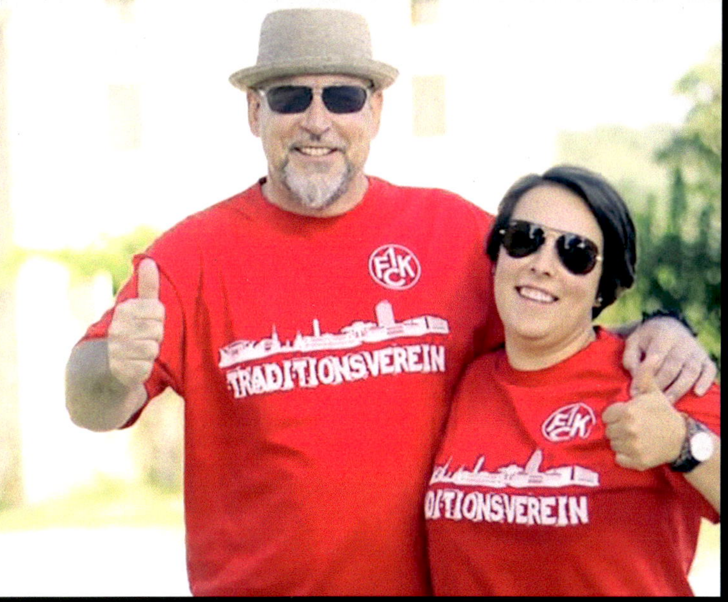

In den 70er und 80er Jahren begann es, dass die Rivalität zwischen den Fans schärfer ausgelebt wurde. Am Anfang – man trug noch Kutte – ging es darum, den Gegnern möglichst viele Fanutensilien abzunehmen. Dann wandelte sich der Dresscode und auch die Art der Auseinandersetzung. Wir waren eine im Wortsinn schlagkräftige Truppe von 20 bis 30 Leuten, ohne Anführer. Egal, ob auswärts oder zu Hause, wenn es zum Kontakt mit dem Gegner kam, waren wir vorne mit dabei – und ich kann ohne Übertreibung behaupten, dass wir in der Szene einen Ruf hatten. Und auch unter den eigenen Fans waren wir bekannt. Wenn wir in die Westkurve kamen, wurden unsere Plätze geräumt.

Für die gegnerischen Fans war es damals nur bedingt erfreulich, wenn ihre Mannschaft das Spiel gewann. In Zeiten ohne große Absperrungen machten wir uns am Ende des Spiels auf den Weg, an der Süd vorbei Richtung Osten, um die Niederlage zu rächen. Das klingt heute vielleicht komisch, war aber so. Es zeigt dennoch, dass – zumindest für uns – immer der Fußball im Mittelpunkt stand. Die „dritte Halbzeit" war willkommene Beigabe. Und eine Zutat von Freundschaften, die alle Höhen und Tiefen überdauerten.

Im Laufe meiner Fanlaufbahn war ich mittlerweile auf allen vier Tribünen zu Hause – nach dem letzten Umbau der Westkurve haben wir als Gruppe unsere neue Heimat im Block 5.3 gefunden. Das ist leider eines der wenigen positiven Resultate. Ich finde, der „Betze" hat allein durch die momentane Größe an Charme verloren. Die Atmosphäre der 80er und 90er, die auch durch die Enge erzeugt wurde, wird nie wieder erreicht werden. Ein Detail, das ich bedaure, ist, dass wir unsere einzigartige Blockfahne nicht mehr ausrollen können.

Was immer noch gilt: Ein richtiger Spieltag beginnt und endet mit dem Treffen meiner Kollegen in einer Kneipe. Mit einigen davon seit mehr als 45 Jahren! In dieser Zeit gab es einige Treffpunkte, der wichtigste und überregional bekannteste war natürlich das First-Class. Aber egal von wo wir losziehen – „mer gehen uff de Betze". So heißt das schon immer und wird auch immer so heißen. Aus diesem Grund ist mir der Stadionname unwichtig.

SCHULTERZUCKEN

CLAUS „RILLO" GÜNTHER Allesfahrer seit 1981

Ich bin der Meinung, dass sich der Verein seine Fans aussucht und nicht umgekehrt. So fühlt es sich für mich an: Der FCK hat mich ausgesucht. Dabei geholfen haben meine Brüder, die mich Ende der Sechziger mit ins Stadion genommen haben. Als kleiner Bub stand ich meist in der Ostkurve, zwischenzeitlich auch mal auf der Nordtribüne, die damals im oberen Bereich noch Stehplätze bot. Als Teenager begann Ende der Siebziger meine Zeit in der Westkurve. Damals waren es noch deutlich weniger Zuschauer, aber trotzdem musste man aufpassen, wo man sich hinstellt. Der harte Kern hatte seine festen Plätze. Da kannte jeder noch jeden und man musste sich erst einmal hochdienen.

Abgesehen von wenigen Ausnahmen gab es auch ganz wenige Auswärtsfans, die haben oft in einen Bus gepasst. Und für die Hartgesottenen, die sich auf den Betze trauten, konnte es sehr unangenehm werden, da das Stadion damals noch rundum begehbar war. Heiß her ging es, als die Ostkurve gesperrt war und sowohl Schalke als auch die Eintracht bei uns spielten. Beide Fangruppen nebeneinander in der Westkurve. Da flogen Steine, Flaschen und alles, was man in die Hände kriegen konnte. Es knallte an jeder Ecke.

Auch ich besuchte in dieser Zeit die ersten Auswärtsspiele. Forciert habe ich dieses Hobby 1981. Seitdem habe ich nur ganz wenige FCK-Spiele verpasst. Ich führe keine genaue Statistik, aber ich komme mittlerweile auf über 1.600 Spiele. Wie gesagt war das anfangs etwas völlig Exotisches. Ich bin oft getrampt oder schwarz mit dem Zug gefahren. Und einmal habe ich den Heimweg sogar im Mannschaftsbus angetreten: Im Sommer 1989, bei einem Intertoto-Spiel in Jena, das ich mit Freunden aus Halle besuchte, haben wir auf der Flucht vor auf uns lauernden Skinheads Norbert Thines um Hilfe gebeten und wurden tatsächlich vom FCK bis nach Gera mitgenommen.

Dieses Spiel war der Auftakt zur schönsten Phase, die ich als Fan erlebte: vom fast sicheren Abstieg über den Pokalsieg bis zur Meisterschaft. In dieser Zeit erlebte ich die Stimmung am intensivsten. Wie mir meine vielen Fahrten verdeutlichten, war der Betze über Jahrzehnte einzigartig. Das lag zum einen an der Nähe zum Spielfeld, aber auch an dieser aggressiven Grundstimmung. Man war schon auf dem Weg ins Stadion wie elektrisiert. Davon ist leider nicht mehr viel geblieben. Obwohl ich immer noch zu jedem Spiel fahre, lässt mich die aktuelle Entwicklung nahezu kalt. Man kann sich über manche Herren dort oben nicht einmal mehr aufregen. Beim ersten Abstieg ist für mich noch eine Welt zusammengebrochen. Jetzt ertrage ich den Niedergang nur noch schulterzuckend. Das ist schade.

21

„UFFM BETZE IS IMMER WAS LOS“

FRANZ ENGELS Mitglied seit 1974, Dauerkarteninhaber seit 1986

Den Betzenberg als mein zweites Wohnzimmer zu bezeichnen, wäre etwas übertrieben, aber es ist ein Ort, zu dem es mich, der in Kaiserslautern geboren wurde und nie woanders gelebt hat, alle 14 Tage hinzieht. „Nuff uff de Betze“, wie wir in der Pfalz sagen. Trotz aller Enttäuschungen verbindet mich mit dem Betze (als Stadion und Verein) eine innige Verbundenheit, ja Liebe, die allerdings in den letzten Jahren immer häufiger auf die Probe gestellt wird. Trotzdem kann ich nicht loslassen.

Mein Vater und mein fünf Jahre älterer Bruder haben mich früh entsprechend erzogen. Mein Vater spielte noch vor dem Krieg mit Fritz Walter gemeinsam in der 1. Jugendmannschaft des FCK. Ein anderer Verein wäre für mich nie in Betracht gekommen. Meine ersten Spiele verfolgte ich 1972/73 mit meinem Vater auf der Südtribüne. Ich durfte als kleiner Knirps (ohne Karte) einfach neben ihm Platz nehmen. Es muss gegen die Hertha aus Berlin und gegen den Wuppertaler SV mit seinen drei mitgereisten Fans gewesen sein. Ich lauschte schon damals den Fangesängen in der nicht überdachten Westkurve und bewunderte die großen Schwenkfahnen (auch die meines Bruders), die es bei uns bis heute in großer Anzahl und Vielfalt in der Kurve und nicht als reine Staffage zu bestaunen gibt. Ich ertappe mich auch heute noch, dass ich die Fahnen zähle und mich riesig freue, wenn neue dazukommen.

Meine erste Fahne hatte mir meine Mutter aus richtigem Fahnenstoff genäht, befestigt an einer Bambusstange. Ich weiß noch genau, dass mich der Transport bei meiner Feuertaufe vor erhebliche Probleme stellte: Es galt, mit dem Ungetüm die Treppen zur Ostkurve zu erklimmen. Die Fahne geschultert rammte ich rückwärts einigen Besuchern die Fahnenstange ins Gesicht und beim Versuch, diese waagerecht zu halten, bin ich fast gestolpert. Bei einem 0:0 gegen Rot-Weiss Essen 1973/74 ermahnte ich meine älteren Hintermänner in der Ostkurve (hier stand ich jetzt mit meiner Fahne), mit dem Meckern aufzuhören und die Mannschaft zu unterstützen. Die hatten wohl ein ähnliches Spektakel wie gegen die Bayern eine Woche zuvor erwartet (7:4; da lag ich mit Fieber im Bett). Und sie waren baff, dass so ein kleiner Junge sie anraunzte. Aber ich hatte Erfolg. Das „Gebäbber“ hörte auf.

Das Anfeuern war in den siebziger, achtziger und neunziger Jahren spielbezogener. Heute orientieren sich leider zu viele Besucher am Vorsänger und warten wie Pauschaltouristen auf die Ansage des Animateurs. Schade eigentlich. Denn der Betze konnte wie kein anderes Stadion aus eigener Kraft eine entfesselte Stimmung hervorrufen, die Rückstände umbog. Exemplarisch für die schönste Zeit zwischen 1986 und 1993 ist das Spiel gegen den KSC 1991, das alle Komponenten vereinte, die den Betze einzigartig machten: ein klassisch enges Stadion englischen Zuschnitts, prickelnde Flutlichtatmosphäre am Freitagabend, die durch gezielten Einsatz von Bengalos unterstützt wurde. Dazu einen Udo Scholz als Stadionsprecher und nicht zu vergessen der gute Geist namens Norbert Thines als FCK Präsident, für den „FCK-Familie“ keine Worthülse war. Da hatte man das Gefühl, all diese gemeinsam erzeugte Energie und Entschlossenheit bündele sich in Stefan Kuntz, wie er sich in der Nachspielzeit über fünf Gegenspieler erhob und zum 3:2 einköpfte. Kopflos und ekstatisch jubelnd lagen wir aufeinander im Block acht der Westkurve, wo ich seit 1986 meinen Stammplatz habe.

Der Betzenberg von damals ist natürlich mit heute nicht mehr zu vergleichen. Er ist für mich trotz aller Umbaumaßnahmen immer noch ein besonderes Stadion, das es wert ist, immer wieder erklommen zu werden, getreu dem Motto: „Uffm Betze is immer was los.“

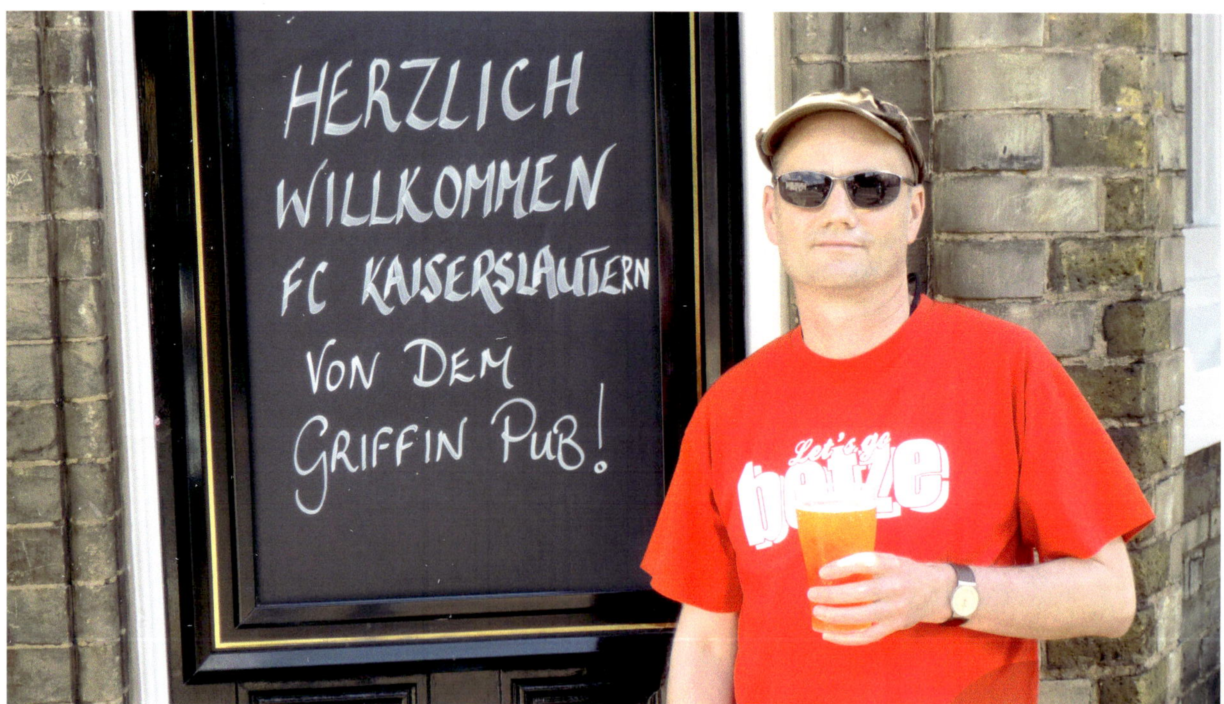

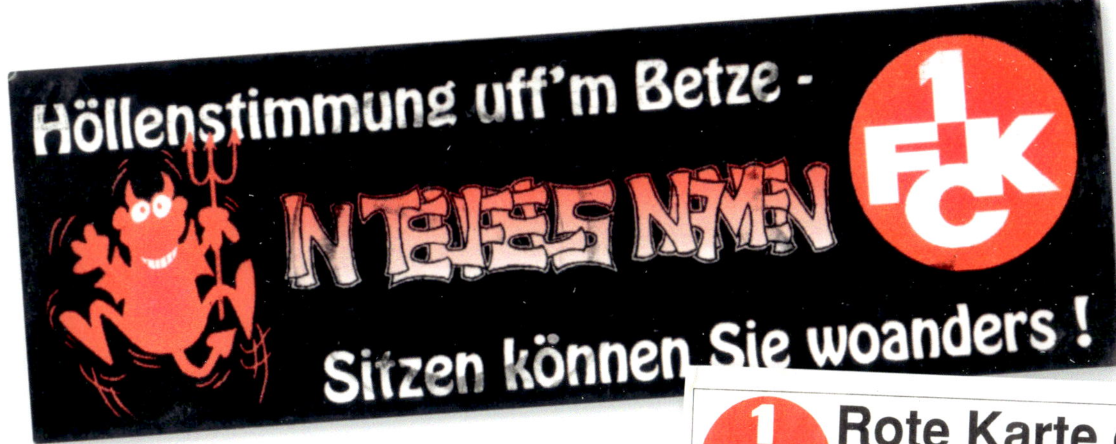

STEHPLATZERHALT UND KAMPF GEGEN RASSISMUS

ALEX LUTZ Fanklub-Gründer, Fanbeirat, Fanzine-Redakteur

Mein Fandasein beginnt als kleiner Junge Mitte der siebziger Jahre. Mit dem Zug ging's „uff de Betze" zu meinen All-Time-Heroes Ronnie Hellström, Hans-Peter Briegel und Hans-Günter Neues sowie Kickern aus meinen Nachbardörfern wie Werner Melzer und Seppl Pirrung. Das alles war Identifikation pur! Damals war die Fanwelt in der Pfalz noch in Ordnung: Der Betze war „unabsteigbar" (wovon ich fest überzeugt war), in den Folgejahren schnupperten „wir" immer mal wieder ins obere Tabellendrittel rein und als Sahnehäubchen gab's ab und an sogar eine Teilnahme am Europapokal – ein wahrer Traum. Als kleiner Bub reichte es natürlich nur für die Heimspiele, aber auch die späteren Touren nach Prag, Genua, Barcelona, Sheffield, Glasgow und und und werde ich niemals vergessen!

Mit Gründung des Fanklubs „True Devils" Rodalben begann 1987 die Zeit des „organisierten Fandaseins" für mich. 1990 wurde ich als Vertreter der Fanregion Südwestpfalz in den Fanbeirat gewählt, habe dann fast zehn Jahre lang ehrenamtlich enorm viel Energie und Zeit aufgewendet. Und es war mir eine Ehre! Als jüngster Fanvertreter habe ich mich hauptsächlich mit damals völlig neumodischen Themen wie einer Fanzeitung *(Die Welle),* dem Aufbau eines bundesweiten Fannetzwerks „B.A.F.F." (Bündnis aktiver Fußball-Fans), Organisation von Auswärtsfahrten (unvergessen ein Sonderzug mit über 1.000 Fans nach Rostock, das Ding wurde danach verschrottet) und der Veranstaltung von überregionalen Fantreffen (wie z. B. auf der Burg Lichtenberg bei Kusel) beschäftigt. Das war echt super damals, man wurde als Fan noch ernst genommen und konnte im Sinne der Fangemeinschaft wirklich etwas bewegen. Ich spürte die volle Unterstützung des Vereins, was vor allem an Personen wie Norbert Thines, Rudi Merk und Werner Süß lag. Norbert ist heute Ehrenpräsident – keiner hat es mehr verdient als er!

Später, in der Ära nach Norbert, schwand langsam der Spaß an der Fanarbeit. Seinen Nachfolgern fehlte der Respekt für uns. Kommerz statt Herz, um es plakativ zu sagen. Bei mir persönlich kam viel Ernüchterung auf. Auch über die Erkenntnis, dass der sportliche Erfolg oder Misserfolg unbarmherzig alles, was im Verein passiert, überlagert. Auch im Fanbeirat stimmte es bald nicht mehr. Für einige Mitglieder wurden die mit dem Amt verbundenen Privilegien wichtiger als die Fanarbeit an sich. Ein Fanvertreter muss den Fans gegenüber verantwortlich handeln, nicht den Vereinsgremien gefallen.

Um mich zumindest teilweise aus der Abhängigkeit des Vereins zu lösen, gründete ich gemeinsam mit einigen Gleichgesinnten (u. a. Uwe Strauß, leider viel zu früh verstorbenes Fan-Urgestein, personifiziertes Fußball- sowie Musiklexikon, treuer Freund und Wegbegleiter – Danke, Uwe!!!) das erste größere unabhängige Fanzine „In Teufels Namen". (Den Namen ließen wir leider nicht patentieren und der FCK hat ihn später für eine eigene Publikation frech geklaut.) In diesem Umfeld kam der Spaß zurück. Durch die produktive Zusammenarbeit mit Fanzines anderer Vereine (*Schalke unser, Erwin, Millerntor Roar,* um nur die bekanntesten zu nennen) konnten wir im FCK-Umfeld und auch bundesweit die Themen weiter vorantreiben, bei denen in der Vereinsführung nach Norbert Thines der Rückhalt merklich schwand: Stehplatzerhalt („Sitzen ist für'n Arsch") und Kampf gegen Rassismus („Betze-Fans gegen Rechts").

Nach meinem Studium war dann keine Zeit mehr für Fanarbeit, und ehrlich gesagt irgendwann auch keine echte Motivation mehr. Das war im Stadion erst mal befreiend: keine aufreibenden Diskussionen mehr, nur noch das Runde muss ins Eckige. Trotzdem hat die Entwicklung seit Mitte der Neunziger dazu geführt, dass die ursprüngliche Identifikation zunehmend verloren ging. Sehr schade. Mich hat es aus der Pfalz nach Mainz verschlagen, nicht allzu weit also, immer noch im Dauerkarten-Radius. Tolle Stadt, leider ohne echtes Fußballflair. Spätestens als nach unserem ersten Abstieg 1996 ein Mainz-05-Fan absolut gutmeinend zu mir sagte „Komm, ist doch nicht so schlimm, werd' doch einfach 05-Fan" war ein für allemal klar, dass wir in diesem Punkt nicht vom Gleichen reden. Mainz ist ein Karnevalverein, wir sind ein Fußballverein. Zumindest das ist geblieben.

EIN NICHT ZU ENDE GEDACHTES KONSTRUKT

HAGEN LEOPOLD Fußballhistoriker, Sachverständiger für Fußball-Memorabilia, Initiator des Fritz-Walter-Museums, Mitglied und Fan des 1. FC Kaiserslautern e.V

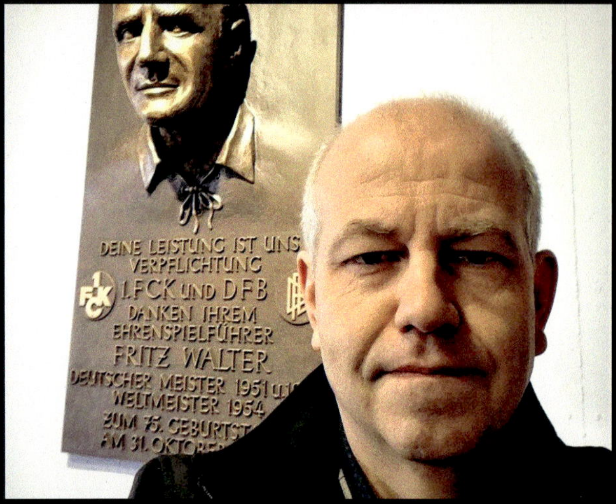

Die 100-jährige Geschichte des Betzenbergs und sein sukzessiver Ausbau in diversen epochalen Bauabschnitten machten ihn über Jahrzehnte zur „Festung Betzenberg“, der als einzig vereinseigenes Stadion der Bundesliga der Stolz der Pfalz war. Nach dem Neubau mit Überdachung der Westtribüne 1986 war für mich die optimale Größe erreicht und die mit Abstand atmosphärisch schönste aller Ausbauphasen, welche durch die Namensgebung FRITZ-WALTER-STADION abgerundet wurde.
Bereits mit dem Neubau, der nun weiter vom Spielfeld entfernten Nordtribüne 1994, ging trotz größeren Fassungsvermögens und erster VIP-Bereiche deutlich Stimmung verloren, welche durch die sportlichen Erfolge der 1990er jedoch kompensier werden konnte. Der aus diesen Titeln resultierende Größenwahn führte zur Überschuldung des FCK, was den Verkauf des Stadions an die hierfür eigens gegründete Stadiongesellschaft zur Folge hatte. Ein nicht zu Ende gedachtes Konstrukt, das nachhaltig den schrittweisen Niedergang des Traditionsklubs einläutete. Der WM-Umbau bescherte dem FCK nicht nur ein viel zu großes Stadion, sondern auch eine ungesunde Abhängigkeit und enge Verquickung mit der Stadt- und Landespolitik. Der just im WM-Jahr 2006 vollzogene sportliche Abstieg des FCK war der Sturz in eine sportliche und wirtschaftliche Ungewissheit, die in Zeiten von explodierenden Summen im Profifußball eine wirtschaftliche Konsolidierung zusehends erschwerte. Zinsen und Unterhalt des Stadions wurden zum Mühlstein um den Hals des Vereins. Leider hatten die damals Verantwortlichen offenbar vergessen, dass die Ligazugehörigkeit eines Fußballklubs dessen wirtschaftliche Leistungsfähigkeit beeinflusst, denn sonst hätte man sich die wiederkehrende, unrühmliche Posse um Mietminderung, Stundungen oder Besserungsscheine ersparen können.
Natürlich bleibt dieses Stadion auch in Zeiten der 3. Liga ein imposantes Bauwerk. Gleichzeitig erhebt es sich wie ein Mahnmal über der Stadt und mutiert mehr und mehr zum in Beton gegossenen Grab. Die Umstände der Investorensuche lassen mich zweifeln, ob der FCK nicht erneut durch äußere Einflüsse seiner letzten Chance beraubt wird, auch künftig im Profifußball lebensfähig zu sein. Denn bei aller Kritik wünsche ich mir nichts sehnlicher, als irgendwann einmal zu meinen Enkeln sagen zu können: „Heit geh mer nuff uff de Betze!“

BETZENBERG-ERLEBNISSE

WOLFGANG KREILINGER *Rheinpfalz*-Redakteur

In der Ostkurve beim 4:0 über Schalke 04 am 18. Mai 1974:
„Ich habe eine Dauerkarte, das ist mein Sohn.“ Mit diesen Worten stellt mich mein Vater am Eingang der Ostkurve vor. Der Mann mit der Ordnerbinde winkt mich durch – ohne Eintrittskarte. Die nur knapp 3.000 Dauerkartenbesitzer genießen eben Privilegien. Der Herr Papa marschiert auf die Nordtribüne, der zehnjährige Wolfgang trifft seinen Schulfreund in der langgestreckten Kurve, die noch keine Blöcke kennt. Warum mir einer der ersten Betzenberg-Besuche so in Erinnerung bleibt? Bei Schalke 04 verliert ein gewisser Erwin Kremers in der 90. Minute die Nerven und sieht die rote Karte wegen Schiedsrichterbeleidigung. Das kostet den Nationalspieler den WM-Titel. Bundestrainer Helmut Schön streicht ihn nämlich am Folgetag aus dem WM-Kader. Das waren Zeiten …

In der Westkurve beim 5:0 über Real Madrid am 17. März 1982:
Es gibt Momente, in denen ein ganzes Stadion ahnt, was in wenigen Sekunden passiert. Immer und immer wieder läuft Werner Melzer Laurie Cunningham ab. Auch in der 40. Minute. Der englische Nationalspieler hadert mit sich, dem Publikum und tritt seinem Gegenspieler unmittelbar vor der Westkurve, die längst mein zweites Zuhause geworden ist, in den Allerwertesten. Ich sehe das Leuchten der roten Karte des ungarischen Schiedsrichters Palotai noch heute vor Augen, auch weil ich mich damals für Madrid statt für Rom entschied. In der gleichen Woche gab es nämlich auch eine Klassenfahrt in die Ewige Stadt. Dafür auf die Königlichen zu verzichten – undenkbar.

Auf der Westtribüne beim 3:1 über den FC Barcelona am 6. November 1991:
Aus dem Anhänger ist ein Journalist geworden, der Objektivität vorleben soll und will. Aber nicht gegen Barça. Der Ordner lässt mich auch mit der Presse-Dauerkarte in den Westen. Nach dem dramatischen Ende geht es zurück in die Katakomben der engen Nordtribüne, in der die Mixed-Zone noch aus einem vielleicht fünf Quadratmeter großen Foyer besteht, in dem Barça-Trainer Johann Cruyff die Aufregung mit einer Zigarette abschüttelt. Das Trikot Bakeros hängt immer noch im Museum des FC Barcelona in den Katakomben von Camp Nou.

Auf der Nordtribüne beim 4:0 über den FC Bayern München am 14. April 1994:
Die heutige Nordtribüne ist im Entstehen, die Fundamente liegen mehr als 50 Meter unterhalb des Spielfelds am Fuße des Steinbruchs. Direkt neben dem Spielfeld klafft ein überdimensionales Loch. Das neue Bauwerk hat noch kein Dach und auch nur den Oberrang. Die Roten Teufel zerlegen die Bayern auf der Baustelle. Die Stimmung leidet, auch nach Fertigstellung, weil die Tribüne vom Spielfeld wegrückt: für Konzerte, die nie stattfinden werden. Kaiserslautern kann sich rühmen, die ersten Logen der Liga zu haben. Der Vorreiter zahlt einen hohen Preis. Statt der geplanten 34 Millionen Mark verschlingt der in Beton gegossene Größenwahn 63 Millionen Mark.

Auf der Westtribüne beim 1:1 gegen Bayern München am 6. Mai 2006:
Erstmals sehen über 50.000 Zuschauer in der neuen WM-Arena ein Bundesligaspiel. Der Preis ist noch höher – über 75 Millionen Euro. Auch angetrieben von der Politik, will der Klub unbedingt WM-Gastgeber werden. Doch am Ende muss der Verein sein Stadion an die Stadt verkaufen. Das eigene Stadion war über viele Jahrzehnte der große Wettbewerbsvorteil. Jetzt, wo ein Verein nach dem anderen seine eigene Arena aufkauft, muss der FCK seine verscherbeln. Ach ja, Fußball wurde auch gespielt. Nach dem 1:1 feiern die Bayern die Meisterschaft und die Lauterer steigen eine Woche später in Wolfsburg ab. Es sollten von 2010 bis 2012 nur noch zwei weitere Jahre in Liga eins folgen.

Borussia Mönchengladbach, auch so ein Traditionsverein mit eigenem Stadion, hat es besser gemacht: Abriss des Bökelbergs und Neubau auf der grünen Wiese. In Kaiserslautern wäre es noch einfacher gewesen: Nachwuchsleistungszentrum auf dem Betzenberg und Neubau des Stadions auf dem Fröhnerhof. Aber hinterher ist der Chronist immer schlauer …

NIRGENDS LEUCHTET DAS GRÜN SCHÖNER

20

TOBIAS SCHÄCHTER berichtete als freier Journalist über den FCK

Zum ersten Mal nahm mich mein Vater im Februar 1977 mit „nuff, uff de Betze“. Ich war damals sechs Jahre alt und durch seine Erzählungen schon FCK-Fan. Die Fahrt mit den vielen Kurven über Johanniskreuz durch den Pfälzer Wald von unserem Wohnort Hauenstein nach Kaiserslautern war mit der Erwartung, endlich live dabei zu sein, wenn die Roten Teufel spielen, schon Abenteuer genug.
An drei Dinge erinnere ich mich noch genau: Ich wurde glühender Anhänger von Hannes Riedl, der es mir mit seiner leidenschaftlichen und trickreichen Spielweise beim 3:1-Sieg gegen den Karlsruher SC leicht machte, ihn zu verehren. Und immer wieder blickte ich von der Südtribüne, von wo aus wir das Spiel verfolgten, in die Westkurve. Die war damals noch ohne Dach und in einem Halbkreis gezogen viel weiter weg vom Tor als heute. Aber das Fahnenmeer mit der riesigen schwedischen Fahne als Reminiszenz für „unsere“ Schweden Ronnie Hellström und Roland Sandberg brannte sich in mein Gedächtnis unauslöschlich ein. Später stand ich auch oft in der Westkurve und bewunderte immer diese Männer, die diese riesigen Fahnen schwenkten.
Am eindringlichsten bei meinem ersten Betze-Besuch aber war für mich die Farbe Grün. In meiner Erinnerung ging in der zweiten Halbzeit das Flutlicht an. Die Farbe des Rasens veränderte sich, das eher matte, fast graue Grün verwandelte sich in ein helles, leuchtendes. Dieses Leuchten des Rasens in einem Fußballstadion hat bis heute etwas Magisches für mich. Es ist in jedem Stadion anders. Auch „uffm Betze“ hat es sich im Lauf der Jahre verändert. Und das möglicherweise nicht nur, weil das Stadion mit den Jahrzehnten immer größer und die Beleuchtung des Rasens immer stärker geworden sind.
Ich habe den FCK erst als kindlicher Fan, später als kritischer Journalist begleitet und zwischendurch, als junger Mann, auch sechs Jahre beim 1. Klub der Pfalz gekickt. Von 1987 bis 1991 in der Jugend und den Amateuren mit den späteren Meistern Markus Kranz und Marco Haber und von 1998 bis 2000 noch einmal bei der zweiten Mannschaft mit den späteren Weltmeistern Roman Weidenfeller und Miroslav Klose. Ich habe die großen Zeiten miterlebt, die beiden Meisterschaften in den neunziger Jahren, und dann den selbstverschuldeten Niedergang, der mit dem Ausbau des Stadions zur WM-Arena 2006 unaufhörlich fortschritt. Die emotionale Bindung zum Klub verblasste mit den Jahren. Doch bei aller Verzweiflung über die Unfähigkeit der Verantwortlichen und die böswilligen, internen Grabenkämpfe, die den FCK an den Rand des sportlichen und wirtschaftlichen Ruins geführt haben, gibt es doch auch Momente, die mich milde, ja versöhnlich stimmen. Im Juli 2019 fuhr ich mit meinem Sohn von unserem Wohnort Karlsruhe aus „nuff, uff de Betze“. Mein Sohn ist in Karlsruhe geboren, aber FCK-Fan, seit er mit seinem Großvater als Sechsjähriger zum ersten Mal im Stadion war. Wir trafen meinen Vater und schauten zusammen das erste Heimspiel der Drittligasaison 2019/20: Block 6 auf der Westtribüne.
Wenn eine Saison beginnt, sind die Hoffnungen der Fans noch groß. Ich habe die Aufstiegshoffnung nach dem miesen 1:1 gegen Unterhaching an diesem Tag begraben. Und dennoch: Wir machten vor dem Spiel ein Selfie: Mein Vater Thomas, 73, mein Sohn Lennart, 16, und ich, 48 Jahre alt – im Hintergrund das Spielfeld und die neue Haupttribüne. Es ist ein schönes, die Generationen verbindendes Bild für das Familienalbum. Der Rasen leuchtet da für einen kurzen Moment fast wieder so hellgrün wie damals, 1977, als ich zum ersten Mal „uffm Betze“ war.

EINWURF

„Flaschen, die Fläschchen warfen“

Es gibt Einträge in die Historie, auf die man gut verzichten könnte. Am 27. November 1976 wird der Geschichte der Bundesliga auf dem Betzenberg ein unrühmliches Kapitel hinzugefügt: Während bislang äußere Umstände wie Nebel oder ein gebrochener Torpfosten dafür sorgten, dass eine Begegnung der obersten Spielklasse abgebrochen und wiederholt werden muss, ist die Partie des FCK gegen Fortuna Düsseldorf die erste, die wegen Zuschauerausschreitungen vorzeitig abgepfiffen wird.

Der FCK, im Vorjahr noch Pokalfinalist und Tabellensechster, findet sich unverhofft im Abstiegskampf wieder. Auch an diesem trüben Herbsttag ist die Leistung nicht besser als das Wetter. Nach Gerd Zewes Treffer in der 56. Minute droht die dritte Heimpleite. Fortunas Egon Köhnen verteidigt die knappe Führung seiner Mannschaft nach dem Geschmack des FCK-Anhangs zu rustikal. Nach einem bösen Foul an Werner Melzer fordern sie Sanktionen des Schiedsrichters Rudolf Frickel, der es jedoch bei einem Freistoß beließ. Der Frust über diese Entscheidung entlädt sich nicht nur verbal: Ein Likörfläschchen trifft und verletzt den Linienrichter. Frickel ruft FCK-Kapitän Seppl Pirrung zu sich, um den drohenden Abbruch zu vermeiden, doch noch bevor die Warnung per Durchsage publik gemacht werden kann, fliegt eine zweite Flasche aus der Kurve in Richtung Rasen. Frickel hat keine andere Wahl, als seine Drohung wahr zu machen. Die Partie wird nicht wiederholt, sondern mit 2:0 für die Gäste gewertet. Ein Ergebnis, das „Flaschen, die Fläschchen warfen“ *(Die Rheinpfalz)* zu verantworten haben.

Knapp 15 Jahre später entgeht der FCK nur haarscharf einer Wiederholung. Im Spiel gegen Wattenscheid 09 ist es erneut ein früher Rückstand durch den Ex-Lauterer Frank Hartmann, der die Fanseele aufwühlt. Als Prof. Dr. Wolf-Rüdiger Umbach in der Nähe der Eckfahne vor der Westkurve einen Spieler ermahnen will, wird er von einem Feuerzeug frontal an der Stirn getroffen und geht zu Boden. Der Unparteiische entschließt sich nach kurzer Behandlungspause, die Partie fortzusetzen, und der FCK schafft durch Bruno Labbadia den Ausgleich. Eine Wiederholung dieses Vorgangs ist seitdem offiziell ausgeschlossen: Der DFB beschließt, dass bei einem Angriff auf den Schiedsrichter zukünftig die Partie sofort abzubrechen ist.

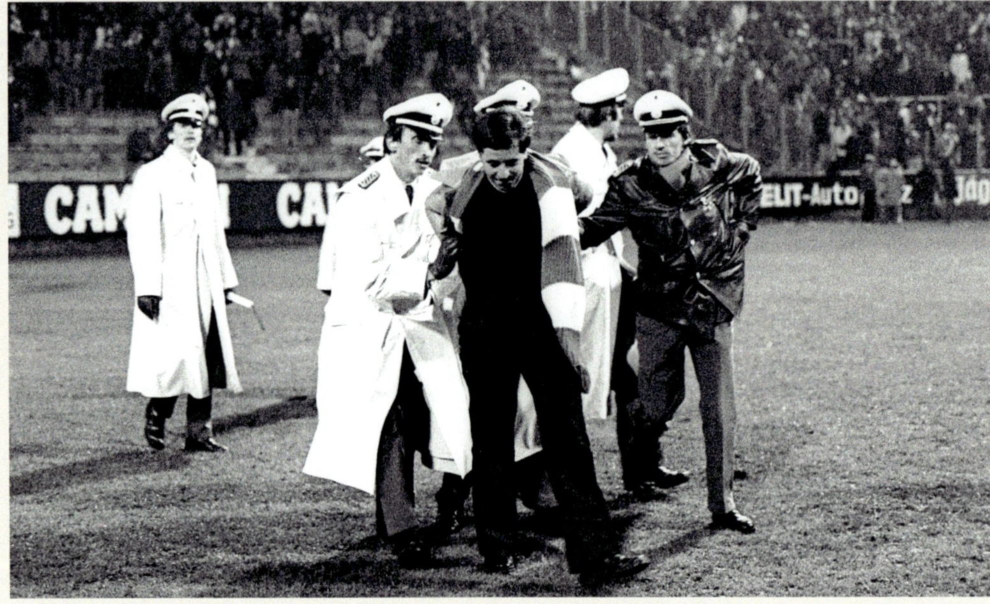

1978:
Die Osttribüne weist den Weg

Am 7. März 1977 wird Jürgen Friedrich zum neuen Präsidenten gewählt. Die Kampfkandidatur gegen Amtsinhaber Willi Müller verläuft FCK-typisch emotional, aber der Übergang gelingt. Die Gemüter beruhigen sich schnell. Noch am gleichen Abend werden Müllers Verdienste durch seine Ernennung zum Ehrenpräsidenten gewürdigt. Sein Nachfolger, mit 33 Jahren der jüngste Präsident der Liga, leitet zielstrebig die Modernisierung des Vereins ein. Oberste Priorität hat dabei die Weiterentwicklung des Stadions. Die vier Jahre alte Haupttribüne hat ein Relikt aus Vorkriegszeiten ersetzt, kann aber den Wettbewerbsnachteil gegenüber der Konkurrenz nicht wettmachen. Eine große Koalition aus Vereinsführung, Universität Kaiserslautern und dem ausführenden Architekten Folker Fiebiger treibt die bereits entwickelte Vision eines rundum geschlossenen, komplett überdachten Stadions konsequent voran. Anstelle der Kurven sollen an den Kopfseiten begradigte Stehränge gebaut werden, deren Abstand zu den Torauslinien sich um bis zu zehn Meter verringert. „Wir wollten nach englischem Vorbild Atmosphäre schaffen; im Mittelpunkt sollte nur der Fußball stehen. Unser Stadion sollte ein ‚Fußballunterhaltungsobjekt' darstellen", erläutert Jürgen Friedrich rückblickend die Zielsetzung.

Zu wissen, wohin man will, ist schön. Wie und wann man dort ankommt, ist die andere Frage. Da es in Kaiserslautern immer noch kein Geld regnet, ist eine stufenweise Realisierung der Pläne unabdingbar. Trotzdem wird mit dem Architekten ein Generalvertrag über den gesamten Ausbau ausgehandelt, um dessen Honorar vergleichsweise günstig zu gestalten. Zudem sehen die Pläne eine nahtlose Integration der vorhandenen Bausubstanz vor. Die zum Bundesligastart errichtete Südtribüne bleibt der Referenzwert, an dem sich die Höhe der beiden Geraden hinter den Toren ausrichtet.

Neues Innenleben

Das Stadion neu zu denken beschränkt sich nicht auf neue Tribünen. Bisher liegt das Innenleben der vier Jahre zuvor errichteten Nordtribüne – abgesehen von den Funktionsräumen für den sportlichen Bereich – teilweise brach. Zwar ist es dem alten Vorstand 1976 nach zähem Ringen gelungen, eine Stadiongaststätte zu eröffnen, die Erschließung der Areale im Bauch des Bauwerks erfolgt aus Kostengründen aber nur häppchenweise.

Jetzt wird mit einem Schlag darauf hingearbeitet, dass sich der Verein nicht nur sportlich erstklassig präsentiert. Dazu wird der Presseraum dem herrschenden Standard angeglichen und ein sogenannter „Gästeraum" geschaffen, in dem man für 300 DM im Jahr rund um das Spiel erstmals auch verköstigt wird. „Der Wohlfühlfaktor war enorm hoch. Das Präsidium, die Spieler, ihre Frauen und Gäste; die aus dieser Kommunikation erzeugte Nähe sollte es später so nicht mehr geben", erinnert sich Jürgen Friedrich.

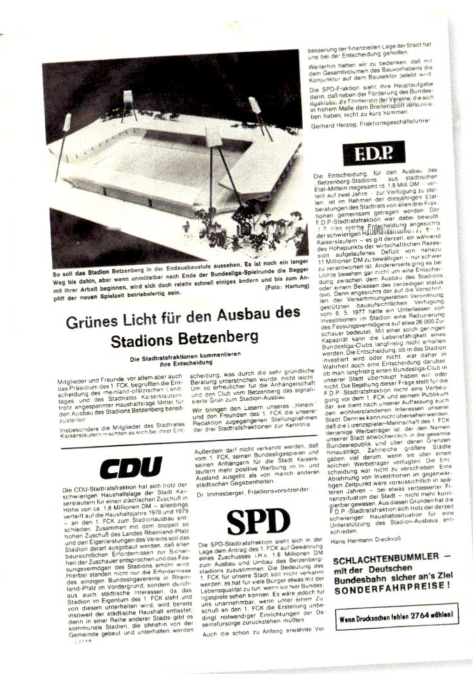

So soll das Stadion Betzenberg in der Endausbaustufe aussehen. Es ist noch ein langer Weg bis dahin, aber wenn unmittelbar nach Ende der Bundesliga-Spielrunde die Bagger mit ihrer Arbeit beginnen, wird sich doch relativ schnell einiges ändern und bis zum Anpfiff der neuen Spielzeit betriebsfertig sein. (Foto: Hartung)

Grünes Licht für den Ausbau des Stadions Betzenberg

Die Stadtratsfraktionen kommentieren ihre Entscheidung

Mitglieder und Freunde, vor allem aber auch das Präsidium des 1. FCK, begrüßten die Entscheidung des rheinland-pfälzischen Landtages und des Stadtrates Kaiserslautern trotz angespannter Haushaltslage Mittel für den Ausbau des Stadions Betzenberg bereitzustellen.

Insbesondere die Mitglieder des Stadtrates Kaiserslautern machten es sich bei ihrer Entscheidung, was durch die sehr gründliche Beratung unterstrichen wurde, nicht leicht. Um so erfreulicher für die Anhängerschaft und den Club vom Betzenberg das signalisierte Grün zum Stadion-Ausbau.

Wir bringen den Lesern unseres „Hinein" und den Freunden des 1. FCK die unserer Redaktion zugegangenen Stellungnahmen der drei Stadtratsfraktionen zur Kenntnis.

CDU

Die CDU-Stadtratsfraktion hat sich trotz der schwierigen Haushaltslage der Stadt Kaiserslautern für einen städtischen Zuschuß in Höhe von ca. 1,8 Millionen DM – allerdings verteilt auf die Haushaltsjahre 1978 und 1979 – an den 1. FCK zum Stadionausbau entschieden. Zusammen mit dem doppelt so hohen Zuschuß des Landes Rheinland-Pfalz und den Eigenleistungen des Vereins soll das Stadion derart ausgebaut werden, daß allen baurechtlichen Erfordernissen zur Sicherheit der Zuschauer entsprochen und das Fassungsvermögen des Stadions erhöht wird. Hierbei standen nicht nur die Erfordernisse des einzigen Bundesligavereins in Rheinland-Pfalz im Vordergrund, sondern durchaus auch städtische Interessen: da das Stadion im Eigentum des 1. FCK steht und von diesem unterhalten wird, wird bereits insoweit der städtische Haushalt entlastet; denn in einer Reihe anderer Städte gibt es kommunale Stadien, die ohnehin von der Gemeinde gebaut und unterhalten werden [illegible]

Außerdem darf nicht verkannt werden, daß vom 1. FCK, seinen Bundesligaspielen und seinen Anhängern für die Stadt Kaiserslautern mehr positive Werbung im In- und Ausland ausgeht als von manch anderen städtischen Gegebenheiten.

Dr. Immesberger, Fraktionsvorsitzender

SPD

Die SPD-Stadtratsfraktion sieht sich in der Lage dem Antrag des 1. FCK auf Gewährung eines Zuschusses i.H.v. 1,8 Millionen DM zum Ausbau und Umbau des Betzenbergstadions zuzustimmen. Die Bedeutung des 1. FCK für unsere Stadt soll nicht verkannt werden, es hat für viele Bürger etwas mit der Lebensqualität zu tun, wenn sie hier Bundesligaspiele sehen können. Es wäre jedoch für uns unannehmbar, wenn unter einem Zuschuß an den 1. FCK die Erstellung unbedingt notwendiger Einrichtungen der Daseinsfürsorge zurückstehen müßten.

Auch die schon zu Anfang erwähnte Verbesserung der finanziellen Lage der Stadt hat uns bei der Entscheidung geholfen.

Weiterhin hatten wir zu bedenken, daß mit dem Gesamtvolumen des Bauvorhabens die Konjunktur auf dem Bausektor belebt wird.

Die SPD-Fraktion sieht ihre Hauptaufgabe darin, daß neben der Förderung des Bundesligaklubs die Förderung der Vereine, die sich in hohem Maße dem Breitensport verschrieben haben, nicht zu kurz kommen.

Gerhard Herzog, Fraktionsgeschäftsführer

F.D.P.

Die Entscheidung, für den Ausbau des Betzenberg-Stadions aus städtischen Etat-Mitteln insgesamt rd. 1,8 Mill. DM – verteilt auf zwei Jahre – zur Verfügung zu stellen, ist im Rahmen der diesjährigen Etatberatungen des Stadtrats von allen drei Fraktionen gemeinsam getragen worden. Der F.D.P.-Stadtratsfraktion war dabei bewußt, [illegible] solche Entscheidung angesichts der schwierigen Haushaltssituation [illegible] Kaiserslautern – es gilt derzeit, ein während des Höhepunkts der wirtschaftlichen Rezession aufgelaufenes Defizit von nahezu 11 Millionen DM zu bewältigen – nur schwer zu verantworten ist. Andererseits ging es bei Lichte besehen gar nicht um eine Entscheidung zwischen dem Ausbau des Stadions oder einem Belassen des derzeitigen status quo. Denn angesichts der auf die Vorschriften der Versammlungsstätten Verordnung gestützten bauaufsichtlichen Verfügung vom 6. 5. 1977 hätte ein Unterlassen von Investitionen im Stadion eine Reduzierung des Fassungsvermögens auf etwa 26.000 Zuschauer bedeutet. Mit einer solch geringen Kapazität kann die Lebensfähigkeit eines Bundesliga-Clubs langfristig nicht erhalten werden. Die Entscheidung, ob in das Stadion investiert wird oder nicht, war daher in Wahrheit auch eine Entscheidung darüber, ob man langfristig einen Bundesliga-Club in unserer Stadt überhaupt haben will oder nicht. Die Bejahung dieser Frage stellt für die F.D.P.-Stadtratsfraktion nicht eine Verbeugung vor dem 1. FCK und seinem Publikum dar, sie dient nach unserer Auffassung auch den wohlverstandenen Interessen unserer Stadt. Denn es kann nicht übersehen werden, daß die Lizenzspieler-Mannschaft des 1. FCK derjenige Werbeträger ist, der den Namen unserer Stadt allwöchentlich in die gesamte Bundesrepublik und über deren Grenzen hinausträgt. Zahlreiche größere Städte gäben viel darum, wenn sie über einen solchen Werbeträger verfügten. Die Entscheidung war nicht zu verschieben. Eine Ablehnung von Investitionen im gegenwärtigen Zeitpunkt wäre voraussichtlich in späteren Jahren – bei etwas verbesserter Finanzsituation der Stadt – nicht mehr korrigierbar gewesen. Aus diesen Gründen hat die F.D.P.-Stadtratsfraktion sich trotz der derzeit schwierigen Haushaltssituation für eine Unterstützung des Stadion-Ausbaus entschieden.

Hans Hermann Dieckvoß

SCHLACHTENBUMMLER – mit der Deutschen Bundesbahn sicher an's Ziel SONDERFAHRPREISE!

Wenn Drucksachen fehlen 2764 wählen!

Aus dem Mitgliederheft vom 29. April 1978.

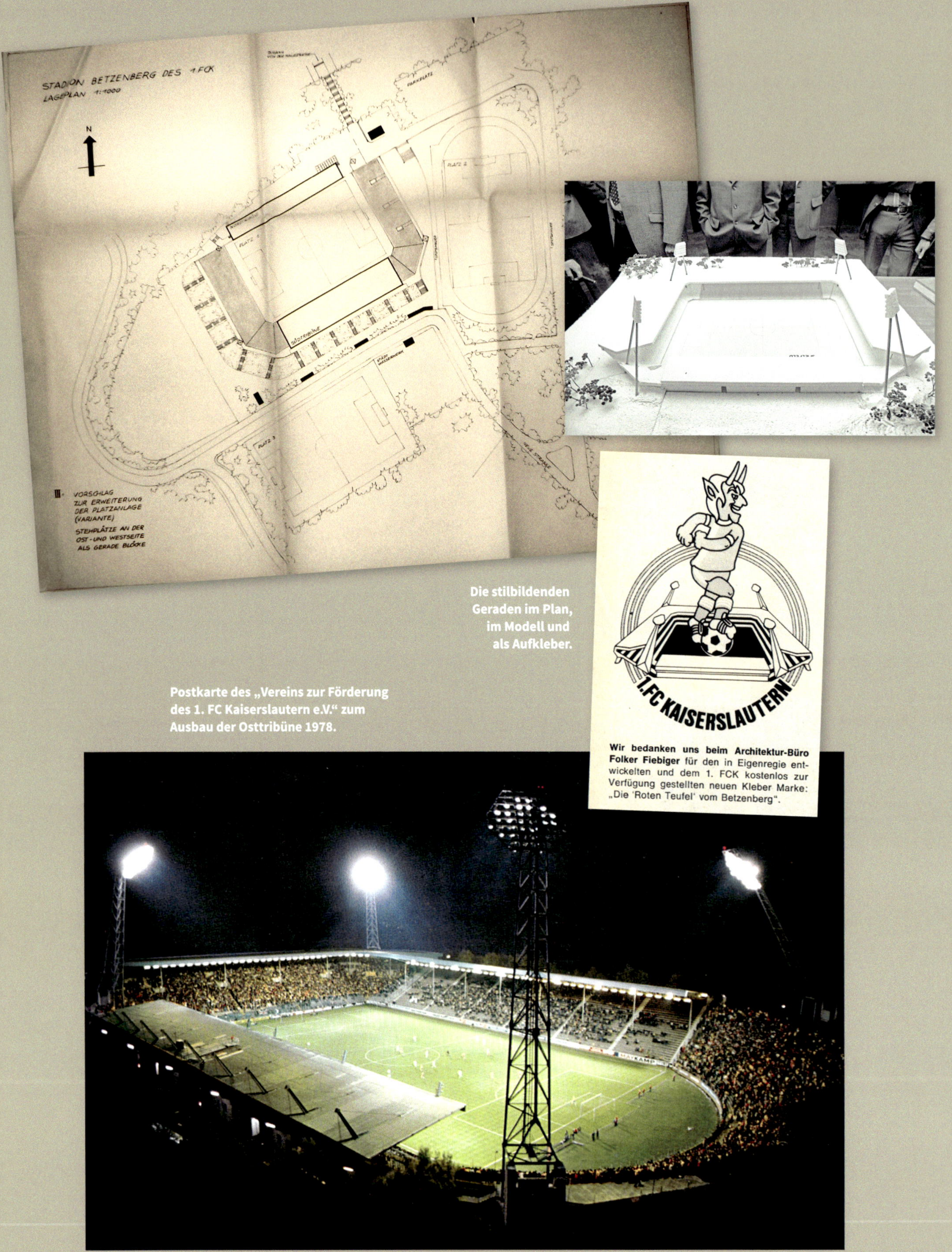

Die stilbildenden Geraden im Plan, im Modell und als Aufkleber.

Postkarte des „Vereins zur Förderung des 1. FC Kaiserslautern e.V." zum Ausbau der Osttribüne 1978.

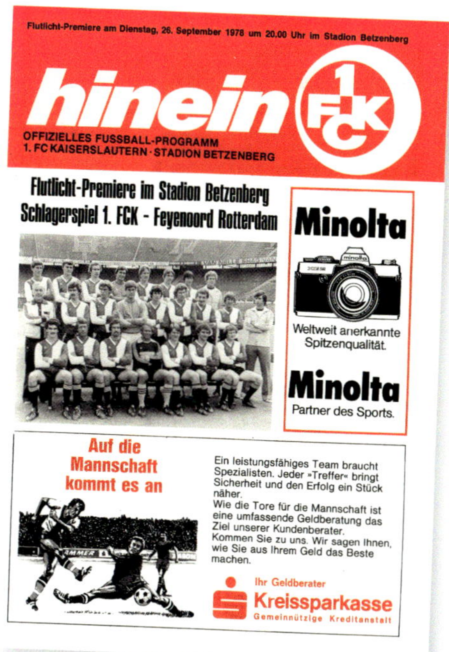

Der Spagat zwischen Investitionsbereitschaft und Sparsamkeit gelingt vor allem dank Eigeninitiative. Als „Hobby-Innenarchitektin“ *(Rheinpfalz)* betätigt sich Präsidentengattin Brigitte Friedrich und was immer möglich ist, wird in Eigenleistung erbracht. Hier ist es Geschäftsführer Norbert Thines, der durch seinen engen Draht zu den Fans immer wieder Helfer mobilisieren kann und mit eigener Tatkraft vorangeht, so auch beim freiwilligen Arbeitseinsatz zur Stadionverschönerung in der Sommerpause 1977.

Lange Sommerpause, kurze Bauzeit

Auch wenn dadurch nur kleine Beträge eingespart werden, steht dem Verein diese gelebte Solidität gut zu Gesicht, als er sich bei Stadt und Land um Zuschüsse bewirbt, die dann auch schnell und geräuschlos bewilligt werden: 3,7 Millionen kommen aus Mainz, 1,8 Millionen aus dem Rathaus, rund 1,3 Millionen muss der FCK als Eigenanteil leisten. Da die Bundesligasaison 1977/78 wegen der WM im fernen Argentinien bereits im April endet, soll die lange Sommerpause für die Arbeiten genutzt werden.

Obwohl die Bauzeit nur 16 Wochen beträgt, muss der FCK für seine ersten Heimspiele gegen Stuttgart und Köln ins Ludwigshafener Exil. Unter ihrem neuen Trainer Kalli Feldkamp startet die Mannschaft derart erfolgreich, dass sie die Premiere der neuen Osttribüne als Tabellenführer feiert. Beim 3:0-Sieg über den 1. FC Nürnberg sind dementsprechend viele der 14.000 Plätze besetzt. Im Gegensatz zur Westkurve, die immer noch von oben mit Menschen „befüllt“ wird, erfolgt der Zu- und Abgang im Osten erstmals über Eingangstore in der Tribünenmitte.

Die Realisierung dieses Bauabschnitts bringt auch im Rest des Stadions Neuerungen mit sich. Nachdem jetzt genügend überdachte Stehplätze zur Verfügung stehen, können diese auf der Nord- (1977) und der Südtribüne (1978) wegfallen. Mit 34.000 Plätzen bleibt das Fassungsvermögen des Stadions nahezu unverändert, insgesamt 9.400 Sitzplätze bedeuten aber eine deutliche Steigerung der möglichen Erlöse beim Ticketverkauf.

Neue Wahrzeichen

Für die Wahrnehmung des Stadions weitaus prägender ist die neue Flutlichtanlage: vier hochragende Masten, an deren Ende sechseckige Lampenbühnen mit je 40 einzelnen Leuchten den Betzenberg in ein Licht tauchen, dessen Wirkung schwer zu beschreiben, aber unbestritten ist. Um sie im würdigen Rahmen der neugierigen Öffentlichkeit zu präsentieren, wird mit Feyenoord Rotterdam eigens ein internationaler Gegner engagiert.

Da nun der erste Schritt auf dem Weg zu einem modernen Bundesligastadion gemacht ist und die Mannschaft unter Kalli Feldkamp die Bundesliga aufmischt, scheint der FCK vor einer strahlenden Zukunft zu stehen.

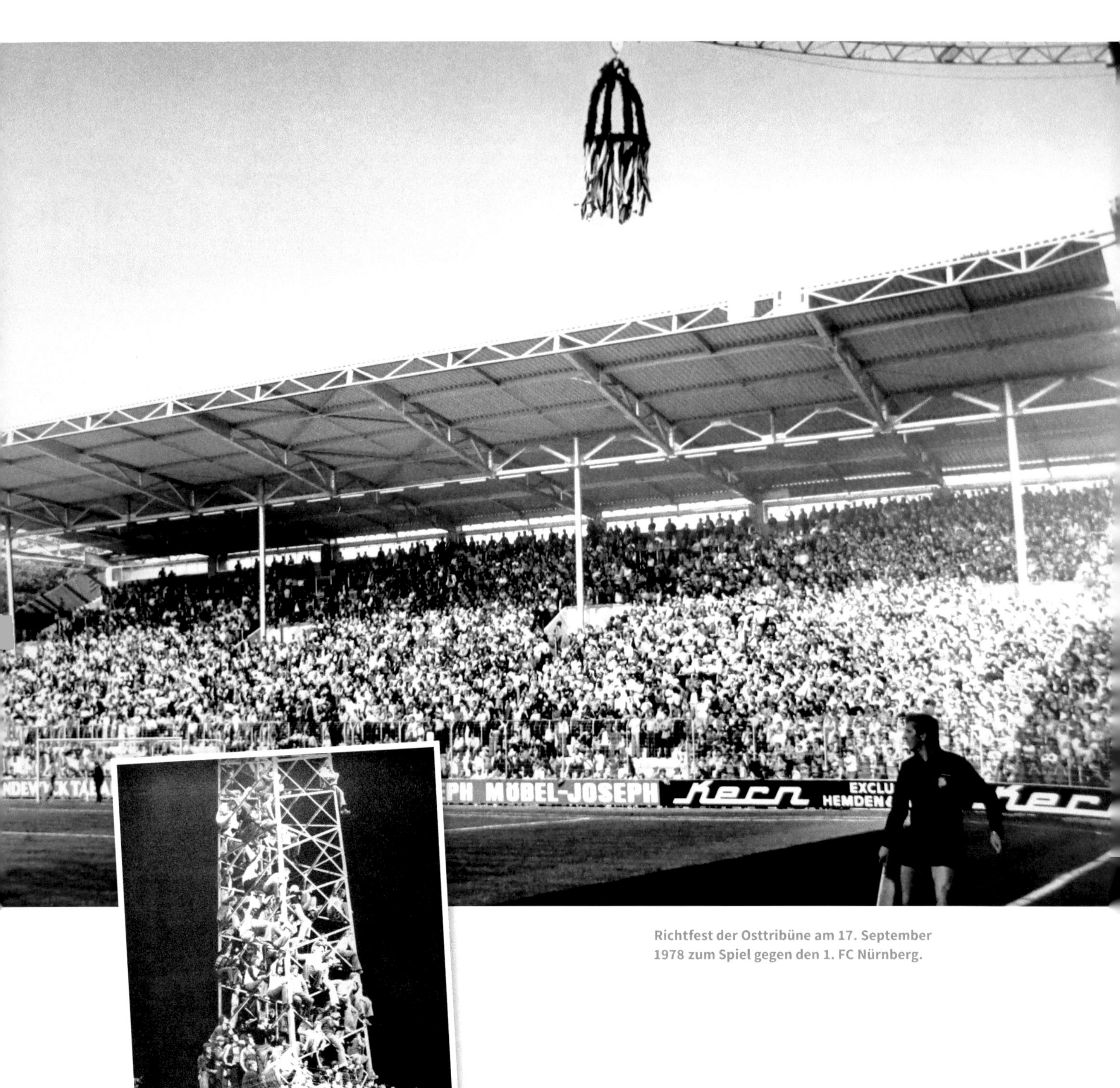

Richtfest der Osttribüne am 17. September 1978 zum Spiel gegen den 1. FC Nürnberg.

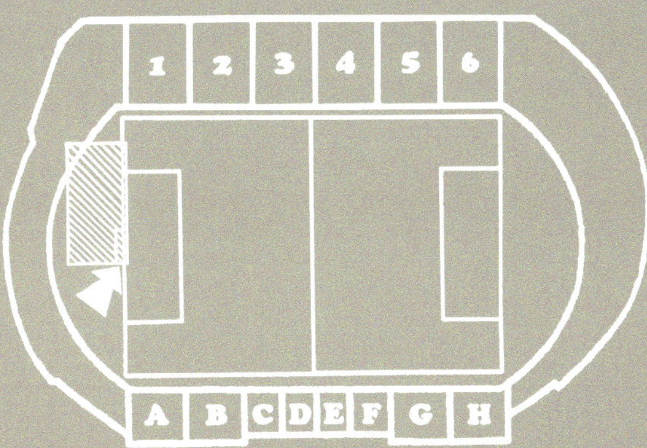

EINWURF

Fremdes Terrain

Wir befinden uns im Jahr 1978. Das ganze Stadion auf dem Betzenberg gehört dem 1. FC Kaiserslautern ... das ganze Stadion? Nein! Eine unbeugsame Erbengemeinschaft hört nicht auf, dem Fußballclub Widerstand zu leisten.

Der neue Geschäftsführer Norbert Thines hat keine Ahnung, wem er im Sommer 1977 die Ehrenkarte für den Besuch der Heimspiele streicht. Klaus Seubert ist kein normaler Fan, sondern Mitglied einer mehrköpfigen Erbengemeinschaft, der eine 577 Quadratmeter große Parzelle inmitten des 85.000 Quadratmeter großen FCK-Geländes auf dem Betzenberg gehört. Das kleine Flurstück erstreckt sich vom südlichen Zipfel der Ostkurve bis in den Strafraum (siehe Grafik oben).

Seit der Erbauung des Stadions im Jahr 1920 hatte der Verein den Flecken mit stiller Duldung seiner Besitzer genutzt. Einen Pachtvertrag gibt es nicht. Erst durch die Erbschaft kommt dieser Umstand 1968 ans Licht. Zunächst vergeblich versucht der Verein, den neuen Besitzern das Gelände abzukaufen. 50 Jahre nach seiner Erschließung durch die Fußballer ist der Betzenberg keine unwirtliche Höhenlage mehr, sondern Standort eines neu entstehenden, zentrumsnahen Stadtteils. Die vom FCK gebotenen 20 DM pro Quadratmeter lehnen die Erben ab, da gleich nebenan der vier- bis fünffache Preis zu erzielen ist.

Mit der Lösung des Problems befasst sich schließlich der „Verein zur Förderung des 1. FCK", dessen Gründungszweck die finanzielle Hilfe rund um die Entwicklung oder nun auch der Erwerb des vereinseigenen Geländes ist. Ohne weitere Schlagzeilen zu produzieren, werden im Hintergrund Spenden gesammelt und in diskreten Verhandlungen eine Einigung erzielt. Ab 1979 gehört das Stadion tatsächlich komplett dem FCK.

Verein zur Förderung des 1. FCK e.V.

Verein zur Förderung des 1 FCK e.V.

Eisenbahnstraße 5 · 6750 Kaiserslautern

Die Gründung des FCK-Förderkreises, mittlerweile als Verein zur Förderung des 1. FCK, eine Realität geworden, fand vor drei Jahren nicht überall Gegenliebe.

Es gab einen Fächer von Antiargumenten:

Elitärer Kreis –
Staat im Staate –
Club der Millionäre –
Gegenregierung –

und dergleichen Scherze mehr.

Die Aktiven des Vereines zur Förderung des 1. FCK – über der Sache stehend – nahmen das Stör-
feuer im Konstituierungszeitraum gelassen hin. Sie waren sich in ihrem Arbeitskreis darüber
einig, daß bei einigen die Abneigung nur in der mangelnden Bereitschaft, künftig monatlich für
den 1. FCK aus der eigenen Tasche etwas aufzuwenden, zu finden war.

Andere wiederum erkannten sehr schnell, daß der Verein zur Förderung des 1. FCK, insbesondere
von seinem Führungsgremium, Engagement erwartet, das nicht jeder aufzuwenden bereit ist. Im
übrigen, ein Förderkreis, der das Fördern zum zentralen Mittelpunkt seiner Arbeit macht, hat
kaum die Chance Schlagzeilen zu machen.

Eines zeichnete die Männer der ersten Stunde im Förderkreis des 1. FCK aus: Sie waren von
Anbeginn an entschlossen und haben diese Generallinie bis heute beibehalten, keine Aktion ohne
Absprache und Abstimmung mit FCK-Präsident „Atze" Friedrich und seiner gewählten Führungs-
mannschaft zu machen.

Die „aktiven" Förderer hatten zwei Modelle im Visier. Das eine, wie man es nicht machen soll,
indem beispielsweise der Förderkreis oder Förderclub Spieler verpflichtet und halbwegs als
„Leibeigene" einem Verein zur Verfügung stellt. Schlägt dann einmal das Stimmungsbarometer
bei den Förderern um, weil die Mannschaft nicht die erhoffte Leistung bringt, besteht in einem solchen Falle die große Gefahr, daß durch Transferierung der zunächst verpflichteten Spieler dem
eigenen Verein, dem Trainer und der Mannschaft in einer Entscheidungsphase in den Rücken
gefallen wird.

Solch eine Gefahr wollte man beim Verein zur Förderung des 1. FCK von vornherein ausschließen
und wählte sich ein anderes Leitmotiv der tatsächlichen Hilfe.

Zunächst wurde einmal die Frage der Gemeinnützigkeit geklärt und damit dafür gesorgt, daß die
Steuerfreiheit für Spenden nicht in einer undurchschaubaren Grauzone verblieb. Als zweiten
Schritt ging es darum zunächst einmal einen Stamm an Mitgliedern zu gewinnen. Nach relativ
schnell erreichten 50, peilt man zur Stunde die 100. Mitgliedschaft an.

Erstes großes Ziel der Aktiven war e
Keimzelle des künftigen Sportpark
Nach gemeinsamem Beschluß war
Sondierungsgespräche führte, und
standsmitglieder, Junker, Schmitz
sich sehr schnell herausstellte de
zum Mosaik des Geländeerwerbs
dorf mit dabei, die als einzige des V
kommt und ungeachtet wetterbed
und Gesprächsterminen anreist.

Der Schlüssel zu der vorbildliche
rung des 1. FCK ist in erster Lini
Schlagzeilen machen wollen.

78

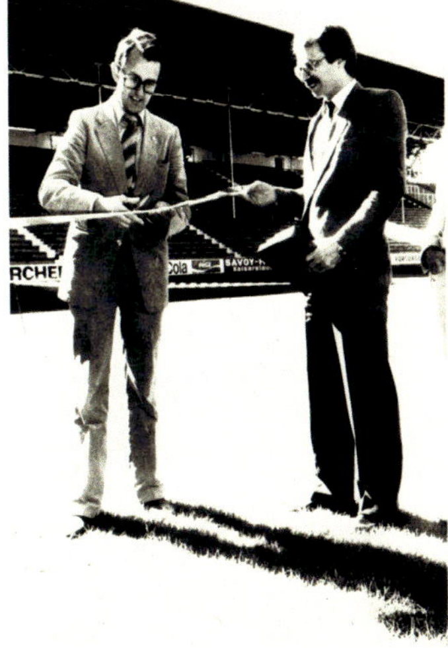

1. FCK jetzt endlich Herr im eigenen Haus. Anläßlich des Tages der offenen Tür präsentierte der Verein zur Förderung des 1. FCK eine weitere Spitzenleistung für den Club vom Betzenberg. Die Förderer hatten in aller Stille durch Spenden und Beiträge die Summe zum Erwerb des Restgrundstückes im Stadion Betzenberg aufgebracht. Der Vorsitzende des Förderkreises, Hans Joachim Huberti, beim Durchschneiden des die Parzelle abgrenzenden Bandes und der Übergaber an FCK-Präsident „Atze" Friedrich. An dieser Stelle auch ein Wort des Dankes an die Verhandlungspartner der früheren Grundstücksbesitzer. (Foto: ICC Fellmann).

80

Heute, nach fast dreijähriger Tätigkeit, kann der Verein zur Förderung des 1. FCK den FCK-Mitgliedern eine kleine Zwischenbilanz über durchgeführte und geplante Aktionen vorlegen. Die erste sichtbare Aktivität war die Lutz Eigendorf geleistete Eingliederungs-Beihilfe. Zweitens war das sehr früh ausgewählte Hauptziel aller Aktionen der Erwerb der letzten nicht dem 1. FCk gehörenden Grundstücksparzelle im Stadion Betzenberg. In langwierigen und zähen Verhandlungen gelang es mit den Mitgliedern einer über den ganzen Erdball verstreuten Erbengemeinschaft zum Abschluß zu kommen. An dieser Stelle auch ein Wort des Dankes an die Verhandlungspartner, die zwar konsequent ihren Standpunkt bezüglich der Preise vertraten, aber last not least in der Schlußphase ein FCK-freundliches Entgegenkommen zeigten.

Als nächste mittel- und langfristige Ziele schweben dem Verein zur Förderung des 1. FCK vor:

1. Finanzierung eines Jugendheimes im Einzugsbereich des Betzenbergs und
2. aktive Hilfeleistung beim Ausbau der FCK-Westtribüne.

Die beiden zur Zeit geplanten Aktionen erfordern ein noch stärkeres Engagement wie bisher erforderlich. Die Situation erfordert es unseres Erachtens, nach einer Phase der informatorischen Abstinenz jetzt etwas mehr an die Öffentlichkeit zu treten und auch einmal dem Grundsatz „tue Gutes und rede darüber" zu huldigen.

Anläßlich seiner letzten Vorstandssitzung entschloß sich der Verein zur Förderung des 1. FCK eine Bausteine-Aktion – Reinerlös zugunsten des Bauvorhabens Westkurve – zu starten. In den nächsten Tagen wird eine Großserie von Farb-Weltpostkarten das Stadion Betzenberg unter Flutlicht aufgelegt. An dieser Stelle fühlen wir uns zu Dank verpflichtet einem ehemaligen Mitglied des FCK-Präsidiums, der aus einem Stadion nahen Hochhaus seine Wohnung zum Schießen der Fotos mit Luftaufnahmen-Effekt zur Verfügung stellte.

In Kürze wird die Großauflage der Stadion-Fotos im Gesamteinzugsbereich des Betzenbergs, angefangen von der Geschäfsstelle über die Fan-Clubs, Vorverkaufsstellen, Kaufhäusern und Zeitungs-Kiosken zum Preise von 1,– DM vertrieben. Es geht den Initiatoren dieser Aktion darum, in

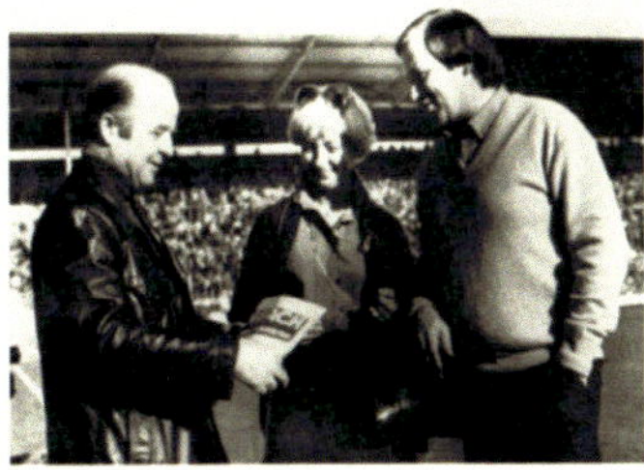

Alfred Bach, Marktleiter und „Statthalter" der Hornbach-Baumärkte in Kaiserslautern, überreicht im Auftrag seiner Unternehmensleitung und assistiert von Frau Mörsdorf, vom Verein zur Förderung des 1. FCK, [illegible] 1. FCK erworbenen Restgrundstücks im Stadion Betzenberg. Herzlichen Dank an das Haus Hornbach. (Foto: ICC Fellmann).

einer ersten Phase einen relativ geringen Kartenpreis anzusetzen, um durch eine möglichst breite Streuung eine Sympathie- und Begeisterungswelle für spätere Zuwendungen zum Ausbau der Westtribüne zu starten.

Beteiligen auch Sie sich an der Postkartenaktion und helfen Sie mit, daß die Bausteine ihre Signalwirkung ausüben.

Am tatkräftigsten aber helfen Sie darüberhinaus dem 1. FCK durch Ihren Beitritt zum Verein zur Förderung des 1. FCK. Wir würden uns freuen, Sie künftig zu unseren Aktiven zählen zu dürfen. Dem 100. Mitglied winkt ein attraktiver Preis.

Aus dem Mitgliederheft von Dezember 1979.

JÜRGEN FRIEDRICH

Spieler 1968–73; Präsident 1977–81, 1985–88; Aufsichtsratsvorsitzender 1996–98; Vorstandsvorsitzender 1999–2002

1968 kam ich als Lizenzspieler nach Kaiserslautern. Das Stadion befand sich damals in einem nicht zeitgemäßen Zustand mit Holztribüne und maroden Umkleidekabinen. Kurios fand ich, dass – bei fünfjähriger Bundesliga-Zugehörigkeit – alle Spieler ihre Trainingskleidung selbst waschen mussten. Erst mit dem Neubau der Haupttribüne Anfang der 70er Jahre erfolgte der erste Schritt zur Professionalisierung. Trotzdem sorgten die Olympischen Spiele 1972 und die WM 1974 in Deutschland dafür, dass plötzlich der Abstand zwischen den großen Zentren und den kleineren Vereinen wie dem FCK wuchs. Sich anzupassen und sich allen Zwängen der Wirtschaftlichkeit zum Trotz zu behaupten, das war der rote Faden, der sich durch die Jahrzehnte in der Bundesliga zog. Deswegen war es vor der WM 2006 für mich als Verantwortlichen gar keine Frage, dass wir uns bewerben müssen. Nicht nur für den FCK, um konkurrenzfähig zu bleiben, auch für die Infrastruktur der Stadt, zum Beispiel rund um den Bahnhof, war es ein Schritt in die Zukunft.

Die stetige Weiterentwicklung des Stadions hatte für mich in jeder meiner Amtszeiten einen hohen Stellenwert. Als ich 1977 mit 33 Jahren Präsident wurde, verfügte ich mit Udo Sopp, Otwin Dohn, August Diehl und Norbert Thines als Geschäftsführer über ein Team, in dem untereinander absolutes Vertrauen herrschte. Wir wollten umdenken, moderner sein. Die Grundstruktur des heutigen Stadions haben wir damals festgelegt. Als ehemaliger Fußballer wollte ich ein Stadion nur für den Fußball. Es war unser Ziel, eine Atmosphäre zu schaffen, die zu unserer Art von Fußball passt. Ich habe in der Bezeichnung „Kloppertruppe“ nie eine Beleidigung gesehen.

Während in meiner ersten Amtszeit eine durchweg positive Grundstimmung herrschte, war es bei meiner Rückkehr 1985 schwieriger. Ich trieb den Ausbau der Westkurve voran, setzte Rasenheizung und Anzeigetafel durch, doch kurz vor Baubeginn schwebten wir in Abstiegsgefahr. Der bekannte FCK-Kampfgeist ließ uns auch diese Hürde meistern. Im Sinne des FCK war es überlebensnotwendig, diese Entscheidungen zu treffen und in die Zukunft zu blicken. Ich halte deswegen den Ausbau der Nordtribüne, an dem ich nicht beteiligt war, und vor allem die Bewerbung als WM-Standort für gut und richtig.

Es gibt im sportlichen Bereich sicherlich Entscheidungen, die ich im Rückblick hinterfrage, aber diese nicht! Unsere Planungen sahen ein Volumen von 50 Millionen Euro vor, das bedeutete mit der Unterstützung von Stadt und Land einen machbaren Eigenanteil von 17 Millionen. Zu dem, was dann nach 2002 passiert ist, kann ich nichts sagen, außer, dass es mir wehtut, dass das Stadion verkauft wurde. Es machte die Identität dieses Vereins aus, war ein Teil von uns. Wir waren immer stolz darauf, es unser Eigen zu nennen. Und allen, die behaupten, es wäre zu groß geworden, entgegne ich: Die Planungen waren nicht für die 3. Liga ausgelegt. Ein Fußballstadion dieser Art schafft eine nicht zu übertreffende emotionale Bindung zwischen Mannschaft und Fans. Das Fassungsvermögen des Betzenbergs war schon vor meiner Zeit auf 38.000 bis 40.000 Zuschauer ausgelegt.

Wir waren nie arrogant, aber immer selbstbewusst! Nach meinem Verständnis ist es nämlich genau das, was die Mannschaft und den Verein auf dem Betzenberg ausgemacht hat, sich ohne Angst mit jedem zu messen. Das war lange die Basis für den Erfolg.

27

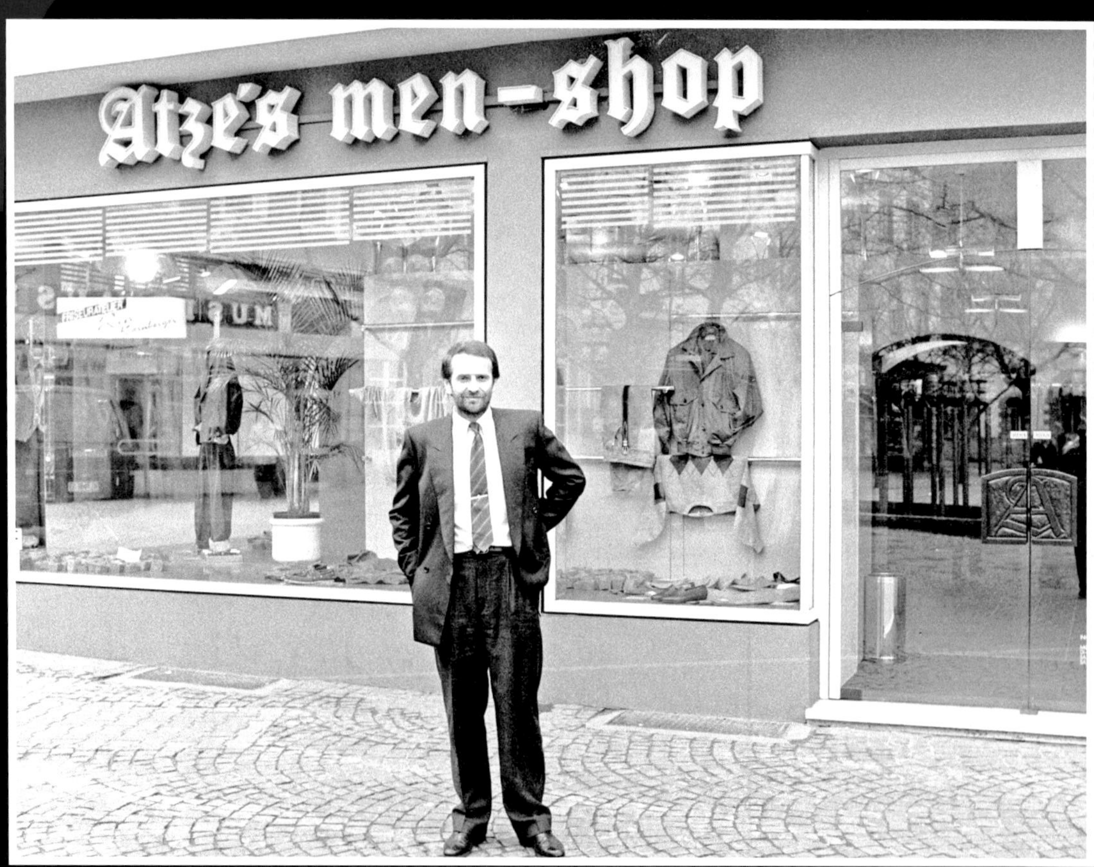

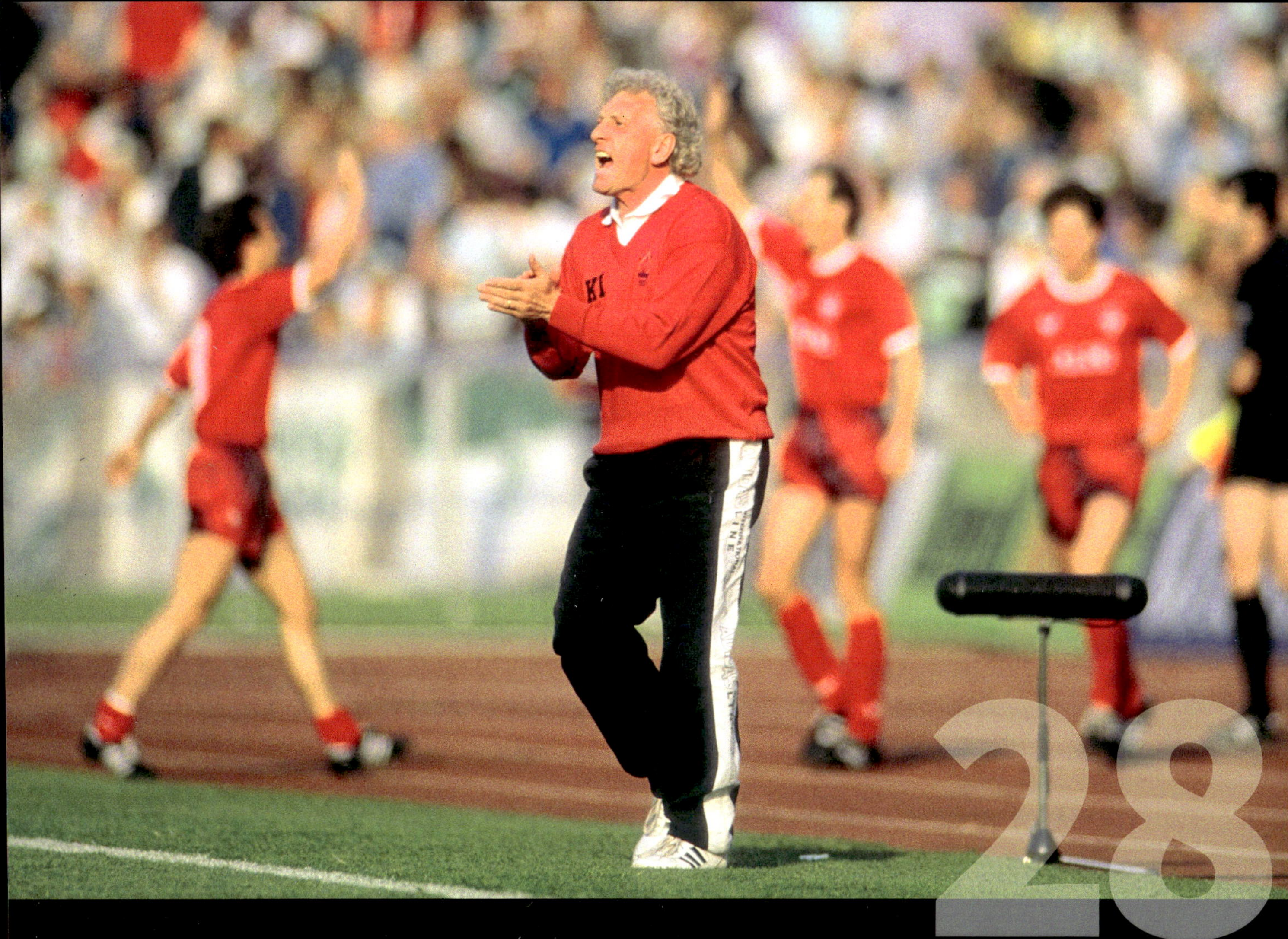

28

KARL-HEINZ „KALLI“ FELDKAMP

FCK-Trainer 1978–82, 1990–92

Als ich 2006 für ein Länderspiel zum ersten Mal das umgebaute Fritz-Walter-Stadion betrat, habe ich direkt gespürt, wie viel von seiner einstigen Atmosphäre verloren gegangen war. Das war nicht mehr der Ort, den ich kennengelernt hatte, als ich hier Trainer war. Es gibt keine Entschuldigung dafür, den Charakter dieses Stadions für ein paar lausige WM-Spiele zu opfern.

Obwohl ich vor meinem ersten Engagement 1978 den Betze nie betreten hatte, war ich bei meiner Ankunft direkt angesteckt von diesem Virus, dem man sich nicht entziehen konnte. Es war mehr als nur die Enge im Stadion – die gab es anderswo auch. Allein die Anfahrt der Gegner, erst den Berg hoch, um dann hinter der Nordtribüne wieder verschluckt zu werden, über diesen kleinen Platz voller Zuschauer den Zugang zu den Kabinen zu finden: Die Erfahrung, auf dem Betzenberg zu spielen, begann lange vor dem Anpfiff.

Und dann gehören dazu auch die Menschen, die das Ganze mit Leben füllen. Als ich 1990 aus Ägypten zurückkam, sprach mich in den ersten Tagen ein Mann an: „Ich möchte mich bei Ihnen entschuldigen …“. 1981 war ich mit meinem Kollegen Hellmuth Johannsen bei der Platzbegehung, weil ein Spiel gegen den VfL Bochum witterungsbedingt abgesagt werden sollte, als eine Stimme durch die Katakomben schallte: „Der Platz ist bespielbar.“ Sie gehörte diesem Mann, der in seinem Verkaufsstand bereits 200 Brötchen aufgetaut hatte, die er nun nicht mehr verkaufen konnte, wie er mir nun, neun Jahre später, erklärte. Da wusste ich, auf dem Betze hat sich nichts verändert, nur der Tabellenplatz war ein anderer.

Das Publikum in Lautern besitzt einen gewachsenen Stammbaum. Als Angestellter des Vereins musst du diese Menschen mitnehmen. Du musst das Publikum spüren lassen, dass es helfen kann. Das war die Basis unserer Heimstärke – egal ob wir gegen Bielefeld und Bochum oder Madrid und Barcelona angetreten sind.

In Kaiserslautern immer auf die übertriebene Erwartungshaltung zu verweisen, ist vollkommener Quatsch. Ich vermisse es, dass man die Fans als Faktor begreift, mit dem Erfolg zu schaffen ist. Heute hat man nicht mehr das Gefühl, dass Mannschaften Angst davor haben, auf dem Betze zu spielen.

Es fällt mir schwer, die Enttäuschung über die Entwicklung des Vereins zu verarbeiten. Auch wenn ich aus familiären Gründen in einiger Entfernung lebe, sind meine Kontakte in die Pfalz nie abgerissen. Wie gerne würde ich noch einmal live dabei sein, wenn erfolgreicher Fußball gespielt wird und sich das Publikum erhebt, um diesen Verein zu feiern, aber derzeit wäre ich nicht in der Lage, mir ein Spiel anzusehen.

ANDREAS BREHME

FCK-Spieler 1981–86, 1993–98, FCK-Trainer 09/2000–08/2002

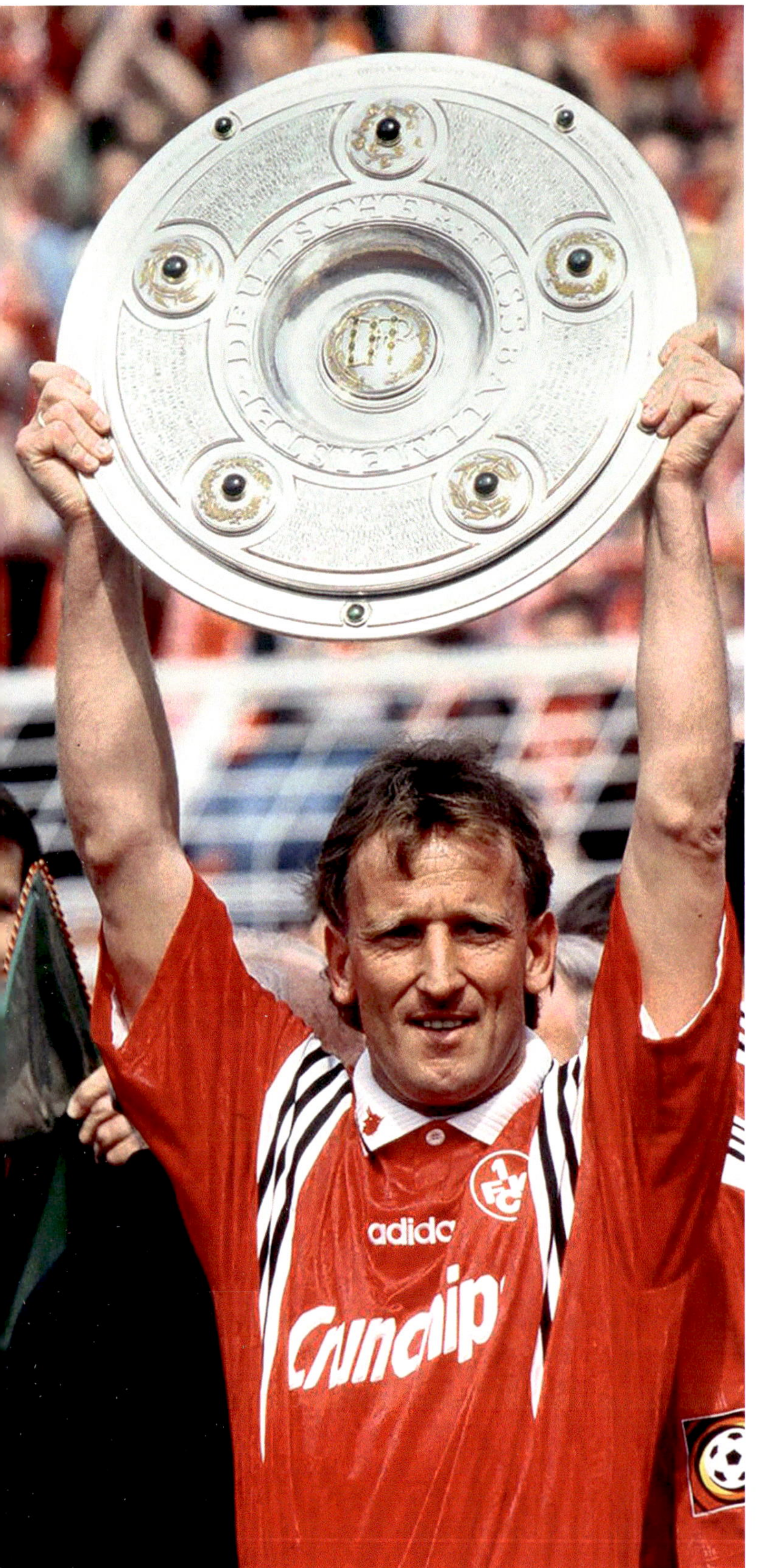

Das Stadion und die Stimmung darin waren einer der wichtigsten Gründe, warum ich überhaupt in Kaiserslautern gelandet bin. Ich kam ja als junger Spieler aus Hamburg zum damaligen Zweitligisten Saarbrücken und war in der Saison 1980/81 bei den UEFA-Cup-Spielen des FCK gegen Anderlecht und Lüttich erstmals auf dem Betzenberg. Als „Atze" Friedrich mir dann das Angebot gemacht hat, musste ich nicht lange überlegen. In dieser Atmosphäre Fußball zu spielen, das war genau das, was ich wollte. Und obwohl Günter Mast, der damals auch in Saarbrücken als Sponsor aktiv war, mich mit aller Macht nach Braunschweig lotsen wollte, bin ich dann in Kaiserslautern gelandet und sollte es nicht bereuen.

Es war natürlich auch eine sportliche Entscheidung, denn wir hatten eine klasse Mannschaft, mit der wir in meiner ersten Saison gleich ins Halbfinale des UEFA-Cups stürmten, nachdem wir im Viertelfinale Real Madrid mit 5:0 geputzt haben. Dieses Spiel bleibt ein unvergessener Höhepunkt, aber es war in diesen Jahren generell sehr schwer, uns in unserem Stadion zu schlagen. Natürlich habe ich später in Italien alles in anderen Dimensionen erlebt und dennoch sage ich immer: Die Stimmung in Kaiserslautern war Weltklasse. Da brauchte es für uns Spieler keine weitere Motivation, um rauszugehen und alles zu geben.

Das durfte ich dann als Bayern-Spieler auf der Gegenseite erleben. Das mit dem Wechsel verbundene Ziel, Deutscher Meister zu werden, habe ich erreicht, aber auf dem Betzenberg haben wir in den drei Jahren nicht gewonnen.

1993 war ich so weit, meine Karriere nach dem Jahr in Saragossa zu beenden, aber als Reiner Geye mich anrief, habe ich gesagt: Okay, dann hänge ich noch ein Jahr dran. Dass es noch einmal fünf wurden, hat damit zu tun, dass es erst so gut lief und dann 1996 der Abstieg kam. So wollte ich meine Karriere nicht beenden. Der Aufstieg und die Meisterschaft waren dann natürlich ein wunderbarer Abschluss. Nachdem ich meine gesamte Karriere hindurch immer Stammspieler war, erlebte ich mein letztes Jahr in der besonderen Rolle, nur noch dann zu spielen, wenn es die Situation erforderte, und ansonsten auf der Tribüne zu sitzen, als Fan inmitten der Fans.

Auf der Bank sitzen wollte ich nie, aber dann saß ich zwei Jahre später doch dort – als Trainer. Auch aus dieser Perspektive habe ich noch einmal große Sternstunden im Europapokal erlebt, gegen die Rangers aus Glasgow oder PSV Eindhoven. Aber da waren bereits zu viele Leute im Hintergrund am Werk, die sich überschätzt haben. Man hat dann ja gesehen, wohin der Weg führte, der damals eingeschlagen wurde.

HANS-PETER BRIEGEL

FCK-Spieler 1975–84, Sportlicher Leiter 1996/97, Aufsichtsrat 11/2002–12/2003

Wenn mein sportlicher Werdegang zunächst mit der Leichtathletik in Verbindung gebracht wird, ist das maximal die halbe Wahrheit. Als Kinder haben wir jeden Tag auf selbstgebaute Tore gespielt und am Wochenende stand man am Sportplatz. Ich kann mich an Aufstiegsspiele in Rodenbach mit 3.000 Zuschauern erinnern.

Deswegen war ich auch vom Start der Bundesliga an auf dem Betzenberg. Meine Eltern hatten als Landwirte wenig Zeit und Sinn für meine Leidenschaft, aber wir hatten zum Glück Mieter, die mich immer wieder mal mitnahmen. Das sind schöne Erinnerungen: mit vier Mann im „Goggomobil" von Rodenbach bis auf den Betzenberg. Mein Stammplatz war links oben in der Westkurve. Dort habe ich als Fan auch das 7:4 gegen die Bayern erlebt.

Knapp zwei Jahre später bin ich dann selbst zum FCK gewechselt, zunächst zu den Amateuren unter Trainer Dietmar Schwager. Das hieß aber im Alltag Training auf dem Hartplatz statt großem Stadion, und der Konkurrenzkampf um die Beförderung in den Bundesligakader war sehr ausgeprägt.

Er glückte mir am Ende der Saison, als mir Klaus Toppmöllers Autounfall die Chance bot, das erste Spiel in der Startelf zu machen. Von da an war ich dabei, aber der Anfang war hart. Dass ich mir auch im eigenen Stadion einiges anhören musste: geschenkt. Wenn du als junger Fußballer deinen Weg gehen willst, brauchtest du ein dickes Fell. Das galt nicht nur für den Umgang mit den Fans, auch innerhalb der Mannschaft oder zwischen Trainer und Spielern war der Umgangston viel rauer. Ein Tiefpunkt dieser Zeit war unser Heimspiel gegen Rot-Weiss Essen. Obwohl wir 7:1 gewannen, war ich total von der Rolle und wurde zur Halbzeit ausgewechselt. Ich stand bereits kurz davor, mich zu Eintracht Trier ausleihen zu lassen, als der Knoten platzte. Für mich persönlich war unser UEFA-Cup-Spiel gegen Feyenoord Rotterdam (2:2), in dem ich beide Tore erzielte, der Wendepunkt. Da hat sich die Stimmung gedreht.

Die nächsten Jahre verliefen dann sehr erfolgreich, nicht nur für mich persönlich, auch für uns als Mannschaft und Verein. Es war immer mehr „mei Betze". Während ich auswärts als Nationalspieler immer der erste Buhmann der gegnerischen Fans war, war die Verbindung zu Hause viel unmittelbarer als heute. Man bekam alles mit: wenn schon beim ersten Eckball die Anfeuerung anschwoll, aber auch die Kraftausdrücke, mit denen in Kaiserslautern noch nie gespart wurde. Es ist auch eine Legende, dass Niederlagen früher unkritischer hingenommen wurden. Nach Pleiten haben wir den Zorn der Leute ebenso ungefiltert abbekommen.

Es kam allerdings selten vor. Erstens, weil wir eine gute Mannschaft waren und dann mit Kalli einen Trainer hatten, der mit seiner Ansprache das seinige dazu beitrug, dass wir kaum zu bezwingen waren. Heute würde man unsere Spielweise hochtrabend als „Gegenpressing" bezeichnen, damals ging das noch einfacher: immer nach vorne, immer voll drauf. Querpässe waren nur im Training erlaubt.

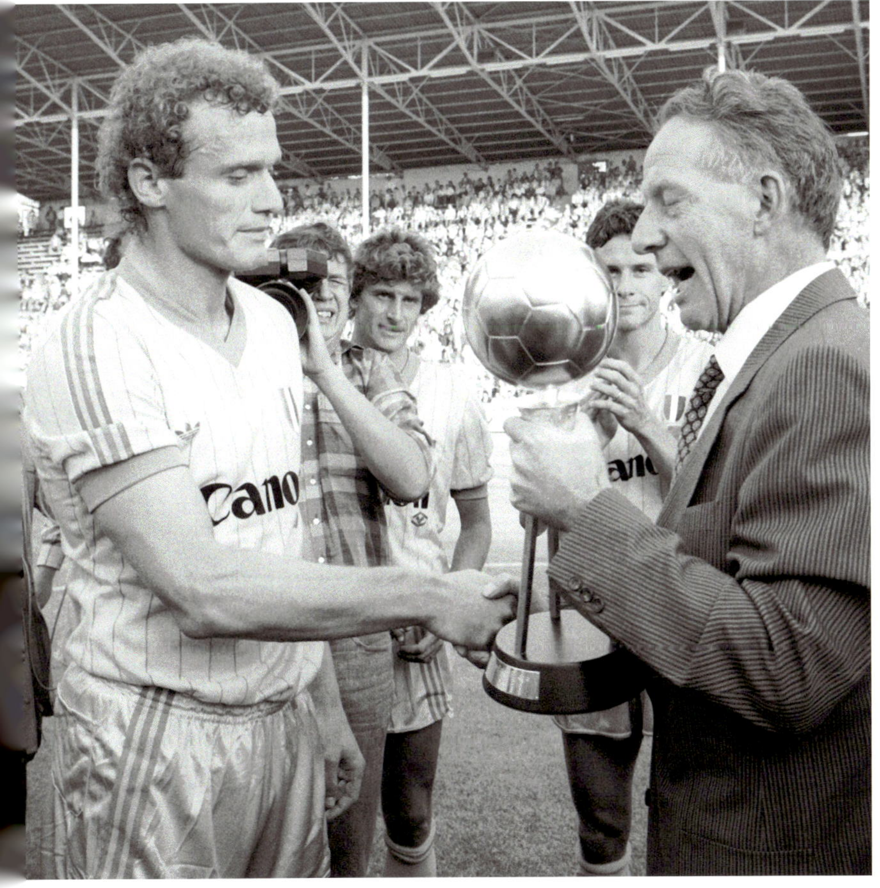

Aber plump war das nie. Unser 5:0 gegen Real kam auch deswegen zustande, weil Kalli mich im Rückspiel mit allen Freiheiten im Mittelfeld aufgeboten hat. So wurde Camacho aus der Deckung gezogen und die entstandenen Räume haben wir eiskalt ausgenutzt. Besonders genossen habe ich auch die Spiele gegen die Bayern, in denen ich auch regelmäßig als Torschütze erfolgreich war.

Dass ich 1984 nach Verona ging, ohne vorher Abschied nehmen zu können, war bedauerlich. Umso emotionaler war dann die Rückkehr im Sommer 1985. Anlässlich des Freundschaftsspiels mit Hellas Verona wurde ich nach dem sensationellen Gewinn der italienischen Meisterschaft auf dem Betzenberg als „Fußballer des Jahres" ausgezeichnet. Diesen Pokal in Gegenwart von Fritz Walter überreicht zu bekommen, war sicherlich mein schönster Moment auf dem Betzenberg.

Da Fritz aber nicht der einzige Lauterer war, der mich regelmäßig in Verona besucht hat, habe ich indirekt auch die wachsende Popularität von Pyrotechnik in der Westkurve beeinflusst. Das haben unsere Fans aus Italien importiert.

Heute ist das Stadion von einem Faktor des Erfolgs zu einem Klotz am Bein geworden. Der WM-Ausbau bleibt für mich der größte Fehler aller Zeiten. Solange diese Problematik nicht gelöst ist, wird es der FCK schwer haben, sich zu erholen.

SEHNSUCHTSORT BETZENBERG

JENS ZUNDEL FCK-Fan aus Kapstadt

An der Mosel geboren, lernte ich Kaiserslautern als Heimatstadt meines Vaters früh kennen. Als eingefleischter Betzefan, der die Walterelf noch spielen sah, hat er die Liebe zum FCK auf seine drei Söhne übertragen. Fuhren wir am Wochenende zur Oma und näherten uns der Stadt, war für mich der Anblick des Stadions, das man ja von Weitem schon gut erkennen konnte, immer etwas Besonderes. Die Flutlichtmasten des alten Stadions markierten diesen Fußballberg. Der Betze war der Ort, wo man unbedingt hinwollte, er löste schon damals bei mir ein wohliges Kribbeln im Bauch aus, ein Gefühl wie eine Verliebtheit, das bis heute anhält.

In der Grundschulzeit war ich dann regelmäßig „drobbe“: Samstags war Bundesliga und manchmal durfte ich mittwochs die ersten Europapokalabende miterleben. Besonders in Erinnerung geblieben ist mir das Spiel im September 1983 gegen Elton Johns FC Watford, nach dem mir die englischen Fans neben uns sogar einen Schal ihrer Mannschaft schenkten. Das Stadion wurde für mich in dieser Zeit bereits zu einem Ort außergewöhnlicher Emotionen. Mich faszinierten die Enge, die Lautstärke, die Lage auf dem Berg, das gemeinsame Hochsteigen auf den Betze und die Tatsache, dass wir als Außenseiter aus der kleinen Stadt im Pfälzer Wald oft die Großen ärgerten. Die Westkurve kannte ich in dieser Phase nur aus der Ferne und von Erzählungen meines Bruders. Es war klar, dass auch ich früher oder später in Block 7 stehen würde.

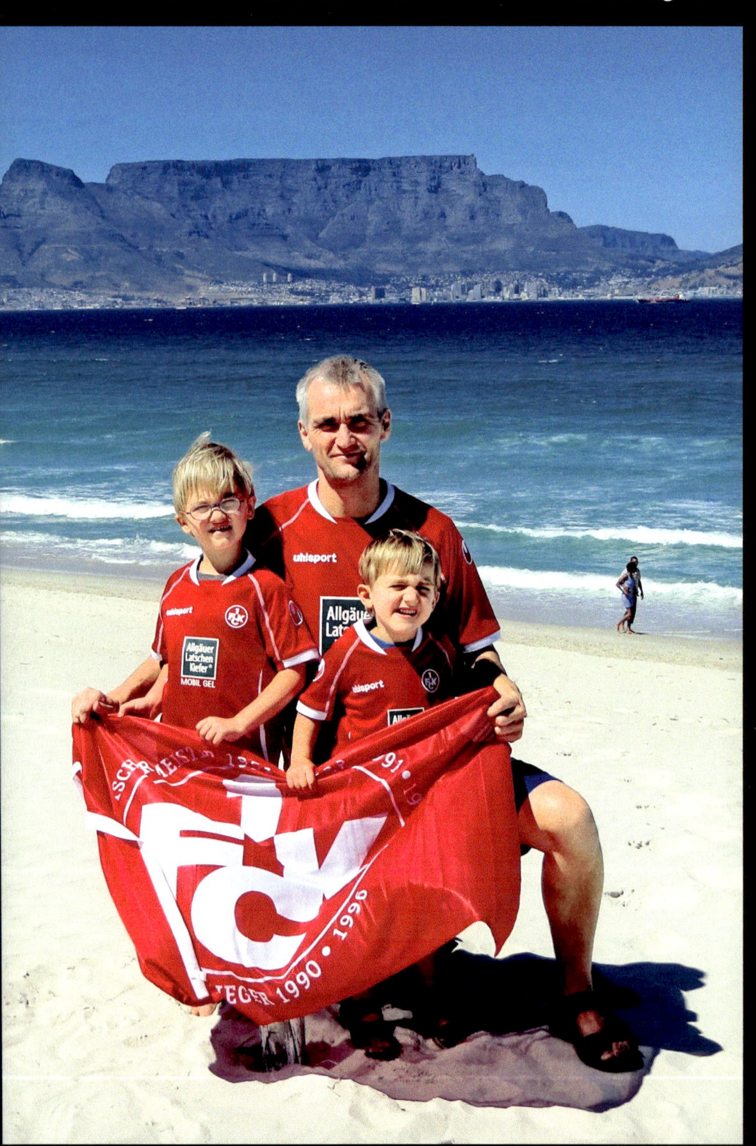

Ende der achtziger Jahre hatten meine beiden älteren Brüder dann bereits den Führerschein. Wir konnten nun ohne Eltern am Wochenende zum Betze oder auch schon zu Auswärtsspielen fahren. Es war die Zeit, als man noch Kutte trug und ich endlich zum ersten Mal die Westtribüne erleben durfte. Lautern war in dieser Zeit eine mittelmäßige, oft abstiegsgefährdete Mannschaft, angeführt vom charismatischen Strategen Wolfram Wuttke. Wenn ich heute an all meine Betzejahre zurückdenke, dann empfinde ich die Zeit Ende der achtziger und Anfang der neunziger Jahre als die intensivste. In meiner Erinnerung ist es auch die schönste Zeit gewesen.

Heute lebe ich in Kapstadt, meine Verbindung zum FCK ist nach wie vor sehr groß, das Stadion besuche ich aber nur noch ein- bis zweimal im Jahr. Die starke Identifikation mit Kaiserslautern, dem FCK und seinem Stadion liegt sicher auch an den intensiven Erlebnissen in meiner Kindheit und Jugend. Fußball ist heute zu kommerziell geworden und insgeheim wünsche ich mir oft, alles wäre wieder so, wie ich es in meiner Jugend erlebt habe: ein enges, volles Stadion, Oldschool-Fans mit spielbezogenem Support auf der Westtribüne, Gegner voller Respekt vorm Betze („die haenn die Hosse voll“), Tore in der allerneunzigsten Minute, wir als fester Bestandteil der Bundesliga, kein Mainz, kein Hoffenheim und kein Leipzig, sondern Duelle gegen Gladbach, Stuttgart oder Frankfurt, lokale Wurstbuden statt Catering, Bargeld statt Bezahlkarte. Die Realität erlebte ich zuletzt im Frühjahr 2019 beim Spiel gegen den VfL Osnabrück. Was mich immer noch antreibt, viele Tausend Kilometer anzureisen, ist die Sehnsucht nach diesem Erlebnisort. Es ist der Wunsch, meinen Kindern die Faszination, den Mythos Betze nahezubringen. Wie so oft in der nahen Vergangenheit war davon nichts zu spüren. Eher Frust, Resignation und Trauer, dass die alte Zeit nicht mehr kommt, dass die Gegenwart sehr trostlos ist und dass auch das Stadionerlebnis als solches viel eingebüßt hat.

Ich gehe nun seit 35 Jahren regelmäßig „nuff“. In dieser Zeit hat sich der Betze stark verändert, besonders durch den Umbau zur WM 2006 hat das Stadion seinen alten Charme und seine Enge verloren. Doch was bleibt, ist diese tiefe, innige Beziehung zu den Menschen, die mit mir die Verbundenheit zum FCK teilen, und dieses sich einstellende Heimatgefühl, wenn man vom 11-Freunde-Kreisel hochläuft und sich Gänsehaut entwickelt, wenn die Westkurve „You‘ll never walk alone“ anstimmt.

DER BETZE-ROAR

32

MATTHIAS „BEPPO“ GÖTTE Sänger der Punkband „Die Walterelf“

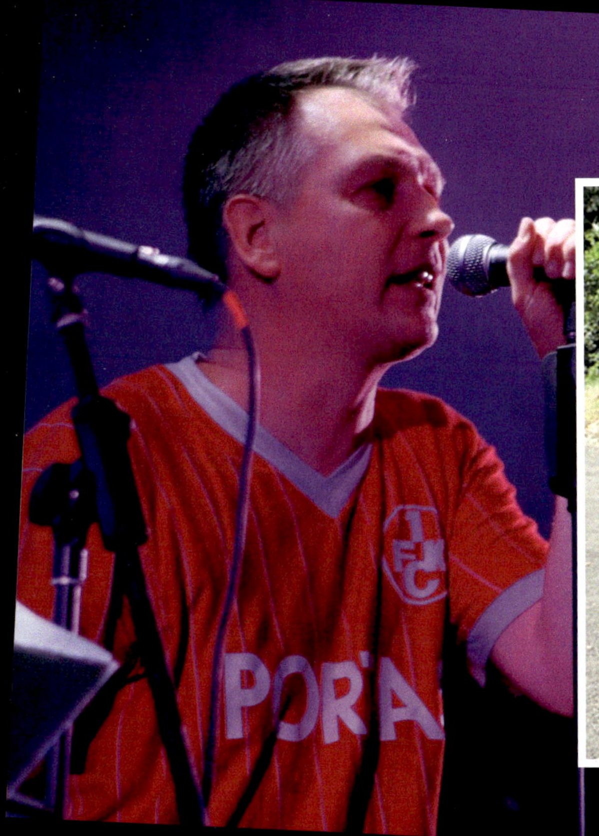

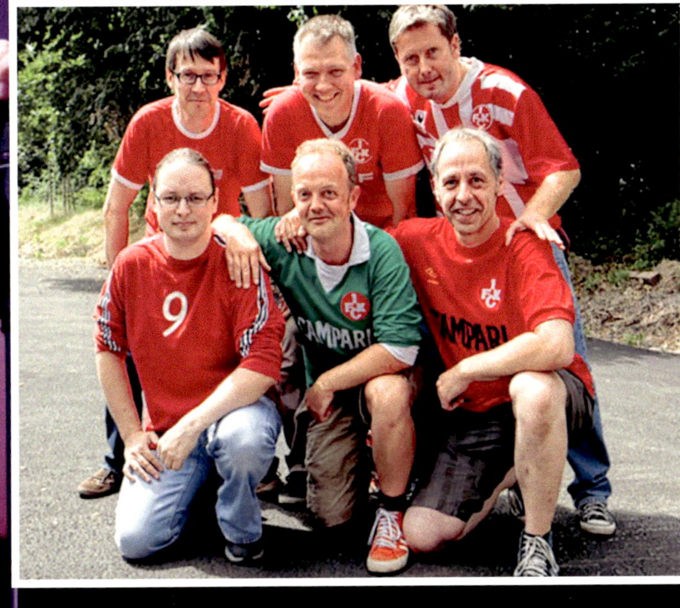

Meine Leidenschaft für den FCK begann in der Saison 1978/79, ich war damals 16 Jahre alt. Und wie es sich für einen Musiker gehört, hat diese Leidenschaft einen akustischen Ursprung. Denn es war der Betze-Roar, der mich zum Fan werden ließ. Das genaue Datum war der 21. Oktober 1978. Ich war bei meinem Freund Lutz zu Besuch, der auf dem Betzenberg wohnte, vielleicht einen dreiviertel Kilometer vom Stadion entfernt. Wir spielten im Garten Fußball, und wir hörten aus der Ferne das Stadion: die faszinierenden, sich ständig wiederholenden und archaisch klingenden Gesänge in jenen Phasen des Spiels, in denen gerade nichts Spektakuläres passierte. Dann der anschwellende Roar, wenn sich die eigene Mannschaft offenbar dem gegnerischen Tor näherte, der, je näher der Ball dem Tor kam, immer lauter wurde, um dann ganz schnell wieder abzuebben, wenn der Ball doch wieder verloren ging – oder sich mit einem beeindruckenden Crescendo steigerte, wenn sich eine Torchance ergab. Dann entweder das plötzliche abrupte Ende mit kurzem, enttäuschtem akustischen Abgang, wenn die Chance vertan wurde – oder aber die akustische Explosion, der ekstatische, durchgedrehte Torjubel, der kollektive verrückte Schrei der Begeisterung, das wahnsinnige Rausbrüllen der angestauten Spannung: der ultimative Sound des Fußballs. Ich kriege Gänsehaut, während ich das hier schreibe, und ich hatte damals Gänsehaut im Garten der Eltern von Lutz. Als wir das hörten, konnten wir dort nicht mehr bleiben. Wir mussten zum Stadion.

Dort standen wir vor dem Tor und waren dem Roar ganz nah. Und auf einmal wurden die Stadiontore geöffnet, eine Viertelstunde vor Spielende. Wir konnten unser Glück kaum fassen, schlüpften rein, erklommen den kleinen Hügel vor der damals noch nicht bedachten Westkurve und wurden Zeugen einer jener letzten Viertelstunden, in der der FCK ein Spiel noch dreht: Gegen den MSV Duisburg lag Lautern 0:1 hinten. Gerade als wir ankamen, schoss Werner Melzer den Ausgleich, und in der 91. Minute erzielte der eingewechselte Bernd Dobiasch den Siegtreffer. Wir waren begeistert, wir waren angefixt. Von da an lungerten wir für den Rest dieser Saison, so oft es ging, bis zur Öffnung der Tore vor dem Stadion rum. Für Karten hatten wir kein Geld. Es war die Saison, in der sich unser Fußball-Herz für alle Zeiten dem FCK verschrieb. Und der Roar war schuld.

Heute gibt es den Roar immer noch, aber er ist weniger ursprünglich, da von den Kapos orchestriert. Ich habe größten Respekt vor der Zeit und der Energie, die diese Leute in die Aufgabe stecken, die Westkurve zum Singen zu animieren. Vom Spiel selbst bekommen sie vermutlich nicht mal die Hälfte mit. Aber irgendwie fand ich es schöner, wenn ein Westkurvensong nicht zuerst aus dem Megafon kam, sondern aus den Kehlen ein paar einzelner Fans, denen sich weitere anschlossen und dann immer mehr, bis das Lied aus der gesamten Kurve dröhnte.

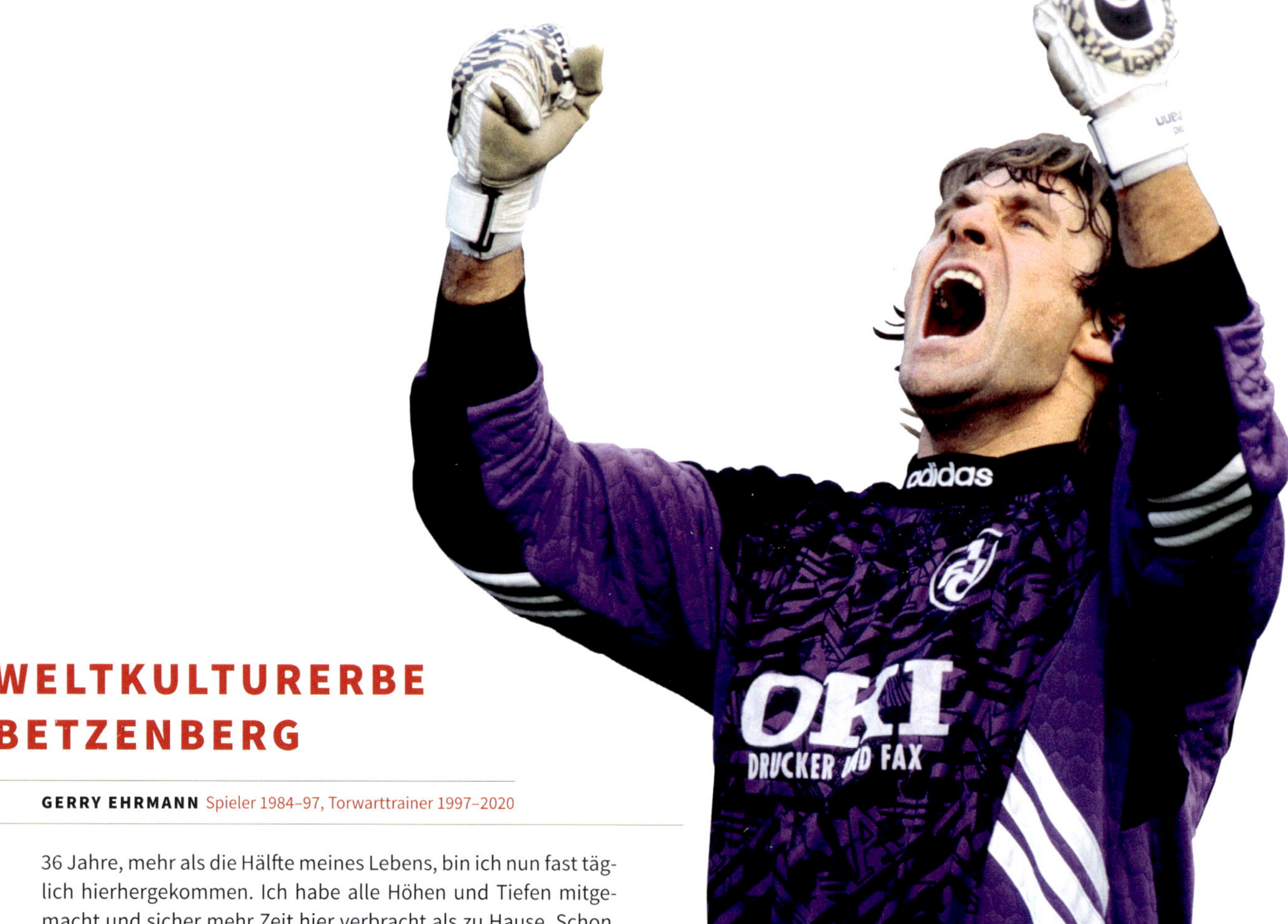

WELTKULTURERBE BETZENBERG

GERRY EHRMANN Spieler 1984–97, Torwarttrainer 1997–2020

36 Jahre, mehr als die Hälfte meines Lebens, bin ich nun fast täglich hierhergekommen. Ich habe alle Höhen und Tiefen mitgemacht und sicher mehr Zeit hier verbracht als zu Hause. Schon zu meinen Kölner Zeiten, als die meisten Stadien der Bundesliga noch eine Laufbahn hatten, war der Betzenberg beeindruckend. Genau wie der ganze Verein ein Mythos. Das sagt sich leicht daher, aber der Betzenberg ist eigentlich unsterblich. Dazu kommt die außergewöhnliche Lage über der Stadt. Man müsste ihn ins Weltkulturerbe aufnehmen.

Mein Wechsel war damals keine Selbstverständlichkeit. Es gab noch keine ablösefreien Transfers und du musstest erst einmal einen Verein finden, der für einen Ersatztorwart Geld auf den Tisch legt. Mein Glück war, dass ich in den zwei Spielen, in denen ich Toni Schumacher vertrat, auf mich aufmerksam machen konnte.

Hier in Lautern ging es los gegen den VfB Stuttgart. Auch an die großen Erfolge, die Derbys gegen den Waldhof und natürlich Barcelona kann ich mich gut erinnern. Dieses verdammte Tor von Bakero geht mir immer noch durch den Kopf. Aber eigentlich schaue ich selten zurück. Ich hebe auch nichts auf. Vorbei ist vorbei.

Was heute noch so ist wie vor dreißig Jahren: Das Mindeste, was du auf den Betze mitbringen musst, ist die Einstellung, alles zu geben. Wir waren auch keine Jahrhundertelf, aber wir haben die Zuschauer mitgenommen – und umgekehrt. Wir hätten es nie als Druck empfunden, hier zu spielen. Ganz im Gegenteil: Die Fans waren das A und O. Eine einzige Szene reichte als Signal. Dann ging es ab – auf und neben dem Platz.

Jeder kennt meinen Ehrgeiz: Jedes Tor war eine persönliche Niederlage für mich. Aber es ging mir auch darum, den Leuten, die uns immer und überall unterstützten und dafür ihr Geld und ihre Zeit opferten, etwas zurückzugeben. Auch das ist bis heute so geblieben. Deswegen war ich so lange hier, obwohl anderswo mehr Geld zu verdienen gewesen wäre. Ich muss kein Wappen küssen, um meine Verbundenheit auszudrücken. Man tut gut daran, Menschen an ihren Taten zu messen. Über das sportliche hinaus sind das auch die Werte, die ich unseren Torhütern vermitteln wollte, denn ich möchte Persönlichkeiten formen.

Spiele als Torwarttrainer zu erleben, ist eine anstrengende Perspektive. Wir Keeper sind ja eine eigene kleine Gruppe in der großen. Ich freue mich mit und ich leide mit, als würde ich selbst im Tor stehen. Die Identifikation mit jedem meiner Schützlinge ist groß, auch über die gemeinsame Zeit in Lautern hinaus. Mitbringen müssen sie den Ehrgeiz, etwas erreichen zu wollen; aber auch die Geduld, auf den richtigen Moment zu warten. Ich muss das Gefühl haben, dass der Junge so weit ist.

Diese Erfahrung habe ich selbst gemacht. Unter Hennes Weisweiler und Rinus Michels habe ich in Köln eine harte, aber lehrreiche Schule genossen und war zweiter Mann hinter Toni Schumacher, bis ich bereit war, die Nachfolge eines Idols wie Ronnie Hellström anzutreten, mit dem mich ein herzliches Verhältnis verbindet. Heute bin ich so etwas wie das Bindeglied zwischen den verschiedenen Torhütergenerationen beim FCK.

Wie gesagt, bin ich nun seit 36 Jahren fast täglich in dieses Stadion gekommen – und es ist trotzdem nie gewöhnlich geworden. Ich habe alle Höhen und auch Tiefen miterlebt, deswegen tut die 3. Liga auch so weh.

ERINNERUNG AN DIE ERSATZBANK

DENNI STRICH Direktor Sales & Marketing 1899 Hoffenheim, FCK-Profi 1984–86

Meine ersten Begegnungen mit dem Betzenberg hatte ich in den alten Fotoalben meines Vaters Horst-Dieter, der in den 1960er Jahren als Torwart in Lautern gespielt hat. Als Kind habe ich sehr gerne darin gestöbert und mich immer gewundert, dass die Torhüter noch keine Handschuhe trugen.

Obwohl er selbst Fußballer war, hat mein Vater zunächst alles dafür getan, mich für andere Sportarten zu begeistern – seine Versuche scheiterten allerdings. Und als ich bei Wormatia Worms auf mich aufmerksam machen konnte, holte mich Ernst Diehl 1982 in die B-Jugend des FCK. Freitagabends oder auch mittwochs saßen wir dann bei UEFA-Pokal-Partien auf den alten Holzbänken der Südtribüne. In diesen Momenten hatte jeder von uns den Traum, einmal dort unten aufzulaufen.

Das erste Highlight als Spieler war gleich in meiner Premierensaison das Endspiel um die Deutsche Meisterschaft der B-Junioren, das im Stadion ausgetragen wurde. Obwohl es ein Heimspiel war, übernachteten wir im benachbarten Dorint-Hotel und schlugen bestens vorbereitet Werder Bremen mit 2:1.

Aber nicht nur deswegen schien alles nach Plan zu laufen. Ein Jahr später wurden wir mit der A-Jugend Vizemeister, ich gewann mit der U16-Nationalmannschaft die EM, wurde sukzessive ins Training der ersten Mannschaft integriert und unterschrieb meinen ersten Profivertrag. Trainer war Manfred Kraft, der mir versprach: „Sobald wir gerettet sind, spielen Sie." Ja, er hat alle gesiezt, sogar mich als Jugendspieler.

Aber dann warf mich eine Verletzung zurück. Ausgerechnet mein Kumpel Thomas Gerstner, mit dem ich von der Wormser Kreisauswahl über den FCK bis zur Nationalmannschaft überall zusammengespielt habe, hat mich im Training so unglücklich getroffen, dass ich mir einen Bänderriss zugezogen habe. Als ich wieder gesund war, war Kraft weg.

Anstatt des zunächst als Trainer vorgesehenen Aleksandar Ristic kam Hannes Bongartz, der noch mit vielen aus unserer Mannschaft gespielt hat. Und so wurde die Ersatzbank zu dem Ort, der meine Erinnerungen an das Fritz-Walter-Stadion fortan prägen sollte. Als ich das erste Mal da saß, war ich noch in der A-Jugend – freitags gegen Borussia Mönchengladbach. Thomas Allofs, ein bärenstarker Fußballer, hat beide Tore gemacht. An diesem Abend war alleine die Nominierung noch etwas ganz Besonderes, ein Versprechen. Später, als ich nie eingewechselt wurde, war es frustrierend.

Es gibt sicher auch objektive Gründe dafür, dass ich den Durchbruch nicht geschafft habe, da will ich die Verantwortung keineswegs nur auf andere schieben, aber man braucht als junges Talent auch Vertrauen und die passende Konstellation. Die Alteingesessenen haben ihre Plätze mit allen Mitteln verteidigt. Ich habe nie aufgehört, um meine Chance zu kämpfen. Wahrscheinlich bin ich Rekordspieler der sogenannten Fohlen-Runde, in der die Reservisten und Nachwuchsspieler Einsatzzeiten sammelten. Die Gelegenheit, einmal in der Bundesliga zeigen zu dürfen, was ich kann, erhielt ich nie.

Ich fragte mich oft, ob es nicht besser gewesen wäre, den FCK früher zu verlassen, aber ich wollte es unbedingt in Kaiserslautern schaffen. Ein besonderer Bezug zu diesem Verein ist immer geblieben. Wenn ich heute sehe, wie sich die Dinge entwickelt haben, stimmt mich das traurig.

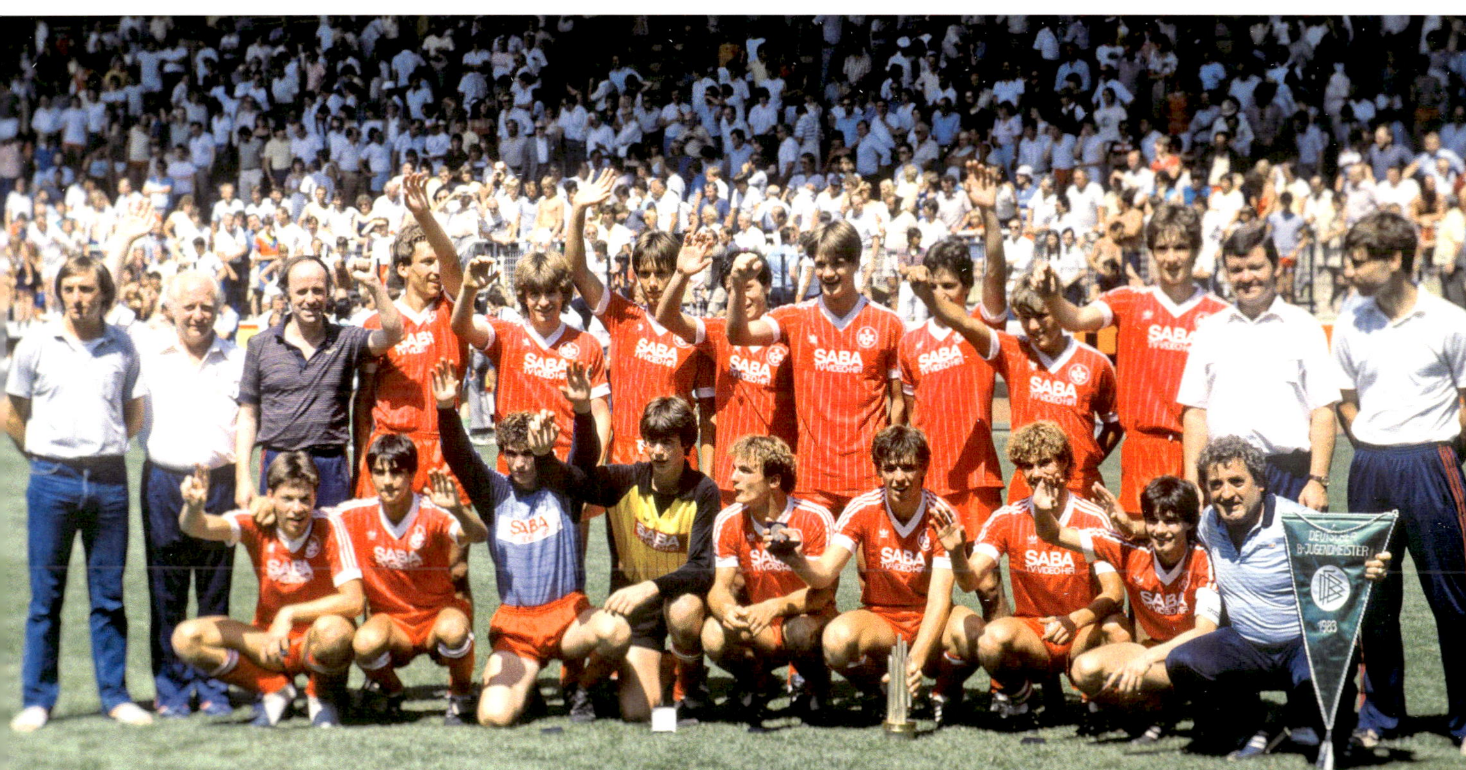

Deutscher Meister der B-Junioren 1983.

MEINE KONSTANTE IM LEBEN

JÜRGEN PFLANZ Allesfahrer aus Ludwigshafen

Der Verein (und damit auch das Stadion) ist die Konstante in meinem Leben. Egal, was war, hochgefahren bin ich irgendwie immer. Der Betze hat mich mein ganzes Leben begleitet, wie ein treuer Freund. Die komplizierte Jugendzeit, Trennungen, Verluste – der Betze war immer da. Und oft bin ich gestärkt wieder heimgefahren. Der Betze kann in guten Momenten eine ungeheure Kraft entwickeln, wenn der Funke vom Feld auf die Ränge überspringt, kann fast schon Magisches passieren. Ich erinnere mich an das 3:1 gegen Bayern 1988, da geschah das in perfekter Weise. Über dieses Spiel könnte man einen eigenen Film drehen. Peter Lenk hat das in „Bastion Betzenberg" sehr treffend beschrieben: Wenn Mannschaft und Zuschauer eine Einheit werden, dann können auch eigentlich bessere Gegner bezwungen werden. Lelles 1:0 war dann auch der lauteste Torjubel, den ich je gehört habe (und ich war schon in Genua, Barcelona, Glasgow und Belgrad).

Das Unbeugsame, Kämpferische hat mich damals am Betze fasziniert. In diesem Abstiegskampf dachte ich, alles erlebt zu haben. Emotionaler könnte es nie mehr werden. Doch dann kam dreißig Jahre später der 18. Mai und die Freudentränen vom Fritz … „Wenn wir am Schluss dann doch Sieger sind, dann wird es allen klar …". Für die meisten meiner Generation war der Betze nach dem Umbau zur Westtribüne der „schönste". Das Besondere war die Enge, gerade wegen der kleinen Haupttribüne, die Nähe zum Spielfeld. Ein reines Fußballstadion. Das hatten in der 1. Liga sonst nur Dortmund und Bochum. Dazu kam diese hitzige Atmosphäre, die von den Rentnern auf der Nordtribüne ausging. Dort wollte ich im Alter dann auch sitzen. Eine einzige Szene, ein Foul, eine Grätsche oder eine vermeintliche Benachteiligung durch den Schiri, genügte. Dann war auch die Westkurve auf Touren und es prickelte. Da musste das Stadion nicht mal voll sein.

Mit dem Umbau der Nordtribüne ist das für immer vorbei. Zudem ist die Westtribüne einfach zu groß. Was aber stimmungsmäßig immer noch möglich ist, konnte man 2013 im Relegationsspiel gegen Hoppenheim erleben. Da war sie wieder, diese Kraft. Selbst in der so bescheidenen Saison 2019/20 gab es diese Momente. Gegen Waldhof, im Pokal gegen die 05er und gegen die Schanzer mit 17.000 Zuschauern, also in einem weitestgehend leeren Stadion, war sie wieder spürbar. Wenn am Wochenende die Massen (leider werden es immer weniger) in die Fußballstadien ziehen, treibt es mich weiter hoch. Ungebrochen bleibt die Hoffnung, dass heute wieder was Besonderes passieren möge. Und wer wie ich dem FCK auch auswärts überall hin folgt, kann aus eigener Erfahrung behaupten, dass dieses Stadion, hoch oben, aber in Bahnhofsnähe im Wohngebiet und nicht wie heute üblich, irgendwo draußen auf dem Feld platziert, immer noch einen ganz besonderen Charakter besitzt. Als ich zwischenzeitlich schwer erkrankte, war die Selbstverständlichkeit des Stadionbesuchs am Wochenende plötzlich in Frage gestellt. Insofern bin ich jedes Mal dankbar, dabei zu sein, obwohl es zurzeit alles andere als einfach ist für den Verein bzw. mit diesem Verein. Aber nie vergessen: So lang's in Deutschland Fuuußball gibt, gibt es auch den FCK. Hoffentlich …

FAMILIÄRE ATMOSPHÄRE GING VERLOREN

FRIEDER MATHIS Gründer der Facebook-Gruppe „Wir sind Betze – FCK ein Leben lang"

Mit 15 Jahren erlebte ich das erste Mal die Westkurve und war sofort dem BETZE-Virus verfallen. Aber vorher hatte ich Glück. Da ich in Hessen wohne, war ich zuerst mit einem Freund im Waldstadion. Die Stimmung hat mich nicht beeindruckt. Ein anderer Freund nahm mich dann mit auf den Betzenberg, in die Westkurve. Damals noch ohne Dach und ohne den heute gewohnten Komfort. Aber es war eine geile Stimmung, und ich habe sofort Feuer gefangen. In dieser Zeit war ich noch mit der Wormatia in der 2. Liga unterwegs und konnte nicht immer zu den Spielen des FCK, aber nach und nach verlagerte sich das. Meine erste Dauerkarte wurde fällig und ich durfte gute und weniger gute Zeiten erleben.

Damals war es normal, dass nur 15.000 Zuschauer da waren und es um den Klassenerhalt ging. Aber genau das machte den Betze aus. Es gab keinen Vorsänger und erst recht keine Megafonanlage. Man kannte sich und hat gemeinsam den FCK unterstützt. Ein „Heja, heja FCK!" wurde damals sofort von der ganzen Kurve lautstark aufgegriffen. Das hat die Mannschaft oft gepuscht, gerade in Spielen, die über den Kampf gewonnen werden mussten. Es waren andere Zeiten. Damals konntest du auch noch den Kontakt zu den Spielern finden. Vor der Haupttribüne haben wir immer auf den Bus gewartet und die Spieler schon beim Gang in die Kabinen begrüßt. Ein Besuch in der alten Stadiongaststätte von Karlheinz Trapp war Pflicht! Erst „Schappert" und dann beim Karlheinz, da ist schon etwas Bier geflossen. Da waren beim Jubeln auch mal die Treppen der Westkurve zu steil. Bei einem Spiel gegen Werder hatten wir mit unseren damaligen Freunden von der Weser derart gezecht, dass ich die Treppen nicht hoch kam und unten im „Dreck" liegen blieb – Jugendsünden.

Mitte der Achtziger, aber insbesondere Anfang der Neunziger hat sich die Situation gewandelt. Mit dem Stadionumbau und den Erfolgen kamen immer mehr Zuschauer. Ohne Dauerkarte hast du auf einmal keinen Platz mehr in der Westkurve bekom-

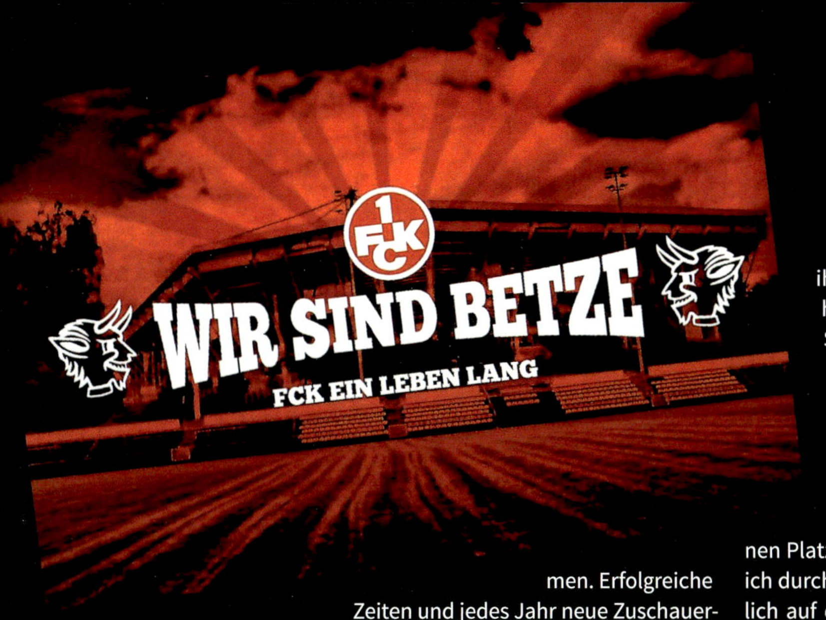

men. Erfolgreiche Zeiten und jedes Jahr neue Zuschauerrekorde, aber das Stadion hatte sich verändert. Die West wurde 1986 überdacht und mit dem Umbau der Haupttribüne Anfang der Neunziger war Karlheinz nicht mehr da und der Kontakt zur Mannschaft war weg. Mit dem Erfolg, aber vor allem nachdem Norbert Thines „abgesägt" wurde, ging die familiäre Atmosphäre mehr und mehr verloren. Dafür verantwortlich war auch der Wandel des Stadions. Mit VIP-Logen und ausgebauten Sitzplätzen veränderte sich viel. Die WM hat ihren Beitrag dazu geleistet, dass wir nun ein Stadion haben, das viel zu groß ist. Früher war mit 15.000 Stimmung, heute kommt mit deutlich mehr Zuschauern oft keine auf. Sicherlich liegt das auch an der sportlichen Situation, aber die baulichen Gegebenheiten sind nicht optimal.

Bei mir wurde es in den Neunzigern mit Nachwuchs und Beruf deutlich schwerer, regelmäßig auf den Betze oder zu Auswärtsspielen zu fahren. Aber meinen Platz, erst in Block 8 und seit einigen Jahren in 9.1, habe ich durch meine Dauerkarte gesichert und bin so oft wie möglich auf den Betze gegangen. Seit 2017 habe ich mein Engagement für den FCK deutlich verstärkt und mit der Facebook-Gruppe „Wir sind Betze – FCK ein Leben lang" unterstützen wir unseren Verein. Unser im September 2017 gegründeter Fanklub „Wir sind Betze" vereint viele Fans und hat schon über 300 Mitglieder. Es wäre toll, wenn wir wieder positivere Zeiten erleben mit einem vollen Fritz-Walter-Stadion und sportlichen Erfolgen. Die Hoffnung stirbt zuletzt!

„Wir sind Betze – FCK ein Leben lang!"

37

BRILLE VERLOREN, FREUND GEWONNEN

UDO ECKHARDT Dauerkartenbesitzer aus München

Hier in Bayern, wo es mich vor gut zehn Jahren hin verschlagen hat, habe ich das Wandern entdeckt und schon so manchen Berg erklommen. Aber wenn der bekannteste Berg der Pfalz ruft, dann gibt es kein Halten mehr. Es ist schon ein beeindruckendes Bild, von der Autobahn aus die Stadt zu sehen und darüber thront der K2 der Pfalz, der Betzenberg! Meine Dauerkarte habe ich trotz 3. Liga immer noch und so oft es geht, fahre ich die 450 Kilometer von München, um den Verein zu unterstützen. Im Stadion fühle ich mich einfach wohl mit den alten Kumpels und dem ganzen Drumherum. Es ist eben keine dieser modernen Fußballarenen irgendwo in der Peripherie einer Stadt. Man trifft sich davor in einer Kneipe im Zentrum und geht einfach gemeinsam hoch uff de Betze. Und danach, egal ob verloren oder nicht, geht's zur Analyse wieder in eine Kneipe.

Neben meinem ersten Besuch in der alten West in der Saison 1981/82 gegen Bayern oder dem Spiel gegen Barcelona gibt es ein Spiel, das mir bis heute im Gedächtnis geblieben ist. Es war die Saison 1987/88, ein mitentscheidendes Spiel um den Klassenerhalt gegen den FC Homburg. Die Hütte war ausverkauft, der 8er zum Bersten voll. Neben mir stand ein Fan in meinem Alter, den ich flüchtig kannte. In der 57. Minute fiel das erlösende 1:0. Ekstase pur, es gab kein Halten mehr. Alle stürzten ein paar Treppenstufen nach unten. Und plötzlich konnte ich nichts mehr sehen. Meine Brille war weg. Als sich der Jubel etwas gelegt hatte, streckte jemand ein paar Reihen vor mir etwas in die Höhe. Es war meine Brille, von der jedoch nur noch ein verbogenes Gestell übriggeblieben war. Nun musste ich den Bekannten bitten, mir das Spielgeschehen jenseits der Mittellinie zu schildern. Er machte es so gut, dass wir bis heute und wohl noch in alle Ewigkeit gemeinsam die Spiele im Stadion verfolgen werden. Brille verloren, aber Freund gewonnen. Und natürlich das Spiel auch und die Klasse gehalten.

Mittlerweile sitze ich im Süden. Das Stadion ist nicht wiederzuerkennen und das hat nichts damit zu tun, dass meine Augen gelasert worden sind. Die Fankultur hat sich verändert, die Liga sowieso. Aber die Kumpels von früher sind geblieben, „Worschd und Bier" gibt's immer noch und ein Spiel dauert wie überall nur 90 Minuten und eben nicht mehr so lange, bis wir gewonnen haben. Ich wünsche der heutigen Generation, dass sie irgendwann einmal vergleichbare Erlebnisse wie wir bestaunen darf und wir eines Tages wieder begeisternden Fußball spielen, in einer Liga, die diese Stadt, dieser Verein, diese Fans und vor allem dieser Berg verdient haben!

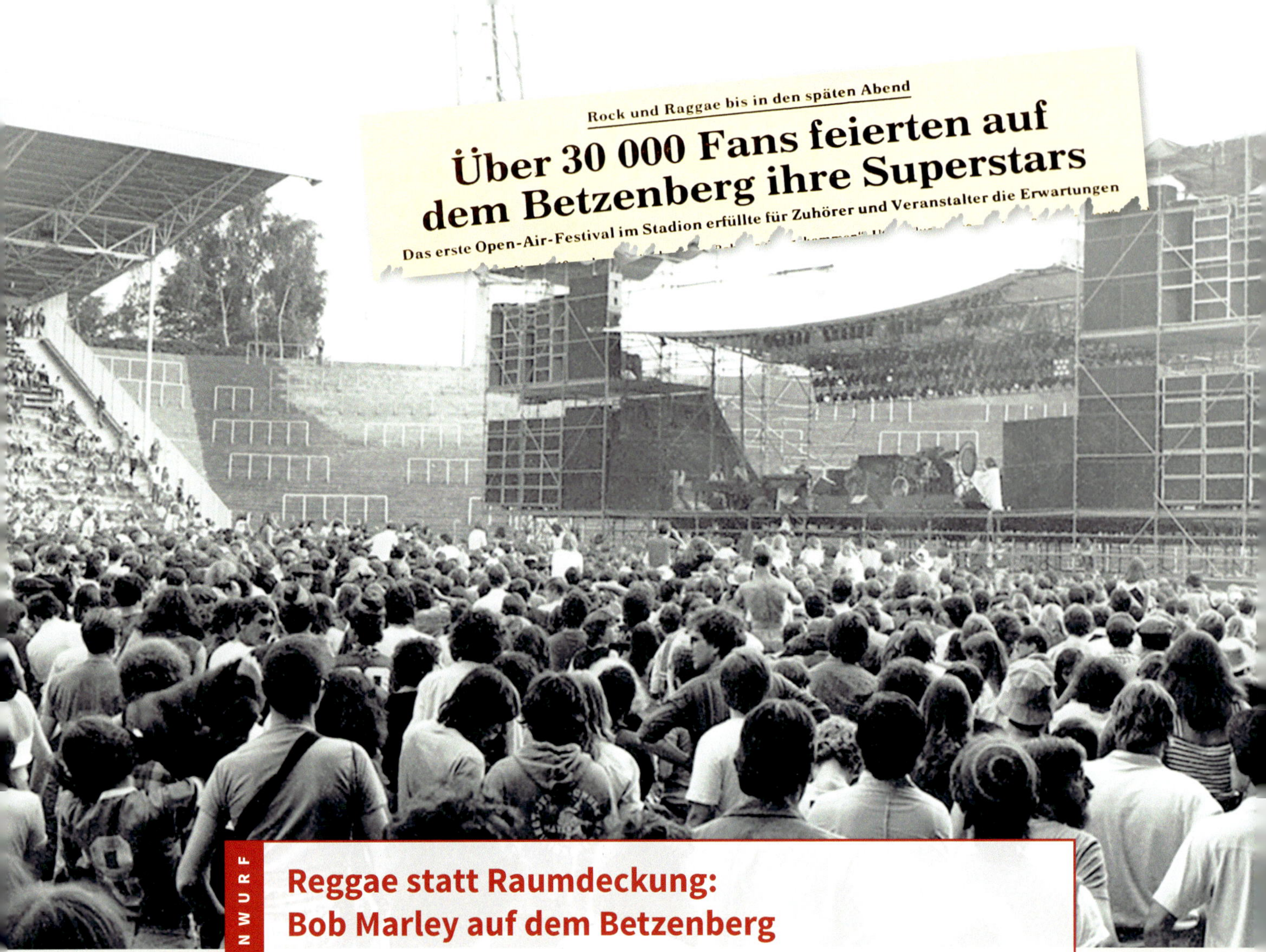

Rock und Raggae bis in den späten Abend

Über 30 000 Fans feierten auf dem Betzenberg ihre Superstars

Das erste Open-Air-Festival im Stadion erfüllte für Zuhörer und Veranstalter die Erwartungen

EINWURF

Reggae statt Raumdeckung: Bob Marley auf dem Betzenberg

Was Bob Marley über den Verein wusste, dessen Stadion er im Rahmen seiner „Uprising"-Tour im Juni 1980 bespielte, wird für immer sein Geheimnis bleiben. Bestens bekannt dagegen ist die Leidenschaft des Musikers für das runde Leder, der er vielleicht sogar auf dem Rasen frönte, den an diesem Tag nicht 22 Fußballer, sondern rund 30.000 Zuschauer besetzen. In der Überlieferung geht mit Fleetwood Mac der zweite große Name weitgehend unter, so sehr überstrahlt der Auftritt des legendären Reggae-Stars alle anderen Acts.

Es ist das erste und für die nächsten 20 Jahre das einzige Konzert dieser Größenordnung, das auf dem Betzenberg stattfindet. Erst im Jahr 2000 lässt der FCK zum 100. Vereinsjubiläum Echt und Eros Ramazotti in sein Wohnzimmer. Ohne die Corona-Pandemie hätte wieder 20 Jahre später Mark Forster (siehe Stimme 99) das Stadion gefüllt. Das Konzert wird 2021 nachgeholt.

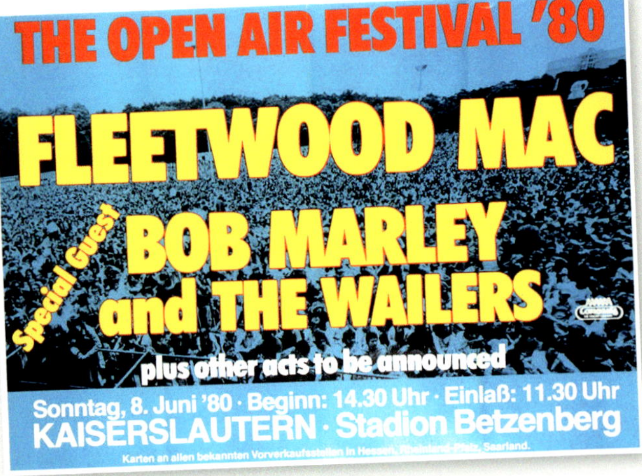

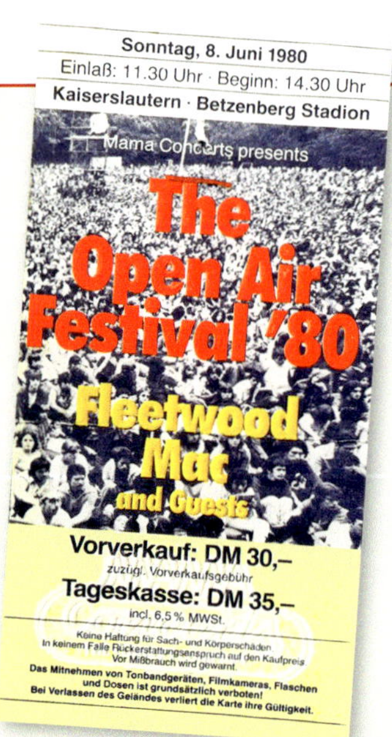

1985:
Die Würdigung des größten Sohns

Ob er es gewusst hat? Oder war es tatsächlich eine gelungene Überraschung? Der Mann, um den es geht, Fritz Walter nämlich, ist zumindest weit ab vom Schuss. Er weilt in Südfrankreich, um dem Rummel um seinen 65. Geburtstag zu entfliehen, als am Vorabend des Jubiläums die Nachricht vom geplanten Geschenk des FCK-Präsidiums um Jürgen Friedrich die Runde macht. „In Würdigung und tiefer Anerkennung der Verdienste von Fritz Walter um den deutschen Fußball, insbesondere aber um den 1. FC Kaiserslautern, hat der 1. FC Kaiserslautern beschlossen, sein Stadion Betzenberg in ‚Fritz-Walter-Stadion-Betzenberg' umzubenennen. Mit dieser Geste will der 1. FC Kaiserslautern seine große Verbundenheit und Dankbarkeit zu seinem größten Sohn bekunden", heißt es in der offiziellen Bekanntmachung des Vereins. Die etwas sperrige Bezeichnung ist auch Ausdruck eines Spagats. Beinhaltet sie neben der Ehrung des populären Idols doch auch den Zusatz „Betzenberg", um all jene Traditionalisten zu befriedigen, für die „de Betze" längst Synonym für Stadion, Mannschaft und Verein geworden ist. Tatsächlich hat die neue Namensgebung bis heute nur offiziellen Charakter. Wer ins „Fritz-Walter-Stadion" geht, outet sich als zugezogen oder unwissend. Im pfälzischen Sprachgebrauch ist „de Betze" immer „de Betze" geblieben.

Ob aus Schlampigkeit oder der Einfachheit halber ist mit der Neufassung der Vereinssatzung von 2003 der Anhang „Betzenberg" aus der offiziellen Nomenklatur entfernt worden. In Artikel eins heißt es nun lapidar: „Das Stadion trägt den Namen Fritz-Walter-Stadion." Und obwohl dies nur eine amtliche Bezeichnung ist, wird die ihr zugrunde liegende Symbolik scharf verteidigt, wann immer ein Verkauf der Namensrechte zur Debatte steht. Den – nicht ernst gemeinten – Verzicht auf die Patronage bringt Fritz Walter einmal sogar selbst ins Spiel: als der FCK just nach der Umbenennung von einer chronischen Heimschwäche befallen wird, sechsmal in Folge zu Hause sieglos bleibt und in akuter Abstiegsgefahr schwebt, ist der Ehrenspielführer bereit, den Akt rückgängig zu machen, sollte das der Mannschaft helfen. Sie rettet sich auch ohne diese Maßnahme und der größte Fußballer der Stadt darf in den nächsten 17 Jahren seines Lebens verdientermaßen noch viele Sternstunden in „seinem" Stadion erleben. Wie viel ihm diese Ehrung bedeutet, verrät er wortlos. Bei der Überreichung der Urkunde durch Jürgen Friedrich laufen Fritz Walter Tränen der Rührung über das Gesicht.

1. FCK künftig im Fritz-Walter-Stadion

KAISERSLAUTERN (red). Die Siege des 1. FC Kaiserslautern werden künftig nicht mehr im Betzenberg-Stadion gefeiert, sondern im „Fritz-Walter-Stadion-Betzenberg". Diese Ehrung für den größten Kaiserslauterer Fußball-Spieler wurde gestern abend bekanntgegeben. Fritz Walter selbst wird die erste Partie in „seinem" Stadion (am Freitag gegen Bayern München) ebensowenig „live" miterleben, wie den Ansturm auf sein pfälzer Domizil anläßlich seines 65. Geburtstags. Er verbringt die nächsten Tage im Urlaub in Südfrankreich.

In der Begründung für die neue Namensgebung heißt es: „In Würdigung und tiefer Anerkennung der Verdienste von Fritz Walter um den deutschen Fußball, insbesondere aber um den 1. FC Kaiserslautern, hat der 1. FC Kaiserslautern beschlossen, sein Stadion Betzenberg in „Fritz-Walter-Stadion-Betzenberg" umzubennen. Mit dieser Geste will der 1. FC Kaiserslautern seine große Verbundenheit und Dankbarkeit zu seinem größten Sohn bekunden."

Artikel aus der *Rheinpfalz* zur Umbenennung des Stadions vom 30. Oktober 1985.

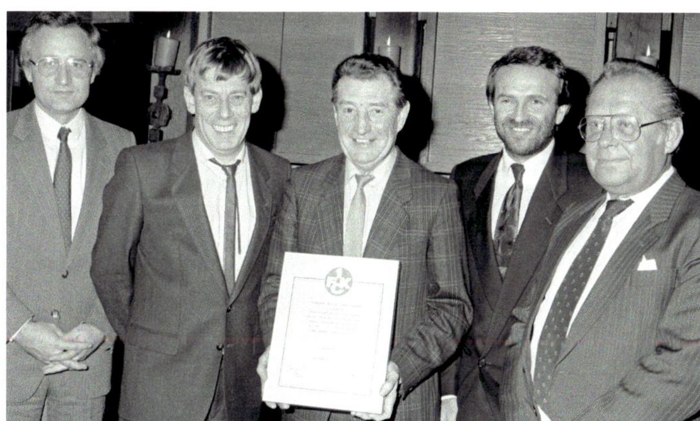

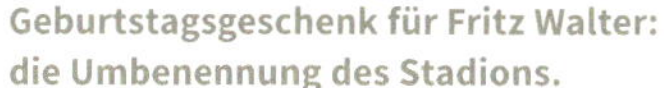

Geburtstagsgeschenk für Fritz Walter: die Umbenennung des Stadions.

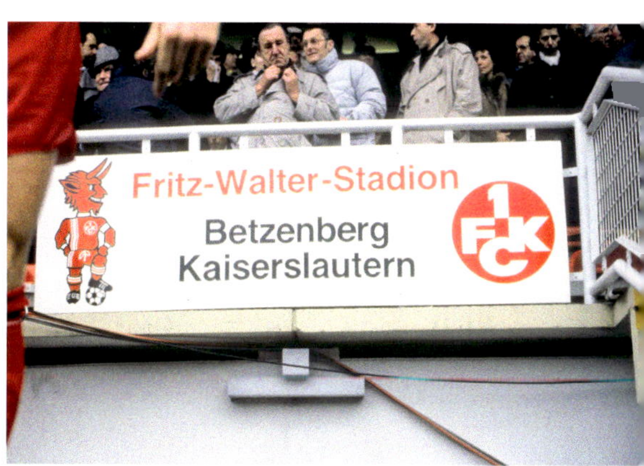

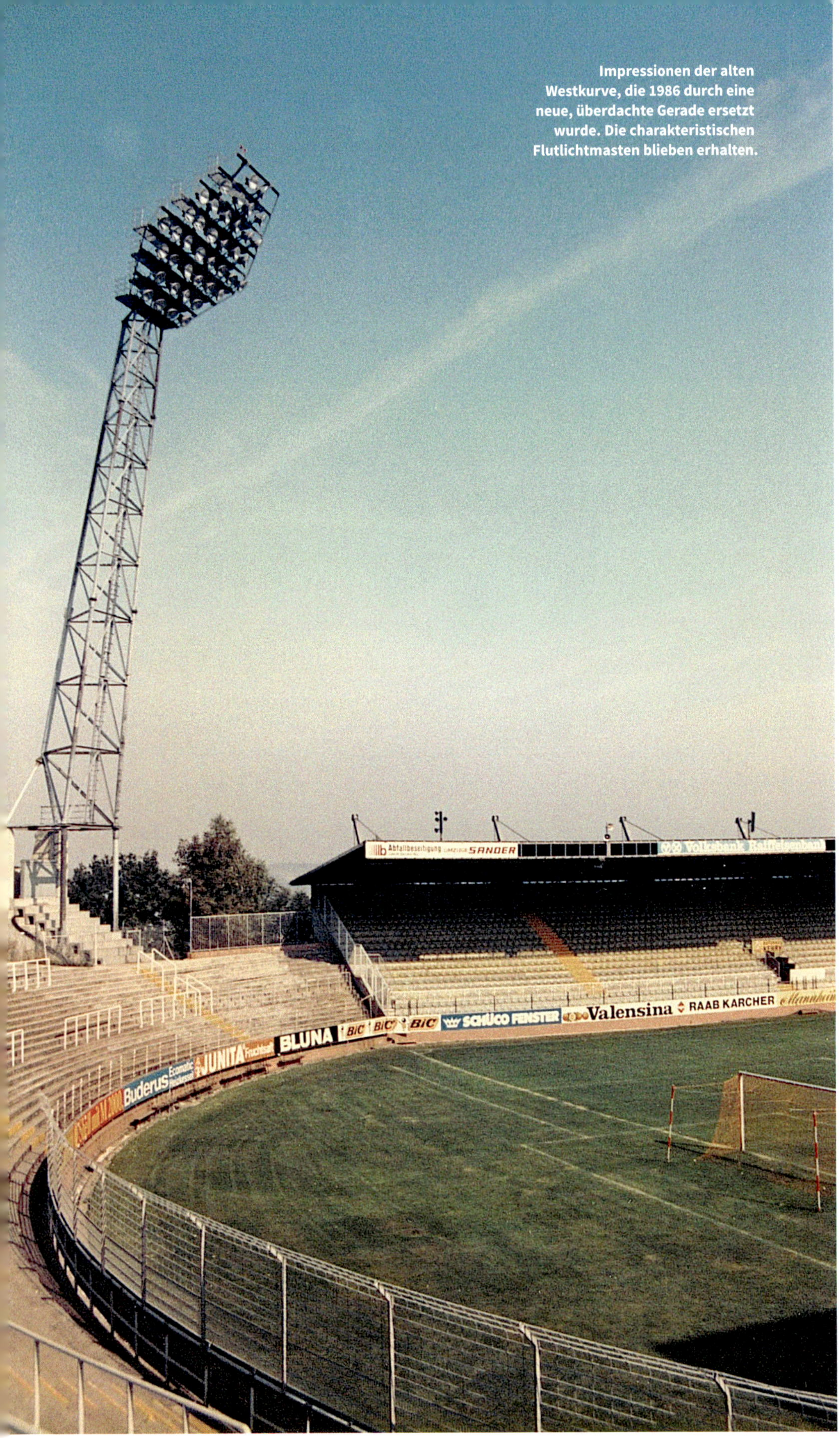

Impressionen der alten Westkurve, die 1986 durch eine neue, überdachte Gerade ersetzt wurde. Die charakteristischen Flutlichtmasten blieben erhalten.

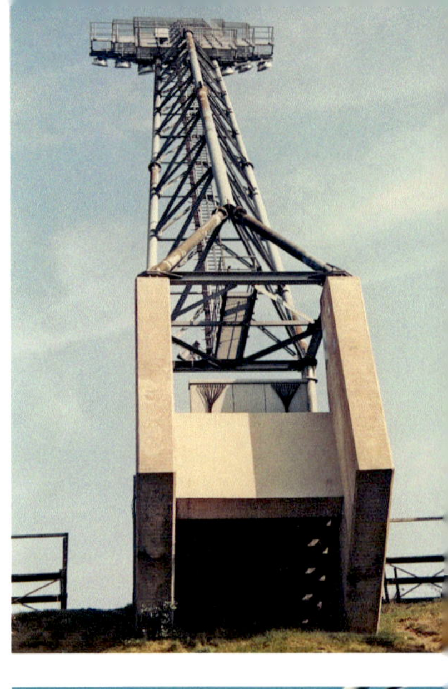

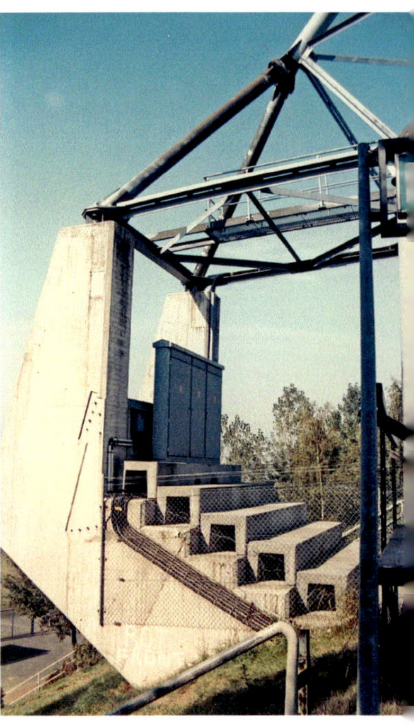

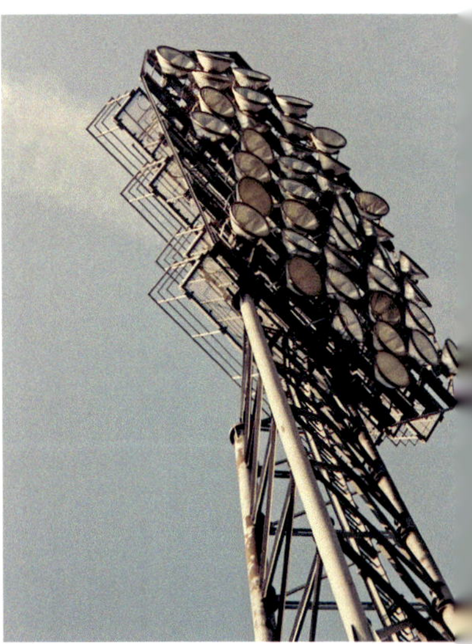

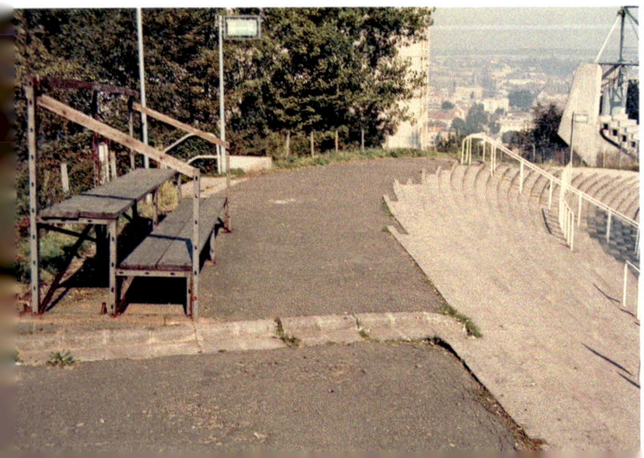

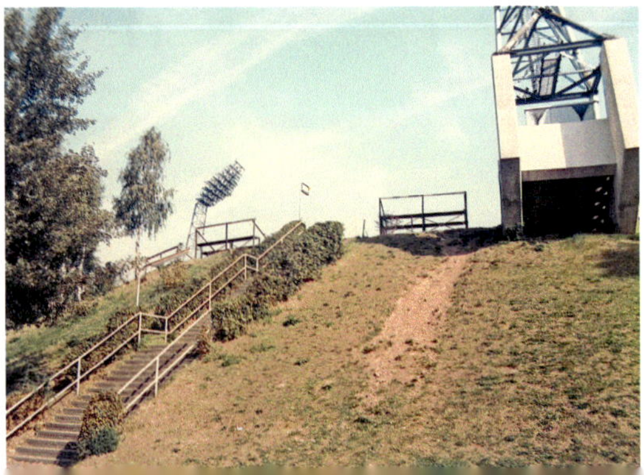

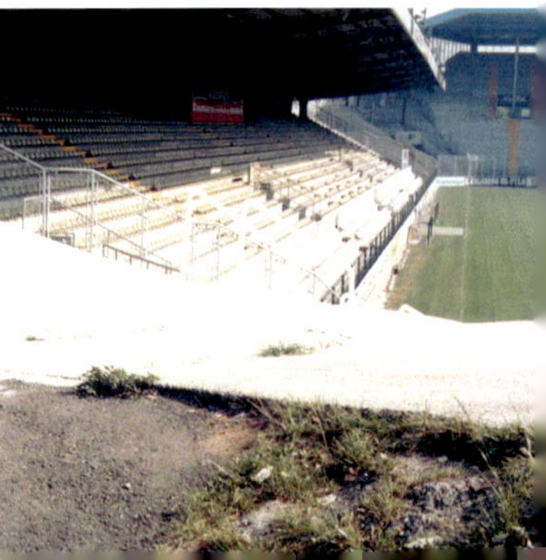

1986:
Die Westkurve – Bühne des Wandels

Die Absicht ist längst hinterlegt. Einzig die Frage, wann die nächste Etappe des Ausbaus erfolgen kann, bleibt offen. Die Westkurve, seit jeher Treffpunkt der lautstärksten Fans, soll analog zu ihrem Pendant im Osten begradigt und überdacht werden. Bereits zum Jahreswechsel 1981/82 eröffnet der Förderverein ein Sonderkonto bei der örtlichen Kreissparkasse, um Geld zu sammeln und die Notwendigkeit des Ausbaus im öffentlichen Bewusstsein zu verankern. Einer 50 Jahre alten Idee folgend, werden 25.000 Postkarten des Stadions als „Bausteine" zum Preis von je 1 DM verkauft. Allerdings ist dies bereits Anfang der 1980er Jahre kaum mehr als ein symbolischer Beitrag. Im Sommer 1981 ist der vormalige Bielefelder Norbert Eilenfeld der erste Spieler, für den der FCK mehr als eine Million DM Ablösesumme in die Hand nimmt. Die Erfolge der ersten Ära Feldkamp versetzen den Verein in die Lage, seinen Eigenanteil am Ausbau der Ostkurve abzutragen. Eine erfolgreiche Mannschaft steigert aber nicht nur die Einnahmen, sie kostet auch mehr.

Als Udo Sopp 1981 nach acht Jahren als Vizepräsident unter Willi Müller und Jürgen Friedrich an die Spitze des Vereins rückt, sieht er sich in der Pflicht, die sportliche Substanz zu erhalten, wenn nicht sogar zu verbessern. Nach dem Vorstoß ins Halbfinale des UEFA-Cups durch das berauschende 5:0 gegen Real Madrid leistet sich der FCK im Sommer 1982 zwei (weitere) siebenstellige Transfers: Die Stürmer Thomas Allofs und Torbjörn Nilsson wecken große Erwartungen, aber der erhoffte Effekt bleibt aus. Nach Kalli Feldkamps Abschied kann keiner seiner Nachfolger an dessen Erfolge anknüpfen. 1984 verlassen mit Ronnie Hellström (Karriereende) und Hans-Peter Briegel (Hellas Verona) zudem zwei langjährige Identifikationsfiguren den Verein. Das Zwischenhoch als Spitzenmannschaft der Bundesliga ist erst mal vorbei.

Neue Dynamik erhält die Causa „Westkurve" erst wieder nach der Rolle rückwärts an der Vereinsspitze. Der von internen Machtkämpfen zermürbte Udo Sopp tritt im April 1985 zurück; Nachfolger wird sein Vorgänger Jürgen Friedrich, der die zu Beginn seiner ersten Amtsperiode geschmiedeten Pläne sofort wieder ins Visier nimmt. Der sportlich und finanziell rückläufigen Entwicklung zum Trotz sieht Friedrich in der Vollendung des Stadionausbaus die einzige Möglichkeit, diesen Teufelskreis zu durchbrechen, und steht damit nicht alleine.

Trend zu mehr Komfort

Quer durch die Bundesliga klagen die Vereine über schwindende Zuschauerzahlen. Der Schnitt der Vorrunde 1984/85 ist der schlechteste seit der Delle zwischen dem Bundesligaskandal und der WM im eigenen Land. Seit der damit verbundenen Bauoffensive hat sich an den Stadien allerdings auch nichts mehr getan. Wohl aber haben sich die Bedürfnisse des zahlenden Zuschauers stark verändert. „Die Sitzplätze gehen immer sofort weg", erklärt HSV-Manager Günter Netzer gegenüber der dpa. Franz Böhmert, Präsident des SV Werder Bremen, pflichtet ihm bei: „Es hat den Anschein, als würden die Leute weniger auf das Geld und mehr auf den Komfort achten." Just in diesem Punkt hechelt der Betzenberg den anderen Bundesligastadien beständig hinterher.

In den großen Zentren der Bundesrepublik hofft man auf die Vergabe der EM 1988 nach Deutschland, die am 15. März 1985 tatsächlich erfolgt. In Kaiserslautern ist eine Bewerbung kein Thema. Der Neid auf die üppigen Fördergelder für die kommunalen WM-Stadien im eigenen Land ist verblasst, seit sich deren Verknüpfung mit Laufbahnen zusehends als abträglich erweist. In Kombination mit

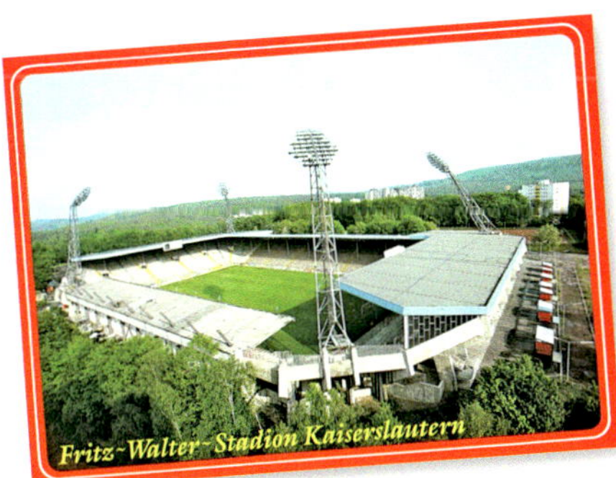

Postkarte aus den 1980er Jahren.

der ausschweifenden Architektur des vergangenen Jahrzehnts steht den wenigen Zahltagen oftmals der stimmungsarme Bundesligaalltag gegenüber. Die für den Betzenberg existierenden Pläne einer kompakten, spielfeldnahen und geschlossenen Arena werden durch die wachsende Beliebtheit der ähnlich angelegten Stadien in Dortmund und Bochum als goldrichtig bestätigt.

In dieser Gemengelage versucht der FCK, Nägel mit Köpfen zu machen. Wie acht Jahre zuvor im Osten wird die WM-bedingt verlängerte Sommerpause 1986 als idealer Termin für den Ausbau erachtet. Zügig verschickt der Verein die offiziellen Anträge für einen öffentlichen Zuschuss an Stadt und Landesregierung. Die kalkulierten Kosten belaufen sich zunächst auf 7,5 Millionen DM. Dann aber wird die Wunschliste um den gleichzeitigen Einbau einer Rasenheizung erweitert. Dieses bereits vielfach übliche Ausstattungsmerkmal verteidigt der Verein als Notwendigkeit, da die fortan geschlossene Überdachung zwar dem Zuschauer mehr Komfort bringt, dem Rasen aber viel an förderlicher Sonneneinstrahlung nimmt. Die Kontroverse um diese rund 1,7 Millionen DM schwere Investition erreicht ihren Höhepunkt, als die SPD-Fraktion im Stadtrat ihren bewilligten Zuschuss um 300.000 DM kürzen will, um diese vermeintlich unnötige Kostensteigerung nicht zu unterstützen. Erst ein Gutachter und die nachdrückliche Argumentation der FCK-Führung schnüren das Paket: 4,5 Millionen DM steuert das Land Rheinland-Pfalz bei, 2 Millionen die Stadt und 2,5 Millionen muss der Verein selbst aufbringen.

Intensiver denn je

Kaum ist dieses Problem überwunden, hat die Mannschaft das nächste erschaffen: Zwischen Oktober 1985 und März 1986 bleibt sie in 13 Spielen sieglos und schwebt in höchster Abstiegsgefahr. Obwohl die Kritiker der Ausgaben erneut laut werden, hält die FCK-Führung unbeirrt an den Plänen fest. Mit drei Siegen an den letzten drei Spieltagen, davon zwei auswärts, gelingt die Rettung. Zum Zeitpunkt des abschließenden 6:0-Erfolgs in Saarbrücken sind am Betzenberg bereits die Bagger angerollt, um den alten Erdwall hinter der traditionsreichen Kurve abzutragen. In nur drei Monaten wird die neue „Westtribüne“ – eine offizielle Bezeichnung, die sich niemals durchsetzen wird – pünktlich zum ersten Heimspiel der Saison 1986/87 gegen Mönchengladbach fertig. Das anno 1971 ersonnene Konzept ist endgültig umgesetzt: Die Begradigung, die den Abstand zum Spielfeld verringert, macht das Stadionerlebnis intensiver denn je; die geschlossene Überdachung hebt den Lärmpegel an. Das Fassungsvermögen erhöht sich von 34.000 auf 38.000 Zuschauer.

Auf dem Betzenberg beginnt eine neue Zeitrechnung. Langjährige Leistungsträger wie Werner Melzer und Rainer Geye beenden ihre Karriere, mit Andreas Brehme (FC Bayern) und Thomas Allofs (1. FC Köln) werden die letzten Stars verkauft, um Einnahmen zu generieren. Dennoch setzt der Verein im Sommer mehr Dauerkarten (3.250) ab als je zuvor zum gleichen Zeitpunkt. Das Konzept, durch den Umbau attraktiver zu werden, bestätigt sich schnell. Das neue Domizil wird vom harten Kern der Fans schnell akzeptiert. Im Rückblick wird die damit erreichte Ausbaustufe von vielen Fans als ideal erachtet. Sie ist die Bühne, auf der in den folgenden Jahren die Wandlung vom Abstiegskandidaten zum Deutschen Meister aufgeführt wird. Allerdings machen die Verantwortlichen bereits 1986 keinen Hehl daraus, dass dies erst der vorletzte Schritt zur Vollendung ihrer Vision eines zukunftstauglichen Stadions gewesen ist.

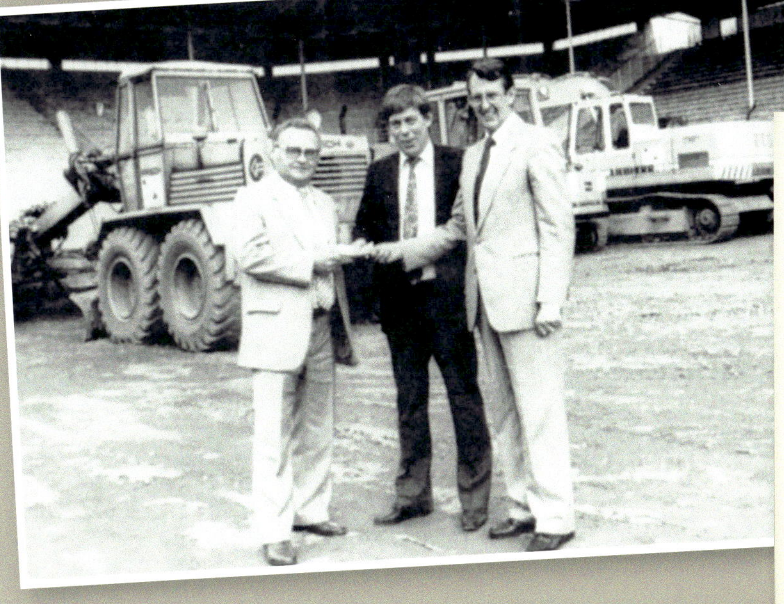

Eine Investition, über die in den 1980er Jahren noch gestritten wird: Der Betzenberg erhält erstmals eine Rasenheizung.

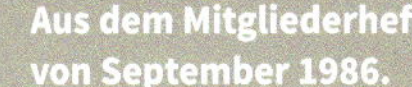

Aus dem Mitgliederheft von September 1986.

Erdgas-Rasenheizung für Fritz-Walter-Stadion

Ein Stadion wie das des 1. FCK mit Tradition und Atmosphäre muß auch den heutigen Anforderungen für einen optimalen Spielbetrieb gerecht werden.

In Verbindung mit der Erweiterung und der Überdachung der Westkurve hat man sich beim 1. FCK auch mit einer Rasenheizung befaßt.

Drei Gründe waren dafür von großer Bedeutung:

1. Die Überdachung der neuen Ränge hat auch eine größere Abschattung der Rasenfläche zur Folge, so daß sich Sonne und Wind weitaus geringer auf den Rasen auswirken können als vorher. Dadurch neigt der Rasen nach längeren Niederschlägen zur Fäulnisbildung und damit zur Beeinträchtigung seiner Qualität.
2. Spielausfälle aufgrund eines nicht bespielbaren Rasens sind nun ausgeschlossen.
3. Länderspiele und Trainingsprogramme der Deutschen Fußball-Nationalmannschaft sind jetzt im Fritz-Walter-Stadion durchführbar. Für den DFB sind die Voraussetzungen mit einer Rasenheizung erfüllt.

Das Fritz-Walter-Stadion kann also noch effektiver genutzt werden.

Nach verschiedenen Gesprächen mit der **Gasanstalt** hat man sich für die Beheizung des gesamten Stadions sowie die Versorgung der Rasenheizung für das umweltfreundliche Erdgas als Energieträger entschieden.

Eine Wirtschaftlichkeitsbetrachtung hat gezeigt:

Die Energiekosten für die Rasenheizung während einer ganzen Fußballsaison sind höchstens so hoch, wie bei einem einzigen aus Witterungsgründen verlegten Spiel mit Einbußen gerechnet werden muß.

Man kann verstehen, daß man beim 1. FCK stolz auf die umgebaute Sportarena ist.

Diesem Stadion wäre es zu wünschen, Europapokalspiele zu sehen oder einen 1. FCK als Fußballmeister zu führen.

Für Ihren Terminkalender

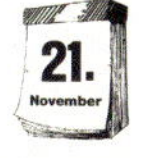

Redaktionsschluß für Rund um den Betzenberg IV/1986

21. November 1986

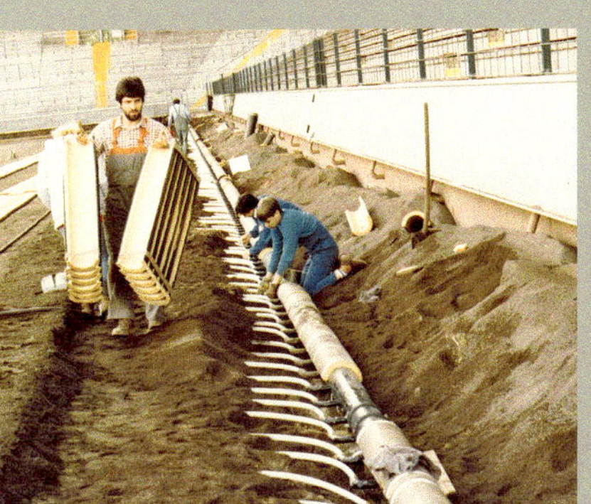

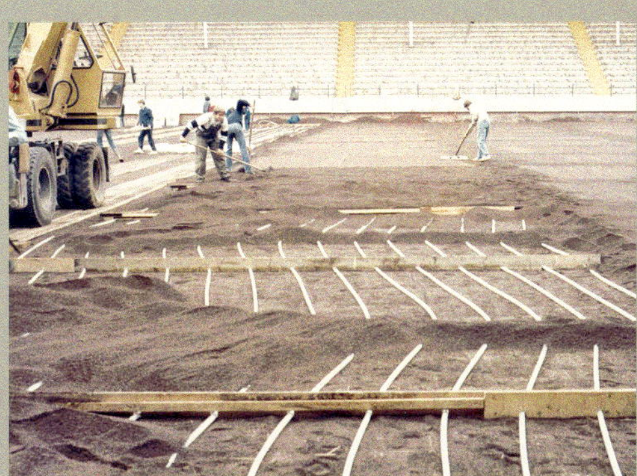

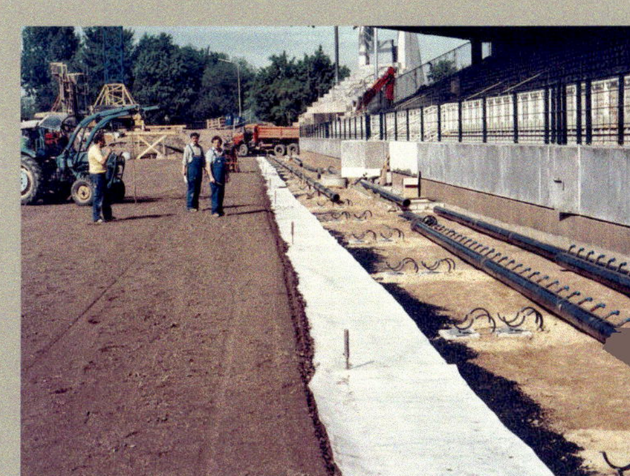

EINWURF

Loch im Mast sorgt im März 1985 für Spielabsage

Bei Wartungsarbeiten entdeckt Platzwart Georg Arbeiter einen Schaden am Flutlichtmast, der zwischen Ost- und Nordtribüne steht: Eine Schweißnaht der Stahlkonstruktion ist gut 25 cm lang aufgerissen. Nach der Inspektion durch den Architekten und die städtische Bauaufsichtsbehörde wird das Stadion umgehend gesperrt. Obwohl keine unmittelbare Gefahr besteht, dass der Mast umfällt, muss die für den 29. März vorgesehene Begegnung mit dem VfL Bochum in den Mai verlegt werden.

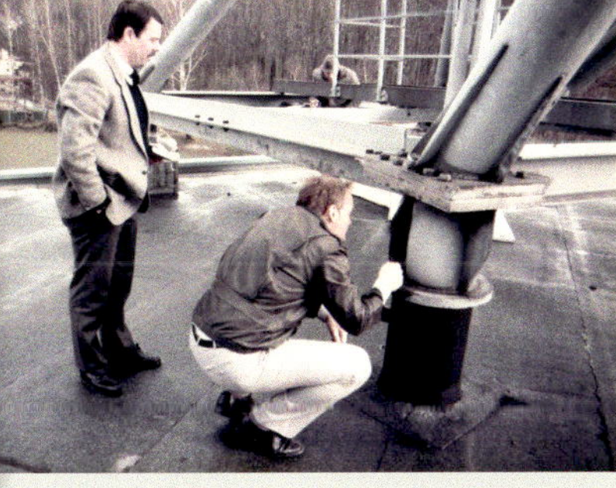

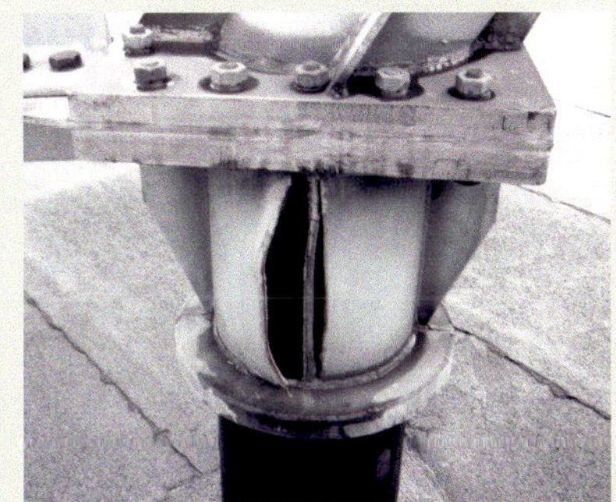

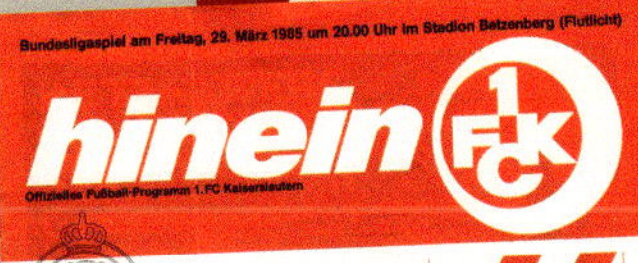

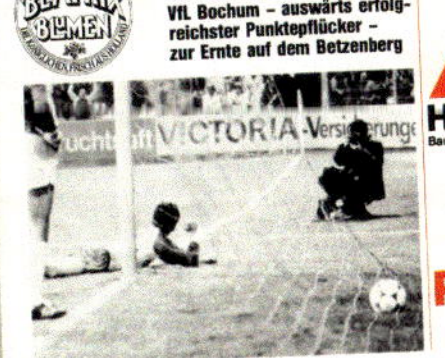

Stadionheft vom 29. März 1985 (Heimspiel gegen den VfL Bochum).

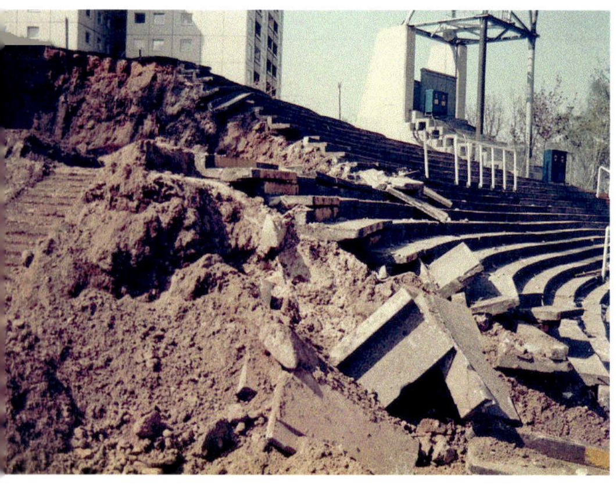

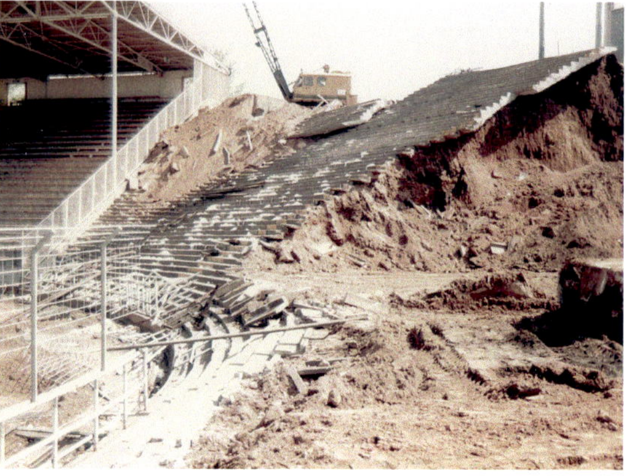

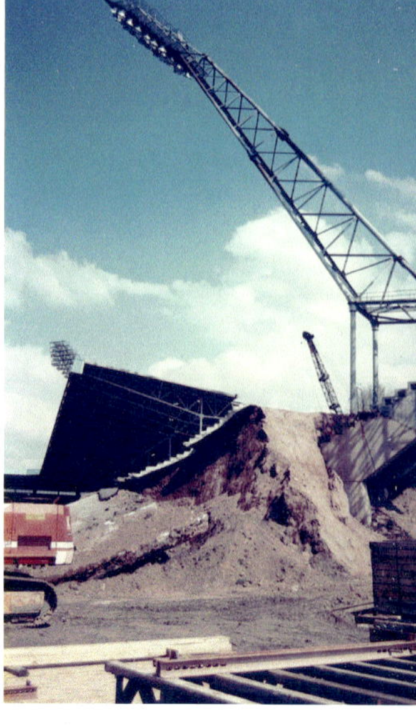

Binnen drei Monaten wird zunächst die alte Kurve abgerissen, ein neuer Platz inklusive Rasenheizung angelegt und die neue Hintertorgerade in die Höhe gezogen. Bis zum ersten Heimspiel der Saison 1986/87 haben die treuesten und lautesten FCK-Fans eine neue Heimat.

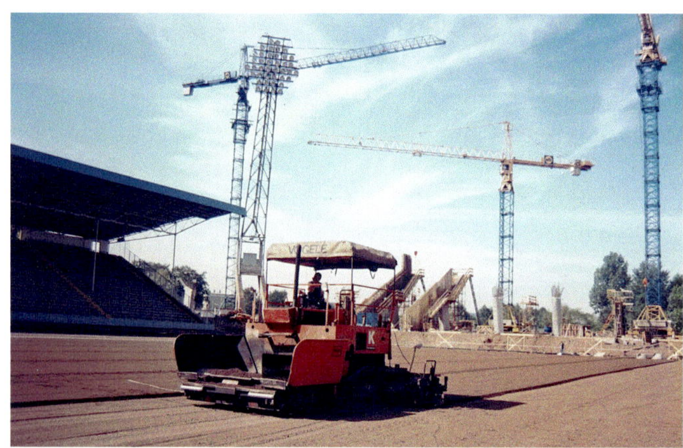

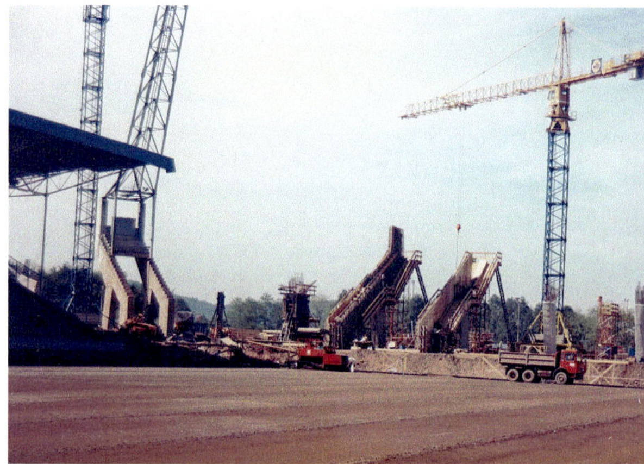

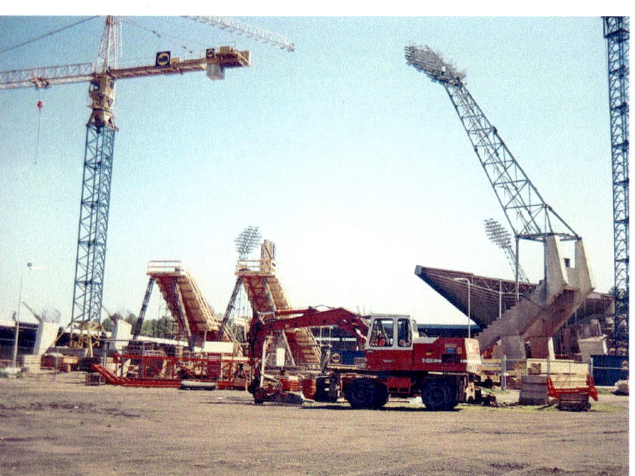

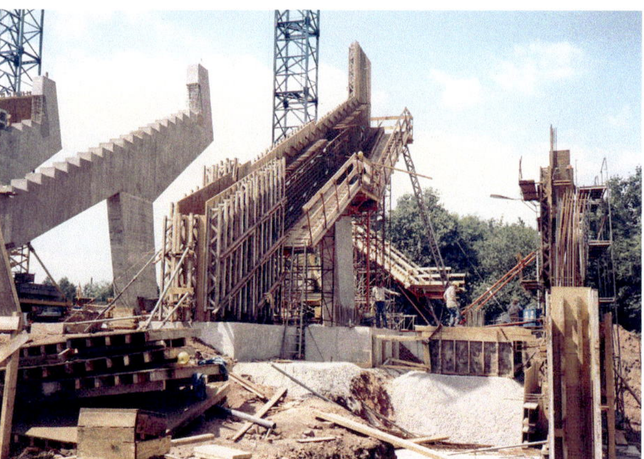

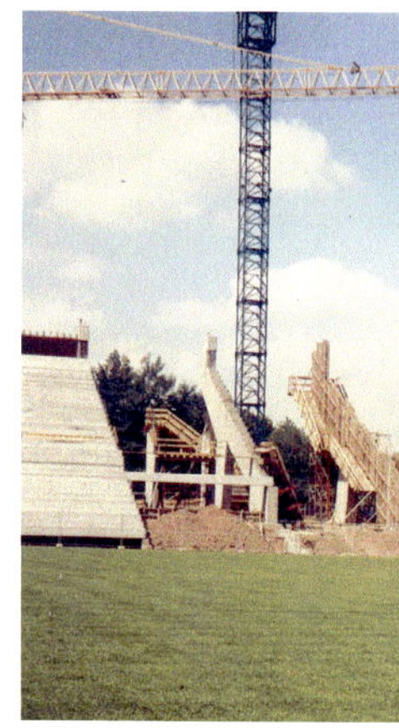

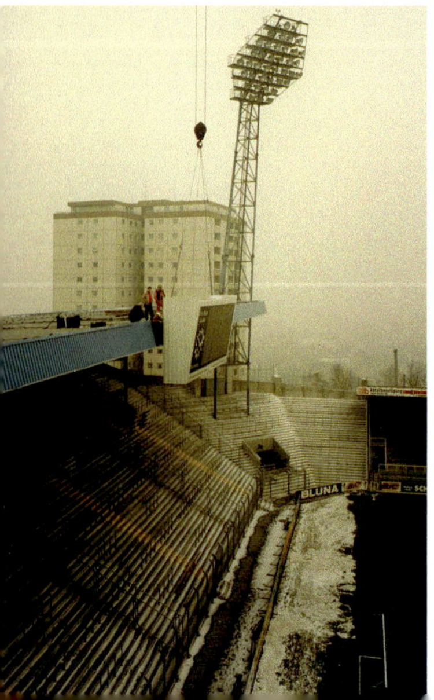

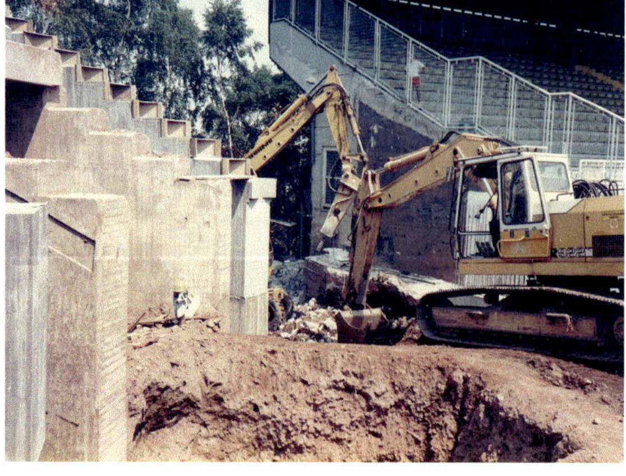

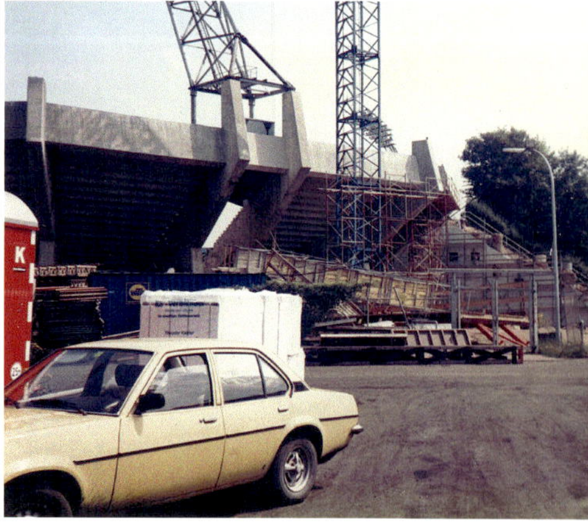

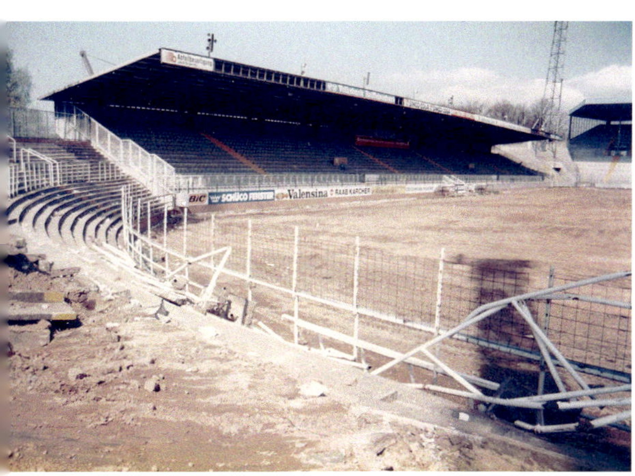
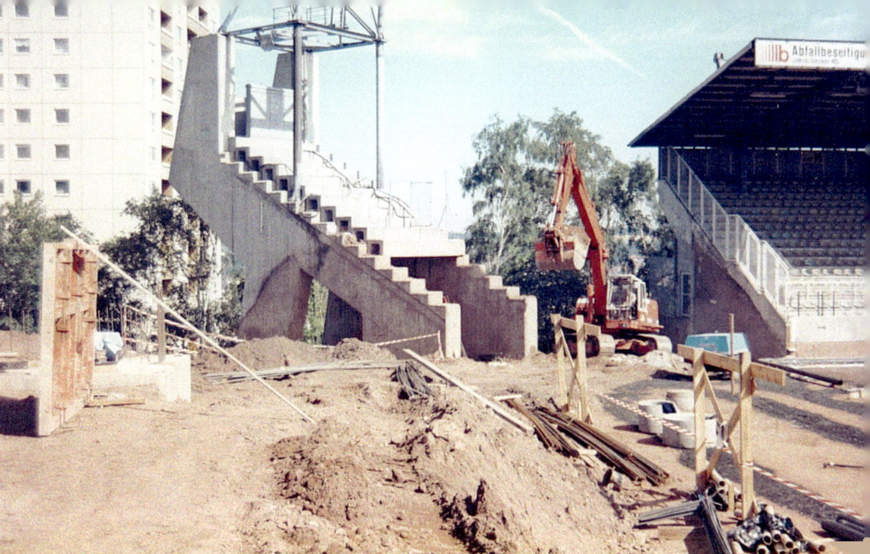
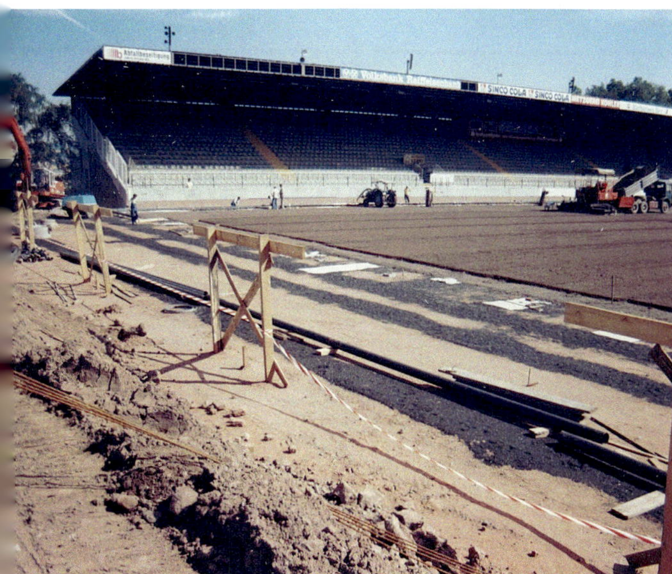
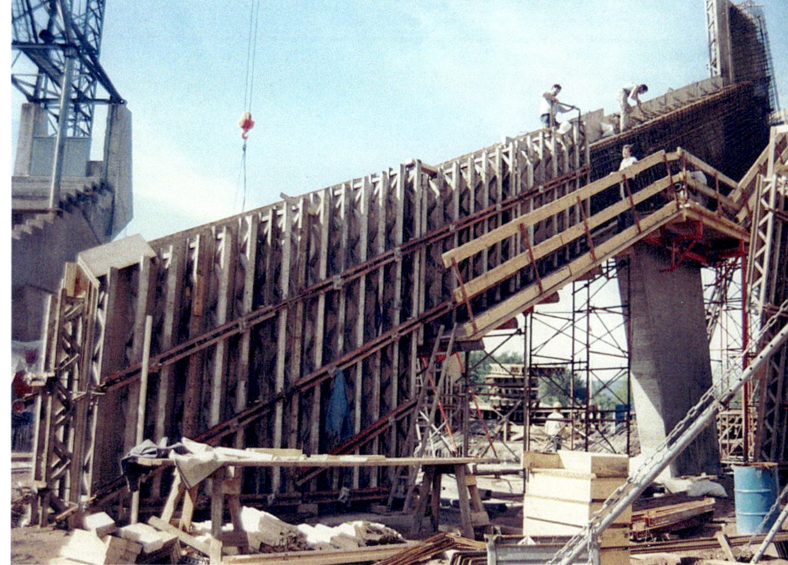
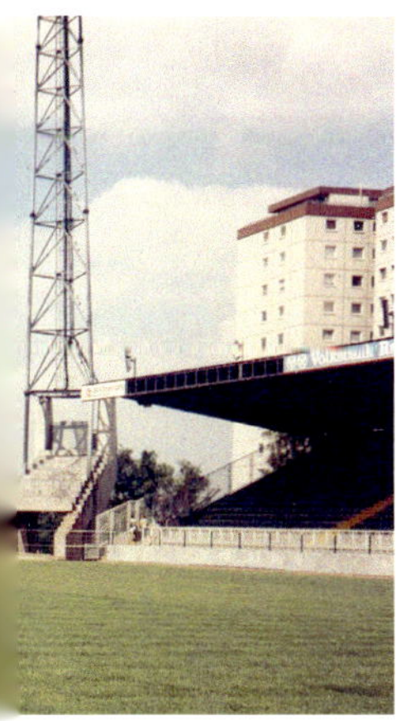
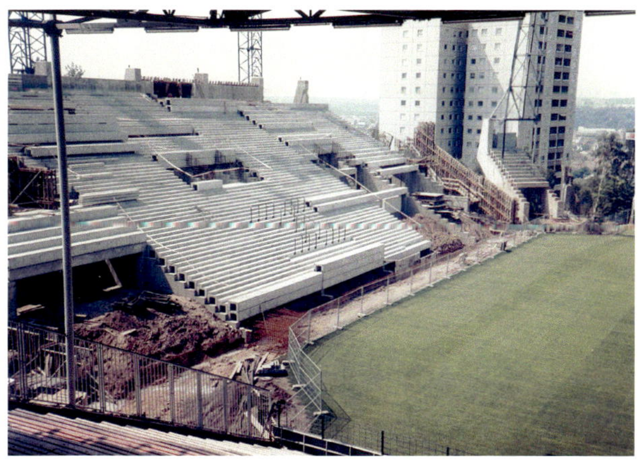
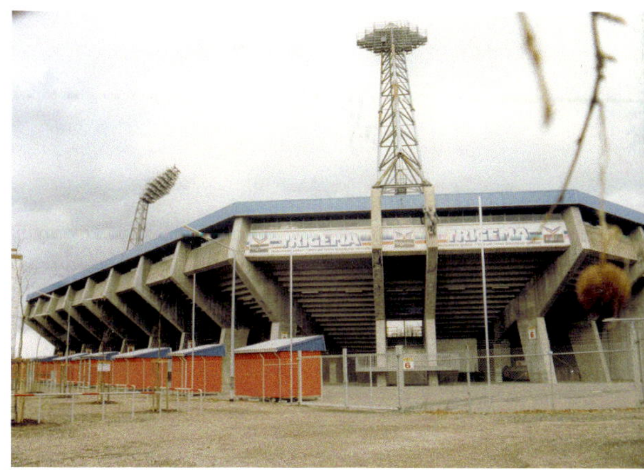
TRIGEMA
TRIGEMA
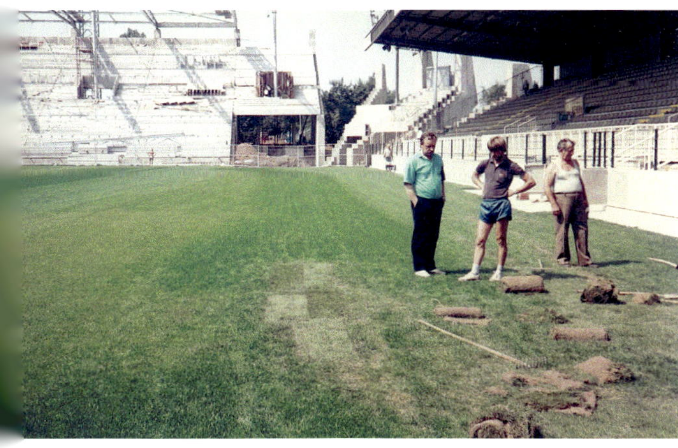
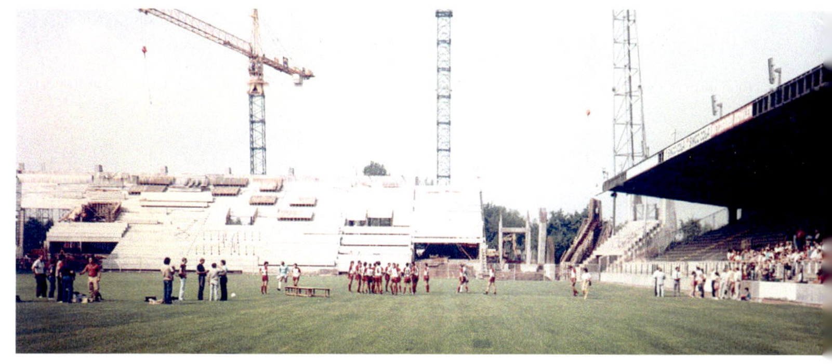

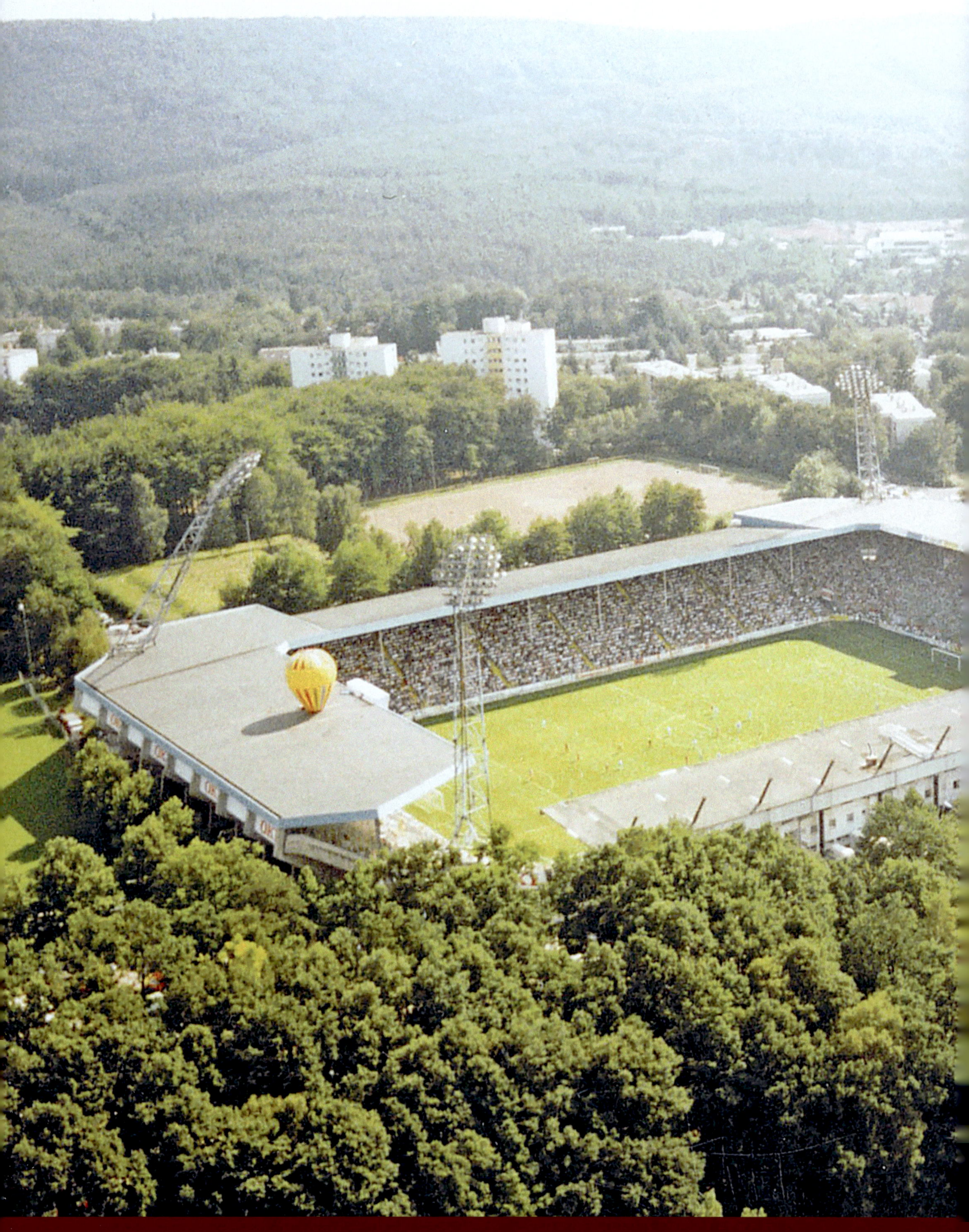

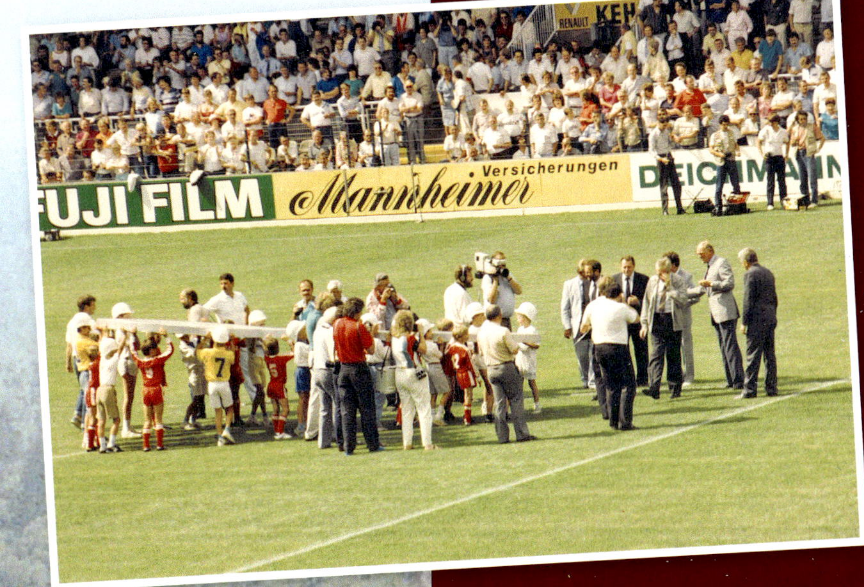

Schlüsselübergabe und Stadionfest am 16. August 1986.

Die Ausbaustufe, die von vielen Fans im Rückblick als ideal erachtet wird: Der Betzenberg zwischen 1986 und 1993.

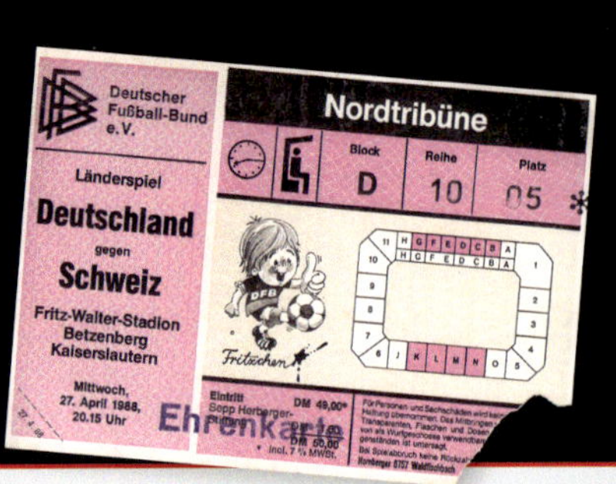

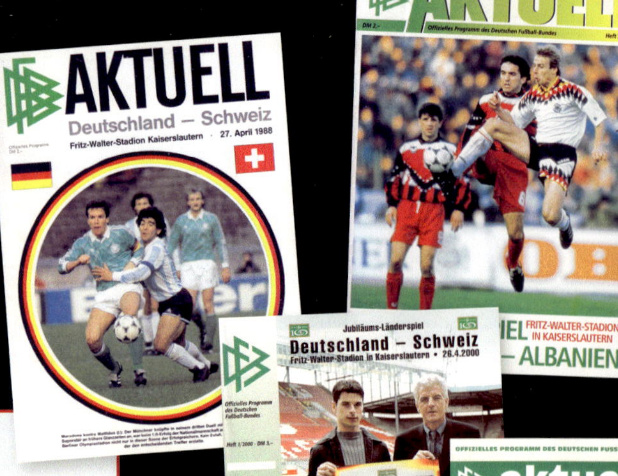

EINWURF

1988, erstes Länderspiel: Deutschland – Schweiz 1:0 (0:0)

Die Modernisierung des Stadions wird auch seitens des DFB belohnt: Am 27. April 1988 ist der Betzenberg erstmals Austragungsort eines Länderspiels der A-Nationalmannschaft. Jürgen Klinsmann trifft vor 30.150 Zuschauern zum 1:0-Sieg der deutschen Elf über die Schweiz. Für den blonden Schwaben ist es der erste Länderspieltreffer seiner Karriere. Elf weitere Male ist das Fritz-Walter-Stadion in den nächsten dreißig Jahren Schauplatz diverser Länderspiele. Das Prädikat „historisch“ verdient dabei die Partie gegen Israel am 13. Februar 2002, denn es ist das erste Gastspiel einer israelischen Mannschaft auf deutschem Boden überhaupt.

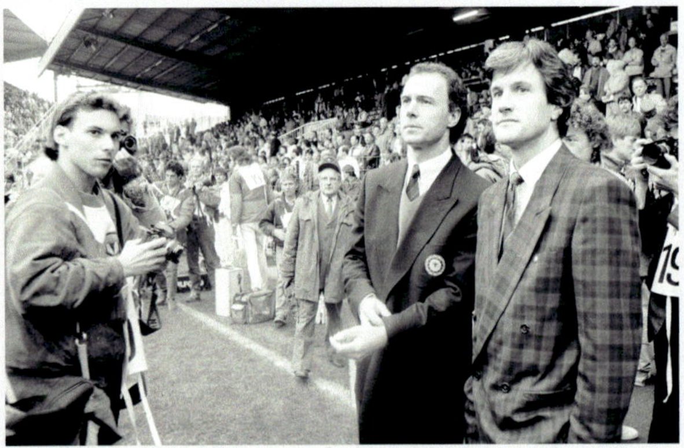

DFB-Teamchef Franz Beckenbauer mit seinem Schweizer Kollegen Daniel Jeandupeux.

Länderspiele auf dem Betzenberg

27.4.1988 • Deutschland – Schweiz (Testspiel) 1:0 (0:0)
17.12.1988 • Deutschland – Tschechoslowakei (EM-Viertelfinale, Frauen) 2:0 (1:0)
30.5.1991 • Deutschland – USA (Test, Frauen) 2:4 (2:2)
18.12.1994 • Deutschland – Albanien (EM-Quali) 2:1 (2:0)
26.3.1995 • Deutschland – Schweden (EM-Finale, Frauen) 3:2 (1:1)
26.4.2000 • Deutschland – Schweiz (Jubiläumsspiel) 1:1 (0:1)
13.2.2002 • Deutschland – Israel (Testspiel) 7:1 (0:1)
6.6.2004 • Deutschland – Ungarn (Jubiläumsspiel) 0:2 (0:2)
27.5.2008 • Deutschland – Weißrussland (Testspiel) 2:2 (2:0)
26.3.2011 • Deutschland – Kasachstan (EM-Quali) 4:0 (3:0)
14.8.2013 • Deutschland – Paraguay (Testspiel) 3:3 (1:2)
25.3.2015 • Deutschland – Australien (Testspiel) 2:2 (1:1)
8.10.2017 • Deutschland – Aserbaidschan (WM-Quali) 5:1 (1:1)

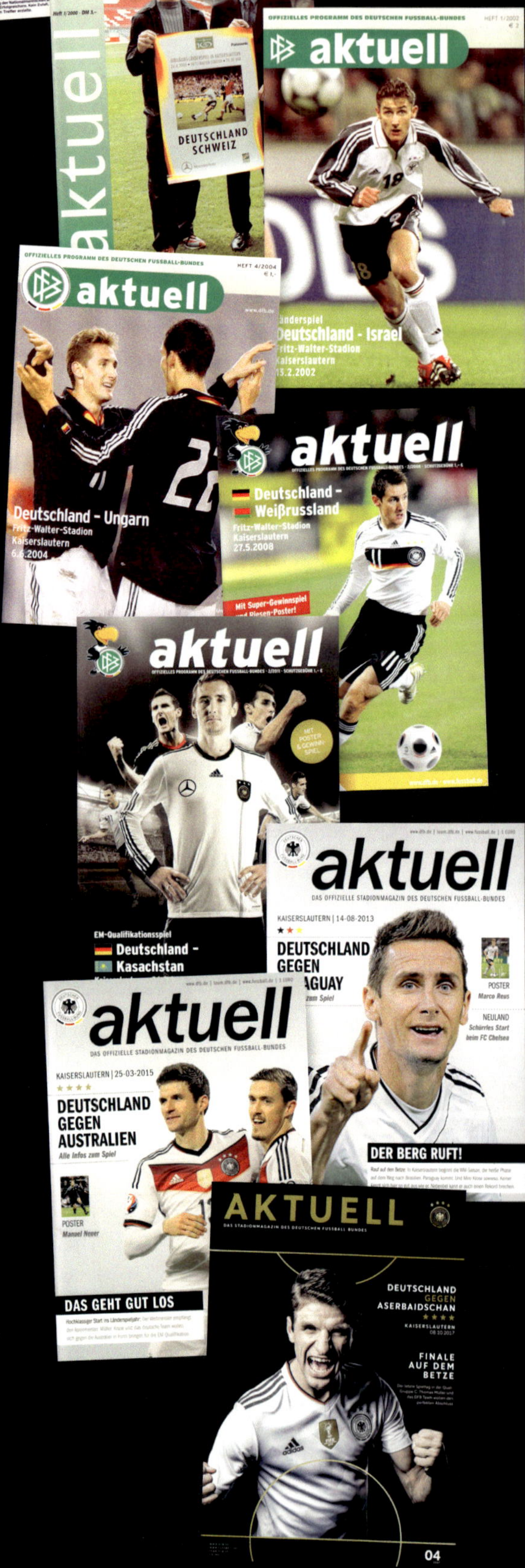

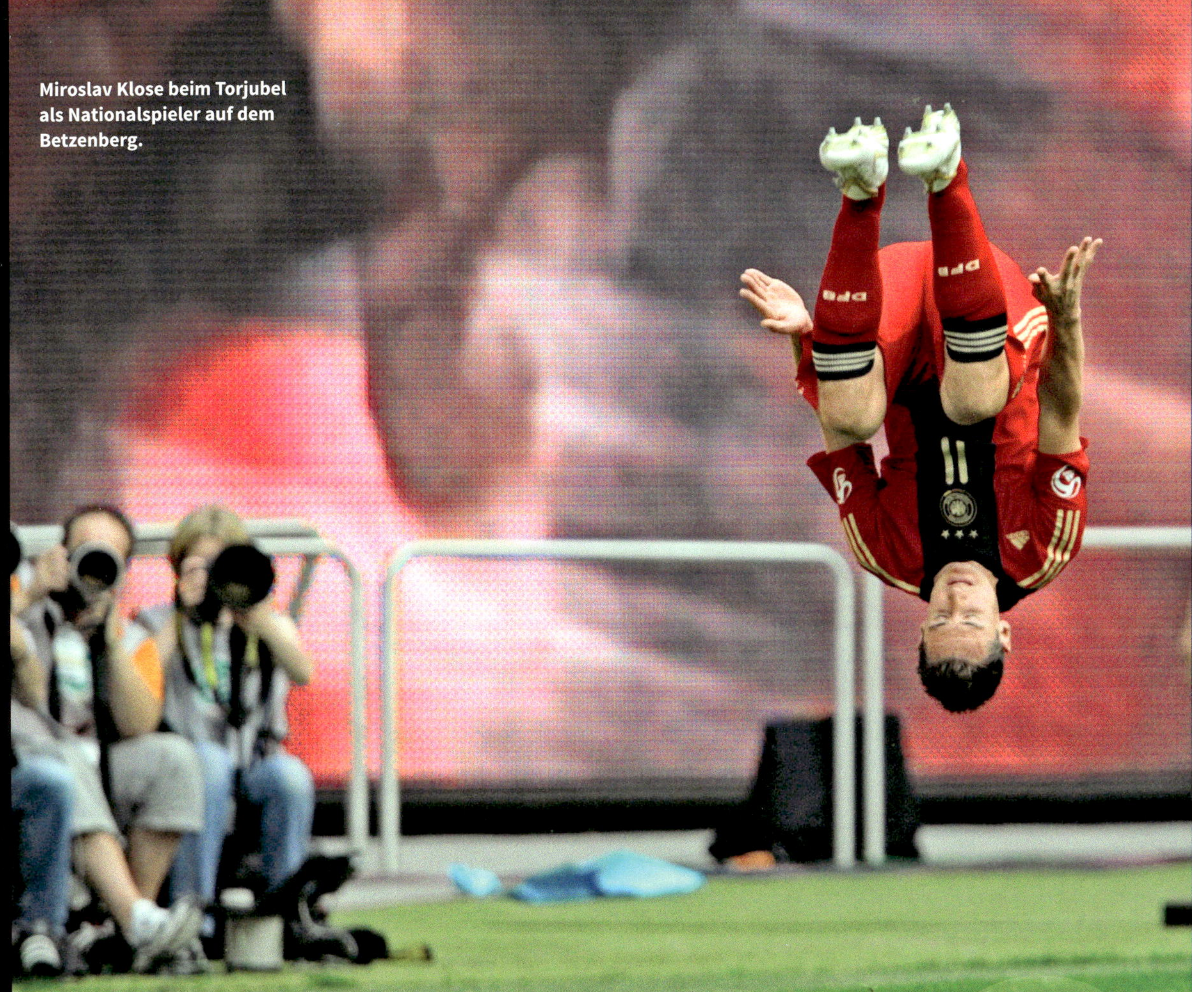

Miroslav Klose beim Torjubel als Nationalspieler auf dem Betzenberg.

38

MIROSLAV KLOSE

FCK-Profi 1999–2004

Der Betzenberg ist schon aus der Ferne ein imposantes Gebäude. Je näher ich ihm bei meinem ersten Besuch kam, umso mehr spürte ich die besondere Aura, die diesen Ort umgibt. Das Gefühl sollte nicht trügen. Meine Freunde und ich hatten Karten für die Westkurve und ich muss sagen: Es war einfach unbeschreiblich. Als Junge fühlte ich mich inmitten der vielen Menschen, Fahnen und Gesängen wie berauscht. Die Betzestimmung war in den 1990er Jahren einfach unfassbar. Bevor ich darüber nachdenken konnte, war ich auf einen Schlag mit Leib und Seele FCK-Fan und bin es bis heute geblieben.
1999 wechselte ich vom FC Homburg zu den FCK-Amateuren. Ich sah in diesem Schritt die große Chance, mich für die Profimannschaft zu empfehlen. Obwohl der FCK zu der Zeit an der Spitze der Bundesliga mitmischte, hatte ich dieses Ziel klar vor Augen. Im Stillen wusste ich, dass es machbar ist, wenn ich hart genug dafür arbeite. Als ich tatsächlich das erste Mal bei den Profis trainieren durfte, war ich natürlich aufgeregt. Plötzlich stand ich neben meinem Idol Olaf Marschall, den ich als Fan in der Kurve immer bewundert hatte, auf dem Platz. Das war Wahnsinn, aber dennoch habe ich versucht, jede Sekunde dieser Gelegenheit zu nutzen, um alles aufzusaugen. Bis ich mein Debüt in der Bundesliga feierte, war die Euphorie der Meisterschaft schon verflogen, aber dennoch gab es diese Spiele, in denen eine einzige Szene alles veränderte. Das Stadion explodierte und beeinflusste das Spiel: Es wurde schnell und hektisch. Du hast als Spieler nicht mehr daran gezweifelt, zu gewinnen, selbst wenn wir kurz vor Ende noch zurücklagen. Ein besonderer Meilenstein meiner Karriere war 2002 das Länderspiel auf dem Betzenberg gegen Israel. Schon vor der Partie hat Rudi Völler kein Geheimnis daraus gemacht, dass ich zum ersten Mal in der Startelf stehen würde – und das in meinem Stadion. Meine ganze Familie war da und ganz viele meiner Freunde. Es war ein überwältigendes Gefühl. Jeder Moment des Einlaufens ist mir heute noch deutlich präsent. Zur Halbzeit lagen wir 0:1 zurück, aber dann gelangen mir nicht nur der Ausgleich, sondern noch zwei weitere Treffer und wir gewannen mit 7:1. Als Lauterer Nationalspieler hatte ich in Fritz und Ottmar Walter sowie Horst Eckel leuchtende Vorbilder, deren Namen für mich ebenfalls untrennbar mit dem Stadion verbunden sind. Die Begegnungen mit diesen Persönlichkeiten werden mich immer begleiten, da ich unsere Treffen und Gespräche als ungemein spannend und intensiv erlebt habe: Erinnerungen, die mir sehr wichtig sind und mich geprägt haben. Auch nach meinem Abschied vom FCK habe ich mich bei Werder oder Bayern immer wieder gefreut, zurückzukommen. Selbst im fremden Trikot wurde ich von den Fans auf dem Betzenberg stets klasse behandelt. Es war, ist und bleibt eben eine ganz besondere Atmosphäre, die dort herrscht.

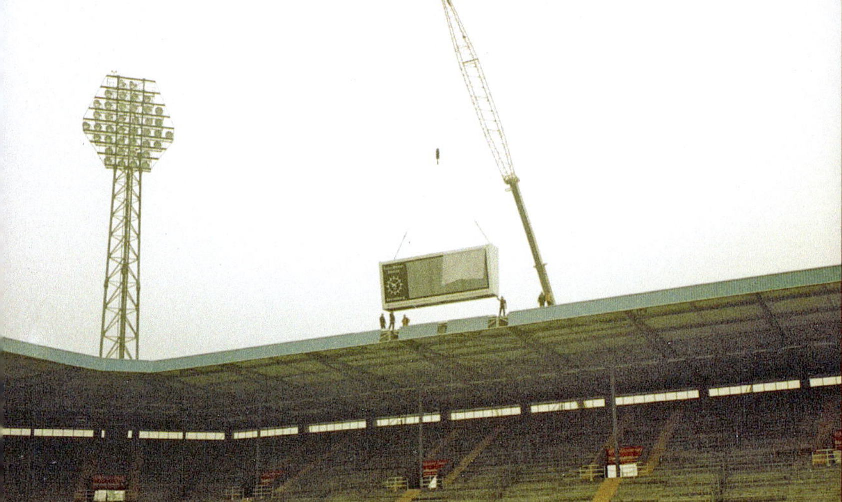

Montage der Tafel Westtribüne.

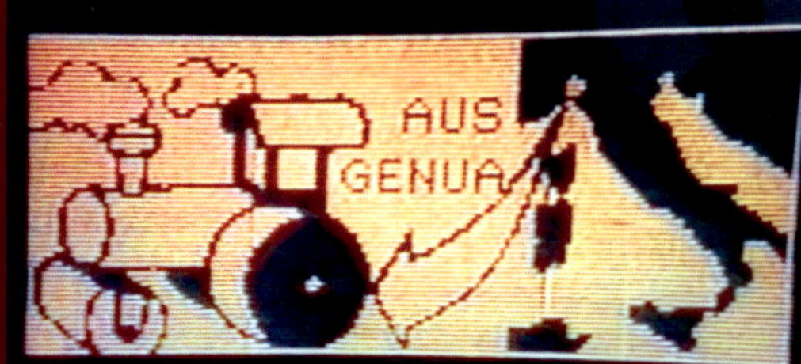

14. Februar 1987: Die „Walz aus de Palz" kehrt für einen Tag auf den Betze zurück.

ON OFF

WERNER STUMPF Sparkassendirektor i.R.

100 Jahre Betzenberg. 25 Jahre aktives Stadionerlebnis – und das nicht nur für 90 (oder auch mal mehr) Minuten Fußball, eine Halbzeitpause und die obligatorische Rote. Wenngleich man als gebürtiger Kaiserslauterer das FCK-Gen von klein auf in sich trägt, bedurfte es wohl dieses auslösenden Moments: Es war im Frühling 1965, als die vom offenen Betze-Rund ausgehende Geräuschkulisse auf dem Bännjerrück deutlich zu vernehmen war, mein Tretroller anschließend nicht mehr Halt machte, bevor er vor den Toren der Südtribüne ankam, ein Ordner meine Neugier bemerkte und dieser mich für ein paar Minuten am Spielgeschehen teilhaben ließ. Ein unvergessliches Erlebnis – auch für die nicht informierten Eltern, die weitere Ausflüge dieser Art untersagten.

Geschäftlich ON OFF und dennoch stets verbündet

Während die geschäftliche Beziehung von Stadtsparkasse und FCK eher im ON-/OFF-Modus verlief, war es Tradition, dass Beschäftigte des Geldinstituts den Kassendienst im Stadion stellten. Noch während der Ausbildung wurde ich 1973 in dieses Team aufgenommen und versäumte fortan fast keinen Spieltag mehr. So lernte ich auch den FCK-Geschäftsführer und späteren Präsidenten Norbert Thines kennen und schätzen. Die Freundschaft trägt bis heute. Keine Frage also für mich, diesen besonderen Menschen ab 2007 aktiv im Verein zu begleiten und in seiner Nachfolge nunmehr Vorsitzender der Altenhilfe für Stadt und Landkreis Kaiserslautern zu sein.

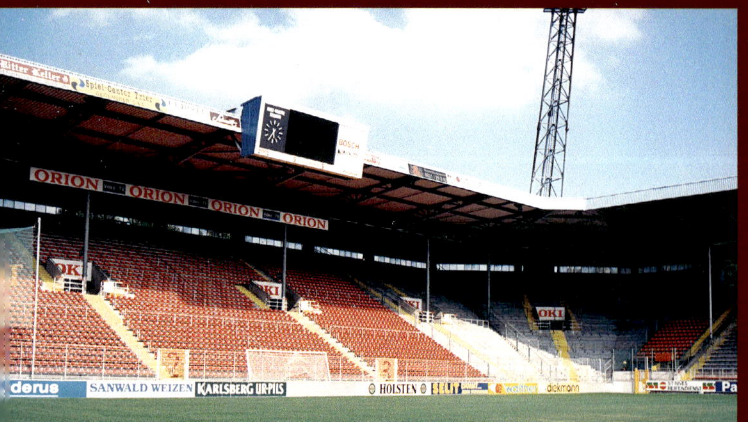

Die FCK-Mitgliederversammlung 1985 sorgte für eine ON-Phase im Verhältnis zur Stadtsparkasse, indem sie deren Vorstandsvorsitzenden in das Vereinspräsidium wählte. Damit war dieser nah dran, als die Entscheidung reifte, an West- und Osttribüne elektronische Anzeigetafeln zu installieren. Angeschafft wurden sie von FCK-Partner Cesar W. Lüthi bzw. dessen schweizerischer Firma CWL-Werbung, ein Investment von 1,6 Millionen DM. Wohl weil sie die Ersten in der Sparkasse waren, denen er zur Arbeitsunterstützung PCs zur Verfügung stellte, hielt der Sparkassenchef im Spätjahr 1986 Hubert Vogelsanger, Otto Collmenter und mich für prädestiniert, die TELENORMA-Anzeigesysteme zu programmieren und im Spielbetrieb zu bedienen.

ON OFF als Gestaltungsprinzip

Die zwei 10,0 x 3,8 Meter großen Vollmatrix-Tafeln basierten auf je 10.240 Leuchtpunkten, von denen jeder für sich nur den Zustand dunkel oder erleuchtet kannte. Kreativität, Geduld und ungezählte Stunden erforderte es, nicht nur über das integrierte Schriftmodul auf maximal acht Zeilen bis zu jeweils 26 Zeichen lange Texte zu generieren, sondern die Möglichkeit zu erschließen, mit statischen und quasi bewegten Bildern die Systeme für Stadionbesucher zum integralen Bestandteil des Spieltaggeschehens werden zu lassen. Bei der Inbetriebnahme am 14. Februar 1987 waren es Einmaleffekte wie das zu selbst zusammengeschnittenem Ton synchronisierte Feuerwerk und die rauchend über die Tafeln rollende „Walz aus de Palz" zur Begrüßung des kurzzeitigen Heimkehrers Hans-Peter Briegel. Über die Zeit entwickelte sich ein reichhaltiges, universell einsetzbares Repertoire, das auch zur Fanmotivation taugte. So wurden Sequenzen wie „KÄMPFEN LAUTERN KÄMPFEN" oder zwei rhythmisch klatschende Hände von der Westkurve aufgegriffen und mündeten in lautstarke Unterstützung der Heimmannschaft, wenn Leistung oder Spielstand einmal nicht begeistern konnten. Dass gerade diese Momente immer wieder unter die Haut gingen, hat kaum jemand bemerkt. Glücksgefühle und Stress zugleich entfachte jedes FCK-Tor – mal war es das schnelle Umschalten auf den Toreffekt, mal die Ungewissheit bezüglich des ins System einzupflegenden Torschützen, mal das Vorprechen des Stadionsprechers, der aus seiner Emotionalität heraus einen synchronen Auftritt von Bild und Ton verpatzte.

Vom ON OFF eines Spieltages

Immer wieder ein besonderes Erlebnis: das ruhige, leere Stadion morgens gegen neun Uhr mit den Kollegen zu betreten, gemeinsam die Spieltagvorbereitung umzusetzen, zur Mittagszeit – oft als Erste – in der Stadiongaststätte zu sein, ab 13:30 Uhr sich langsam füllende Ränge und das Aufbauen der besonderen Betze-Atmosphäre zu erleben, hoch konzentriert das Spiel und den Programmablauf auf den Anzeigetafeln zu begleiten und schlussendlich gegen 18 Uhr das wieder leere und ruhige Stadion zu verlassen.

Ich bin dann mal OFF

Die Aktivbeziehung zum FCK zu beenden war für das Saisonende 1995/96 geplant. Aber es war eine schwere Zeit, der erste Abstieg aus der Fußball-Bundesliga. Also Rücktritt vom Rückzug und noch eine Saison dranhängen. Und die Welle der Euphorie nach dem sofortigen Wiederaufstieg trug nochmals weiter, ehe sich nach dem sensationellen Meisterschaftsjahr 1997/98 der Tausch des Bedienerstuhls für die inzwischen zweite Generation Anzeigetafeln gegen einen Sitzplatz auf der Nordtribüne vollzog.

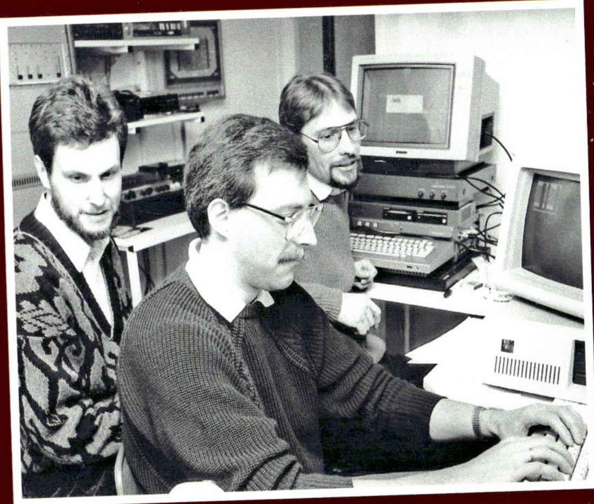

Das Team Anzeigetafel von rechts nach links: Hubert Vogelsanger (†), Otto Collmenter, Werner Stumpf.

MENSCHLICHE BARRIERE

ARTUR DRUMM baute an der Osttribüne mit

Familiär vorbelastet war ich nicht, aber die Ära der Walterelf hatte im ganzen Umfeld genügend beinharte Fanatiker hervorgebracht. Bei mir waren es der Vater eines Kumpels und ein Wirt aus dem Nachbarort, die mir als Jugendlichem Ende der Sechziger zu meinem ersten Bundesligaspiel verhalfen. Aber erst als ich als Zimmermann bei der Firma Kittelberger in Kaiserslautern anheuerte und auch eine kleine Wohnung in der Stadt bezog, wurde ich Mitte der Siebziger zum Dauerkarteninhaber. Wir waren fünf Mann, die gemeinsam in die Westkurve zogen, wenn wir nicht arbeiten mussten. Bessere und schlechtere Jahre wechselten sich ab, aber man ist immer gerne ins Stadion, weil man wusste, dass wir eine Mannschaft hatten, die bereit war, alles zu geben.

Noch öfter im Stadion war ich dann, als unsere Firma die Ostkurve ausbaute. Ich gehörte nicht zu den regulär dort eingesetzten Kollegen, die dort täglich bis zu 14 Stunden schufteten, aber mehr als einmal mussten wir auf unserer Baustelle von einem Moment auf den anderen den Hammer fallen lassen und zur Verstärkung auf den Betze. Selbst am Morgen vor dem ersten Spiel gegen den 1. FC Nürnberg wurden wir gerufen, um in wirklich letzter Minute einen Holzzaun hochzuziehen, der die gegnerischen Fans im Osten von den FCK-Fans Richtung Norden trennte. Wir wurden dann in unseren Bauhelmen als menschliche Barrieren davor platziert und konnten so auch das Spiel verfolgen. Der schönste Lohn war schließlich das Richtfest einige Tage später. Da wurde im Hof hinter der Haupttribüne groß aufgetischt und alle aus der Firma und dem Verein haben das Gelingen des Projekts zünftig gefeiert.

Diese Bodenständigkeit ging dann nach der Meisterschaft 1998 verloren. Der letzte Tropfen, der bei mir das Fass zum Überlaufen brachte war der Auftritt von Dr. Robert Wieschemann im DSF. Am Tag danach habe ich nach über 25 Jahren meine Dauerkarte abgegeben.

Nach sporadischen Besuchen bin ich erst 2010 wieder Stammgast geworden: als freier Mitarbeiter der externen Sicherheitsfirma, die an der Abwicklung der Heimspiele beteiligt ist. Bei einem Stadion dieser Größenordnung sind das 300, bei Risikospielen bis zu 400 Personen, die benötigt werden.

So fanatisch wie früher bin ich längst nicht mehr, aber ganz loslassen kann ich auch nicht. Kaum hatte ich 2019 diesen Job aufgegeben, ließ ich mich überreden, künftig an den Spieltagen als ehrenamtlicher Volunteer im Stadion auszuhelfen.

40

ODE AN BLOCK 8

41

ANDREE WAGNER

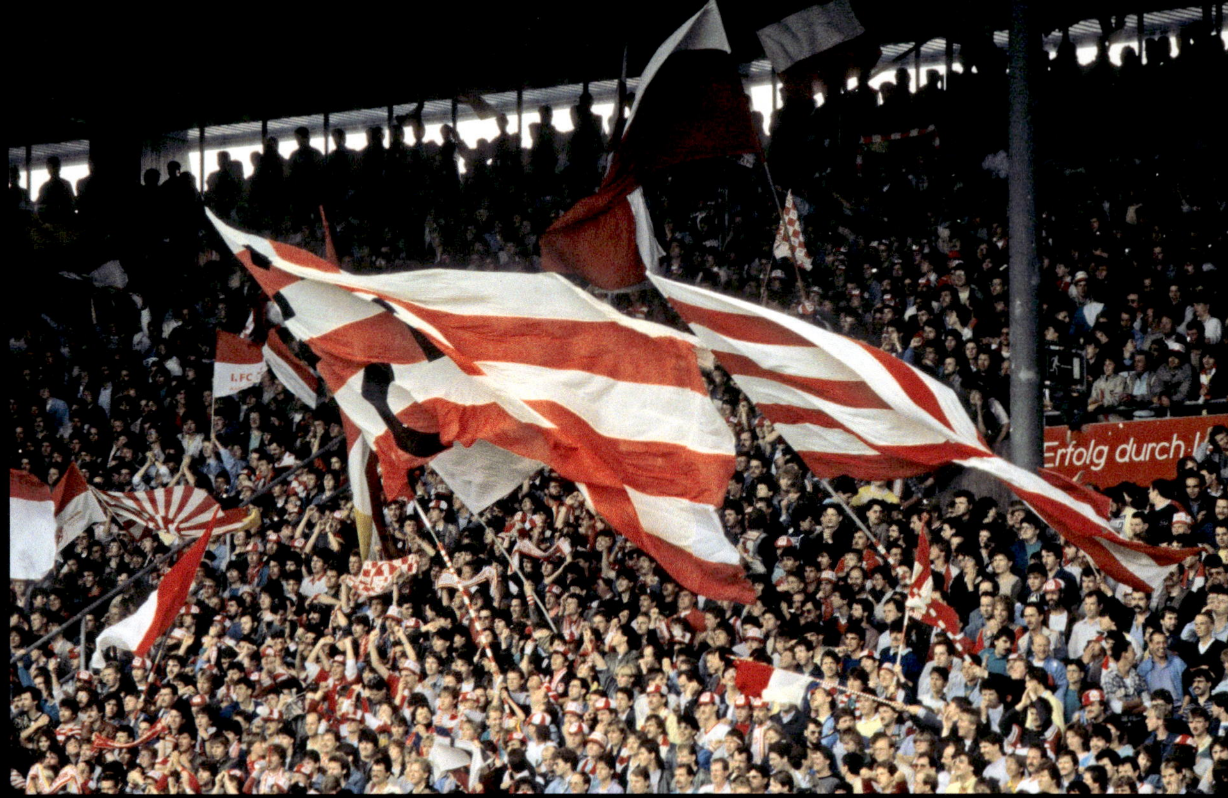

Es ist August 1986. Die neue Westkurve ist endlich fertig und Gladbach der erste Gegner. Die Kurve ist so voll, dass keiner mehr reinkommt. Zehn Minuten vor dem Anpfiff bringen Ordner uns wartende Fans ans Marathontor unterhalb von Block 6. Wir sollen durch den Stadioninnenraum in die Blöcke gebracht werden. Es ist ein Moment, den ich nie vergessen werde: Neben meinen Eltern, ich war elf Jahre alt, laufe ich ins umgebaute Stadion. Mein Blick geht nach links oben, zur neuen, rappelvollen Westkurve. Thorstvedt, der Gladbacher Keeper, steht keine fünf Meter von mir entfernt, aber noch faszinierender ist der ohrenbetäubende Lärm hinter mir. Durch das Dach scheint sich die Lautstärke verdoppelt zu haben. Hier unten, direkt vor Block 8, habe ich regelrecht Angst und gleichzeitig ein Hochgefühl, wie ich es bis dahin noch nie erlebt habe. Ich drehe mich um und sehe ein Meer aus Verrückten, ein Meer aus Gleichgesinnten. Leute, die mir als jungem Bub Angst machen, denen ich mich aber sofort zugehörig fühle. Alle 14 Tage, Spiel für Spiel, schaute ich diesen 8er von außen an. Mein Papa verbot mir in diesem Alter, in diesen „Block der Wilden" zu gehen. Doch dann kam Weihnachten 1988. Unterm Weihnachtsbaum lag eine Eintrittskarte: FCK – FC Bayern München, BLOCK 8. Ein größeres Geschenk hätte mir niemand machen können.

Drei Monate später war es so weit. Ungläubig stehe ich vor dem Block und habe ein wenig Schiss. Die Leute, die an mir vorbeigehen, sind Fans mit FCK-Kutten und dem großen Westkurve-Aufnäher. Ich studiere Bilder schlagbereiter Bulldoggen, Hassparolen gegen Waldhof, Totenköpfe, Fanklubnamen und viel mehr. Es gibt noch Metallketten an den Kutten, Springerstiefel, andere haben selbstgestrickte Schals, wieder andere ganze Bierpaletten im Arm. Nach langem Zögern gehe ich rein. 90 Minuten vor Spielbeginn. Doch wohin stellen? Ich erblicke unten rechts die große Schwenkfahne, die ich schon immer bewundert habe. Da will ich hin. Dezent platziere ich mich in der Nähe der Fahne. Als Teenager wirke ich wie ein Fremdkörper. Keine Minute später spricht mich einer an, Arme zweimal so groß wie Bud Spencer, Schultern wie ein Amboss. „Mei Bu, bisch du es erschde Mol do?" Das ist Thorsten und der mit der großen Fahne sein Bruder Andreas. Sie haben sie selbst genäht. Als Thorsten später sagt: „Der Bub gehört ab sofort zu uns", hätte ich heulen können vor Glück. Seit diesem Tag bin ich nie mehr aus Block 8 gewichen. Auch wenn es für Außenstehende nur ein normaler Stehplatz in einem Fußballstadion ist, so ist es für mich bis heute der schönste Platz auf Erden. Hier schlug das Herz des FCK lauter als irgendwo sonst. Erst mit dem Umbau zur WM 2006 verloren der 8er sowie die gesamte Westkurve einen Teil ihrer Magie. Es tut weh, die Westkurve als überdimensionalen Betonklotz zu sehen. Der 8er hat bei alten Haudegen noch eine gewisse Tradition, ansonsten ist er mittlerweile leider ein Block wie viele andere.

Heute arbeite und lebe ich in China, doch es zieht mich immer wieder zurück zum Betze, in meinen Block 8, auch wenn es ein anderer ist als früher. Was geblieben ist, und darauf bin ich mächtig stolz, ist die dicke Freundschaft mit Thorsten, dem Mann, der mich vor über 30 Jahren als jungen Fan „adoptierte". Vertieft wurde diese im einst härtesten Block überhaupt, im Zentrum der „Verrückten". Dort bin ich auch heute noch und werde niemals weichen.

JÜRGEN KOHLER

Gegner mit vier Vereinen 1984–2002

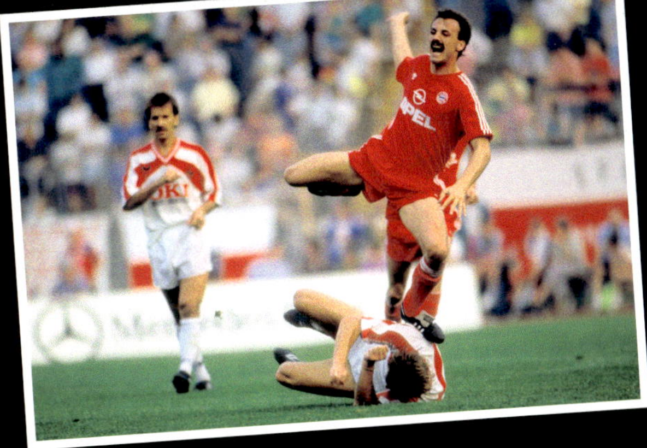

Während meiner Zeit bei Juventus wollte mich Reiner Geye nach Kaiserslautern holen. Trotz guter Gespräche ist nichts daraus geworden. Als gebürtiger Pfälzer bedauere ich es, nie für den FCK gespielt zu haben. Mit acht oder neun Jahren war ich mit unserer Jugendmannschaft zum ersten Mal auf dem Betzenberg. Als einzigem Bundesligist der Region haben wir alle dem FCK die Daumen gedrückt, aber in meiner langen Karriere als Fußballer habe ich dieses Stadion immer nur als Gegner erlebt. Obwohl ich stets in die regionalen Auswahlmannschaften berufen wurde, waren mir meine Altersgenossen beim FCK – Franco Foda, Hans-Werner Moser oder Markus Schupp – einfach einen Schritt voraus. Selbst beim Waldhof, wo ich über einen anderen Jugendspieler aus meinem Heimatort gelandet bin, musste ich mich durchbeißen, bis ich den Schritt vom Dorfverein in den Nachwuchs eines Profiklubs geschafft hatte. Direkt nach dem Aufstieg waren die Derbys gegen uns Mannheimer noch nicht so verbissen wie heute, das hat sich erst im Laufe der Jahre entwickelt. Ich erinnere mich an eine 2:3-Niederlage auf dem Betzenberg, in der ich für Waldhof den 2:1-Führungstreffer erzielt habe, dann aber den späten Siegtreffer verschuldete. Da kam wohl meine FCK-Affinität durch. Aber Scherz beiseite: Für mich ist es kein Widerspruch, zu meinen fußballerischen Wurzeln auf dem Waldhof zu stehen und trotzdem Sympathien für den FCK zu haben. Selbst heute noch finde ich es faszinierend, mit welcher Leidenschaft dieser Verein gelebt wird.

Als Gegner hast du das vom ersten Moment an gespürt, wenn du dort ankamst. Da flogen die Bierbecher nicht nur an die Fensterscheiben unseres Busses. Bis wir im Stadion waren, hatten die ersten von uns bereits „geduscht“. Besonders hitzig ging es zur Sache, als ich mit Bayern München 1991 zum Topspiel nach Lautern musste. Damals waren die Zuschauer noch viel näher dran. Da ist ein Fan auf den Zaun geklettert und hat mich beim Einwurf an den Haaren gezogen. Und das hat nicht einmal Aufsehen erregt. Mir haben solche Aktionen nichts ausgemacht, ganz im Gegenteil. Für mich war es immer ein Highlight, einmal pro Saison in dieser Atmosphäre Fußball zu spielen. Aber diese hitzige Stimmung entstand auch nicht von ungefähr. Wenn du auf den „Betze“ musstest, wusstest du, was auf dich zukommt: kampfstarke Mannschaften mit enormer Laufbereitschaft, die immer den Willen hatten, sich gegen Widerstände zu behaupten. Verteidiger waren dort ja nur nominell Verteidiger. Als Abwehr des Gegners warst du permanent gefordert.

Die bedauerliche Entwicklung des Vereins lässt sich auch damit erklären, dass diese sportliche Identität verloren gegangen ist – und damit auch ein Stück weit die Identifikation. Da ich aus vielen persönlichen Gesprächen genau weiß, wie die Menschen in meiner Heimat ticken, wäre das mein Rat als Außenstehender: Der FCK sollte sich auf das besinnen, was ihn immer stark gemacht hat. Dann könnte er – unabhängig seiner Ligazugehörigkeit – immer noch auf die Unterstützung seiner treuen Fans zählen und auf dem „Betze“ wäre wieder die Hölle los.

42

LAUTER, HITZIGER, INTENSIVER

MARKUS SCHNEIDER Winzer

Bereits Ende der siebziger Jahre hat mich mein Papa mit auf den Betze genommen. Das Spiel, mit dem mich der „Betzevirus“ fest gepackt hat, war das 5:1 gegen Schalke 04 am 1. November 1986. Mann des Tages war Frank Hartmann, dem alle fünf Buden gelangen. Für mich war es das erste Spiel, auf der an diesem Tag brechend vollen, neuen West – was für eine Aufregung vor dem Spiel, was ein Erlebnis während der 90 Minuten und nach dem Schlusspfiff. Was als Schwärmerei begann, wurde eine riesengroße Liebe. Alles, was danach kam, Pokalsiege, Meisterschaften, Tottenham, Barcelona … war eben nur danach.

Früher haben wir Buben uns hinter der alten Nord getroffen, unser Team begrüßt, auf den Bus des Gegners gewartet und diesen dann entsprechend „herzlich“, aber immer anständig empfangen. Auf diesem engen, lauten Platz waren die Spieler und Funktionäre greifbar. Wir haben uns dort für das Spiel warm gemacht und sind mit voller Energie in unseren Block und aus diesem ohne Stimme wieder raus. In der heutigen sterilen Fußballwelt absolut undenkbar. Für uns war es ein heiliges Ritual und gehörte zum Mythos Betzenberg.

Nur eines blieb immer gleich: der Weg hinauf. Und die Stimmung, wenn der Berg einmal in Fahrt ist. Durch meine Fußballbegeisterung besuche ich viele Spiele in anderen Städten und Ländern. Egal ob Liverpool, Madrid (Atlético), Arsenal oder in Dortmund – das habe ich alles schon lauter, hitziger und intensiver erlebt. Zu Hause in meinem Stadion. Dort gibt es zwei Statuen, die mir besonders wichtig sind. Vor den Spielen gehe ich immer zur Nordtribüne (obwohl da nicht mein Platz ist) und schaue zum Teufel hinauf. Dieser begleitet mich schon mein gesamtes „Betzeleben“ lang. Und dann natürlich die fünf Weltmeister von Bern. Sie repräsentieren nicht nur FCK-Geschichte, sondern ein besonderes Ereignis für unsere Heimat. Die Legende der 54er-Weltmeister hat meine ganze Kindheit begleitet und mich 2014 zum Finale nach Rio reisen lassen.

Abgesehen vom Fußball dreht sich mein ganzes Leben um den Wein, außer im Stadion: Da genieße ich ein Bier und eine Bratwurst – und bin angekommen.

HOOKED ON HOLY BETZE

ERIC LINDON Sporthistoriker, Mitglied des FCK-Museumsteams, Verein „Pfälzische Sportgeschichte“

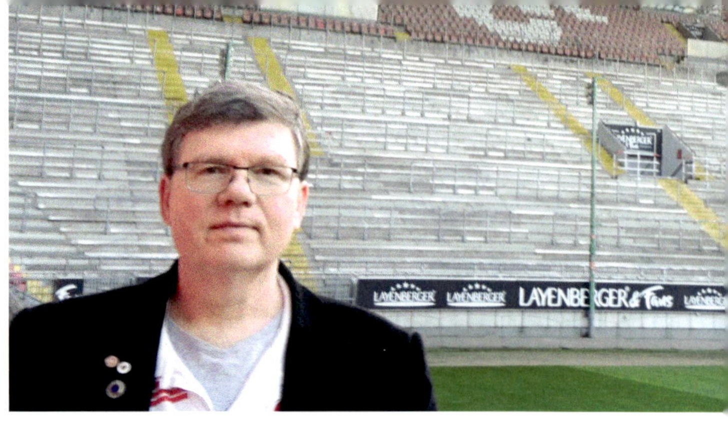

There is an overwhelming opinion that Americans only have interest for the “Big Four” Sports: Baseball, American Football, Basketball, and Ice Hockey. For sports like “Soccer” exists only a small interest. But that is actually not correct. Americans are interested in professional sport. If we go somewhere where the Big Four are not present, then we gladly enjoy other sports. That is somewhat simplified. The most widely played sport in America is soccer. But after the youth age is over, there was little place for development beyond the teenage level. That has changed somewhat with the men’s and women’s pro leagues – and is also a reason why the US Women’s team dominates in the world.
As I returned to Germany in 1985 my first priorities were my work on Ramstein Air Base. But in 1988 a Colonel who had been stationed here visited and took a group of us up to “Betze”. That was it. I was hooked. The best comparison I could make to anything like what I saw was High School Basketball. The rivalries in a small basketball hall got hot. And it was by my first visit to the holy mountain.
As life would have it, my brother was working in Bensheim and we decided both to get season tickets. That was for the season 1990/91. What more can I say? My favorite players were not what one might think: Axel Roos, Guido Hoffmann, and, of course, Tom Dooley! I enjoyed the stadium at that time. One walked through the gates to find a pallet of Hinein programs and small imbiss stands. One climbed the steps on the outside and walked into a wonderful arena. It had charm. Our seats were on the middle line in row 2. One could not have asked for a better place to watch the team win the championship. I consider myself extremely lucky to have enjoyed the golden nineties. After the 1950s it was the best phase in club history.
During this phase I started to collect pins. This led to an interest in logos and club history and has lasted until today. It also brought me many new friends. I became a member of the FCK-Stammtisch “Seid Fröhlich” due to Eduard Volz from Sambach. As member for 15 years (Chairman for 8 years) I found new friends like Norbert Thines, Horst Schneider (Betze-Lied), and many others. As Norbert became active in the 1. FCK museum, I also got involved.
The museum is now my favorite spot in Fritz-Walter-Stadion and almost a second home as is the city archives (Stadtarchiv). I research as much of the club’s history in the time before 1950 as I can. I became a club member 1998 after the fourth German championship, and I am very proud to be a member of this club having earned the bronze service award (Verdienstnadel in Bronze). My research has opened so many new avenues, and I plan to honor Fritz Walter next year with a presentation over his time in our club before 1945.

„NICHT DER SCHON WIEDER!“

HERBERT HOOS FCK-Profi 1983–90

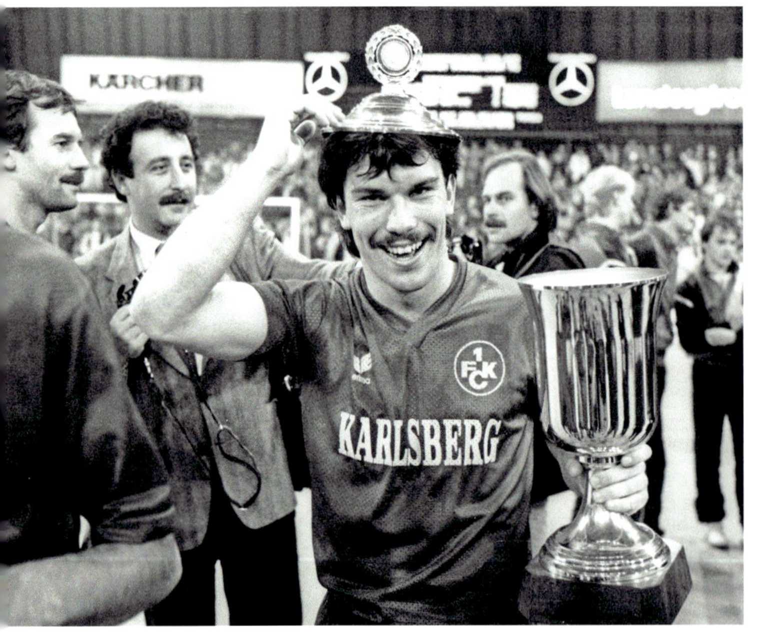

Als Jugendspieler bei Viktoria Aschaffenburg habe ich lange nicht ernsthaft daran geglaubt, jemals in der Bundesliga zu spielen, aber als ich dann im Juniorenalter Kapitän der DFB-Elf (u. a. mit Hansi Flick) wurde, konnte ich zwischen sieben bis acht Vereinen auswählen. Letztendlich hat mich Ernst Diehl von einem Wechsel nach Kaiserslautern überzeugt, indem er mir glaubhaft versicherte, dass es nach Leistung und nicht nach Namen gehen würde.
Der FCK hatte zu der Zeit eine gewachsene Mannschaft, die jahrelang international gespielt hat, aber auch relativ alt war. Dieter Kitzmann und ich waren die Nesthäkchen, die von Dietrich Weise gefördert wurden. Ich war kaum 18, kam aber regelmäßig zum Einsatz. Im ersten Heimspiel, in dem ich in der Startelf stand, habe ich gegen Werder Bremen mein erstes Tor erzielt. Damit war ich über 20 Jahre lang der jüngste FCK-Torschütze in der Bundesliga.
Mit heute lässt sich diese Zeit schlecht vergleichen, alles war familiärer. Nach dem Spiel gab es beispielsweise für die Spieler und die Frauen einen Raum mit einem runden Tisch und wenig Stühlen, der war vielleicht 25 Quadratmeter groß. Aber auch im Stadion – Mitte der 80er kamen nicht besonders viele

Zuschauer – war der Kontakt sehr unmittelbar. Ich bin einmal zum Warmmachen aufgestanden, als ich direkt hörte, wie ein Herr in den vorderen Reihen stöhnte: „Nicht der schon wieder!" Ich habe trotzdem viel lieber zu Hause gespielt, denn der Fußball, wie er in Lautern gefordert wird, kam mir entgegen. Du musstest kein Messias am Ball sein, solange die Leute erkannten, dass du alles gibst. An schlechten Tagen hat das der Mannschaft oft enorm geholfen. Heute erlebe ich das Publikum kritischer, muss ehrlicherweise aber auch sagen, dass die FCK-typische Spielweise mehr und mehr verloren ging. Entweder haben das viele Trainer nicht verstanden, was die Leute hier sehen wollen, oder ihre Mannschaften konnten es nicht umsetzen. Stimmungstechnisch habe ich die beste Zeit ab 1986 erlebt. Unter Hannes Bongartz spielten wir unerwartet erfolgreich und es kamen sprungartig mehr Zuschauer. Aber auch im Frühjahr 1988, im harten Abstiegskampf, wussten wir die Fans hinter uns. Angefangen mit dem unglaublichen 3:1-Sieg gegen Bayern haben wir alle Heimspiele gewonnen und uns am letzten Spieltag endgültig gerettet.

Dramatisch war es auch 1990. Am Ende der Saison stand ich immer auf dem Platz, beim Pokalfinale noch auf der Bank, aber danach war beim FCK von heute auf morgen Schluss. Mein Vertrag lief aus und ich wurde nach sieben Jahren einfach wortlos verabschiedet.

Ins Stadion bin ich weiterhin, denn mein Schwiegervater betrieb dort mehrere Wurstbuden. Meine Frau hatte ohnehin immer mitgearbeitet und für mich stand außer Frage, dass ich ebenfalls helfe. Das tat schon weh, den alten Kollegen zuzuschauen, und es gab auch Kunden, die meine neue Rolle hämisch kommentierten. Aber heute kann ich da drüberstehen. Der unfreiwillige Abschied hat mir zum richtigen Zeitpunkt den Impuls für meine spätere berufliche Laufbahn gegeben, denn mittlerweile bin ich langjähriger Geschäftsführer eines Fleischgroßhandels.

46

TREPPEN HOCH UND RUNTER

SASCHA STÖBENER Deutscher Meister mit der A-Jugend 1992, Vizemeister 1993

Bei meinem ersten Mal, im Mai 1984 gegen den 1. FC Köln (2:2), hatte die Westkurve noch die Form eines Halbmonds und kein Dach. Es war ein Freitagabend. Bei der Anreise sah man von Weitem die charakteristischen Flutlichtmasten leuchten und oben ums Stadion reihten sich die roten Buden mit dem blauen Dach. So viele wie in keinem anderen Stadion. Ich stand direkt am Zaun und außer 45 Minuten Ronnie Hellström und 45 Minuten Toni Schumacher von hinten habe ich nichts gesehen.

Mein nächster Stadionbesuch war im Sommer 1988 zum Trainingsbeginn der C-Jugend. Den Hof hinter der Nordtribüne hinunter, vorbei an der Stadiongaststätte, in der regelmäßig Norbert Thines und andere FCK-Veteranen ein Bierchen nahmen, ging es hinein in den Kabinentrakt. Alles etwas veraltet, aber auch ein tolles Gefühl, schließlich war es die Gästekabine, in der u. a. Real Madrid und Bayern München sich umgezogen hatten. Der Weg zum Hartplatz (Platz 3) führte über den Hof, wo gelegentlich Gefahr durch den sehr zügig vorbeifliegenden weißen Porsche von Gerry Ehrmann drohte. Über einen kleinen Durchgang, vorbei am Aufgang zum Block 11, wo ich immer kurz stehen blieb, um über den Rasen ins Stadion zu schauen, ging es zur West, die inzwischen eine Gerade mit Dach und Anzeigetafel war. Unter den Tribünenaufgängen weiter bis zur Süd und dort über die Straße auf Platz 3. Ab und zu „durften" wir die Treppen (gefühlt 200) zur Südtribüne hoch-, im Stadion wieder runter- und zurückrennen.

Bei den Spielen, die ich ab da regelmäßig besuchte, stand immer der gleiche Ordner am gleichen Eingang, immer das gleiche Personal in den Buden, mit immer den gleichen Leuten davor. Ich stand im Block 8 immer bei den gleichen Leuten und später auf der Südtribüne saßen die gleichen Leute um einen herum. Alles so vertraut und familiär, ein Stück „Heimat".

Die Veränderungen durch den Ausbau zum WM-Stadion finde ich gravierend. Die Umsetzung von langjährigen Dauerkartenbesitzern, die seit Jahrzehnten zusammensaßen, die größere Entfernung der Tribünen vom Spielfeld, die Größe der Tribünen, der Wegfall der Buden und, und, und … Ein Auseinanderreißen auf allen Ebenen. Damit ist ein großes Stück Seele des Vereins verloren gegangen.

Ich erinnere mich gerne an mein Vorspiel mit der C-Jugend im Stadion. An das 5:1 gegen Schalke, als Frank Hartmann alle fünf Tore schoß. An das 2:3 gegen Gladbach 1991, als Uwe Kamps zehn Hände und Arme hatte. An das 3:1 gegen Barcelona, als Bjarne Goldbæk gefühlte 20-mal alleine auf Zubizaretta zuläuft. An die Siege gegen die Bayern und die Tore in 90.+ x-ten Minute. An Ehrungen und Feierlichkeiten und viele Begegnungen mit interessanten Menschen. Aber auch an die vielen Enttäuschungen und langweiligen Spiele.

Wenn ich heute im Stadion bin oder beim Training zuschaue, spüre ich stets einen Hauch von Melancholie, aber auch das Gefühl von Zuhause und Vertrautheit. Vor meinem geistigen Auge sehe ich dabei immer noch das alte Stadion aus den goldenen Zeiten.

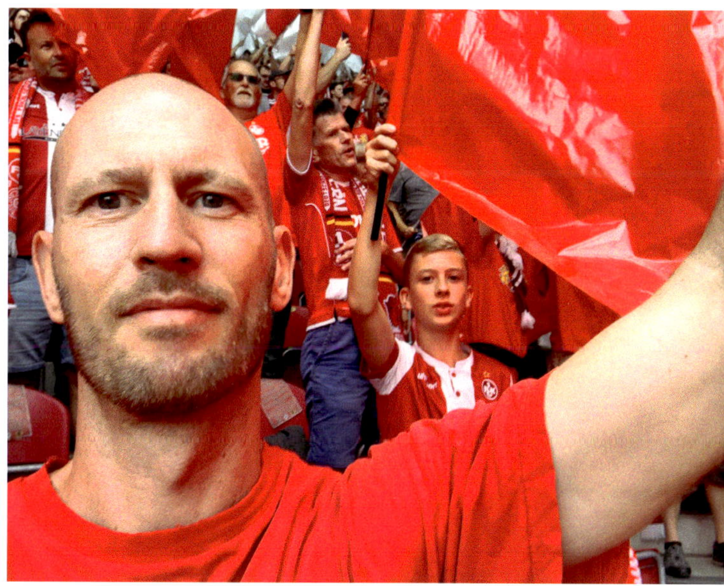

DER BETZENBERG VERPFLICHTET

ULI GERKE begleitete den FCK als *kicker*-Redakteur von 1990 bis 2015

Heute kann ich es ja sagen. Meine ersten Erlebnisse auf dem Betzenberg hatte ich als Eintracht-Fan. 1979 saß ich mit meinem Bruder Dieter auf der Südtribüne und freute mich dank eines herrlichen Tores von Bernd Hölzenbein über einen Frankfurter 1:0-Sieg. Von Betze-Feeling noch keine Spur.
Beim zweiten Besuch am 14. April 1981 spürte ich erstmals, was den Betze ausmacht. Erst wenige Wochen Redakteur beim *kicker,* durfte ich bei der Generalprobe für das DFB-Pokalfinale mit dabei sein. Im kleinen Presseraum unten in der Nordtribüne herrschte dichtes Gedränge. Ganz besonders, als die Mannschaften auf dem Weg in ihre Kabinen vorbeihuschten. Die Profis zum Greifen nahe. Klasse. Durch eine Tür ging es dann über ein paar Stufen eine schmale Treppe hinauf in den Innenraum des Stadions. Kaum oben, stand ich schon auf dem heiligen Rasen. Um mich herum Trainer, Spieler, Funktionäre, der Schiedsrichter und und und. Plötzlich mittendrin im Geschehen. Echt krass.
Dass die Eintracht mit dem 0:2 durch Tore von Hofeditz und Briegel noch gut bedient war, interessierte mich nur am Rande. Später im Gästeraum unter der Nordtribüne – heute würde es VIP-Bereich heißen und unzugänglich für Journalisten sein – erklärten Briegel & Co. bereitwillig und in Pfälzer Dialekt, warum der FCK an diesem Abend so leichtes Spiel mit der Eintracht hatte. Meine Erkenntnis: Auf dem Betze bist du als Gast sehr willkommen. Fester Reporter über den FCK wurde ich erst Jahre später. Was ich 1990 nicht ahnte: Ich sollte die Roten Teufel 25 (!!!) Jahre journalistisch begleiten. Es wurde ein Ritt durch Himmel und Hölle.
Nach Roggensacks Aus sollte Kalli Feldkamp den Abstiegskampf meistern. Die Heimspiele waren meist Zitterpartien, kosteten jede Menge Nerven, auch neutrale Beobachter wie mich. Wie die Roten Teufel mit einem ungemein begeisterungsfähigen Publikum im Rücken Spiele herumrissen, beeindruckte mich mehr und mehr. 1990 fast abgestiegen, als i-Tüpfelchen dann erstmals DFB-Pokalsieger. Ein Jahr später dann sogar Deutscher Meister! Das bietet nur der Betze, dem der Name seines Idols Fritz Walter zusätzliche Kräfte zu verleihen schien. Unvergessene Europacupabende und unzählige hochspannende Bundesligaspiele gehörten von nun an zu meinem Berufsalltag. Ich muss zugeben: Begeisterung und Leidenschaft des „höchsten Pfälzer Berges“ hatten mich, einen waschechten Hessen, angesteckt.
Diese Faszination habe ich, eher ungewollt, wohl durch meine Erzählungen, auf meine Söhne Florian und Felix, die weit weg von Kaiserslautern wohnen, übertragen. Merke: Wenn das Betze-Feuer lodert, ist es nur schwer zu löschen. Nur: Wer jubelt, muss auch leiden können. Keiner kennt die Hölle ja besser als Rote Teufel, die lernfähig sind, Tiefschläge wegstecken. Kostproben gefällig? 1994 noch Vizemeister, stieg der FCK 1996 erstmals ab. Der Betzenberg zweitklassig – irgendwie unvorstellbar und doch wahr.
Dem Erdbeben in der Führungsetage mit dem Sturz des Präsidiums um den rührigen Norbert Thines folgte die prompte Auferstehung. Mit „Atze“ Friedrich, Otto Rehhagel und nahezu der kompletten Abstiegs-Mannschaft, die damals Charakter zeigte, gelang die direkte Rückkehr ins Oberhaus. 1998 dann das Wunder, der Betzenberg über die Landesgrenzen hinaus in aller Munde: Deutscher Meister als Aufsteiger! Historisch. Es wird wohl einmalig in der Bundesligageschichte bleiben. Das Tollste: Ich war live dabei! Was gestern war, ist morgen schon vergessen. Zwei Jahre später liegt König Otto am Boden, gnadenlos ausgepfiffen. Nach dem 1:1 gegen Cottbus musste er abdanken, vom „Volk“, den Fans, fortgejagt. Auch das ist der Betze.
Später musste der einst gefeierte Vorstandsboss Friedrich als Verantwortlicher einer sportlichen Fehlentwicklung ebenfalls gehen und ein beispielloser Absturz nahm seinen Lauf. Friedrichs Nachfolger René C . Jäggi kam als Sanierer. Dass wir Journalisten bis weit nach oben unters Dach der Nordtribüne verbannt wurden, quasi in die letzte Ecke, mag nur eine unwichtige Randnotiz sein. Es passte aber zu Jäggis völlig missglückter Rettungsmission, die mit dem zweiten Abstieg 2006 endete. Am Scherbenhaufen, den der Schweizer hinterließ, trägt der FCK bis heute. Die bittere Realität: 2019 ist der FCK die zweite Saison drittklassig. Es fehlt an einer Vision, an erfolgsorientierten Verantwortungsträgern. Das Dilemma: Ein Ausweg aus der Dauerkrise ist nicht absehbar.
Eigentlich scheint es nur eine Frage der Zeit, wann auf dem Betzenberg endgültig die Lichter ausgehen. Von der einstigen Faszination, was diese Arena einmalig und den Gegnern so oft Angst machte, ist im Stadion von Fritz Walter nicht mehr viel übrig geblieben. Schade und doch selbst verschuldet.
Was ewig bleibt, sind unvergessene Momente, selbst die bitteren. Zu meinen schönsten Erinnerungen zählen nicht nur große Spiele, sondern auch die Zusammenarbeit mit den Spielern, die sich noch Zeit für uns Journalisten nahmen. Ein persönliches Highlight war das Treffen mit Horst Eckel, Bernd Hölzenbein und Andreas Brehme, drei Weltmeistergenerationen, die sich auf meine Einladung hin in den Katakomben des Stadions zum Interview trafen. Dass der Betzenberg auch verpflichtet, ist in der Pfalz allerdings längst nicht mehr jedem bewusst.

MAASCHDER? DE BETZE? ACH, GLAABS DOCH NETT

ERIC SCHERER Journalist und FCK-Blogger

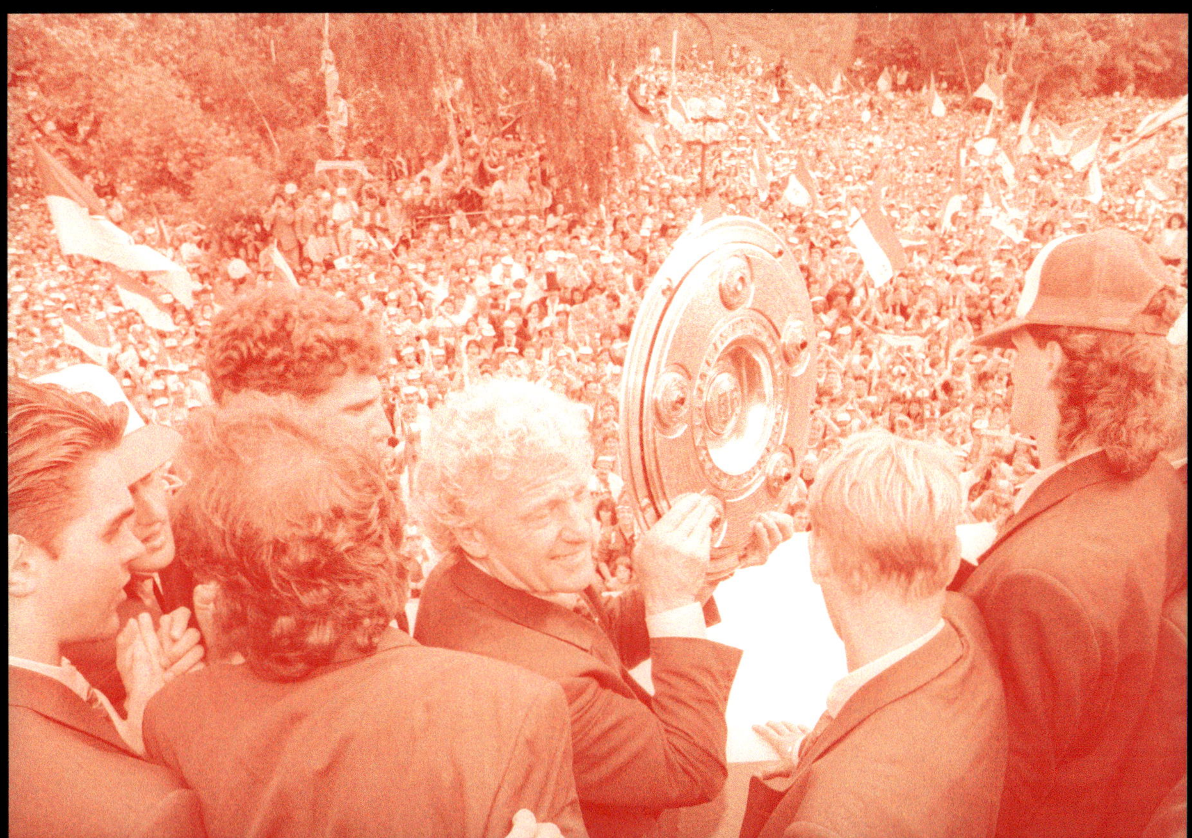

Konrad hatte sich lange auf den Tod seines Vaters vorbereiten können. Die Diagnose hatte die Familie schon vor zwei Jahren erhalten. Dass der Krebs siegen würde, war seit Monaten klar. Kurz nach Neujahr hatte sich abgezeichnet, dass Kurt sich von seinem Krankenlager nun nicht mehr erheben würde. Immerhin sollte er zu Hause sterben, im Kreis seiner Familie, das war ein Trost.

Dennoch: Als der alte Herr seinen letzten Atemzug getan hatte, zerriss es den Sohn beinahe vor Schmerz. Als er dann Totenwache hielt, in der Küche der elterlichen Wohnung im Lautrer Grübentälchen, und sich zum wiederholten Male aus dem Kasten Bier bediente, den die Mutter ihm bereitgestellt hatte, ertappte er sich bei einem Gedanken, der ihn mehr wütend als wehmütig machte: „Was, wenn de Betze jetzt tatsächlich Määschder werd? Dann hat's de Pappa nimmi erlebt …"

Konrads Vater war zwar Lautrer von Geburt, aber „uff de Betze" hatte es ihn nie gezogen, wie im Übrigen viele, die unmittelbar in der Stadt Kaiserslautern leben, nur selten oder gar nicht zu Spielen gehen. Der weitaus größte Teil der Anhänger, die regelmäßig den Berg besteigen, pendelt aus dem Umland ein. Obendrein wäre Kurt auch kaum als leidenschaftlicher Fan, als „Krischer", aufgefallen. Denn er gehörte zu denen, die den Betze zwar stets mit größter Aufmerksamkeit verfolgen, aber immer auch mit einer latenten Grundskepsis. Määschder? De Betze? Ach, glaabs doch nett. Die Zeite sinn vorbei.

Sicher, de Betze überwinterte gerade auf Tabellenrang 2, punktgleich mit Tabellenführer Bayern München, und auf der Trainerbank saß Kalli Feldkamp, der hatte vergangenen Sommer gerade mit dem FCK den DFB-Pokal geholt. Aber Määschder? Egal. Nun war Kurt tot und eines Besseren nicht mehr zu belehren. Oder?

Konrad brauchte noch drei Bier mehr, um sich zu dem durchzuringen, was ihm später lange Zeit peinlich war, was er sich mittlerweile aber wenigstens engen Freunden zu erzählen traut, die ihn, de Betze und seine Anhänger verstehen.

Spät in der Nacht schlich er sich ins Wohnzimmer, wo der Leichnam seines Vaters aufgebahrt war, ergriff dessen kalte, knochige Hand und sprach: „Vadder, wenn es e Lääbe nach em Tod gäbbt, gäbb mer e Zeiche – mach, dass de Betze deitscher Määschder werd!" Manche Hinterbliebenen geben sich zufrieden, wenn der Geist eines Verstorbenen noch mal kurz die Wohnzimmerlampe zum Flackern bringt, ehe er in die Ewigkeit entschwindet. Konrad, der seit Jahren im Block 8 der Westkurve seinen Stammplatz hatte, nicht.

Er reibt sich eine Träne aus dem Augenwinkel, als er mir diese Geschichte erzählt. Was allerdings nicht weiter auffällt. Denn um uns herum stehen Zehntausende mit feuchten Augen.

Wir stehen auf dem Lautrer Rathausplatz. Es ist der 16. Juni 1991. Gestern hat de Betze 6:2 in Köln gewonnen. Über uns, auf dem Rathaus-Balkon, reckt Stefan Kuntz die Meisterschale in die Höhe. De Betze is deitscher Määschder worr.

Und von irgendwo schaut auch Kurt zu. Ganz bestimmt. Denn ohne ihn hätten wir's nicht geschafft. Ganz sicher nicht.

DER FREISTOSS-TRICK

KARLHEINZ WILD *kicker*-Chefreporter

Meine schönste Erinnerung an den Betzenberg ist kurioserweise nicht an das Stadion, sondern an den direkt daneben liegenden Trainingsplatz geknüpft. Als junger Redakteur des *fußball-Magazins* wurde ich Mitte der 1980er Jahre öfters nach Kaiserslautern geschickt, um Homestorys über Wolfram Wuttke oder Franco Foda zu schreiben. Bei einem dieser Aufträge beobachtete ich als Trainingskiebitz, wie Hannes Bongartz eine Freistoßvariante einstudierte, die ich sofort auf meinem Block skizzierte. Ich war zu dieser Zeit selbst Spielertrainer in der Kreisliga und habe den Trick ausgerechnet in der Aufstiegsrelegation zweimal erfolgreich zum Einsatz gebracht. Das ging über vier Stationen und die Leute haben Bauklötze gestaunt. Der Aufstieg des SV Seligenporten in die A-Klasse wurde also maßgeblich unterstützt von Hannes Bongartz!

Später war ich als regelmäßiger Begleiter des FC Bayern oft zu Gast in Kaiserslautern, und das sehr gerne. Damals war ja sprichwörtlich der Teufel los. Das war immer nach meinem Geschmack: geerdeter Fußball, bei dem die Fans mitgehen. Abgesehen von Dortmund habe ich das nirgends intensiver erlebt. Nach dem Umbau der Haupttribüne wurde die Pressekonferenz ja live in die benachbarte Fanhalle übertragen, so dass man selbst zu den Statements der Trainer noch ein Feedback erhalten hat.

Dazu kam in diesen Jahren der sportliche Reiz. Auf dem Betzenberg wurde der FC Bayern stets herausgefordert. Das war prickelnd, denn man wusste nie, was passieren wird. Und das sollte doch immer noch einer der wichtigsten Anreize für einen Zuschauer sein, ein Spiel zu besuchen.

Die einzige Episode, die sich in negativer Hinsicht bei mir eingebrannt hat, war, als ein Ordner selbstherrlich verhindert hat, dass ich mit dem zur Dopingprobe ausgelosten Thomas Helmer ein paar Worte wechseln konnte. Das Verhalten dieses Mannes macht mich heute noch wütend, auch wenn ich sonst durchweg beste Erinnerungen an meine zahlreichen Besuche auf dem Betzenberg habe.

„KLING GLÖCKCHEN KLINGELINGELING“

JESSICA LIBBERTZ Sportmoderatorin und Autorin

Fußballverrückte Frauen sind in meiner Familie nichts Besonderes. Meine Urgroßmutter aus dem Ruhrpott war, genau wie auch ihre Tochter, große Schalke-Anhängerin. Dieser Sport hat mein Leben früh geprägt und der FCK war ein Teil davon. Dem konnte man sich nicht entziehen. Schon in der Schule hat es den Zusammenhalt ausgemacht, dass wir – bis auf wenige Ausnahmen – alle Fans dieses Vereins waren.

Als Teenager sind wir mit Mofas die knapp 30 Kilometer von Pirmasens nach Kaiserslautern getuckert. Mitunter waren das Touren, von denen unsere Eltern besser nichts wussten. Und plötzlich waren wir mit dem Pokalsieg 1990 und der Meisterschaft 1991 eine Riesennummer. Dass der ortsansässige Klub auf einmal extrem erfolgreich war, hat jeden in der gesamten Umgebung mitgerissen. Ich werde nie vergessen, wie Gerry Ehrmann damals bei der Meisterfeier Stefan Effenberg zur Vizemeisterschaft gratuliert hat. Und alle sangen mitten im Frühsommer: „Kling Glöckchen klingelingeling, kling Glöckchen kling – Lautern die sind Meister, Bayern ist nur Zweiter, Werder wird nur Dritter – oh wie ist das bitter …“

Was mich am Betzenberg bis heute am meisten fasziniert, ist die Lage: Es kostet dich erst einmal Anstrengung, den Berg hochzusteigen; gleichzeitig wächst die Vorfreude mit jedem Schritt, das Gefühl, dass jeder Meter es wert ist. Ich habe beruflich etliche Stadien in ganz Europa besucht, aber diese geographisch bedingte Imposanz ist einzigartig.

Wer weiß, ob ich diesen Vergleich ohne die Erfahrungen als Jugendliche überhaupt hätte ziehen können? Der Begeisterung für den Betze der frühen 1990er hat meinen Berufswunsch und damit meinen Werdegang sicher nachhaltig beeinflusst. Als TV-Journalistin zurückzukehren, hatte den angenehmen Nebeneffekt, Menschen wie Stefan Kuntz, dem man früher aus der Kurve zugejubelt hat, nun persönlich kennenzulernen. Meine Arbeit hat das selten beeinflusst. Nur im dramatischen Abstiegskampf 2008 ist es mir zugegebenermaßen schwergefallen, die gebotene journalistische Distanz zu wahren.

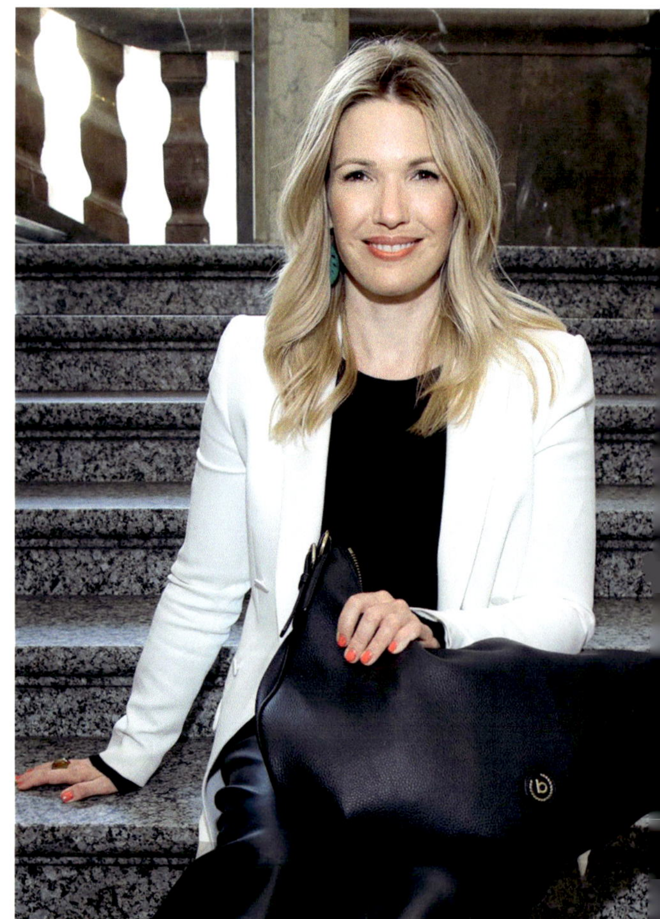

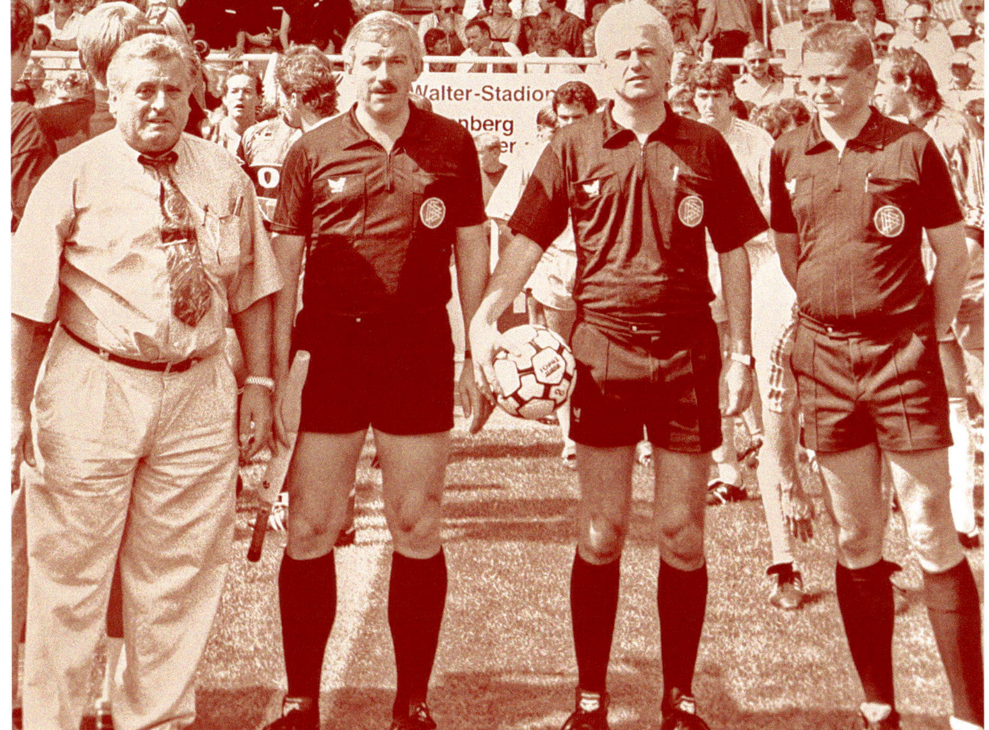

Eugen Striegel mit seinem Gespann und Rudi Merk im August 1991 vor dem Spiel gegen den VfL Bochum (1:1).

„IRGENDWANN WIRD ER SCHON PFEIFEN"

EUGEN STRIGEL Schiedsrichter

Beim Stichwort 1. FC Kaiserslautern muss ich zunächst anmerken, dass der Verein 1991 nicht in Köln, sondern in Bremen Deutscher Meister wurde. Der 2:1-Sieg, den ich gepfiffen habe, hätte dem FCK bereits zum Titel gereicht. Stefan Kuntz, mit dem mich heute noch ein herzliches Verhältnis verbindet, hat mir in Erinnerung an dieses Spiel bei meinem nächsten Einsatz in Kaiserslautern dann auch ein Trikot mit Widmung geschenkt.

Sein erstes Spiel für den FCK, ein 2:1 gegen Borussia Mönchengladbach am ersten Spieltag 1989/90, war gleichzeitig auch meine Premiere auf dem Betzenberg. Es war bereits meine dritte Saison in der ersten Liga; einen Anfänger hat man nicht gleich nach Kaiserslautern geschickt. Damals gab es in den meisten großen Stadien noch eine Laufbahn, während auf dem „Betze" ein enthusiastisches Publikum hautnah dabei war und stets versucht hat, den Unparteiischen in seinen Entscheidungen zu beeinflussen.

Inwieweit das funktioniert, vermag ich nicht zu beurteilen. Jeder Schiedsrichter ist auch nur ein Mensch und was sich im Unterbewusstsein abspielt, kann man nicht sagen. Tatsächlich aber ist für einen Schiedsrichter auf diesem Niveau nur relevant, wie der Beobachter ihn bewertet und nicht die Zuschauer. Die Reaktion des Publikums kennt man schon in dem Moment, in dem man pfeift.

Ich erlebte diese Situation 1994, als der FCK zu Hause gegen Leipzig spielte. Lange stand es 0:0 und Pavel Kuka ging immer wieder im Strafraum zu Boden. Jedes Mal reagierte das Publikum noch aggressiver, frei nach dem Motto: Irgendwann wird er schon pfeifen. Ich tat es nicht und bekam hinterher bestätigt, richtig gelegen zu haben. Aber auch mit Kuka habe ich seit Jahren ein gutes Verhältnis und wir freuen uns immer, wenn wir uns über den Weg laufen.

Noch mehr als mit einzelnen Spielern ist der Betzenberg für Schiedsrichter mit dem Namen Rudi Merk verbunden. Er war als Persönlichkeit eine echte Ausnahmeerscheinung, der sich seit Beginn der Bundesliga jahrzehntelang wie ein väterlicher Freund um jeden von uns gekümmert hat – und das unabhängig vom Ergebnis. Nach dem Spiel gingen wir immer noch in eine Pizzeria, wo ich Fritz Walter und Rudi Michel kennenlernen durfte. Das Fachsimpeln mit diesen großen Namen war ebenfalls ein Erlebnis und speziell mit Rudi Michel stand ich bis zu seinem Tod in Kontakt.

Noch öfter als zu meiner aktiven Zeit war ich dann in meiner Funktion als Lehrwart und Schiedsrichter-Beobachter auf dem Betzenberg, auch im Dezember 2005 beim DFB-Pokal-Achtelfinale gegen Mainz 05. Im Elfmeterschießen hat das Gespann um Michael Weiner dem dritten Elfmeter der Lauterer die Anerkennung verweigert – zu Unrecht, wie die Fernsehbilder zeigten. Wir haben anschließend die halbe Nacht in der Kabine verbracht, ich habe mitgelitten, denn er war echt am Boden zerstört wegen dieses Fehlers, der den Ausgang maßgeblich beeinflusst hat: Das Elfmeterschießen kippte und der FCK schied aus. Jedes Mal wenn wir uns sehen, ist diese denkwürdige Nacht in Kaiserslautern ein Thema.

Das ist ein Punkt, dessen sich Zuschauer oft nicht bewusst sind: Ein Schiedsrichter kennt die Verantwortung, die er trägt, gerade wenn das Ergebnis über das Schicksal eines Vereins mitentscheidet. Das bedeutet, dass er selbst Tage braucht, um eine Fehlentscheidung zu verarbeiten, zumindest war das bei mir so. Auf dem Betzenberg war ich davon zum Glück nicht betroffen und kann mich mit ruhigem Gewissen auch heute noch dort blicken lassen.

NICHT MEHR SO NAH AM TEAM

MARCUS BÖSE & SIMONE RATKOWSKI FCK-Geschäftsstelle

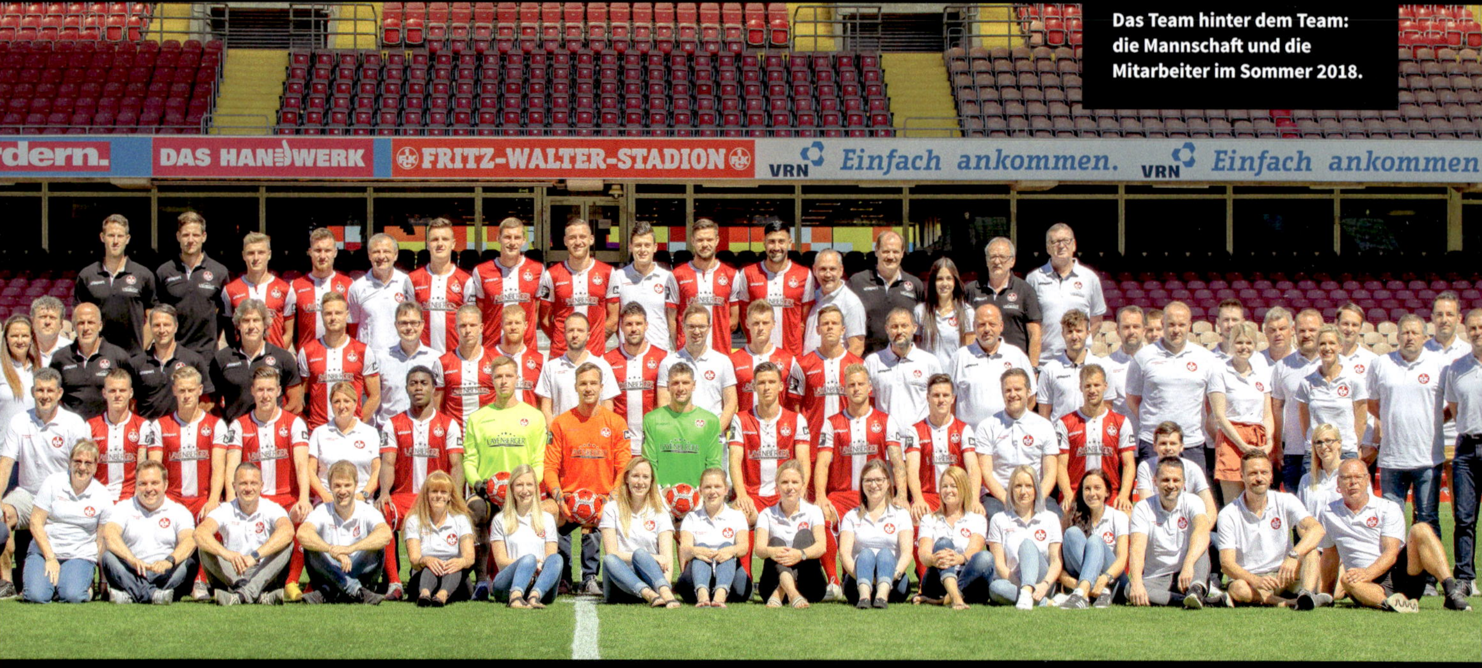

Das Team hinter dem Team: die Mannschaft und die Mitarbeiter im Sommer 2018.

Simone Ratkowski: Den Bruder als Chef zu haben, muss kein Vorteil sein, aber ich habe keinen Grund zur Klage, ganz im Gegenteil. Ich bin trotz einer mehrjährigen Pause lange genug dabei, um mir ein Urteil zu erlauben. Er hält in diesen schwierigen Zeiten sein Team vorbildlich zusammen.

Marcus Böse: Eine leitende Stelle beim FCK zu bekleiden, ist eben mehr als nur ein normaler Job für mich. Unser Opa hat uns früh mit ins Stadion genommen. Er hatte fünf Dauerkarten auf der Nordtribüne und wir wurden als Kinder einfach zwischen die Plätze gesetzt. Das ging damals noch. Nach dem Spiel sind wir immer zusammen in die Stadiongaststätte und haben auf dem Fernseher, der oben in der Ecke hing, die Sportschau geguckt. Die verqualmte Atmosphäre in diesem Raum wäre mit heutigen Jugendschutzgesetzen wohl nicht mehr vereinbar. Als Teenager hatte ich dann eine eigene Dauerkarte in der Westkurve.

SR: Das Stadion so gut zu kennen, war ein Vorteil, als ich 1992 die erste Auszubildende der FCK-Geschäftsstelle wurde. Es gab rund 30 Bewerberinnen auf die Stelle als Bürokauffrau und manche davon war wohl abgelenkt durch die äußeren Umstände, obwohl die alte Geschäftsstelle im Rückblick klein und heimelig erscheint. Außer mir gab es sechs Beschäftigte, die alles abgewickelt haben. Mein erster Job war die Inventur des Lagers mit den Fanutensilien, einen eigenen Shop gab es noch nicht. Der Mannschaftstrakt war gleich gegenüber, durch die kurzen Wege war auch der Kontakt zu den Spielern eng. Da kam immer mal einer vorbei, um ein Schwätzchen zu halten.

Im Laufe der Jahre sind wir dann öfter umgezogen. Der Neubau der Tribüne wurde in dem Gebäude an Platz vier überbrückt, dann wieder zurück in die Nordtribüne, von wo wir vor der WM für den neugestalteten Pressebereich weichen mussten und seitdem im Bauch der Westkurve untergebracht sind.

MB: Die räumliche Trennung sorgt schon dafür, dass man nicht mehr so nah am Team ist, aber nachdem ich jetzt 22 Jahre – mit kurzer Unterbrechung – dabei bin, ist es auch einfach so, dass die Bewunderung altersbedingt abnimmt. Anfangs hast du bei einer Weihnachtsfeier zwischen Spielern gesessen, die du vorher nur aus dem Fernsehen kanntest.

SR: Was den Job immer noch ausmacht, ist, dass du ständig mit vielen Menschen zu tun hast und dass wir als Team gut harmonieren. Dienst nach Vorschrift ist da nie ein Thema. Wenn zum Beispiel die Dauerkarten verkauft werden, arbeiten wir bis in die Nacht. Dafür wurden wir dann auch zum Pokalfinale 1996 oder dem UEFA-Cup-Spiel in Reykjavik allesamt mitgenommen. Wir waren sogar schon mit der Mannschaft im Aktuellen Sportstudio.

MB: Auch 2003 waren alle mit beim Pokalfinale, außer mir, da meine Schwester an dem Tag heiraten musste.

SR: Man kann bei der Planung ja nicht an alles denken. Dafür hatte ich dann eine komplette Hochzeitsgesellschaft, die vor dem Fernseher gesessen hat.

MB: Als Leiter des Ticketings würde ich gefühlt jeden Platz im Stadion mit verbundenen Augen finden. Wir haben ja durch die beiden Pfosten in den Ecken Süd/Ost und Süd/West auch einige Sitze mit Sichteinschränkung, da bleibt dir nichts anderes übrig, als selbst zu testen.

Ein besonderer Moment an jedem Spieltag ist die Ermittlung der Zuschauerzahl in der Halbzeitpause. Wenn alle Verkaufsstellen ihre Daten übermittelt haben, reicht ein Knopfdruck und die Zahl geht über den Mailverteiler an die relevanten Stellen, die sie dann bekannt geben.

Wenn alles nach Plan läuft, kann ich das Spiel sehen. Auch wenn die Angst um den eigenen Arbeitsplatz immer mitschwingt, fiebere ich während der 90 Minuten mit wie jeder andere auch. Es ist nicht immer einfach zu wissen, was vom Sieg oder einer Niederlage abhängen könnte, aber wir haben uns in den letzten Jahren daran gewöhnt, mit diesen Sorgen zu leben.

VON FLIEGENDEN BIERBECHERN UND PFÄLZISCHEN SCHIMPFTIRADEN

BERND SCHMITT SWR-Reporter auf dem Betzenberg seit 1984

Nur ein paar Hundert Meter Luftlinie vom Stadion entfernt am Messeplatz aufgewachsen, bin ich natürlich in der Westkurve FCK-sozialisiert worden. Damals war sie ja noch rund, eine echte Kurve. Meine rot-weiße Fahne war immer größer als ich, für meine Mutter als gelernte Näherin natürlich eine Kleinigkeit. Aber dieses ein paar Quadratmeter große Stoffding war so extrem schwer, zumindest für mich als Pimpf, erst recht wenn der Stoff nass war, wenn es in die Kurve ohne Dach hineinregnete. Meine heimliche Liebe wurde dann nach den Jugendjahren in der „West" die „Nord". Natürlich die alte. Diese kleine, enge Tribüne, gefühlt nur einen Meter weg von der Außenlinie. Dort war ich am nächsten dran, dort habe ich die größten Gefühlsausbrüche erlebt, dort haben sich die größten Dramen abgespielt.

Mit meinem Vater hatte ich dort jahrelang eine Dauerkarte. Ziemlich in der Mitte, so etwa zehnte Reihe, mittendrin im Lauterer Geldadel. Zu dem wir nicht gehörten! Aber da konnte man sie mal so richtig hautnah erleben, die Chefärzte, die Rathaus-Oberen, die Bankdirektoren, die Firmenbosse. Wie sie aus sich herausgingen, wie sie das Spiel verfolgten, wie sie sich gebärdeten. Da war alles geboten. Vom intellektuellen Analysten bis hin zum derben Proleten. Auf dieser Tribüne outete sich früher oder später jeder. Unabhängig von sozialem Stand, Bildungsstatus, Bekanntheitsgrad oder Name.

Wie gesagt: näher dran ging nicht. Man konnte den gegnerischen Spielern in die Augen gucken, wenn sie in die Hölle eintraten, wenn sie diese paar Stufen aus dem Kabinentrakt hinaus auf den Rasen gemacht hatten, sich gleich mal umdrehten, weil ihnen sofort Beleidigungen und Drohungen um die Ohren geflogen waren. Man konnte die Trainer hören, ja förmlich spüren, häufig war man sogar irgendwie mittendrin in diesen Rededuellen und Provokationen zwischen Schiedsrichtern, Trainern und Spielern.

Einer war besonders nah dran. Jener Zeitgenosse, der unten in Reihe eins auf Platz eins saß, direkt am Spielereingang und direkt hinter dem gegnerischen Trainer. Saß? Meistens stand er vor Erregung, war akut herzinfarktgefährdet, hatte einen bluthochdruckgefärbten Kopf, plärrte ständig irgendetwas Richtung Trainer oder Schiedsrichter, zerrte unaufhörlich mit beiden Händen am Gitter. Dass das Gitter dort auch Bissspuren gehabt haben soll, war nur ein Gerücht.

Es war ziemlich eng da unten. Ersatzbank, Trainerstühle, Ordner, Linienrichter dazu noch irgendwann eine Fernsehkamera. Alles auf ein paar Quadratmetern. Und in dieser emotionsgeladenen Enge passierte beim 2:1 gegen die Bayern im Meisterjahr 1991 mitten im Spiel Folgendes: Ein FCK-Ordner und Bayern-Coach Jupp Heynckes gerieten erst verbal aneinander, dann gab es ein Gerangel, bei dem der FCK-Ordner Heynckes sogar in den Allerwertesten getreten haben soll.

Zu diesem Zeitpunkt saß ich längst als Medienmann auf den Presseplätzen ganz oben unter dem Dach, im letzten Knick der Nordtribüne. Dort, wo man nur hinkam, wenn man unter massiven Stahlträgern durchgeklettert war. Dort, wo es immer eiskalt war, weil es zog wie Hechtsuppe. Dort, wo eine Reihe davor die ganzen Spielerfrauen hockten. Dort also, wo familiäre und journalistische Interpretation dessen, was sich auf dem Rasen abspielte, direkt aufeinanderprallte. Dort, wo es ebenso hitzige Gefühlausbrüche gab wie unten auf Platz eins in Reihe eins. Manchmal entschied sich schon hier oben, ob man später noch einen Spieler zum Interview bekam oder nicht. Obwohl es noch keine Handys, geschweige denn WhatsApp gab.

Später war mein Arbeitsplatz häufig unten vor der Nordtribüne, zusammen mit meinem Kamerateam. Damals durfte man mit der Kamera noch an der Seitenlinie stehen, durfte nah dran an die Bank und die Trainer. Und plötzlich hatte ich diese Emotionen, in denen ich jahrelang mittendrin war, im Rücken. Gepaart mit Regenschirmen, mit denen durch das Gitter nach uns gestochert wurde, mit fliegenden – noch gefüllten – Bierbechern, mit allen möglichen Schimpftiraden. In mir wuchs die Erkenntnis, dass jeder Linienrichter, der hier 90 Minuten lang auf und ab getrabt war, das komplette Lexikon pfälzischer Schimpfwörter gelernt haben müsste.

Es war die alte Nordtribüne, die diese so besondere Atmosphäre des Stadions ausgemacht hat. Diese Enge, diese Nähe zwischen Protagonisten und Beobachtern, dieser direkte Kontakt von Fanatikern und Verantwortlichen. Gäbe es sie noch, diese gute alte Nordtribüne, sie könnte unzählige solcher Geschichten erzählen.

Mit der Meisterschaft 1991 erlebte die alte „Nord" ganz sicher ihren emotionalen Höhepunkt. Dann wurde sie abgerissen, ersetzt durch einen gigantischen Neubau, ein ganzes Stück weggerückt vom Spielfeld. Man wollte Platz für eine sich abzeichnende Eventkultur im Stadion, Sicherheit spielte eine immer größere Rolle, Vermarktungsaspekte wie Logen und VIP-Plätze und ein größerer Medienbereich waren neue Anforderungen.

Aber für mich ist in diesem Moment etwas verloren gegangen: der besondere Geist dieses Stadions. Dieses Furchterregende für die generischen Spieler, dieser brodelnde Bottich voller Emotionen, diese einmalige Atmosphäre. Das war plötzlich alles anders, wurde nie wieder erreicht. Auch bei der Meisterschaft 1998 nicht, bei der Fußball-WM in diesem großen Kasten schon gar nicht.

Was bleibt? Eine sehr persönliche Erinnerung an einen älteren Menschen, der jahrelang auf der alten Nordtribüne neben mir gesessen hatte. Er hatte den FCK gelebt, den Verein im Blut, er hatte mir immer das Gefühl gegeben, dass das Ergebnis des gerade laufenden Spiels für sein Wohlbefinden in den nächsten Tagen ganz entscheidend ist. Und dann kam jener Moment, als Werner Melzer mit einem wunderschönen Weitschuss in den Winkel traf, das Spiel entschied, und das Leben jenes FCK-Fans abrupt beendet war. Alle waren sie jubelnd aufgesprungen. Er nicht mehr. Der alte Mann war an einem Herzschlag gestorben, genau in dem Moment, als er diesen Treffer feiern wollte. Auch die erste Hilfe des Chefarztes aus der Reihe vorne dran kam zu spät. Ich sah in sein entspanntes Gesicht, glaubte sogar, ein Lächeln zu erkennen. Er war im Moment des Sieges friedlich eingeschlafen.

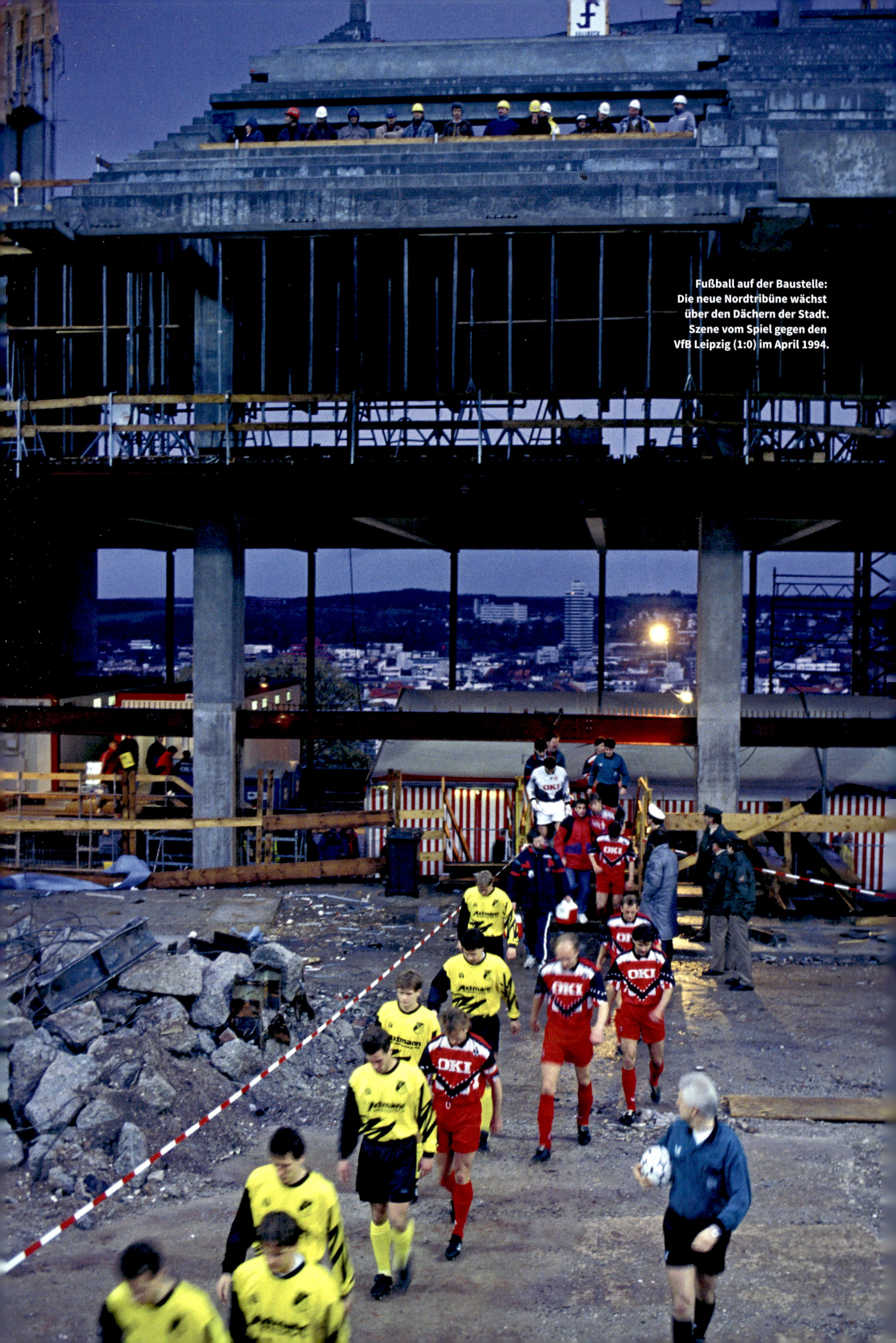

Fußball auf der Baustelle: Die neue Nordtribüne wächst über den Dächern der Stadt. Szene vom Spiel gegen den VfB Leipzig (1:0) im April 1994.

1988 bis 1994: Die neue Nordtribüne

Nach dem plötzlichen Rücktritt von Jürgen Friedrich übernimmt Norbert Thines am 6. Juni 1988 die Verantwortung. Ungeachtet des spektakulären Wechsels an der Vereinsspitze herrscht Kontinuität hinsichtlich der Aufgabe, den Betzenberg zukunftstauglich zu machen. Um die Erweiterung des Stadions vorzubereiten, initiiert der Verein eine Arrondierung der Grundstücke rund um das Stadion. Nach Tausch, Umlegung und Zukauf von Flächen umfasst das Vereinsgelände im September 1989 90.987 Quadratmeter, was inklusive des Stadions einem Anlagevermögen von 15 Millionen DM entspricht. Dem gegenüber stehen zum gleichen Zeitpunkt rund sechs Millionen DM Schulden, die zu Teilen noch auf den Ausbau der Westkurve zurückzuführen sind.

Der FCK wirtschaftet solide und trägt seine Verbindlichkeiten langsam ab. Die positive Bilanz hat jedoch ihren Preis. Jedes Jahr muss ein Leistungsträger gewinnbringend verkauft werden: 1988 Michael Schulz, 1989 Harald Kohr und 1990 Franco Foda. Um nicht fortlaufend sportliche Substanz zu verlieren, soll die Einnahmeseite verbessert werden. Die Planung einer neuen Haupttribüne, die deutlich mehr als die bisherigen 3.500 Sitzplätze bietet, wird forciert.

Der Bedarf steht außer Frage. Das Modell von 1973 ist nicht nur bezüglich der Zuschauerkapazität an seine Grenzen gestoßen. Die Kabinen, Funktionsräume, die Geschäftsstelle oder die Gastronomie sind Zeugen einer vergangenen Epoche. Anfang der 1990er boomt die Branche, der deutsche Titelgewinn bei der WM in Italien verleiht einer Entwicklung Rückenwind, die 1988 mit dem „Anpfiff“ durch RTL ihren Anfang nimmt. Der erstmalige Einstieg eines Privatsenders steigert den Wert der lange nebensächlichen Fernsehrechte. Er erweitert aber auch den Kreis der Journalisten, die beherbergt werden müssen. Die veränderte Präsentation der Produkt gewordenen Bundesliga bringt neue Wünsche der Übertragungstechnik mit sich, die der alte Betzenberg nur noch bedingt erfüllen kann. Ein weiterer Wendepunkt des europäischen Fußballs ist die Hillsborough-Tragödie in Sheffield im April 1989. Die Untersuchung von Lord Justice Taylor rückt die Stehränge als größten potenziellen Gefahrenherd in den Blickpunkt und die UEFA schließt sich seinen Ergebnissen an.

Inmitten dieses Zeitgeists verschieben sich auch beim FCK wesentliche Parameter. Der Pokalsieg 1990 bringt den Verein nach sieben Jahren Abstinenz zurück auf die europäische Bühne. Im Hinspiel der ersten Runde des Europapokals der Pokalsieger gegen Sampdoria Genua erlauben die neuen Richtlinien nur den Verkauf eines reduzierten Stehplatz-Kontingents. Die Einnahmeverluste nimmt der Verein zähneknirschend in Kauf. Beim Rückspiel am Tag der Deutschen Einheit bestaunen die FCK-Verantwortlichen das für die WM in Italien erbaute Stadio Luigi Ferraris. Die zur Saisoneröffnung 1990 skizzierten Pläne für die weitere Entwicklung des Betzenbergs sind nun obsolet. Stattdessen reist eine FCK-Delegation nach Eindhoven und Anderlecht, um die Lauterer Definition eines modernen Stadions weiterzuentwickeln. Das Ergebnis polarisiert. Die ehemals moderaten Pläne sind einer pompösen Vision gewichen. Am 5. Dezember präsentieren Norbert Thines und Architekt Folker Fiebiger der staunenden Öffentlichkeit einen Entwurf ungekannten Ausmaßes. Der Sportpark Betzenberg soll mehr als nur ein Ort des Fußballs sein. Das neue Konzept beinhaltet auch Tagungsräume und ein Parkhaus im ehemaligen Steinbruch. Die Felskante hinter der alten Tribüne, bislang stets der einschränkende Faktor aller Planungen, soll in den Bau integriert werden.

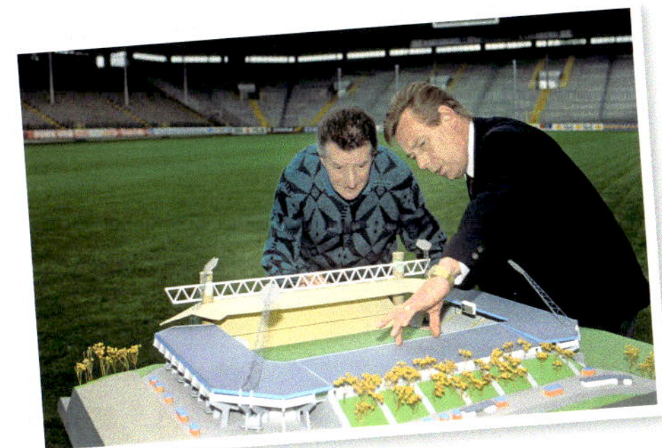

Präsident Norbert Thines erläutert Fritz Walter die Entwicklung „seines“ Stadions.

Organisierter Protest, modifiziertes Modell

Durch den gleichzeitigen Höhenflug der Mannschaft, die sich anschickt, nach dem Pokal auch die Meisterschaft zu gewinnen, nimmt die Euphorie um den FCK derweil unbekannte Dimensionen an. War das Stadion bislang zwei- bis maximal dreimal im Jahr ausverkauft, wird die Ausnahme jetzt zum Regelfall. Für die Nachbarschaft auf dem Betzenberg ist der anschwellende Ansturm der Massen aber eine echte Belastungsprobe. Die vorliegenden Pläne für ein noch größeres Stadion treiben das direkte Umfeld auf die Barrikaden. Die Anwohner in der Malzstraße, die ein Leben im buchstäblichen Schatten des 61 Meter hohen Monuments fürchten, setzen sich organisiert zur Wehr. Sie fordern eine Umweltverträglichkeitsprüfung und ein Gutachten über die möglichen Beeinträchtigungen durch Lärm, Verkehr und eingeschränkte Lichtverhältnisse. Der städtische Planungsbeirat, ein Fachgremium von Architekten und Planern, geißelt die Pläne öffentlich als „stadtbildzerstörend".

Erste Konsequenz der Proteste ist ein neues Verkehrskonzept, das die Anwohner entlasten und gleichzeitig den eigenen Fans dienen soll. In Kooperation mit den Stadtwerken wird das Park-and-Ride-System eingeführt. Vor der Partie gegen Borussia Dortmund am 9. März 1991 können die Besucher des Betzenbergs erstmalig ihr Auto auf großen Sammelparkplätzen am Stadtrand abstellen und werden kostenlos zum Stadion und wieder zurück gebracht.

Nach monatelangen Diskussionen präsentiert der FCK im November schließlich ein überarbeitetes Modell für die Tribüne. Tagungsräume und Parkhaus sind gestrichen, die Höhe um 20 Meter reduziert. Die Stützen der Tribüne gründen auf der Sohle des Steinbruchs, aber die Felskante bleibt erhalten und Auflagen zur (späteren) Begrünung werden ebenfalls erfüllt. Im Stadion sollen – erstmals auf Ober- und Unterrang verteilt – 5.500 zusätzliche Sitzplätze geschaffen werden. Die Kosten des immer noch ambitionierten Projekts werden mit 34,5 Millionen DM veranschlagt, wovon je 14 Millionen von Land und Stadt beigetragen werden. Die Landesregierung bleibt dabei trotz des Machtwechsels von der CDU zur SPD ein zuverlässiger Partner, denn der FCK ist – gerade jetzt als frischgebackener Meister – in puncto Außenwirkung konkurrenzlos. Im Stadtrat dagegen werden die Ausgaben in Zeiten schlechter Haushaltslage kritisch diskutiert. Trainer Feldkamp spricht verärgert von „Heckenschützen" im Rathaus, letztlich aber wird die Unterstützung mit den Stimmen der beiden großen Parteien durchgesetzt.

Kaum ist im Frühjahr 1992 der symbolische erste Spatenstich erfolgt, wird der Bau durch Klagen erneut ausgebremst. Der Weg durch die Instanzen der Verwaltungsgerichte kostet den Verein ein Jahr Zeit und jede Menge Geld. Die Preissteigerungen während des Aufschubs und erforderliche Änderungen zur Erfüllung der Lärm- und Brandschutzauflagen treiben die Kosten in die Höhe. Dass der Umbau bei laufendem Spielbetrieb erfolgt und jedes Heimspiel auf der Baustelle entsprechend gesichert werden muss, schlägt ebenfalls negativ zu Buche.

Neue Kundschaft

Darüber hinaus investiert der Verein großzügiger als ursprünglich veranschlagt in die Gastronomie. Für den gewöhnlichen Fan wird in der großräumigen (Pausen)halle ein Treffpunkt geschaffen, der vor und nach dem Spiel zum Verweilen einlädt. Das herkömmliche Stadionmenü aus Wurst und Getränken wird an neun integrierten Ständen um Pizza, Burger oder Fisch erweitert. Für die zahlungskräftigere Klientel ist die Zeit des schnöden Fast-Foods

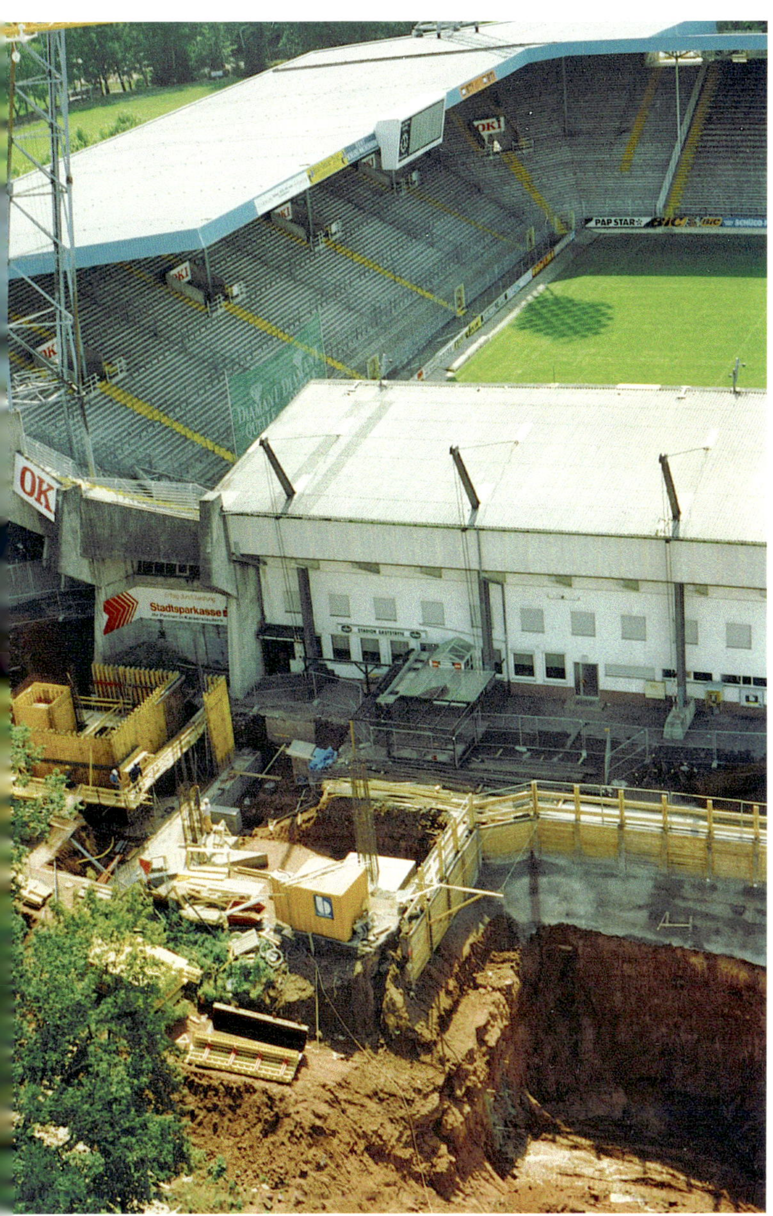

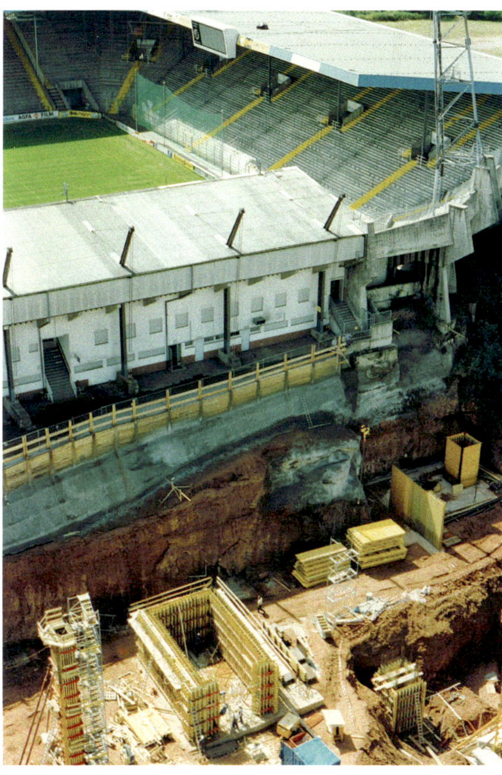

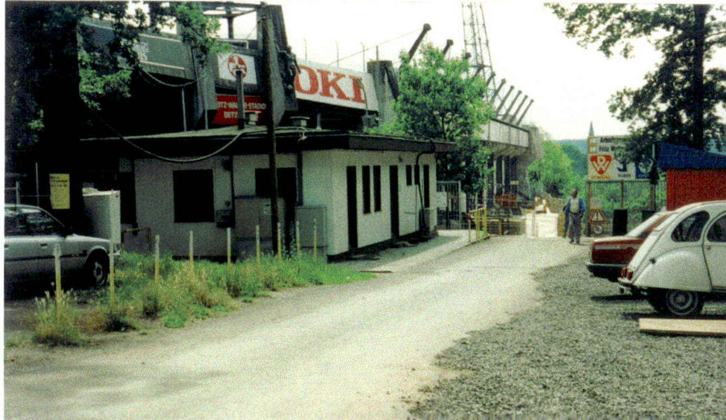

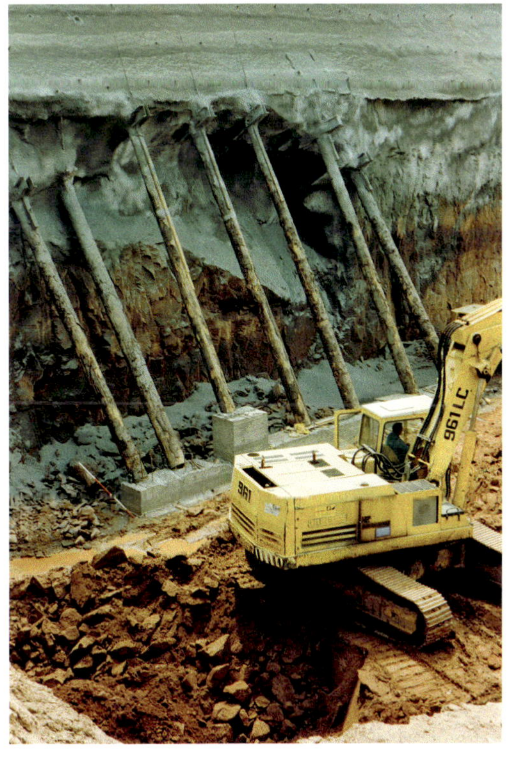

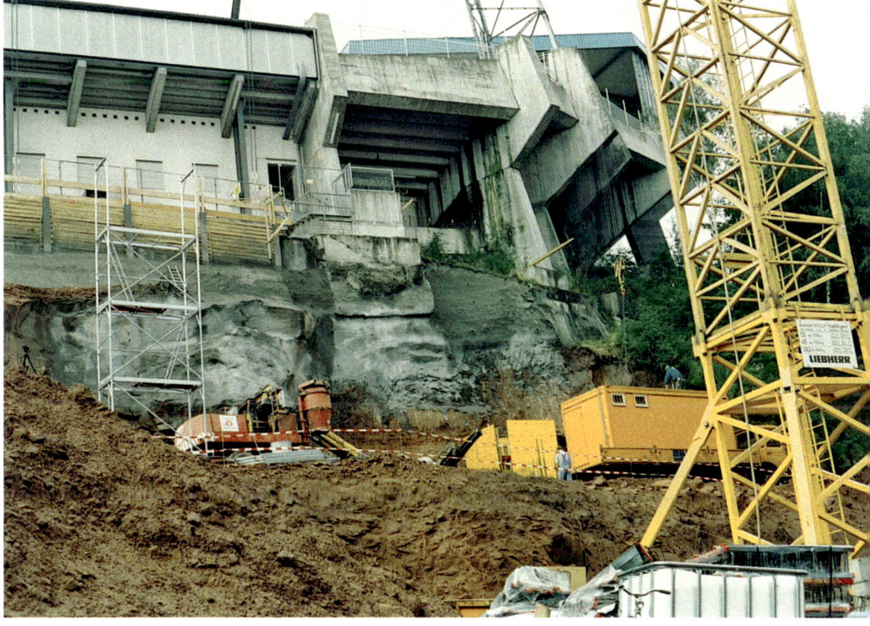

Der Neubau der Tribüne beginnt hinter ihrem Vorgänger. Die Stützen des neuen Bauwerks gründen auf der Sohle des Steinbruchs weit unterhalb des Rasens.

derweil vorbei. Der exklusive VIP-Bereich mit zwölf Logen (64.000 DM pro Saison) und Business-Seats in verschiedenen Kategorien (2.000 bis 6.000 DM) wird von einem eigenen Restaurant verköstigt. „Die Kosten werden sich schnell amortisieren", kann Geschäftsführer Klaus Fuchs angesichts der Nachfrage ruhigen Gewissens behaupten. Bereits ein halbes Jahr vor der Fertigstellung sind die teuersten Kategorien komplett vergriffen.

Die Attraktivität des Vereins ist seit der unverhofften Meisterschaft schlagartig gestiegen. Und um Ideen, diese zu vermarkten, ist der FCK nicht verlegen. Eine bei Manchester United abgekupferte Anregung ist die des „Sponsor of the day": ein Unternehmen erhält rund um den Spieltag einen besonderen Service mit Stadionführung, Drei-Gänge-Menü und Begrüßung durch den Stadionsprecher. Eine echte Innovation ist auch der ligaweit erste „Familienblock" mit Spielgeräten auf der Südtribüne. „Das Stadion soll die Mannschaft finanzieren, nicht umgekehrt", erklärt Klaus Fuchs gegenüber der *Rheinpfalz*. Bei konstantem Zuschauerzuspruch rechnet der FCK pro Saison mit Mehreinnahmen in Millionenhöhe. Er ist dringend darauf angewiesen: Aus den ursprünglich kalkulierten 6,5 Millionen Eigenanteil werden bis Juli 1994 bereits 22 Millionen, ohne dass der Innenausbau abgeschlossen ist.

EINWURF

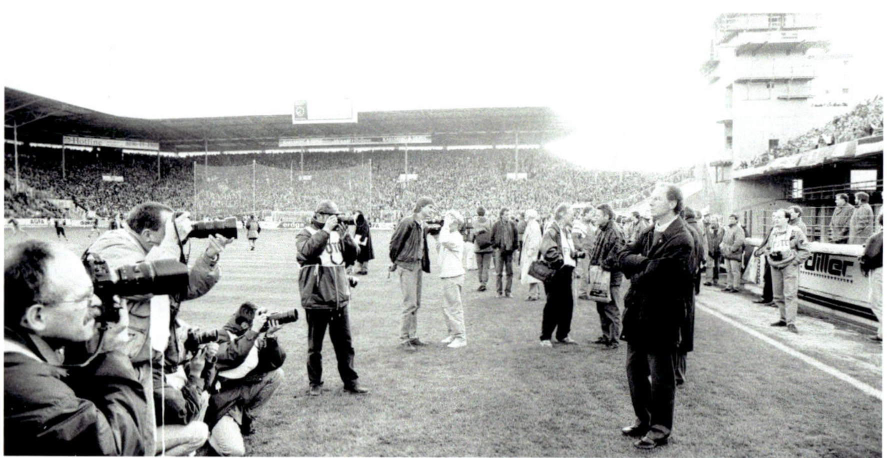

Sieg auf der Baustelle: Die Bayern mit Trainer Franz Beckenbauer werden im April 1994 mit 4:0 nach Hause geschickt.

Zuschauerrekord gegen Borussia Dortmund

Die Rückrunde 1993/94 trägt der FCK auf einer Baustelle aus. Erst als der Oberrang bereit ist, Zuschauer aufzunehmen, wird die darunterliegende alte Tribüne abgerissen und der Bau des Unterrangs beginnt. Der süßeste Sieg in dieser teilweise skurril anmutenden Kulisse ist das 4:0 gegen Bayern München am 14. April 1994. Bedingt durch die schrittweise Freigabe kommen zwei Wochen später gegen Dortmund aber mehr Zuschauer: Die 40.500 im letzten Heimspiel bleiben vier Jahre lang der gültige Zuschauerrekord, weil in der Sommerpause die 3.500 alten Sitzschalen auf der Osttribüne neu installiert werden, wofür im Gegenzug 6.500 Stehplätze wegfallen. Die Stadionkapazität pendelt sich damit auf 38.000 Zuschauer ein.

VON DER WESTKURVE AUF DEN RASEN

AXEL ROOS FCK-Spieler 1979–2001

Zuletzt im Stadion war ich 2018 beim Jubiläumsspiel der Meistermannschaft von 1998. Ein echter Coup, wie ihn nur ein Otto Rehhagel, den ich menschlich sehr schätze, vollbringen konnte. Wegen meines ruinierten Knies konnte ich nicht selbst mitspielen, aber als ich nach der Autogrammstunde auf den Platz lief, schweifte mein Blick über die Tribünen und ich musste daran denken, was ich hier alles erlebt habe. 1979 lotste mich mein Vater (und Trainer) Ludwig – selbst dreimal Südwestmeister mit dem FK Pirmasens – als 16-Jährigen zur FCK-Jugend. Dort genoss ich zwei Privilegien: Ich wurde von ehemaligen Bundesligaprofis wie Ernst Diehl, Lutz Eigendorf und Reinhard Meier trainiert und konnte auf der alten Westkurve UEFA-Cup-Highlights miterleben. Unvergesslich, wie beim 5:0 gegen Real das ganze Stadion „Zieht den Spaniern die Badehosen aus“ gesungen hat. Ich erinnere mich aber auch sehr genau an das Spiel gegen Neapel in der folgenden Saison, als es im November so neblig war, dass die Ordner – heute undenkbar – Tonnen aufgestellt haben und darin Feuer machten, damit der Nebel über die damals noch offene Kurve abzieht.

Mein Wunsch, selbst Profi zu werden, hat dort seinen Anfang genommen. Mit 18 Jahren hätte ich nie auch nur zu träumen gewagt, dass ich es fast zwei Jahrzehnte lang sein sollte. Wobei ich anmerken muss, dass ich den Umweg über die Amateurelf genommen habe, einen Weg, den ich mit Ausnahme der absoluten Toptalente heute noch jedem empfehlen würde. Ich hatte das Glück, mit dem FCK eine tolle Zeit zu erleben: Meisterschaften, Pokalsiege, Champions League und UEFA-Pokal. Besonders für mich bleibt aber unsere Vizemeisterschaft 1993/94. Ganz privat, weil ich damals im provisorischen VIP-Zelt mit meiner Frau Regine (und vielen Kollegen aus der Mannschaft) unseren Polterabend feierte. Ich scherze immer: Die Nordtribüne wurde auf unseren Scherben errichtet. Die Großbaustelle war aber für uns alle denkwürdig. Wegen des Stadionumbaus mussten wir uns in Containern umziehen. Um aufs Spielfeld zu gelangen, liefen wir über einen Brettersteg. Links und rechts ging es fünf bis sechs Meter in die Tiefe. Echt unglaublich und nicht ganz ungefährlich. Angst haben mussten aber vor allem unsere Gegner. Welch starke Mannschaft wir damals waren, lässt sich am 4:0-Sieg gegen die Bayern ablesen. Womöglich wurde uns der dritte Meistertitel in diesem Jahrzehnt „gestohlen“ – Stichwort: „Phantom-Tor“ von Thomas Helmer.

In den September 1994 fällt auch das 6:3 nach Verlängerung im DFB-Pokal gegen Dortmund. Mehr Dramatik in einem Spiel kann man sich kaum vorstellen: Platzverweis, Elfmeter, dreimal einen Rückstand aufgeholt. Ein typisches Flutlichtspiel auf dem „Betze“, mit einem Publikum, das uns gepusht hat – aber nur, weil wir den Einsatz gezeigt haben, den die Fans hier erwarten. Persönlich stand ich in all den Jahren und Spielen selten im Mittelpunkt, da ich meist als „Schattenmann“ auf die gegnerischen Spielmacher angesetzt war. Das eine oder andere Tor ist mir dennoch gelungen, das spektakulärste 1987 im Derby gegen Waldhof, im Fallen mit dem Knie durch die Beine von Zimmermann. Immerhin erfuhr ich die Wertschätzung des größten FCK-Spielers aller Zeiten, denn dass Fritz Walter und Italia aus tiefer Verbundenheit an unserer Hochzeit teilgenommen haben, ist eine Ehre, die nicht jedem zuteilwurde.

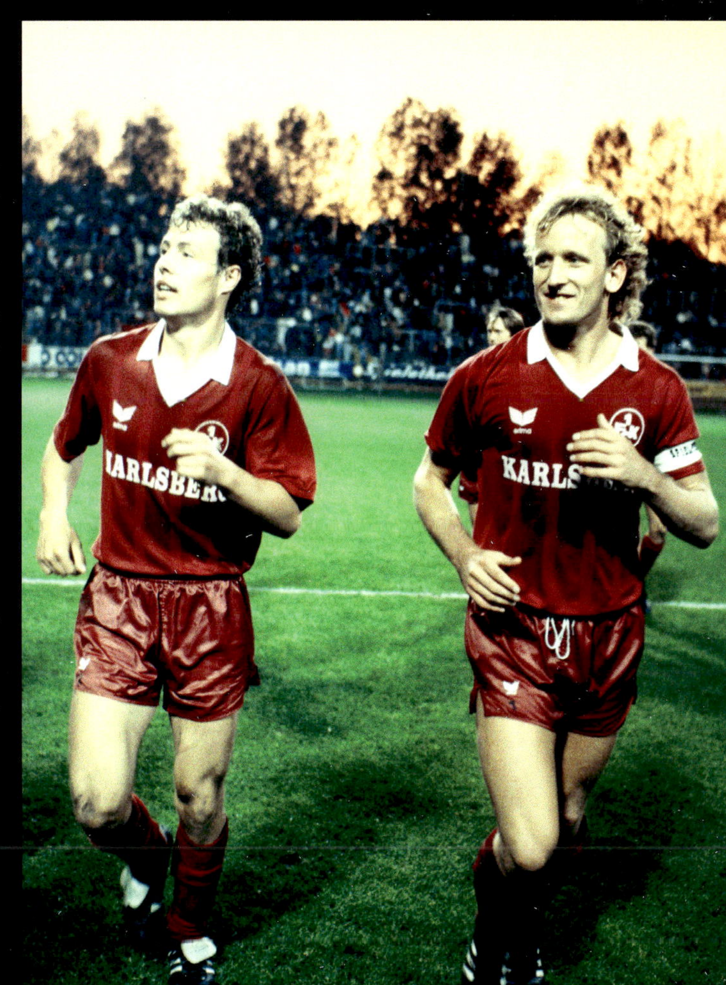

28. Juli 1994: Die *Rheinpfalz* erklärt den Lesern detailliert, wie die neue Nordtribüne aussehen soll.

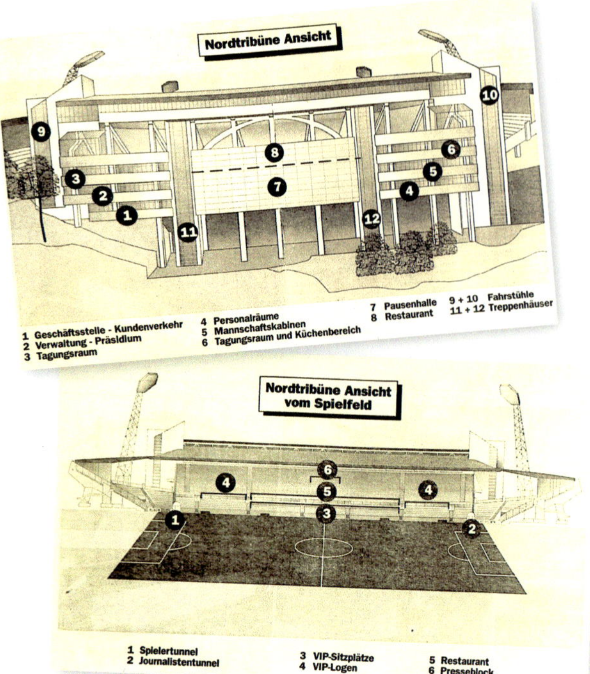

Die Vereinbarkeit von betuchtem Event-Publikum und dem harten Kern in der Westkurve sieht Präsident Norbert Thines pragmatisch: „Der eine lebt vom anderen. Mit der neuen Tribüne subventionieren wir den einfachen Mann." Um dies zu unterstreichen, bleiben die Preise für Stehplatzkarten unangetastet.

Fluch und Segen

Bei der offiziellen Einweihung der Nordtribüne mit großem Zeremoniell am 29. Juli 1994 gegen die Rangers aus Glasgow sind die Reaktionen gespalten. Die lauteste Kritik entzündet sich am gewachsenen Abstand zum Spielfeld. Zwischen der Seitenlinie und den ersten Zuschauerreihen liegt fortan ein mehrere Meter breiter Streifen. Nur so ist das gesamte Geschehen bis in die hintersten Reihen des Oberrangs sichtbar. Dort oben sitzt der Zuschauer jetzt gut 20 Meter vom Geschehen entfernt. Auch auf der Südtribüne werden die ersten beiden Reihen geopfert, um auf der gesamten Front mehr Plätze für Rollstuhlfahrer zu schaffen. Die betze-typische Enge, das Gefühl mitten im Geschehen zu sein, geht unwiderruflich verloren.

Nach einer begeisternden Saison, in der die Mannschaft bis zum letzten Spieltag um die Meisterschaft kämpft, ist dies vorerst kein Thema. Erstmals wird die Marke von 20.000 Dauerkarten geknackt. Der erreichte Zuschauerschnitt von 37.180 Zuschauern bedeutet eine Auslastung von 98 Prozent in der Bundesliga. Die immer noch 21.000 Stehplätze sind allerdings für die Spiele im UEFA-Cup nicht zugelassen. Auf der Suche nach einer Lösung wird der FCK in Belgien fündig und installiert vor dem Erstrundenspiel gegen die isländische Elf aus Akranes mobile Klappschalen, die an den Stehplatzstufen montiert und bei Ligaspielen verriegelt werden. Der Preis für 8.000 zusätzliche Sitzplätze ist eine von Halterungen durchzogene Westkurve. Eine weitaus drastischere – und zumindest in dieser Schärfe nicht erwartete – Auswirkung der neuen Architektur betrifft den Rasen. Die höhere Tribüne und das nun ringsum geschlossene Dach nehmen dem Geläuf wertvolle Luft und Sonne. Der zunächst schleichende Qualitätsverlust der Spielfläche nimmt im Lauf der Saison 1995/96 dramatische Formen an und ist in den Augen der betroffenen FCK-Spieler eine der Ursachen für den unerwarteten Abstieg.

EINWURF

Viel Technik für wenig Geld

Im Kontext der neuen Tribüne wird die mediengerechte Ausstattung des gesamten Betzenbergs runderneuert. Der Elektronikkonzern Panasonic kürt das Fritz-Walter-Stadion zu seiner europäischen Musterarena. Das „Astrovision" genannte Paket beinhaltet zwei video- und fernsehgerechte Anzeigetafeln, eine Videowand für die Pausenhalle, Monitore für alle Logen und Gästeräume sowie ein eigenes Fernsehstudio mit Regieraum. Zusätzlich zum Material der jeweils übertragenden Sender bieten vier fest installierte und eine mobile Kamera die Möglichkeit, eigene Bilder zu produzieren. Der Clou ist, dass der Verein keinen Pfennig zahlen muss. Ein modernes, stimmungsvolles und vereinseigenes Stadion ist in den Augen der Japaner die perfekte Kulisse, um ihre 6,5 Millionen Mark teure Investition potenziellen Kunden aus ganz Europa unter realen Bedingungen zu präsentieren.

Im Laufe der Bauphase werden Zuschauer auf dem Oberrang zugelassen (oben). Nach der Fertigstellung des Dachs ist aus der ehemals kleinsten die höchste der vier Tribünen geworden (unten).

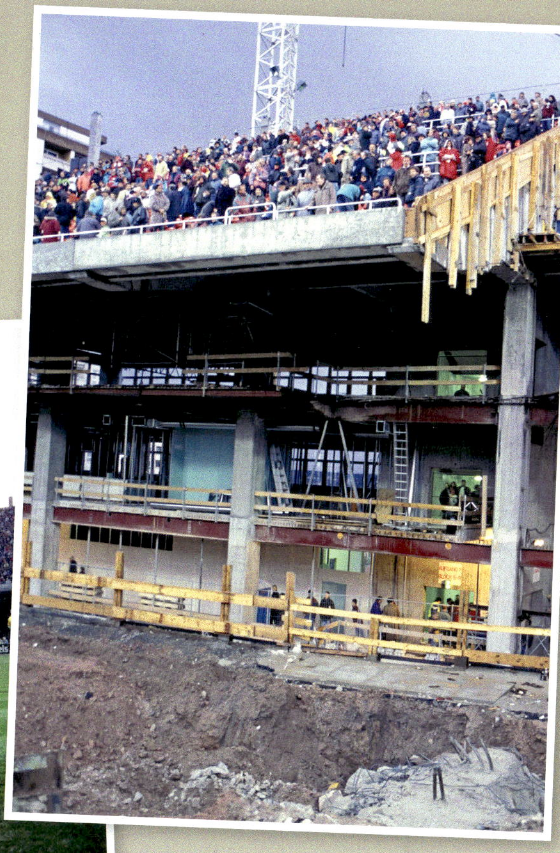

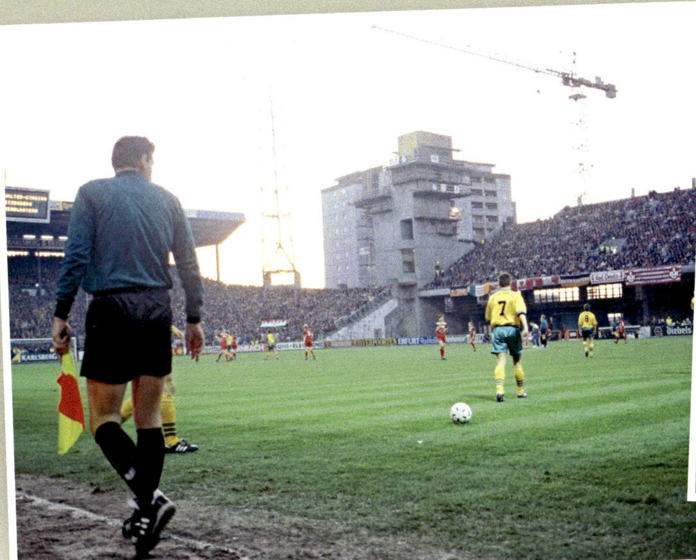

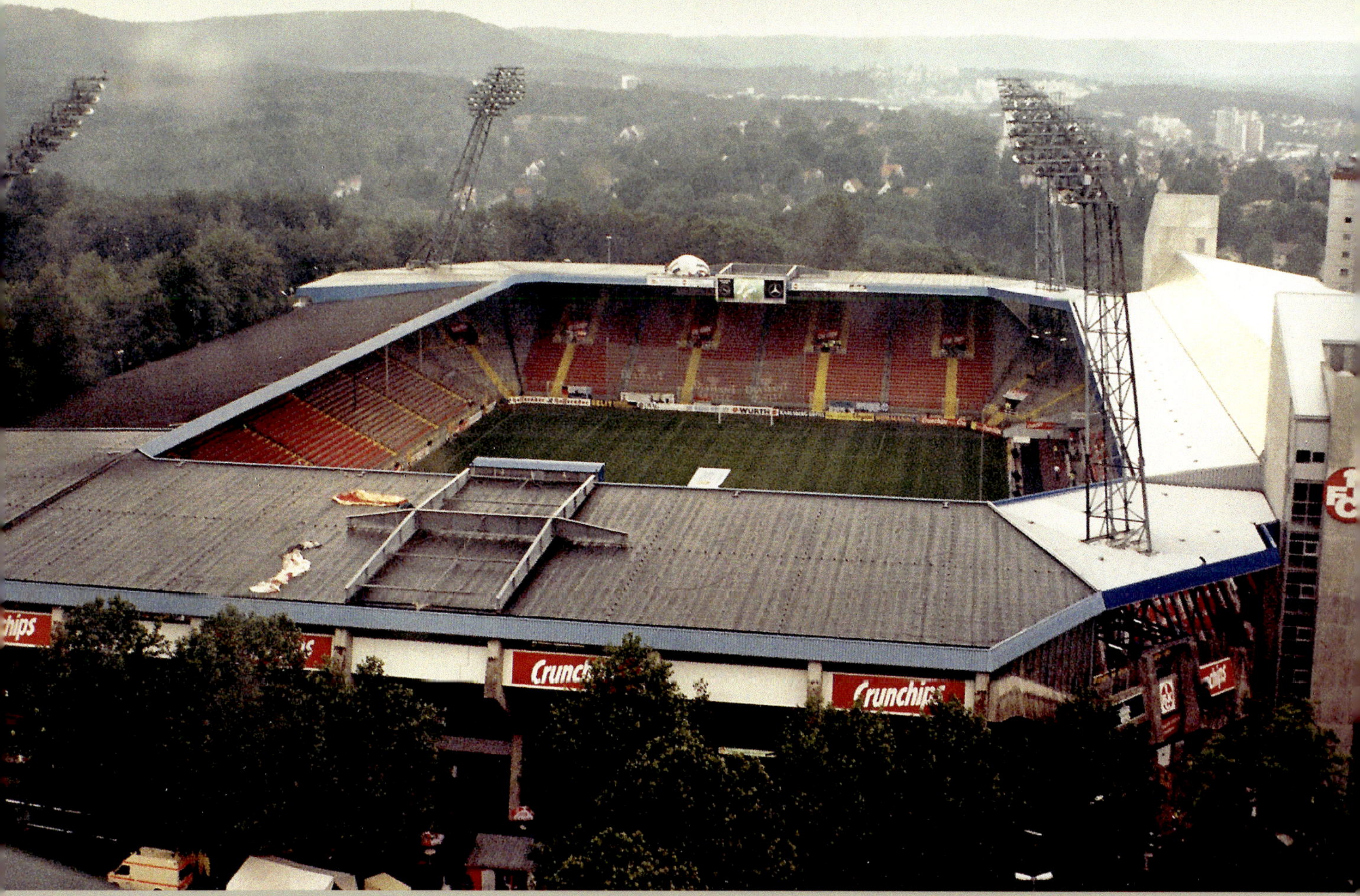

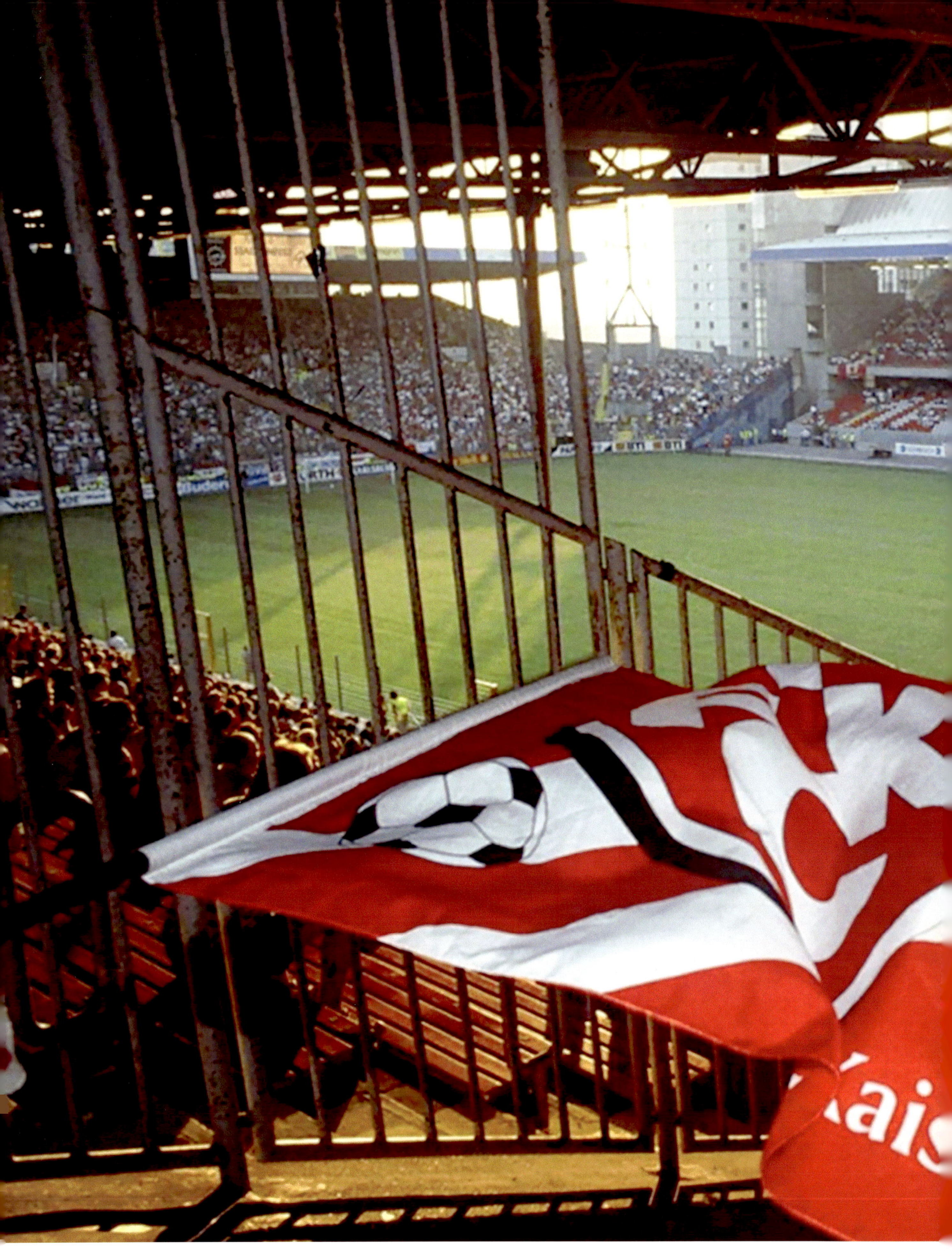

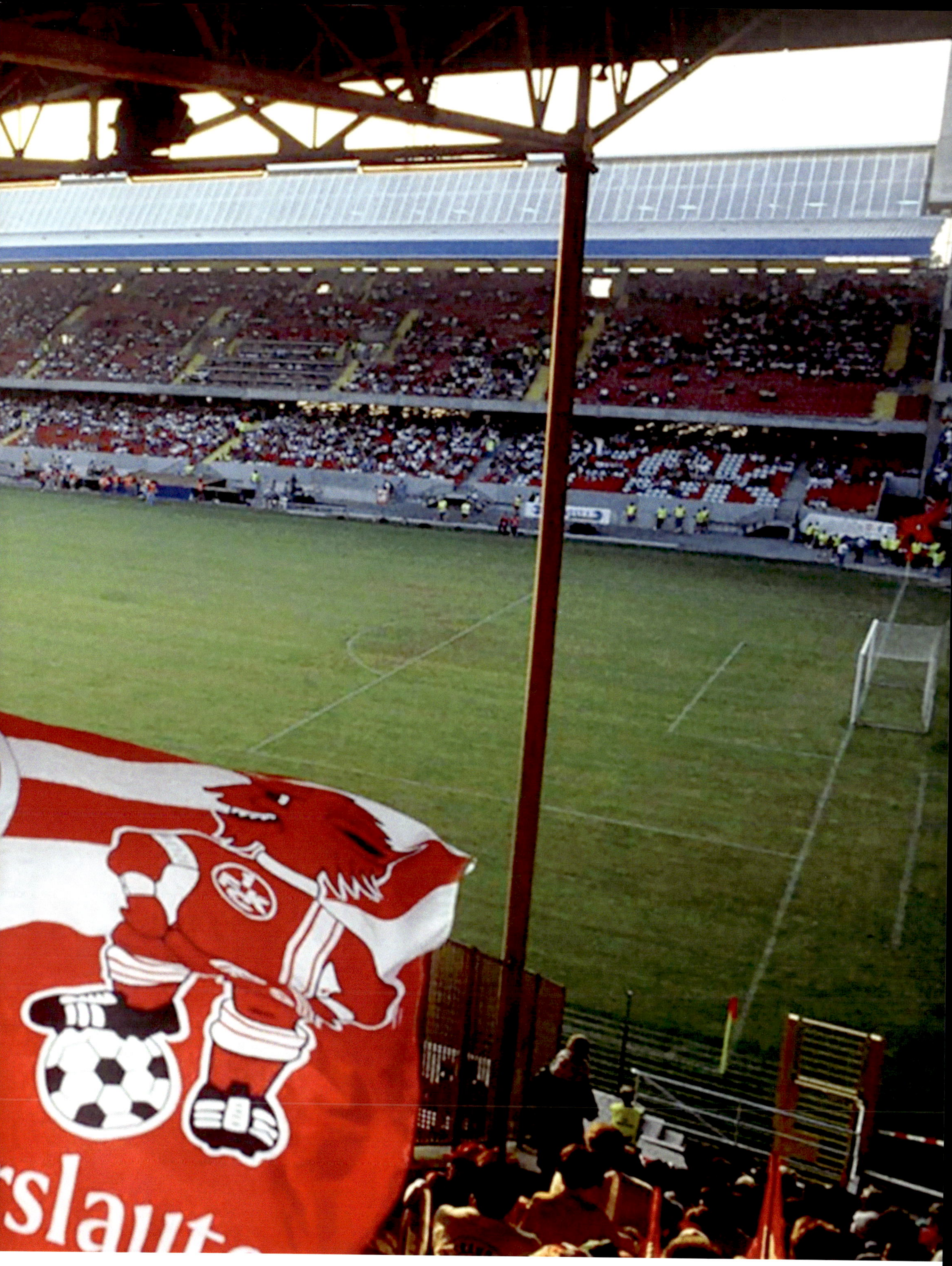
rslaute

EINWURF

1995, Endspiel der Europameisterschaft der Frauen: Deutschland – Schweden 3:2 (1:1)

Der EM-Titel der Frauen wird 1995 letztmalig ohne Endrunde ausgespielt. Die Qualifikation für das Finale auf dem Betzenberg erfolgt unter den letzten acht Mannschaften im Europapokalmodus mit Hin- und Rückspielen. Die deutsche Mannschaft von Gero Bisanz hat sich sowohl gegen Russland als auch England klar durchgesetzt und geht als Favorit ins Finale gegen die Schwedinnen. Trotz frühem Rückstand und einem verschossenen Elfmeter werden die DFB-Damen dieser Rolle gerecht. Maren Meinert erzielt noch vor der Pause den Ausgleich, die erst 17-jährige Birgit Prinz trifft kurz nach ihrer Einwechslung zum 2:1 und Bettina Wiegmann beseitigt die letzten Zweifel. Der dritte EM-Titel der deutschen Frauen-Nationalmannschaft gerät durch den späten Anschlusstreffer nicht mehr ernsthaft in Gefahr.

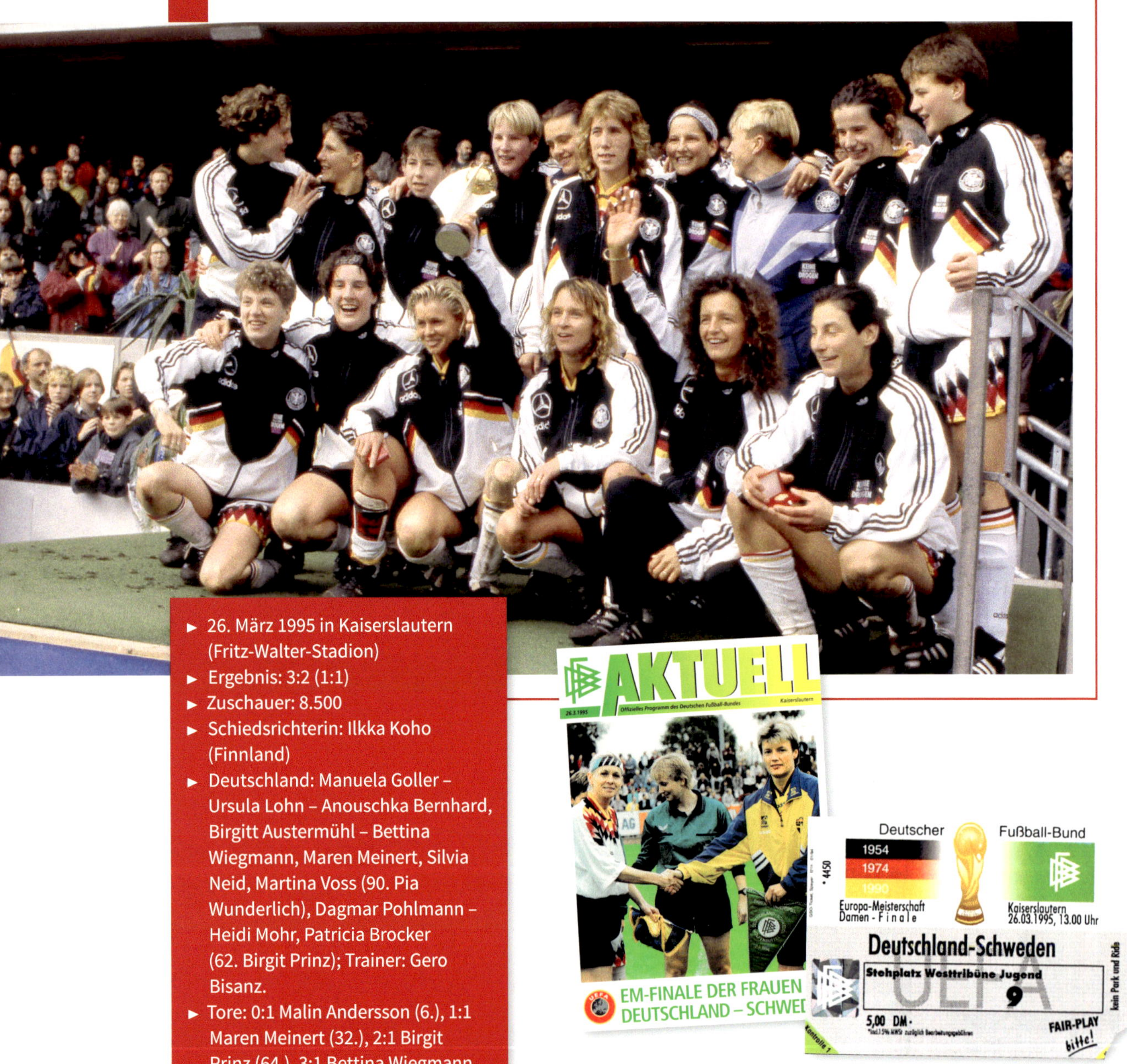

- 26. März 1995 in Kaiserslautern (Fritz-Walter-Stadion)
- Ergebnis: 3:2 (1:1)
- Zuschauer: 8.500
- Schiedsrichterin: Ilkka Koho (Finnland)
- Deutschland: Manuela Goller – Ursula Lohn – Anouschka Bernhard, Birgitt Austermühl – Bettina Wiegmann, Maren Meinert, Silvia Neid, Martina Voss (90. Pia Wunderlich), Dagmar Pohlmann – Heidi Mohr, Patricia Brocker (62. Birgit Prinz); Trainer: Gero Bisanz.
- Tore: 0:1 Malin Andersson (6.), 1:1 Maren Meinert (32.), 2:1 Birgit Prinz (64.), 3:1 Bettina Wiegmann (83.), 3:2 Anneli Andelén (88.)

55

PRAKTIKANTIN BEI KALLI

MARGRET KRATZ einzige weibliche Nationalspielerin des FCK

Während meiner vier Jahre als Spielerin der FCK-Frauenmannschaft (1982 bis 1986) haben wir leider nie im Stadion gespielt, sondern immer nur daneben auf Platz vier. Das waren völlig getrennte Welten, aber immerhin erhielten alle aktiven Spielerinnen eine kostenlose Dauerkarte für die Bundesligaspiele. Als einzige Saarländerin mit gut 100 Kilometern Anfahrtsweg konnte ich nicht jedes Spiel sehen, aber wenn es sich mit unseren eigenen Terminen verbinden ließ, ging ich mit meiner Mannschaft ins Stadion. Das waren allesamt Lauterer Mädels und Frauen, echte Fans des Vereins, die mich mit in die Westkurve schleppten. Die Mannschaft um Hans-Peter Briegel oder Andreas Brehme spielte ja erfolgreichen Fußball, und es waren überragende Erlebnisse, dies als unbedarfter Fan inmitten dieser roten Kurve mitzuerleben. So wurde aus der Sympathisantin in mir ein echter Fan. Ganz nah ran durfte ich erst 1992, als ich als zweite Frau nach Tina Theune die Lizenz als Fußball-Lehrerin erworben habe: ein mehrwöchiges Praktikum bei Meistertrainer Kalli Feldkamp. Der hat sich während der Einheiten immer Zeit für mich genommen, während Rainer Hollmann das Training geleitet hat. Mir wurde ein eigenes Zimmer zur Vor- und Nachbereitung zugeteilt, ich nahm an Spielersitzungen teil und durfte im Bus mit zu Spielen fahren. Die Freundschaft mit Stefan Kuntz, den ich damals kennengelernt habe, hält bis heute.

Den nächsten Höhepunkt im Fritz-Walter-Stadion erlebte ich wieder als Fan, nicht des FCK, sondern der deutschen Frauen-Nationalmannschaft, die 1995 mit einem 3:2-Sieg über Schweden Europameister wurde. In meiner Zeit als Nationalspielerin gab es diesen Modus noch nicht. Als dann ein EM-Finale zum ersten Mal vor unserer Haustür stattfand, habe ich, mittlerweile als Trainerin, mit meiner Mannschaft auf der Osttribüne gestanden und diesen Erfolg hautnah miterlebt. 2006 hat mich das WM-Gruppenspiel zwischen Spanien und Saudi-Arabien nur mäßig begeistert, aber als wir zwei Jahre später eine Delegation von Funktionären und Trainern des iranischen Fußballverbands beim Saarländischen Fußballverband in Saarbrücken zu Gast hatten, wollten die unbedingt den Betzenberg sehen. Trainer Milan Šašić hat nach dem Training mit uns geplaudert, und auf der anschließenden Führung bekamen wir jeden Winkel des neugestalteten Stadions von innen und außen gezeigt. Das war damals alles vom Feinsten und hat mich schwer beeindruckt.

Das Kapitel Frauenfußball ist beim FCK ja schon wenige Monate nach meinem Abgang beendet und leider nie mehr aufgeschlagen worden. Ich denke, dass der Verein in für ihn besseren Zeiten eine gute Gelegenheit ungenutzt ließ, die Entwicklung des Mädchen- und Frauenfußballs im Südwesten mitzugestalten.

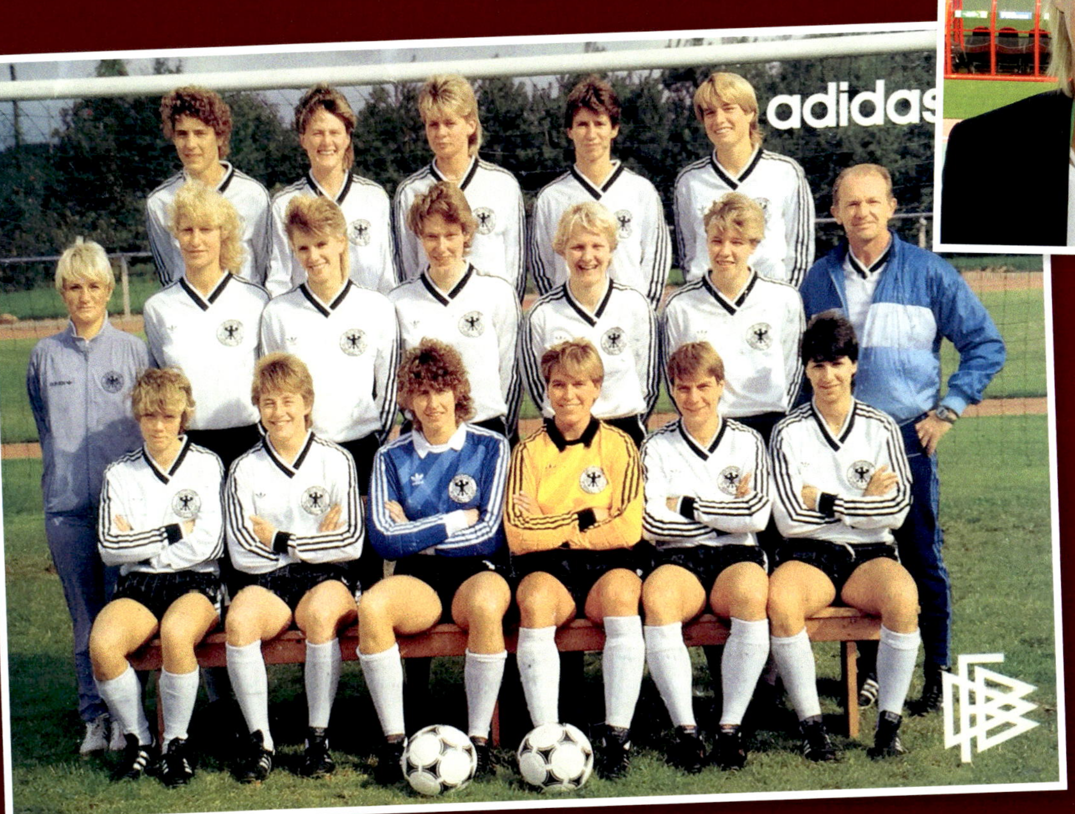

Oben:
Margret Kratz 2015 in Kanada als Mitglied der „Technical Study Group" der FIFA zur Entwicklung im Weltfrauenfußball.

Links:
Margret Kratz (Mitte ganz links) als Nationalspielerin 1986. In der oberen Reihe (3. von links) Silvia Neid.

EINE FAMILIE IN ROT UND WEISS

BETTINA UHL

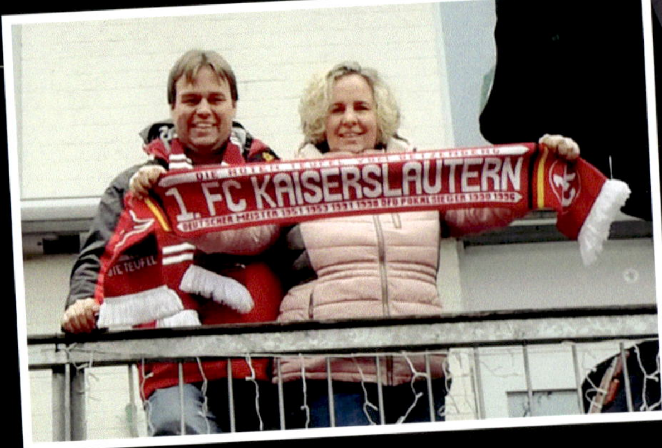

Seit der Saison 1986/87, ich war elf Jahre alt, habe ich kaum ein Heimspiel auf dem Betze verpasst. Meine Fußballbegeisterung wurde mir wohl in die Wiege gelegt, meine Leidenschaft für die Roten Teufel im Speziellen erfasste mich mit dem ersten Stadionbesuch in Begleitung meines Vaters. Dem FCK-Virus konnte ich mich von da an nicht mehr entziehen. In der Folgezeit pilgerte ich regelmäßig mit einigen Freundinnen auf den Betzenberg, doch schon bald stellte sich heraus, dass ich anders tickte als sie. Die meisten schwärmten für einen Spieler und auch ich hatte Ende der Achtziger in Frank Hartmann meinen ersten Lieblingskicker, doch meine Passion galt nicht einer einzelnen Person, sondern eindeutig dem Verein, der mir bis heute viel bedeutet. Und so stand ich bald in Block 8 der Westkurve und fühlte mich als vollwertiges Mitglied der großen FCK-Familie. Es machte mir nichts aus, als Mädchen in einer Männerwelt unterwegs zu sein. Im Gegenteil, es fiel mir gar nicht auf, denn ich war voll akzeptiert und integriert. Der FCK war identitätsstiftend für mich, unabhängig von meinem Alter oder meinem Geschlecht, und dieses WIR-Gefühl genoss ich in jeder Sekunde meiner Stadionbesuche.

Die Heimspielstätte der Roten Teufel hieß da schon Fritz-Walter-Stadion, wenn auch noch nicht allzu lange. Das Stadion in seiner damaligen Form, so wie es bis Anfang der neunziger Jahre bestand, ist für mich der Inbegriff meiner fußballerischen Heimat. Ost-, Süd- und Westtribüne gleichgroß, die kleine Nordtribüne als Bindeglied dazwischen. Vier weithin sichtbare Flutlichtmasten. Das besondere Flair dieses Stadions entstand durch die Nähe von uns Fans zum Spielfeldrand. Hier habe ich, neben unvergesslichen Spielen, auch meinen magischsten FCK-Moment erlebt. Es war der 17. Dezember 1988. Ich spielte damals Handball beim FCK und wir saßen in einem Raum am Treppenaufgang zur Nordtribüne bei einer Weihnachtsfeier zusammen. Ein paar Treppenstufen höher war der Eingang zur beschaulichen Geschäftsstelle. Es war bereits dunkel draußen, als leise die Tür aufging und kein geringerer als Fritz Walter hereinspazierte. „Genobend ihr Mäd. Ich hann Licht gesieh, do wollt ich mol gugge, was do los is.“ Er kam ganz zufällig vorbei, war neugierig, schlenderte herein, blieb eine Zeit lang und plauderte ganz ungezwungen Man nahm ihm ab, dass er gerne hier war. Ich bin stolz darauf einen Helden von Bern, den größten Sportler unserer Stadt, den Ehrenspielführer der Nationalmannschaft, vor allem aber den sympathischen Menschen Fritz Walter persönlich kennengelernt zu haben. Das Autogramm, das er mir an diesem Abend gab hängt noch heute gerahmt im Arbeitszimmer.

Die Zeiten haben sich geändert. Das heutige Stadion, so wie es über der Stadt thront, ist mir mit jedem Bauabschnitt fremder geworden. Logen, VIP-Räume, Innenräume für die Zuschauer hinter den Tribünen, zudem ein zu großes Fassungsvermögen Am negativsten wiegt jedoch, dass die Nähe zum Spielfeldrand verlorengegangen ist. Und trotzdem bin ich mit meinem Mann immer noch bei jedem Heimspiel uff´m Betze und wir geben unser Bestes, das FCK-Gen weiter zu vererben. Es scheint uns ganz gut zu gelingen, denn das Herz unserer beiden zwölf- bzw 14-jährigen Mädels schlägt rot-weiß, auch wenn sie oft ungläubig staunen, wenn wir von glorreichen FCK-Zeiten erzählen.

MAMMUTAUFGABE

KLAUS FUCHS FCK-Geschäftsführer 1988–95

Eigentlich war ich ja HSV-Fan. Eine meiner frühesten Erinnerungen an den Betzenberg ist, wie zu Beginn der 1970er Jahre mit Schirmen nach Georg Volkert geschlagen wurde. Ich war Student in Kaiserslautern und ging ab und an ins Stadion. Obwohl meine sportliche Heimat eigentlich Badminton war, ergaben sich in einer kleinen Stadt wie Kaiserslautern fast zwangsläufig auch private Kontakte zu Spielern und Offiziellen. Als der Verein einen neuen Geschäftsführer suchte, ergriff ich die Initiative und warf meine Bewerbung einfach am Stadion in den Briefkasten. Das erste Gespräch hatte ich noch mit Atze Friedrich, wurde aber nach dessen plötzlichem Rücktritt schließlich vom neuen Präsidenten Norbert Thines 1988 als kaufmännischer Leiter eingestellt.

An meinem ersten Arbeitstag wurde ich ungläubig begrüßt von zwei Rentnern, die sich um die Post kümmerten. Auf der Geschäftsstelle arbeiteten damals nur drei Festangestellte. Eine meiner ersten Aufgaben war die Einführung einer funktionierenden, EDV-basierten Verwaltung. Bald folgten die Anfänge des Fußballbooms, speziell beim FCK. Unter Kalli Feldkamp, mit dem ich heute noch eng befreundet bin, begann eine Entwicklung, an deren Ende ich an meinem 40. Geburtstag im Kölner Müngersdorfer Stadion die Meisterschale in den Händen hielt Der traurigste Moment war sicher unser Ausscheiden im Europapokal gegen Barcelona. Ich habe nie mehr so viele Menschen weinen gesehen wie an diesem Abend. Johann Cruyff kam in unsere Kabine und hat der Mannschaft zu ihrer Leistung gratuliert. Vor Ort war ich noch zu angespannt und beschäftigt, aber als ich nachts nach Hause kam und das Video der Partie anschaute, flossen auch bei mir die Tränen.

Beim Stichwort Stadion denke ich natürlich auch an den Neubau der Nordtribüne, eine Mammutaufgabe, die Nerven gekostet hat. Die hartnäckigen Proteste der Anwohner zwangen uns am Ende sogar, einige Eigentumswohnungen in der Nachbarschaft zu kaufen. Auch die Umweltverträglichkeitsprüfung erbrachte skurrile Ergebnisse. So kam heraus, dass im Steinbruch zwar keine Fledermäuse lebten, er aber ein geeigneter Wohnraum für Fledermäuse wäre, worauf wir Rücksicht nehmen mussten. Außerdem waren Trittstufen für Vögel zu installieren, weil sich deren Flugbahn zwischen Ost- und Westkurve durch die neue Tribüne verlängerte. Die Bauphase war auch ein schwieriges Projekt. Den laufenden Betrieb aufrechtzuhalten, war mit immensem Aufwand verbunden. Um die Heimspiele der Rückrunde 1993/94 durchzuführen, mussten alle 14 Tage provisorische Lösungen geschaffen werden, die Geld und Zeit kosteten.

Der Austausch mit den Fans war mitunter emotional, aber konstruktiv. Wir konnten sie überzeugen, dass unser Stadion allen gerecht wird. Mit den Einnahmen auf den teureren Plätzen wurde der Erhalt möglichst vieler Stehplätze finanziert. Nur eines wollte ich damals nicht: Fußball hinter Glas, so wie wir das in Eindhoven oder Anderlecht erlebt hatten. Unsere Idee war, die Scheibe nach hinten zu schieben und die zur jeweiligen Loge gehörigen Sitze außen zu platzieren. Der größere Abstand zum Spielfeld ist Resultat der Sichtbeziehungen. Je näher wir die Tribüne an den Platz gerückt hätten, desto steiler hätte der Oberrang konstruiert werden müssen. Ich bin nicht der Meinung, dass die Stimmung dadurch entscheidend gelitten hat. Das Stadion erhielt eine höhere Kapazität, mehr Volumen und durch die Höhe geht weniger Lautstärke verloren. Wie gut oder schlecht die Stimmung auf den Rängen ist, wird immer noch durch das Geschehen auf dem Platz bestimmt.

58

VATER UND SOHN

THOMAS RIEDL Beim FCK von 1987–99; 2001–06

Ich kam ja als Sohn eines FCK-Spielers zur Welt. Ich erinnere mich, dass ich als Dreikäsehoch tatsächlich mal im Bus vom Spieltagsquartier im Seehotel mit ins Stadion fahren durfte, auf dem Schoß von Hans-Peter Briegel. Für Kinder ist ein Fußballstadion natürlich ein ganz besonderer Ort. Die Menge an Leuten, die derben Worte, die dort fallen. Ich hatte das Gefühl, alles zu dürfen, was man sonst nicht darf. Und nach dem Spiel gab es für die Kinder einen separaten Raum neben der Stadiongaststätte, in dem wir betreut wurden, bis unsere Eltern fertig waren. Dort spielte ich dann beispielsweise mit den Töchtern von Ronnie Hellström.

Als ich ab der D-Jugend beim FCK kickte, hatte ich dagegen nie das Gefühl, dass mein Name eine Rolle spielte. Komischerweise dachte ich aber, dass es völlig normal wäre, selbst Profi zu werden. Ich habe nie einen Gedanken daran verschwendet, wie schwierig es eigentlich ist. Doch wenn es in Lautern darum geht, dem eigenen Nachwuchs eine Chance zu geben, lautet das Motto: „Ja, aber …“ Das ist heute noch so. Irgendwie zählt man bei externen Neuzugängen alle Vorzüge auf und sieht im eigenen Stall immer die eventuellen Schwächen eines Spielers. Ich hatte das Glück, dass Friedel Rausch sich getraut hat, mich im Abstiegskampf reinzuwerfen, im November 1995 gegen 1860 München, als Bewacher von Spielmacher Peter Nowak. Eigentlich eine ungewohnt defensive Rolle, aber es hat funktioniert. Ich habe mir auch keinen Kopf gemacht, dass ich es nicht packe, war auch vor 38.000 Zuschauern nicht nervös. Es war im Nachhinein eine Schnapsidee, aber ich hielt es vor meinem Vater geheim, habe ihm erzählt, dass ich bei meiner Freundin übernachte. Wir haben hinterher darüber gelacht. Er hat sich sehr gefreut, war aber auch immer mein schärfster Kritiker. Er konnte es ja aus eigener Erfahrung gut einschätzen und hat mich stets darauf hingewiesen, dass da noch mehr geht. Als Vater und Sohn haben wir zusammen 630 Bundesligaspiele gemacht – ein Wert, den meines Wissens keine andere Familie überbietet.

Für die Mannschaft und den Verein lief in dieser Saison natürlich alles schief. Der Platz war schlecht, alle Ehemaligen haben gegen uns getroffen. Für mich persönlich war der Abstieg aber gar nicht schlecht. Er verschaffte mir ein Anlaufjahr, in dem ich Spielpraxis sammelte und meine ersten Tore erzielte, im letzten Spiel, dem 7:6 gegen Meppen, sogar meinen ersten Doppelpack. Die Meisterschaft mit dem eigenen Verein ist natürlich das Größte, was man erleben kann. Aber im Folgejahr, in dem ich mir deutlich mehr Spielanteile erkämpfte, hatte ich das Gefühl, dass immer nur die anderen jungen Spieler in den Fokus gerückt wurden. Otto Rehhagel hat mir später erklärt, das wäre das größte Kompliment, das er mir machen konnte, da ich kein Nachwuchsspieler mehr für ihn war, aber ich hatte 1999 den Entschluss gefasst, den Verein zu verlassen, obwohl ich mein ganzes Leben da verbracht hatte. Die Zeit bei 1860 war schließlich eine wertvolle Erfahrung. Selbst als Gegner wurde ich am Betze immer positiv empfangen, so dass es mir leichtfiel, 2001 zurückzukehren. Unter Jäggi hatte sich leider viel verändert. Es war plötzlich mehr eine Firma als ein Verein. Es gab viel Unruhe, auch in der Mannschaft.

Da ich immer noch im Umfeld von Kaiserslautern lebe, verfolge ich die aktuelle Entwicklung natürlich weinenden Auges. Wie es so weit kommen konnte? Um noch einmal Ottos Worte zu benutzen: „Im Erfolg macht man die größten Fehler!“

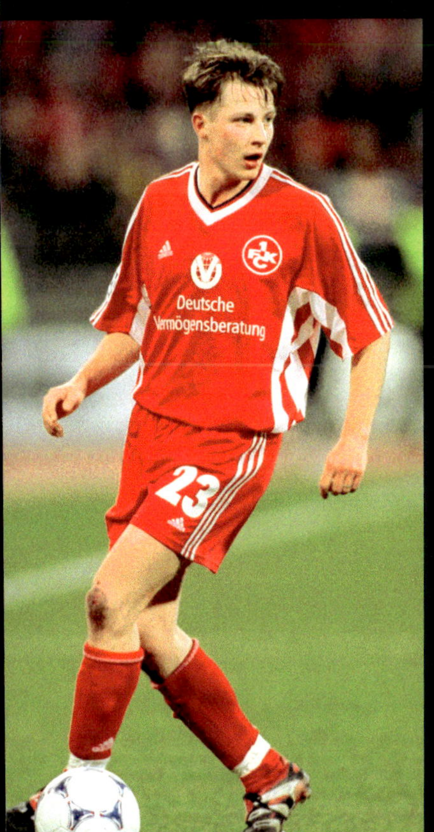

Thomas Riedl im März 1999.

„EIN BISSCHEN PEINLICH“

UDO BÖLTS zwölffacher Tour-de-France-Teilnehmer, zweifacher Deutscher Meister als Radprofi

Natürlich war ich bereits vor meiner Karriere als Radprofi immer wieder einmal zu Gast auf dem Betze. Das war quasi ein Muss für jeden Sportbegeisterten hier aus der Gegend. Diese regionale Identität, die von Fußballvereinen verkörpert wird, ist der komplette Gegensatz zum Radsport, wo die europäische Einigung ja bereits lange vor der politischen Entwicklung entlang der Strecke gelebt wurde. Auch wenn jeder seine Favoriten hat, feierten und feiern die Radsportfans aus allen Ländern eigentlich jeden Fahrer. Umgekehrt macht diese Identifikation mit einer Mannschaft den Fußball und das daraus resultierende Stadionerlebnis aus. Ohne den Beitrag der Fans wäre Fußball nicht vorstellbar. Meine nachhaltigsten Erlebnisse im Stadion hatte ich dann aber nicht der Kurve, sondern meinem gestiegenen Bekanntheitsgrad als Radprofi zu verdanken. Mitte der Neunziger erhielt ich von einem Sponsor eine Einladung in die VIP-Loge, wo ich prompt Fritz Walter kennenlernen durfte. Er hat mich direkt herzlich umarmt und sich länger mit mir unterhalten. Unterdessen rückte das Spiel ehrlich gesagt in den Hintergrund. Die Begegnung mit dieser Sportikone hat mich mächtig beeindruckt. Zum Schluss hat er mir eine Autogrammkarte mit Widmung überreicht, die ich bis heute aufbewahre.

Wenige Jahre später hat mich der Verein zum Ende der Radsportsaison noch einmal eingeladen und ich wurde vor dem Anpfiff im Mittelkreis geehrt. Das war mir fast ein bisschen peinlich, aber auch das zu dieser Gelegenheit extra mit meinem Namen beflockte Trikot hängt heute noch gerahmt bei mir zu Hause in Heltersberg. Natürlich bin ich auch meiner väterlichen Pflicht nachgekommen und habe meine eigenen Kinder mit ins Stadion genommen, muss aber zugeben, dass der Funke in diesem Fall nicht übergesprungen ist. Überhaupt habe ich das Gefühl, dass mit der negativen sportlichen Entwicklung der Stellenwert des Vereins jenseits seiner treuesten Anhänger deutlich abgenommen hat. Das ist sehr schade, aber ich befürchte, das Rad der Zeit lässt sich nur schwer zurückdrehen.

TEUFEL IN PERSON

ULLA SCHMITT

Alles begann mit dem Abstieg 1996 in Leverkusen. Ich war fassungslos, aber mehr über meinen damaligen Freund – ein FCKler durch und durch –, der komplett zusammenbrach. Ich könnte das nicht verstehen, sagte er, da ich eben noch nie im Stadion war. Das sollte sich ändern, und wie. Wenige Wochen später war ich eine der Frauen im Teufelskostüm, die vor dem Spiel den Stadionsprecher bei der Verkündung der Mannschaftsaufstellung unterstützen und die Fans animieren. Die Idee wurde von einer damaligen Freundin an mich herangetragen und dann ging alles ganz schnell. Gegen Roter Stern Belgrad feierte ich im Europapokal der Pokalsieger meine Premiere. Die Kurve von vorne zu erleben ist ein unbeschreibliches Gefühl, wenn „You'll never walk alone“ angestimmt wird, alle Schals hochgehen und man die überragende Stimmung im Stadion fast greifen kann. Ich war sofort angefixt und habe 13 Jahre lang kaum ein Spiel verpasst, egal ob ich Fieber hatte oder hochschwanger war. Wir waren zu dritt und zwei von uns waren immer im Einsatz, zumindest bis zum Spiel gegen Wolfsburg, in dem wir Meister wurden. Da haben wir kurzerhand die Devise „Drei Teufel für drei Punkte“ ausgegeben und sind alle zusammen aufgetreten. Das fehlende Kostüm habe ich in der Nacht davor auf die Schnelle selbst genäht.

Teufelin zu sein bringt einen eigenen Ablauf des Spieltags mit sich. Umgezogen haben wir uns anfangs immer in einer alten Garage unter der Westkurve, in der der Platzwart Material verstaute. Nach dem Stadionumbau dann bei den Ordnern, mit denen sich auch ein herzliches Verhältnis entwickelte. 15 Minuten vor dem Spiel sind wir zum „Betze-Lied" mit dem Stadionsprecher raus auf den Rasen. Danach sind wir gemütlich hinter die Kurve, hatten unsere Stammbude, wo uns eine nette alte Dame noch einmal die Currysauce zu unserer Wurst warm gemacht hat. Wir wurden oft geherzt und gedrückt oder posierten für Fotos. Mit der Zeit wusste man, wer wo steht oder sitzt, grüßte, winkte und freute sich über das Wiedersehen.

Es kann sehr anstrengend sein. Im Winter frierst und im Sommer schwitzt du unter dem Kostüm, aber es war auch ein Job, der einem Privilegien verschaffte. Da uns jeder kannte, hatten wir eine gewisse Narrenfreiheit, konnten uns relativ frei bewegen. Man lernt im Lauf der Jahre unheimlich viele Menschen kennen, nicht nur im eigenen Verein, begegnet einem Christoph Daum oder Jürgen Klopp, die locker und freundlich waren, während man von anderen Prominenten komplett ignoriert wird. Es gab auch Maskottchen-Wettbewerbe und Treffen, bei denen Freundschaften entstanden sind, zum Beispiel mit „Herthino" und dem Stuttgarter „Fritzle". Zeitweise hatten wir sogar eine eigene Homepage. Mein persönliches Highlight bleibt das Pokalfinale 2003 in Berlin: Nach dem Spiel überreichte mir Miro Klose sein Endspiel-Trikot, das 2006 durch die Unterschrift von Ottmar Walter veredelt wurde, als ich – ein Nebeneffekt des Jobs als Teufelin – WM-Volunteer war.

Nach 13 Jahren, in denen diese ehrenamtliche Tätigkeit meinen Terminkalender bestimmte, hörte ich beruflich und altersbedingt auf. Mein Kostüm habe ich dem FCK-Museum vermacht. Mittlerweile gehe ich ganz selten ins Stadion und verfolge den FCK nur noch aus der Ferne. Aber die alte Rolle lässt mich nie ganz los. Auch zehn Jahre nach „Dienstende" passiert es, dass ich als „Betze-Teufel" angesprochen werde.

NIEMALS ALLEIN

MATTHIAS DE BEHLER YouTuber, „Matzes Daily Madness"

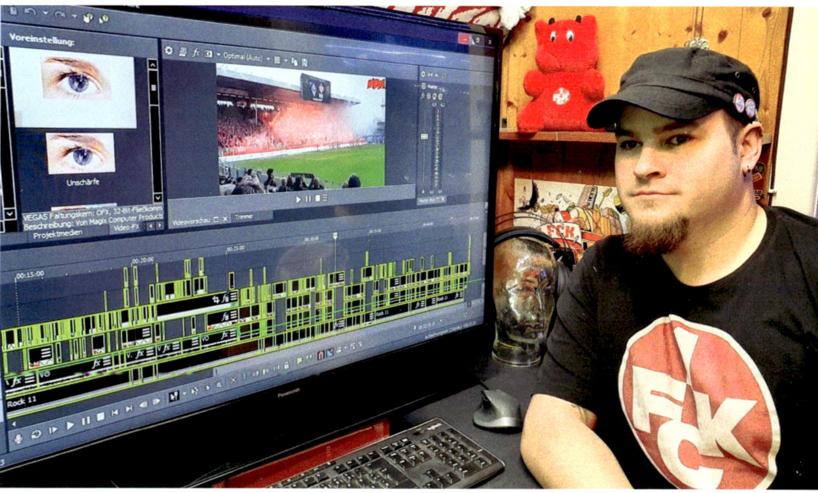

Los ging es gegen Rostock 1996. Ich verfolgte das Spiel mit meinen acht Jahren aus der Ostkurve (Familienblock). Doch meine Aufmerksamkeit galt schon damals mehr dem Geschehen auf den Rängen als jenem auf dem Rasen. Die Jubelschreie bei den zwei Toren klingen mir noch immer in den Ohren. Seit diesem Tage bin ich vollends „Lautrefiziert" und betrachte das Fritz-Walter-Stadion als mein zweites Wohnzimmer – hier fühle ich mich wohl und teile meine größte Leidenschaft mit Menschen, die ich liebe. In den letzten 20 Jahren hat sich vieles verändert. Die „Oma-Büdchen", wo es immer leckere Schlemmerfladen für 1,50 DM gab, wichen automatisierten Verpflegungseinheiten. „Kumm, die fuffzisch Penning gibscht ma beim negschde mo", wenn dem jungen Fan das Geld nicht reichte, machten Platz für Zahlsysteme, die nur „OK" oder „NICHT OK" kennen … Ich liebe unser Stadion und bin bei jedem Heimspiel, und seien die Zeiten auch noch so schlecht. Doch die Nostalgie und Wehmut packt mich hin und wieder, wenn ich Bilder aus der Vergangenheit, vor 2006, sehe. Doch egal ob mich der Weg wie damals in Block 6 oder heute in 8.1 führt – die Rituale haben sich nicht geändert. Ankunft mit der Bahn, am Kiosk vor dem Tunnel meine Freunde treffen, gemeinsam „uff de Betze" ins Stadion, wo wir alles für die Männer in Rot geben.

Seit rund fünf Jahren durchlebe ich durch meine Arbeit für meinen YouTube-Kanal jede einzelne Partie mehrfach: im Stadion und beim Videoschnitt. Jedes Mal, egal wie oft ich die Clips im Nachhinein sehe, erfreue ich mich an jedem Tor und ärgere mich über die Gegentreffer! Mittlerweile folgen Fans aller Couleur dem Kanal. So bekomme ich aus allen Ecken Deutschlands – auch von eigentlich verfeindeten Teams – Zuspruch. Und die Sympathie für den FCK wächst dadurch stetig. Oft bekomme ich vorgeworfen, durch diese Videos schlechter zu supporten – das Gegenteil ist der Fall! Um unseren Verein so zu repräsentieren, wie er es verdient, schreie ich noch lauter und hitziger als je zuvor. Nur um zu beweisen, dass die Fans aus der Pfalz die besten sind.

Nirgendwo liegen Glück und Freude auf der einen, Trauer und Tränen auf der anderen Seite so nah beieinander wie im Stadion. Und genau das ist es, was diesen Ort zu einem der bedeutendsten in meinem Leben macht! Und ein Blick zu den Seiten, nach hinten oder vorne genügt, um zu wissen: „Ich bin mit meinen Emotionen nicht alleine … und werde es auch niemals sein!"

OLAF MARSCHALL

FCK-Profi 1994–2002

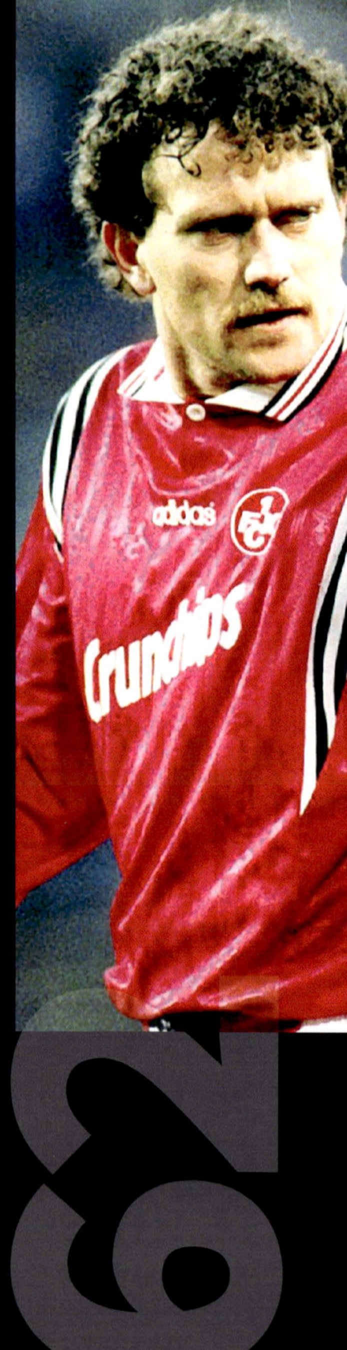

62

Der Betzenberg spielt im Erfolg wie im Misserfolg eine wichtige Rolle. Wenn es läuft, dann treibt er dich an, aber im umgekehrten Fall kann er auch zur Last werden. Auf dem Platz sind die emotionalen Ausschläge gut zu spüren, aber sie gehen in beide Richtungen. Liebe auf den ersten Blick war es in meinem Fall nicht. Beim Auswärtsspiel mit Dynamo Dresden im März 1994 war das Stadion eine Baustelle, wir mussten uns in Containern auf dem Nebenplatz umziehen. Es hat mich aber nicht davon abgehalten, nach Kaiserslautern zu wechseln, noch bevor der Umbau der Tribüne endgültig abgeschlossen war. Der FCK war gerade Vizemeister geworden und unsere Zielsetzung lautete ganz klar: um den Titel mitspielen. Obwohl wir am Ende Vierter wurden, war das weniger, als wir uns erhofft hatten. Das denkwürdigste Spiel meines ersten Jahres war das Pokalduell gegen Dortmund. Dreimal glichen wir einen Rückstand aus, und dann, in der 102. Minute, treffe ich zum 4:3, obwohl ich nur noch über den Platz humpelte, da wir bereits dreimal gewechselt hatten. Am Ende ging es 6:3 aus und das Stadion tobte.
Verletzungen waren leider ein Thema, das mich weiter verfolgte, auch im zweiten Jahr, in dem wir völlig überraschend abstiegen. Symptomatisch für mich war unser Heimspiel gegen Schalke, ein 0:0, bei dem Andi Brehme noch einen Elfmeter verschoss. Zu viele Unentschieden und zu viele vergebene Chancen, das hat uns am Ende den Klassenerhalt gekostet. Und die Leverkusener Unsportlichkeit: Ich werde nie vergessen, wie ich nach einem Foul am Boden liege und wir den Ball ins Aus spielen, Sergio den Ball aber nicht zurückwirft und prompt fällt auf der anderen Seite das Tor. Die zweite Liga war lange ein zähes Geschäft, erst am Ende spielten wir uns zu Hause in einen Rausch: 7:0 gegen Lübeck, 5:0 gegen Waldhof, 7:6 gegen Meppen. In dieser Phase hat sich die Truppe gefunden. Da wurde der Grundstein gelegt für die sensationelle Meisterschaft nach dem Aufstieg. Der 1:0-Sieg bei den Bayern gleich am ersten Spieltag wirkte zusätzlich als Katalysator. Für mich persönlich war es die beste Saison meiner Karriere. Gerade für einen Stürmer ist es günstig, gleich zu Beginn zu treffen. Im ersten Heimspiel gegen Hertha gelang mir der späte Siegtreffer und im zweiten gegen Schalke konnte ich zwei Tore nachlegen. Da passte alles. Das Selbstvertrauen, das du daraus ziehst, macht vieles einfacher. Es gehört aber auch ein Trainer dazu, der dir das Vertrauen auch dann schenkt, wenn du mal nicht triffst. Und Otto hat das unnachahmlich gemacht. Wir hatten viele Freiheiten, aber keiner hat es ausgenutzt, jeder wusste, was er zu tun und zu lassen hatte.
Der größte Moment, den ich im Stadion erlebte, war die Nachricht aus Duisburg, dass die Bayern nicht gewonnen hatten und wir nach dem 4:0 gegen Wolfsburg endgültig Meister waren. Da ging in der Kabine die Post ab, aber wir sind dann wieder raus, der ganze Platz war voller Fans. Was wir geleistet hatten, war unfassbar, allerdings fragst du dich auch, wie wir mit der fast gleichen Mannschaft zwei Jahre vorher absteigen konnten. Ein ganz entscheidender Schritt auf dem Weg zum Titel war das 3:2 gegen Gladbach, bei dem ich – nach 0:2-Rückstand – alle drei Tore erzielte. In der Nachspielzeit schlägt Marco Reich eine letzte weite Flanke, ich steige hoch und der Kopfball senkt sich ins Netz – das war grandios. Für die Fans war ich an diesem Abend der „Fußballgott", obwohl ich persönlich mit diesem Begriff wenig anfangen kann. Während einer anderen, Betze-typischen Aufholjagd gelang mir im September 1998 mein wohl schönster Treffer in diesem Stadion: Per Fallrückzieher traf ich gegen Hertha zum 2:3 und wir drehten anschließend das Spiel. Den triffst du als Stürmer nicht immer so, spürst aber schon im Moment, in dem der Ball den Fuß verlässt, dass er gut kommt. Die Auszeichnung als „Tor des Jahres" nimmt man gerne mit, aber was wirklich zählt, sind im Fußball die Titel mit der Mannschaft.

HARRY KOCH

FCK-Profi 1995–2003

63

Bei meinem Wechsel von Vestenbergsgreuth zu einem gestandenen Bundesligisten war ich auf dem Papier die Nummer 24 in einem Kader von 25 Spielern und habe mich trotzdem durchgesetzt. Nicht nur den Trainer, sondern auch die Fans konnte ich schnell davon überzeugen, dass da einer auf dem Platz steht, der immer alles gibt und auf den man sich verlassen kann. Für einen Neuling ist es eine willkommene Bestätigung, wenn die Kurve deinen Namen ruft. In meinem ersten Jahr, in dem es für die Mannschaft nicht gut lief, war es aber nicht nur meine Spielweise, sondern auch mein Verhalten außerhalb des Platzes, das mir Akzeptanz verschaffte. Kaiserslautern ist ja nicht besonders groß und als Fußballprofi lebte man vor 20 Jahren noch weniger abgeschottet. Ich glaube, mit ihrer Unterstützung im

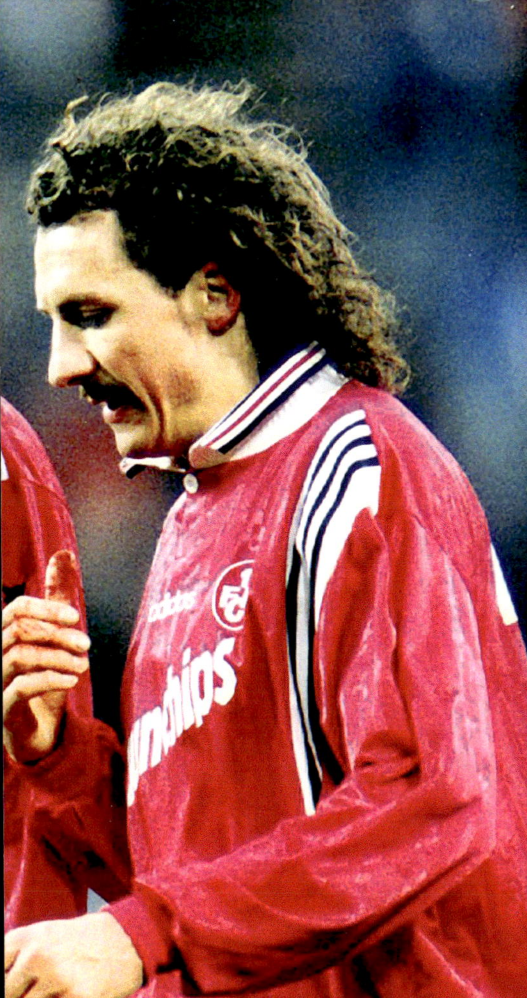

Stadion haben die Leute auch honoriert, dass ich ein Typ war, der sich bei persönlichen Begegnungen nicht weggeduckt, sondern Rede und Antwort gestanden hat. Beim Thema Abstieg muss man festhalten, dass das Stadion daran einen Anteil hatte. Auf dieser Sandwüste konnte man keinen Fußball spielen. Wenn du einen Ball über fünf Meter flach gespielt hast, musste ihn dein Mitspieler mit der Brust annehmen. Trotzdem werde ich nie vergessen, wie wir eine Woche später aus Berlin auf den Betzenberg gekommen sind, um den Pokal zu präsentieren. Alle waren da und haben uns zugejubelt, obwohl wir sie zuvor derart enttäuscht hatten. Das hat dazu beigetragen, dass einer nach dem anderen sich gesagt hat, dass wir diese Scharte zusammen wieder auswetzen müssen. Ich denke, ohne diesen Pokalsieg hätte es den Aufstieg und die Meisterschaft nicht gegeben. Und auch die Fans haben ihr Versprechen gehalten. Das Stadion war immer voll und wir erlebten haufenweise Höhepunkte, von der zweiten Liga bis in die Champions League. Aber danach begannen schwierige Zeiten. In der Vorrunde 2002/03 lief es besonders mies. Nach 16 Spieltagen hatten wir ganze zehn Punkte. Im letzten Heimspiel des Jahres gegen Hertha stand es 1:1, als es fünf Minuten vor Schluss Elfmeter gab. Ich verwandelte, doch der Schiri ließ ihn wiederholen, weil jemand von uns zu früh in den Strafraum gelaufen war. Was für eine Achterbahn der Gefühle: erst der Jubel, dann der Schock und dann noch einmal Konzentration. Zum Glück behielt ich die Nerven und schoss auch den zweiten rein. Wir hatten trotz des Sieges immer noch sechs Punkte Rückstand auf Platz 15. Es war ein wichtiger Schritt auf dem Weg zum Klassenerhalt, aber scheinbar kein Argument, meinen Vertrag zu verlängern. Herr Jäggi wollte Spieler wie Basler, Georg Koch und mich aussortieren, da wir bei den Fans beliebt waren.

Die Geschichte der Kochs beim FCK wurde dennoch fortgesetzt. 2015 wechselte mein Sohn Robin zunächst in die zweite Mannschaft. Schon Konrad Fünfstück hatte ihn als Cheftrainer auf dem Radar, traute sich aber letztlich nicht, ihn zu bringen. Aber kaum hatte er 2016 seinen ersten Profivertrag unterschrieben, schenkte ihm Tayfun Korkut gegen Bielefeld das Vertrauen. Selbstverständlich war ich live dabei. Dort zu sitzen und deinen Sohn auf dem Platz zu sehen, auf dem du selbst deine größten Momente erlebt hast, ist schon ein erhabenes Gefühl, aber du fühlst dich natürlich auch hilflos, weil du von außen wenig tun kannst. Im Fall von Robin verflog das aber schnell. Ich weiß nicht, ob der überhaupt Nerven hat. Der tritt überall, wo er hinkommt – ob erste Liga, U21 oder Nationalmannschaft –, so auf, als wäre er schon immer dabei gewesen. Sein steiler Aufstieg ließ ihn dann deutlich weniger Spiele für den FCK bestreiten als mich.

WENN DIE GLOCKEN LÄUTEN

NORBERT SCHLAG Pfarrer

Es ist ein Samstagnachmittag im Mai 1998. Ich gehe zur Kirche und läute alle Glocken. Die Leute rufen im Pfarrhaus an: „Wer ist gestorben?“ Ich antworte: „Niemand ist gestorben, unser FCK ist Meister geworden und wenn der Kollege in Maranello die Glocken läuten kann, weil ein Ferrari gewinnt, dann kann ich das bei unserer Meisterschaft auch.“ Die Messe am Abend steht natürlich auch unter dem Eindruck dieses Ereignisses. Ich trage meinen FCK-Schal auf dem Messgewand, ein Fan hat seine Fahne mitgebracht, die bis an die Kirchendecke reicht. Weil das Leben mit hineingenommen wird in den Gottesdienst.

Und irgendwie ähnelt ein Fußballspiel ja auch einem Gottesdienst. Es gibt einen feierlichen Einzug von Menschen, die anders gekleidet sind als die, die in den Bänken (auf der Tribüne) sitzen. Es gibt Gesänge, und sind die Bengalos nicht der heimliche Ersatz für den Weihrauch? Und wenn manche Fußballer als Fußball-„Gott“ bezeichnet werden, was bedeutet das? Leben und Glauben sind nicht zu trennen. Also ist ein Stadion, auch wenn es keine Kirche ist, ein Ort, der für die Menschen wichtig ist. Darum ist es alles andere als ein Widerspruch, dass ich als katholischer Pfarrer auch ein eingefleischter Fußballfan bin. Und das bin jetzt schon seit 1976 (wenn ich richtig gerechnet habe). Alle zwei Wochen waren wir, als ich noch zu Hause in Rüssingen wohnte, auf dem Betze. Damals kostete ein ermäßigter Stehplatz noch fünf Mark.

Ich freute mich über Siege und ärgerte mich über Niederlagen, aber im Zentrum eines Stadionbesuchs standen für mich immer schon die menschlichen Begegnungen. Und das nicht nur mit anderen FCK-Fans, sondern besonders auch mit den Anhängern gegnerischer Mannschaften. Denn auch das ist im Stadion nicht anders als in einem Gottesdienst: Bei allem, was die Besucher unterscheidet und eventuell auch trennt, gibt es doch so viel mehr, was sie verbindet. Ich wünsche unserem FCK jedenfalls auch den Segen Gottes, denn den braucht jeder Mensch.

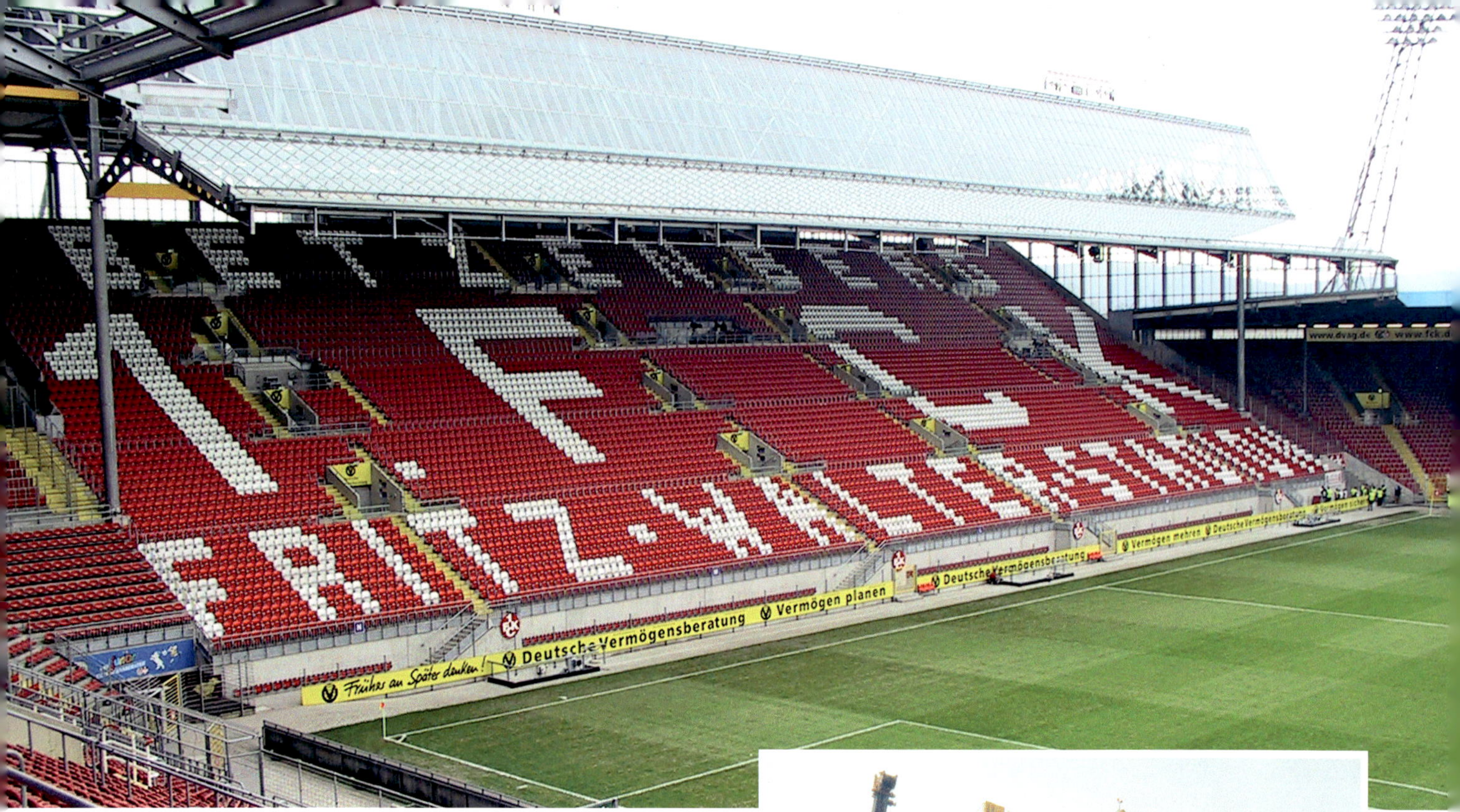

Höher, schneller, teurer: Für einen Platz auf der neuen, in Rekordzeit gebauten Südtribüne müssen die Fans tiefer in die Tasche greifen als je zuvor.

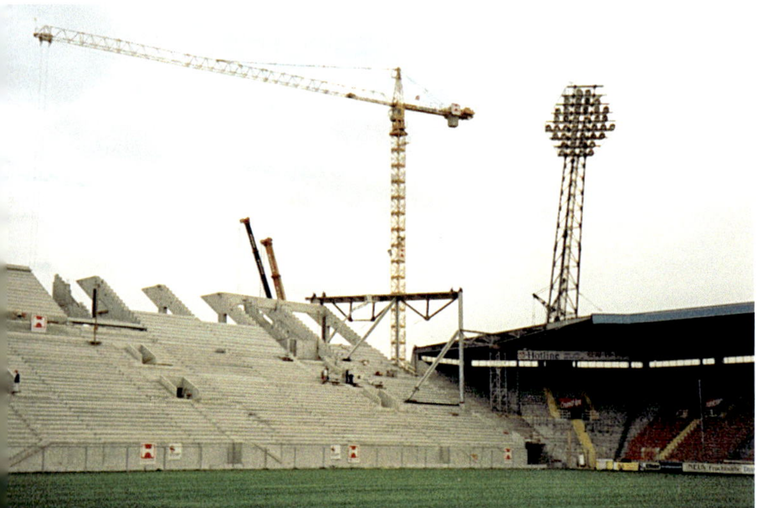

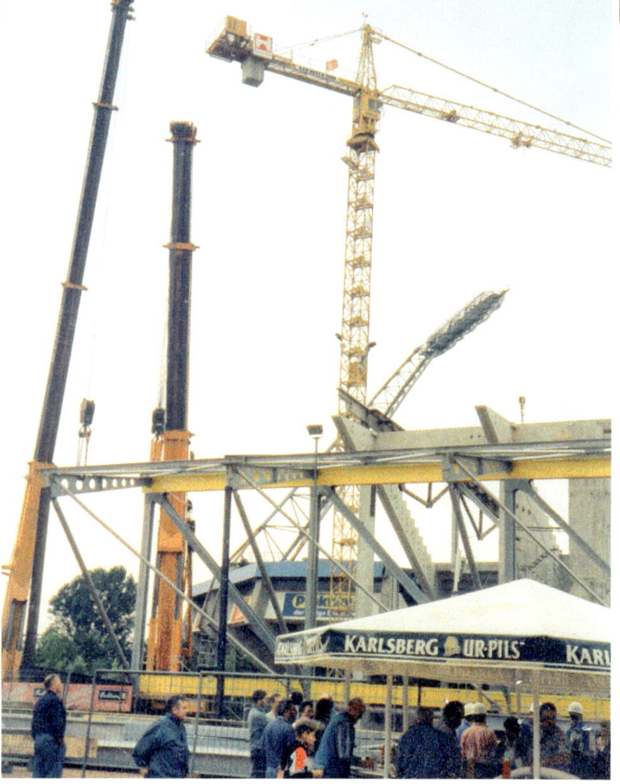

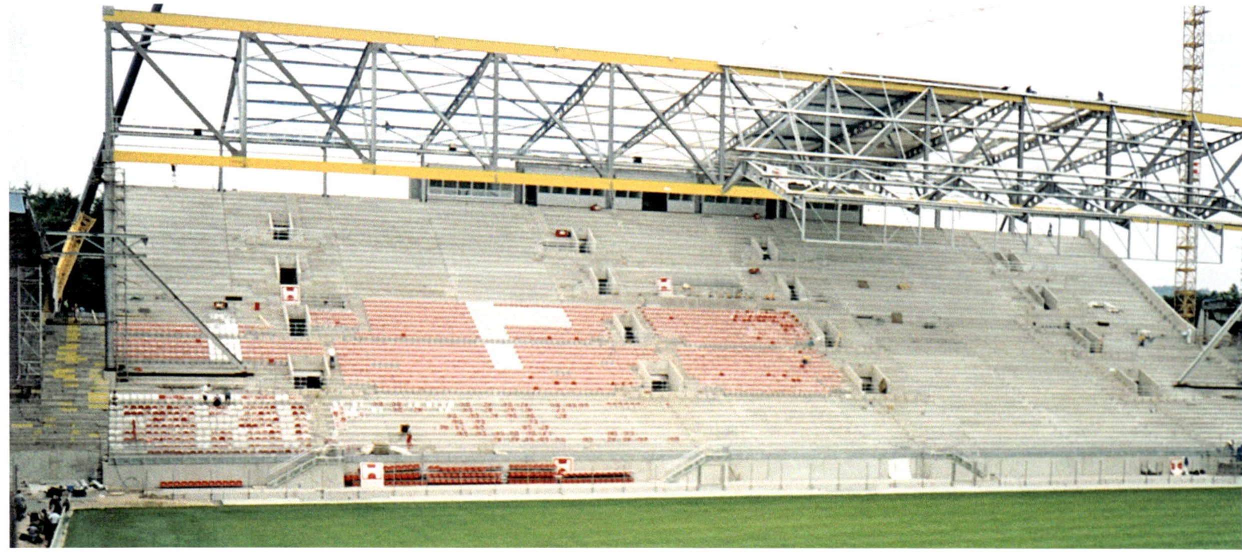

1997/98:
Die neue Südtribüne

Die Solidarität der Fans nach dem Abstieg ist beispielhaft. Auch in der zweiten Liga bleibt das Stadion voll. Das am schlechtesten besuchte Spiel (gegen den KFC Uerdingen) sehen immer noch 33.500 Zuschauer. Spätestens als die Mannschaft unter Otto Rehhagel nach dem Wiederaufstieg an die Spitze der Bundesliga stürmt, hat der FCK ein echtes Problem, denn die Nachfrage nach Karten übersteigt das Angebot bei weitem. Der Verein beschließt, die Gunst der Stunde zu nutzen. Auf seinem Neujahrsempfang im Januar 1998 verkündet der FCK nicht nur die Vertragsverlängerung mit Torjäger Olaf Marschall, sondern präsentiert auch zwei Großprojekte, mit denen er der Enge auf dem Betzenberg entkommen will: erstens ein neues Trainingszentrum auf dem Fröhnerhof vor den Toren der Stadt und zweitens eine neue Südtribüne.

Die Fans zahlen

Die 22 Millionen DM, die für den Ersatz des für den Bundesligastart 1963 erbauten Vorgängers veranschlagt werden, sollen erstmals ohne Zuschüsse der öffentlichen Hand finanziert werden. Die Kalkulation sieht vor, dass die durch 4.000 neue Sitzplätze zu generierenden Mehreinnahmen die jährliche Zinsbelastung übertreffen. Neben einem Kredit des neuen Trikotsponsors beschafft sich der FCK Eigenkapital durch die Ausgabe von Fünfjahres-Dauerkarten. Wer in der Lage und willens ist, den gesamten Zeitraum auf einen Schlag zu bezahlen, genießt dafür Preisstabilität.

Dass dies kein leeres Argument ist, bekommen alle Interessenten für einen der 9.000 Plätze zu spüren. Um seinen Finanzbedarf zu decken, ist der Verein entschlossen, seinen gestiegenen Marktwert zu versilbern. Wer den amtierenden Deutschen Meister sehen will, muss zukünftig tiefer in die Tasche greifen. Die alteingesessenen Besitzer einer Dauerkarte protestieren gegen die happigen Aufschläge und die gestrichenen Vergünstigungen für Mitglieder, aber die Gesetze der Marktwirtschaft hebeln sie damit nicht aus. Auf dem Höhepunkt des Erfolgs geben nur 220 Anhänger ihre Karte zurück und finden glückliche Nachfolger. Von knapp 42.000 Plätzen, die im Fritz-Walter-Stadion nun zur Verfügung stehen, sind 32.000 schon vor Saisonbeginn fest vergeben. Knapp 2.000 Fans haben sich ihre Sitze gleich für fünf Jahre gesichert.

Der größte Gegner des ehrgeizigen Projekts ist die Zeit. Von der Präsentation im Januar bis zur Fertigstellung zum ersten Heimspiel der Saison 1998/99 am 22. August bleiben ganze sieben Monate. Nach dem Genehmigungsverfahren im Schnelldurchgang erleben die Zuschauer den titelbringenden Sieg gegen den VfL Wolfsburg im letzten Heimspiel der Saison 1997/98 am 2. Mai „oben ohne", da das Dach bereits demontiert ist.

Abriss und Neubau erfolgen im Schichtbetrieb von frühmorgens bis spätabends. Aus technischen Gründen sogar des Öfteren darüber hinaus: Viele der 1.500 Fertigteile müssen andernorts hergestellt und aufgrund ihrer Überlänge nachts antransportiert werden. „Rund um die Uhr" ist auf dieser Baustelle zum Leidwesen der Anwohner keine Floskel. Sie beklagen sich erfolglos darüber, dass fortlaufend gegen die Auflagen zur Lärmbelästigung verstoßen werde.

Teil des Plans

Nur so gelingt es aber, den Kosten- und Zeitplan einzuhalten. Bereits Anfang Juli steht der Rohbau und die 110 Meter lange und über 300 Tonnen schwere Dachkonstruktion kann in Millimeterarbeit von fünf Kränen auf das Betonskelett gehievt wer-

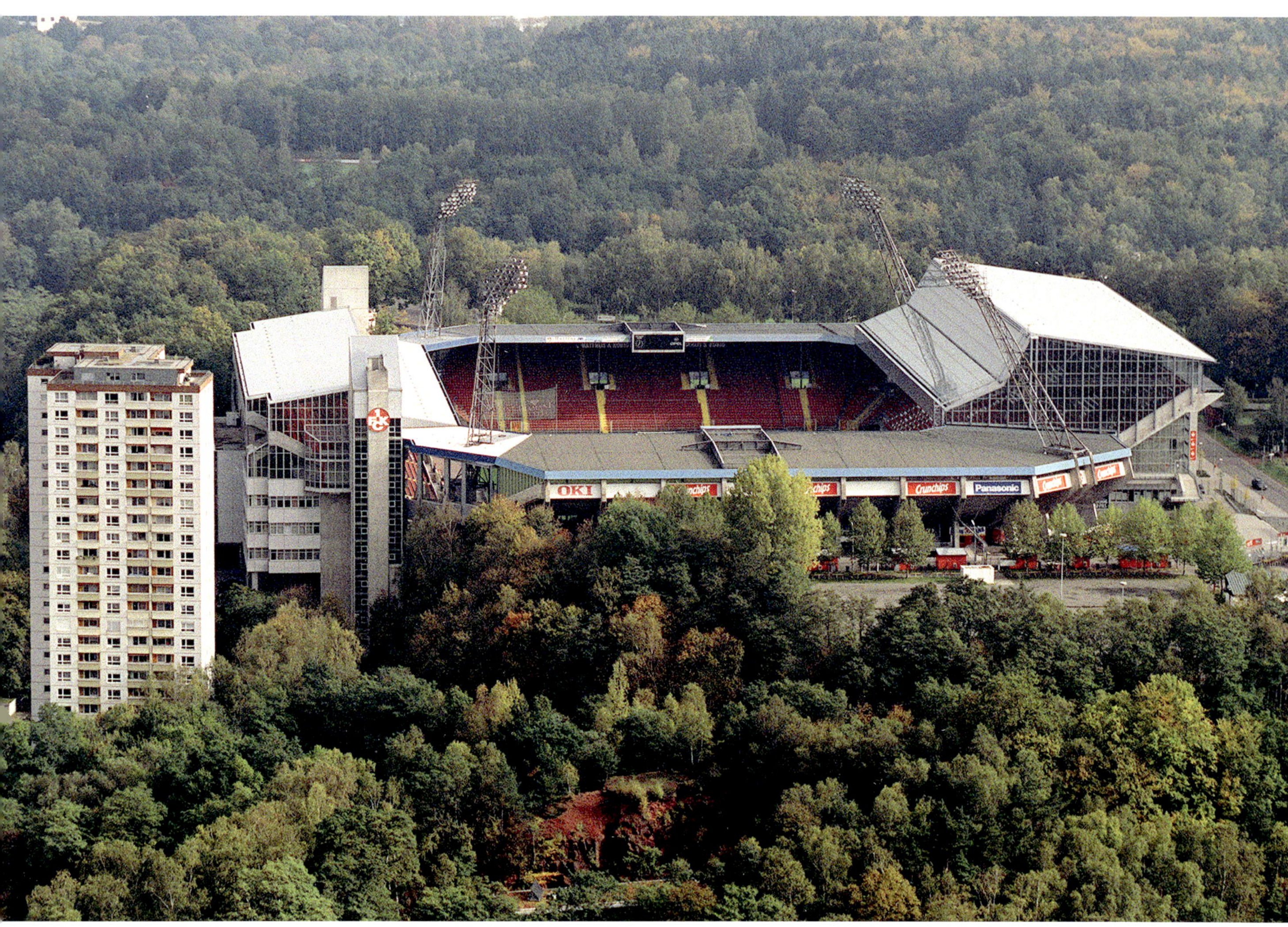

den. Oberhalb der letzten Sitzreihen wird an dem Stahlkoloss das neue Medienzentrum befestigt. Es bietet Räume für Fernsehen und Hörfunk, den Stadionsprecher, die Polizei und die Feuerwehr. Da die Tribüne in ihrem Rücken geschlossen wird, verschwinden auch die bisherigen Verkaufsbuden am Fuß des Vorgängers. Im Bauch des Neubaus finden – ähnlich wie zuvor im Norden – zwölf fertige Kioske Platz, die ebenfalls pünktlich zur Premiere gegen Borussia Mönchengladbach eröffnen.

Die erfolgreiche Bewältigung des Großprojekts Südtribüne soll erneut nur der Auftakt einer neuen Betzenberg-Epoche sein, laufen im Hintergrund doch bereits Überlegungen in Richtung einer Bewerbung als Spielort für die Weltmeisterschaft 2006. Frühzeitig signalisiert Kaiserslautern gegenüber dem DFB sein Interesse und gehört 1997 zum Kreis von anfänglich 24 potenziellen Bewerberstädten, die sich in Frankfurt am Main zu einem ersten Workshop treffen. Zur Umsetzung eines weiteren Ausbaus wird parallel an Plänen gearbeitet, die das Hochziehen der Nachbartribünen im Osten und Westen auf das Niveau der nun alles überragenden Südtribüne vorsehen.

Oben: Das Fritz-Walter-Stadion im Herbst 1998. Alle anderen Tribünen zu überragen, ist der Südtribüne nur kurz vergönnt. Ihr Ausbau auf dem Höhepunkt des sportlichen Erfolgs weist den Weg in Richtung WM-Arena.

EINWURF

Elektronischer Einlass

Im Februar 1999 modernisiert der FCK die Einlasskontrollen. Ähnlich dem in vielen Skigebieten praktizierten System passieren die Zuschauer im Fritz-Walter-Stadion fortan vollelektronische Drehkreuze. Die Dauerkartenbesitzer erhalten statt Loch- nun Chipkarten. Die Tageskarten verfügen über einen Strichcode, der in einen Schlitz eingeführt wird.

Das neue System, das sich der Verein 800.000 DM kosten lässt, soll den Zugang zum Stadion schneller und sicherer machen. Darüber hinaus liefert der automatisierte Einlass interessante Daten: In Zukunft ist abzulesen, wie viele Fans wann und wo ins Stadion kommen.

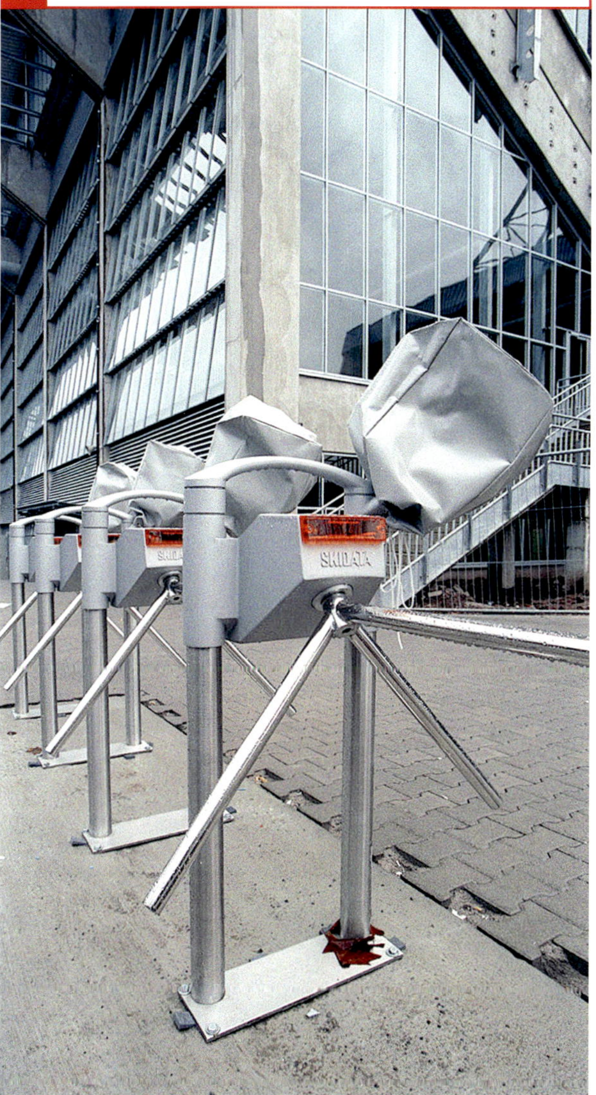

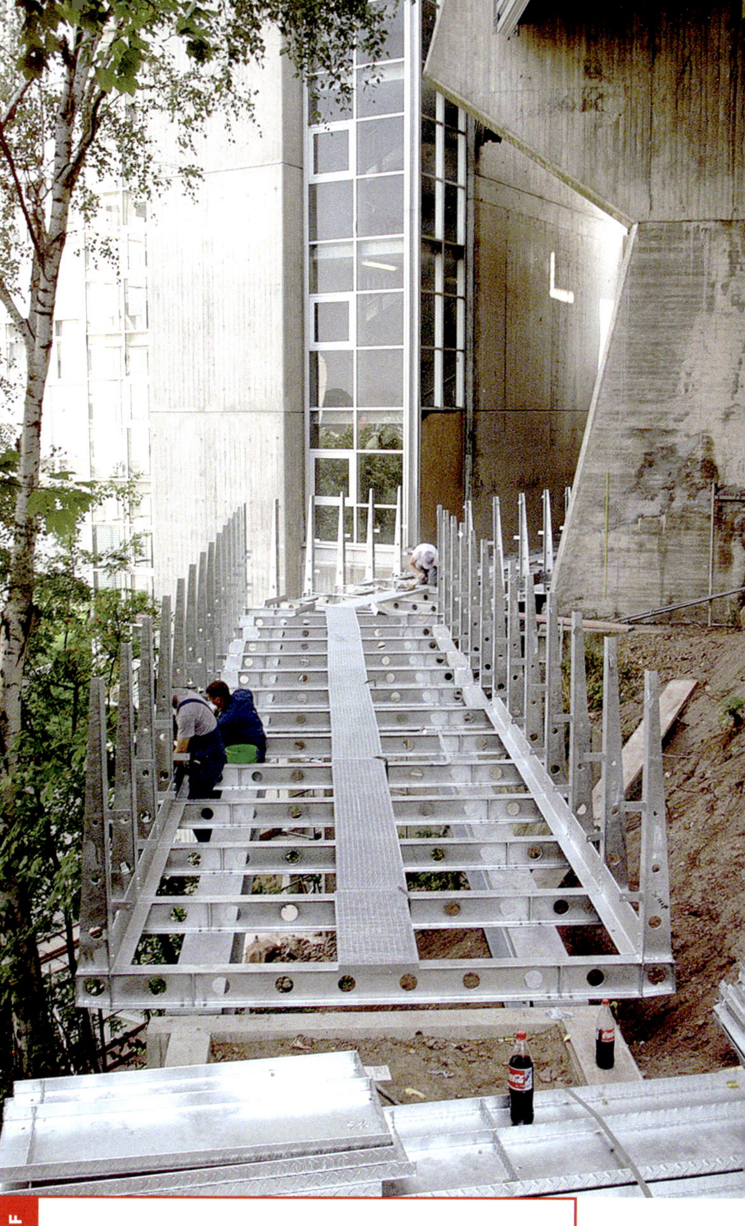

EINWURF

Fast-Tragödie gegen Eindhoven

Deutsch-niederländische Duelle im Europapokal stehen immer unter besonderen Sicherheitsvorkehrungen. Als der FCK im Gruppenspiel der Champions League am 4. November 1998 auf PSV Eindhoven trifft, entgeht er nur knapp einer Katastrophe. Durch die teilweise Absperrung von Zugangswegen wird der Besucherstrom umgeleitet. Kurz vor dem Spiel wird das enge Treppenhaus zwischen Nord- und Westtribüne zum Nadelöhr. Von beiden Seiten versuchen Zuschauer, an ihr jeweiliges Ziel zu gelangen. Im resultierenden Gedränge kommt zum Glück niemand ernsthaft zu Schaden. Als Konsequenz aus der nur haarscharf abgewendeten Tragödie beschließt der Verein, eine adäquate Verbindungsbrücke zwischen den beiden Tribünen über dem Steilhang im Norden zu bauen, um eine vergleichbare Situation in Zukunft auszuschließen.

HERZ STÄRKER ALS VERSTAND

RAIMUND BERBERICH ist als Onkel für die FCK-Leidenschaft des Autors verantwortlich

Mein Zugang zum FCK erfolgte in den frühen Bundesligajahren über das Radio. In der größten Gaststätte bei uns im Ort herrschte samstagnachmittags an Spieltagen reger Betrieb während der Übertragung. Als einziger Verein im Sendegebiet kam der Reporter auf dem Betzenberg oft zu Wort und ließ uns am Spiel teilnehmen. Meist war ich auf die Bilder in meinem Kopf angewiesen, denn einen Fernseher besaßen wir damals nicht. Wenn bei besonderen Paarungen die Chance bestand, zu den drei Begegnungen zu gehören, die in der Sportschau gezeigt wurden, schlich ich mich zu einem Haus in der Nachbarschaft, wo ich durch das Wohnzimmerfenster einen Blick auf den Fernseher hatte.

Statt der Sportschau ohne Ton durfte ich den Betzenberg 1969 erstmals live erleben: ein 3:1-Sieg gegen den FC Bayern mit zwei Toren von Hasebrink und einem von Kentschke. Zu den heute noch geläufigen Namen der FCK-Elf zählen Stabel, Schwager, Diehl oder Rehhagel. Und „Atze“ Friedrich, der neu beim FCK war, was der Spielkultur merklich gut tat. Es war Januar, bitterkalt und da jeder im vollen Stadion einen guten Platz wollte, war die Westkurve schon zwei Stunden vor dem Spiel gut gefüllt. Die Fans haben sich die Zeit bis zum Anpfiff mit einer Schneeballschlacht vertrieben.

Meine Faszination für das Geschehen rundherum wurde mir zum Verhängnis, als ich in der C-Jugend als Torwart zum Vorspiel antrat. Ich war derart abgelenkt, dass die Bälle reihenweise hinter mir einschlugen und ich zur Halbzeit ausgewechselt wurde. Als Fan jedoch kam ich immer wieder, verdiente mir Geld mit kleinen Gefälligkeiten, fand eine Mitfahrgelegenheit oder lief zum nächsten Bahnhof, um nach Kaiserslautern zu kommen. Spätestens als Lehrling war ich so oft wie möglich im Stadion. Heute wirken die Zuschauerzahlen von 10.000 bis 15.000 sehr wenig, aber es fühlte sich wie eine Familie an. An seinem jeweiligen Platz kannte jeder jeden. Auch der Umgang zwischen Fans und Spielern war unkomplizierter. Ich habe zum Beispiel beste Erinnerungen an einen Abend mit Jürgen Groh und Walter Frosch, an dem Cola nur ein Bestandteil unserer Getränke war. Und nicht zuletzt waren die Spiele spannender als heute, weil die Liga ausgeglichener war.

Fünfzehn Jahre erlebte ich alle großen Höhepunkte. Gerne denke ich an die erste Amtszeit Kalli Feldkamps. Seine Ausstrahlung und seine Art, Fußball spielen zu lassen, machen ihn einzigartig. Dann wanderte ich Mitte der achtziger Jahre nach Kanada aus und kehrte erst nach der Geburt meiner Tochter wieder zurück. Bei ihrer Taufe steckten wir 1990 mitten im Abstiegskampf, lagen gegen Bochum zur Pause 0:1 zurück, als der Pfarrer, den wir aus Kanada mitgebracht hatten, in der Halbzeit für uns betete und wir am Ende noch 2:1 gewannen. Beruflich bedingt erlebte ich die großen Erfolge der Neunziger immer nur aus der Distanz. Erst seit 2012 habe ich wieder eine Dauerkarte auf der Südtribüne. Vor mir sitzt mein Bruder Karl, ebenfalls mit Dauerkarte ausgestattet, obwohl er 320 Kilometer entfernt in Bamberg wohnt, fünf Meter links von mir mein Neffe und neben mir meine Tochter, der ich die Begeisterung für den FCK vererbt habe. Meine Hoffnung, mit ihr zusammen noch einmal Bundesliga-Fußball wie früher zu erleben, hat sich leider nicht erfüllt, ganz im Gegenteil. Aber wir kommen trotzdem immer wieder, da bei Fußballfans das Herz eben stärker ist als der Verstand. Spieler, Trainer und Vorstände kommen und gehen, aber der Verein bleibt.

65

BIER & WURST

PETRA & HEINER KARCH Stadiongastronomie

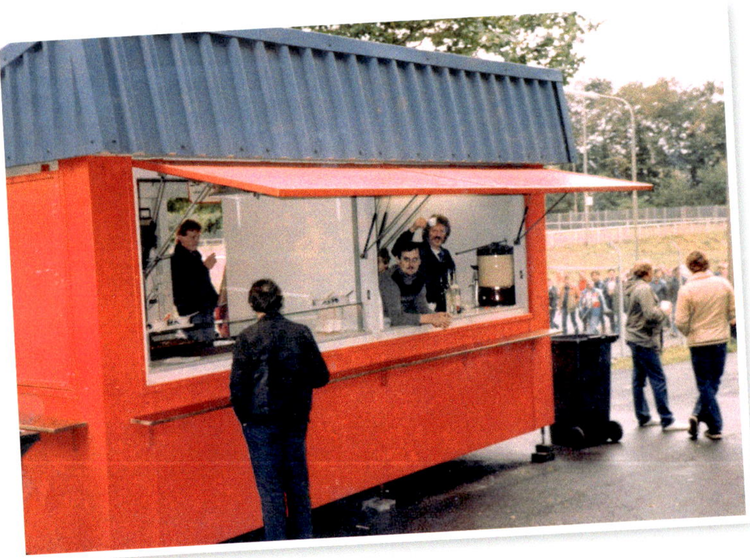

Heiner: Der Tipp kam von einem Bekannten. Auf dem Betzenberg wird eine Bude frei. Das war 1980 vor dem Bob-Marley-Konzert, und seitdem verkaufen wir den Fans bei jedem Heimspiel unsere Würstchen aus eigener Herstellung und was immer sie dazu trinken. Es gibt hier in der Pfalz ja nicht nur Biertrinker, viele wollen auch beim Fußball nicht auf ihre Weinschorle verzichten. Die roten Buden mit dem blauen Dach, von der Firma Sommerrock gebaut, waren ja sehr lange charakteristisch für den „Betze“. Der Kaufpreis unseres ersten Stands hinter der Südtribüne betrug 15.000 DM, viel Geld damals. Später kam noch ein Stand in der Osttribüne dazu. Das war dann die Domäne meiner Frau, die mit den gegnerischen Fans besser zurechtkam.

Petra: Notfalls habe ich mit dem Baseballschläger auf die Theke geschlagen, dann war Ruhe. War aber selten nötig. Meist war es ein Erlebnis. Früher kam es sogar oft vor, dass Mannschaften vor der Abreise mit dem

Bus angehalten haben und sich noch mit Würstchen eingedeckt haben. Oder auch unsere Spieler. Die waren alle noch nicht so verwöhnt wie heute.
Heiner: Finanziell gesehen waren die neunziger Jahre natürlich die goldenen Zeiten. Bundesliga, dazu Pokal- und internationale Spiele. Da das Stadion immer voll war, kamen viele Leute auch früher und manche gingen später. Heute, wenn bei unattraktiven Drittligaspielen nur noch die Dauerkartenbesitzer da sind, kommt jeder kurz vor dem Spiel und geht auf seinen Platz. Und wenn das Ergebnis nicht stimmt, merken wir es sofort. Dann sind die Leute frustriert und schnell weg. Andererseits haben wir über die Jahrzehnte auch viele treue Stammgäste. Ich denke gerade an ein weibliches Zwillingspaar, das seit über 30 Jahren zu uns an den Stand kommt. Oder den Mann aus dem Hunsrück, der immer eine Kerze mitbringt, die dafür sorgen soll, dass der FCK hellwach ist. Einmal war er besonders durstig: Er hatte eine Wette verloren und musste die 90 Kilometer mit dem Rad zurücklegen. Manche Fanklubs bringen schon ihre Kinder mit.
Petra: Es war nicht nur geschäftlich eine bessere Zeit. Ein Norbert Thines hat sich bei jedem Spiel blicken lassen und persönlich gefragt, ob alles in Ordnung ist. Heute gibt es statt persönlicher Kontakte immer mehr Regeln. Manches davon ist nachvollziehbar. So ist zum Beispiel das bargeldlose Bezahlen eigentlich eine gute Sache. Aber was unter dem Schlagwort „Sicherheit" alles nicht mehr geht oder sein muss, ist schon übertrieben.
Heiner: Wir sind trotzdem noch dabei, weil ich am FCK hänge. Meine Frau hat hier sicherlich die undankbarere Aufgabe, ist schon am Tag davor damit beschäftigt, alles vorzubereiten und ist auch am Spieltag diejenige, die alles herrichtet. Meist darf ich wenige Minuten nach Anpfiff gehen und mir das Spiel anschauen, wenn möglich bis zum Schluss. Wir haben an zwei Ständen ein Team von rund 30 Leuten im Einsatz, da muss das drin sein.
Petra: Personal ist ein wichtiger Aspekt. Wir haben keine eigenen Kinder, aber viele Nichten und Neffen, die mithelfen, sonst ginge es nicht. Stadiongastronomie ist ein stressiger Job, für den du gemacht sein musst. Du musst bei der Sache sein und dir unter Umständen viel anhören, wenn es den Leuten nicht schnell genug geht. Jeder möchte beim Fußball sein Bier und seine Wurst – aber sofort!

CHRISTIAN BALDAUF

CDU-Fraktionsvorsitzender im rheinland-pfälzischen Landtag

Einen älteren Debütanten als mich hat es beim FCK wohl selten gegeben: Mit 51 durfte ich zum ersten Mal offiziell das rote Trikot überstreifen, natürlich nur in der Traditionself. Doch zu diesem Zeitpunkt hatte ich schon 40 Jahre Erfahrung als Besucher auf dem Betzenberg gesammelt, davon die letzten 33 als Inhaber einer Dauerkarte.
Meinen Stehplatz habe ich 2001 mit dem Einzug in den Landtag aufgegeben, aber schon wenige Wochen später wurde ich auf unserem Frankenthaler Strohhutfest zur Übernahme einer der 1998 ausgegebenen Fünfjahreskarten auf der Südtribüne überredet. Ehrlicherweise muss ich zugeben, dass meine Besuche in der letzten Zeit spärlicher geworden sind, was nicht allein einem vollen Terminkalender geschuldet ist. Es wird einfach Zeit, dass Fußball auf dem Betze wieder ein Erlebnis ist.
Das war er auf jeden Fall für uns Jungs, als wir Ende der 1970er Jahre die ersten Spiele dort sahen. Die Tante eines alten Freundes hat uns – ausgestattet mit Mütze und Fähnchen – mit ins Stadion genommen. Heimspiele fingen in Frankenthal manchmal schon damit an, dass die Gegner im Hotel „Zum Kurfürst" Quartier bezogen, da hat man sich als junger Fußballfan auch Autogramme der Stars anderer Mannschaften geholt.
Spätestens mit dem eigenen Führerschein war ich dann Dauergast auf dem Betze, erlebte Höhepunkte und bittere Niederlagen, sowohl in der Liga als auch im Europapokal. Die Totenstille nach Bakeros Tor 1991 – in der letzten Minute zum 1:3 für den FC Barcelona – erzeugt im Rückblick noch Gänsehaut. Die Verbundenheit, die aus solchen Momenten erwächst, fehlt den nachfolgenden Generationen mittlerweile. Gerade beim Besuch von Schulen erlebe ich, dass der FCK an Strahlkraft verloren hat.
Mit den Ämtern in der Politik lernt man natürlich auch die Protagonisten des Vereins kennen. So bin ich zum Beispiel mit Stefan Kuntz oder auch Horst Schömbs freundschaftlich verbunden und sitze im Stiftungsrat der Horst-Eckel-Stiftung. Mit ihm verbindet mich eine schöne Geschichte, denn ich konnte der Mutter einer Mitarbeiterin helfen, nach 60 Jahren endlich das gewünschte Autogramm von ihm zu erhalten. Wie Horst Eckel erklärte, konnte er immer nur diejenigen Anfragen beantworten, denen ein frankierter Rückumschlag beilag. Daran hatte die Frau schlichtweg nicht gedacht, freute sich aber auch im Alter noch über den Gruß eines Weltmeisters.
Als Politiker Fan sein darf ich außerdem auch bei der Fernsehfastnacht „Mainz bleibt Mainz" im Schloss unserer Landeshauptstadt, wenn ich mein altes FCK-Halstuch vom Pokalfinale 1981 in die Kamera halte.
Wenn es ums Geld geht, müssen die Richtlinien der Gleichbehandlung gelten. Im Vorfeld der WM wurde mit Landesmitteln nicht nur am Stadion gebaut, sondern viel Infrastruktur finanziert. Auch in der Krise muss jetzt der Verein seine Hausaufgaben machen.
Was immer auch kommt: Das Thema FCK ist selbst als Drittligist für viele Menschen im Land ein äußerst emotionales. Man sollte sich davor hüten, es parteipolitisch zu instrumentalisieren. Die Brücken zwischen Verein und Politik müssen in Rheinland-Pfalz stets überparteilich geschlagen werden.
Meinem Freund Markus Merk wünsche ich alles Gute und viel Erfolg. Ich bin guter Dinge, dass er gemeinsam mit seinem Team und mit seiner Reputation das auch ohne öffentliche Unterstützung hinbekommt. Ich stehe stets an der Seite des FCK.

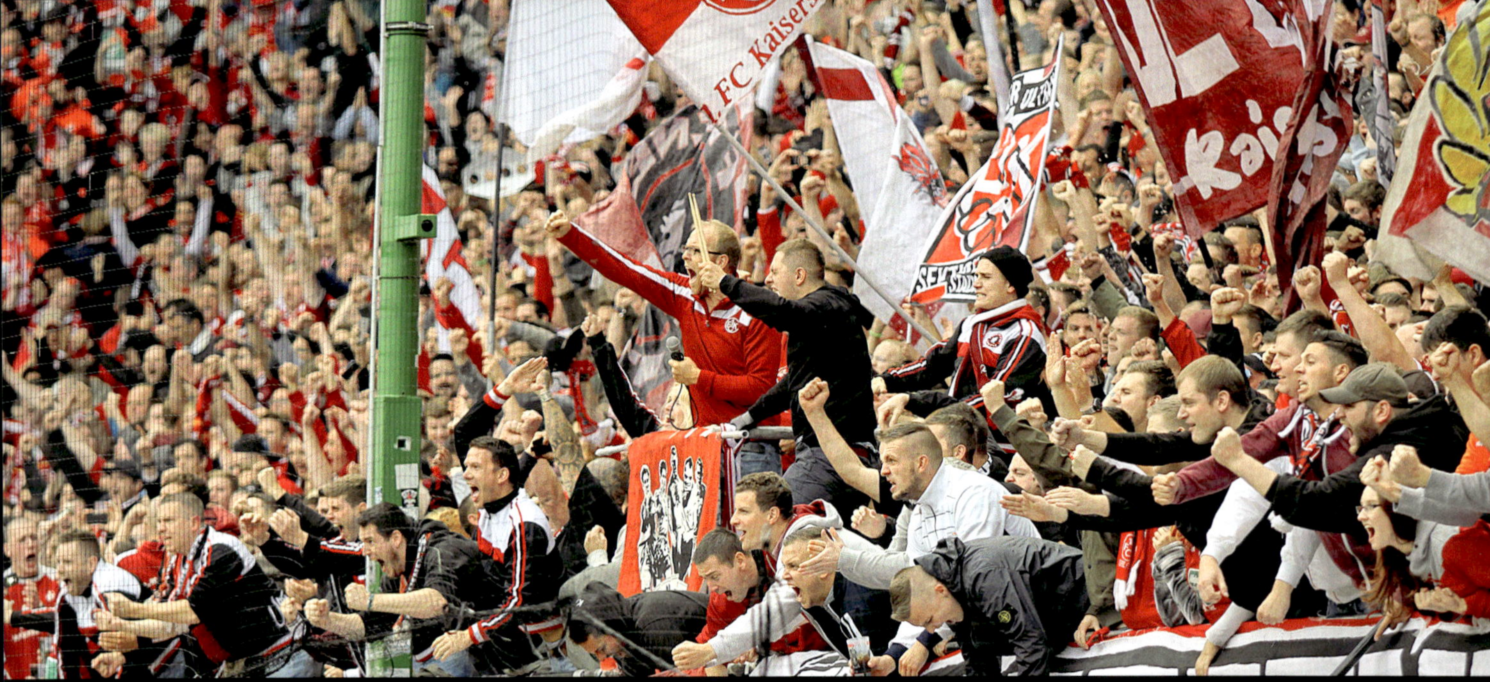

DAS „FLIMMERN“ ÜBER DEN KÖPFEN

68

SASCHA KEMPF ehemaliger Vorsänger der Ultras in der Westkurve

Eine steile Tribüne, ausschließlich Stehplätze, eng am Spielfeld: Das ist das, was ein Fanherz wie meines höher schlagen lässt. Zusammen mit vielen Weggefährten habe ich unzählige Stadien in Europa und auf anderen Kontinenten besucht. Dennoch gibt es für mich nur einen Platz, der ein Gefühl von „Nachhausekommen“ beschreibt: die Westkurve im Fritz-Walter-Stadion in Kaiserslautern. Mit Sicherheit gibt es bequemere Plätze als eine Eisenstange auf einem Zaun zwischen Block 7 und Block 8. Dennoch war dies von 2004 bis zum Umbau der Westkurve mein Platz, von dem aus ich die Gesänge der Westkurve anstimmte. Wie ich dahin kam? Ich bin ein Mensch, der sich gerne Ziele setzt, und die Stimmung auf der Tribüne war die einzige Komponente, die ich bei einem Fußballspiel beeinflussen konnte. So begeisterte ich mich immer mehr für die Fanszene in Kaiserslautern und gestaltete diese auch aktiv mit: Tifo basteln, Choreografien planen, Diskussionsrunden führen, etc. Daraus resultierte eine immer größer werdende Akzeptanz in der Fangemeinde. Schließlich übernahm ich beim Heimspiel gegen Eintracht Frankfurt den Posten als Vorsänger. Aus dieser speziellen Perspektive erhält man während des Spiels einen komplett anderen Blick auf das Stadion bzw. die Kurve. Etliche Konzerte, die ich besuchte, reichen bei weitem nicht an die Stimmung heran, wenn die Westkurve voll aufdreht. Es gibt kaum beeindruckendere Momente, als von vorne zu erleben, wenn ein euphorisiertes Stadion in Fahrt gerät und es keinen mehr auf seinen Plätzen hält.

Nach dem Umbau für die WM gestalteten wir, die Ultras des FCK, unseren Standort im unteren Bereich der Westtribüne ebenfalls neu. Ein Podest erleichterte mir fortan das Koordinieren der Fangesänge sowie die Wahrnehmung des Spiels und der Kurve im Wechsel. Kreative Aktionen wie die unzähligen Choreografien, die Schalparaden zu „You'll never walk alone“ oder Tausende Taschentücher, die geschwenkt werden, um den Gegner zu verabschieden, sind die Eindrücke, an die ich mich sehr gerne erinnere. Genauso wie das „Flimmern“ über den Köpfen der Leute, das entsteht, wenn alle gemeinsam laut „Sieg“ schreien. Das sind die Momente, die mir eine Gänsehaut bescherten. Für die Zukunft der Westkurve und des Fritz-Walter-Stadions wünsche ich mir, dass es stets mehr Fans gibt, die den Spieltag „leben“, anstatt ihn lediglich zu konsumieren. Dazu ist es wichtig, Rahmenbedingungen zu erhalten bzw. zu schaffen, die möglichst viele Fans in die Lage versetzen, ein Heimspiel zu besuchen: Fanfreundliche Anstoßzeiten, moderate Ticketpreise sowie die frühzeitige Terminierung der Spieltage werden mit darüber entscheiden, ob das Erlebnis Fußball bzw. Stadion auch in der Zukunft eine ähnliche Popularität beibehält, wie es aktuell der Fall ist.

DER BETZE BRENNT

THOMAS HILMES der-betze-brennt.de

Mein erstes Spiel im Fritz-Walter-Stadion besuchte ich als Kind in den 1990er Jahren. Auf den Holzbänken der alten Südtribüne saugte ich die ersten Live-Eindrücke vom Betze auf, den ich zuvor nur aus dem Fernsehen kannte, aber trotzdem schon verehrte. Abwechselnd schwankte mein Blick nach vorne auf das Spielfeld, wo die Roten Teufel einen knappen Heimsieg errangen, und immer wieder auch nach links: In die Westkurve, diesen berühmten und berüchtigten Puls des ganzen Vereins, in

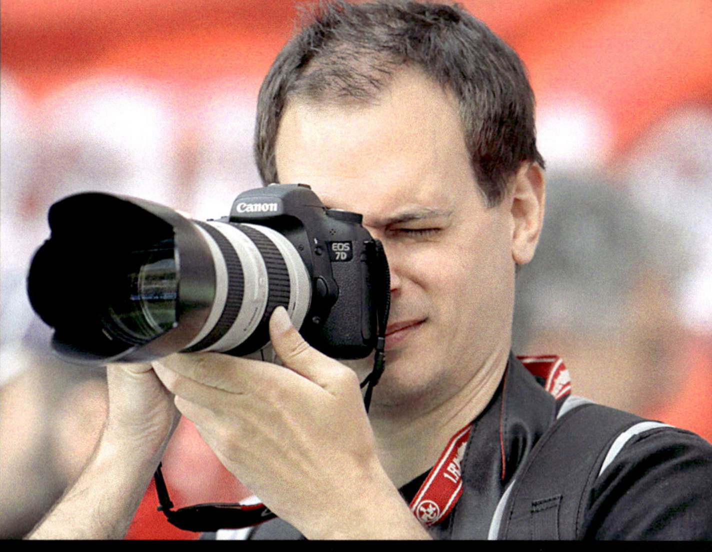

der man all seine Emotionen erleben kann. Später war dort auch mein Platz, in Block 8, von wo aus ich bei unzähligen weiteren Heimspielen mitfieberte – und jedes war etwas Besonderes. Seinerzeit loderten in der Westkurve noch regelmäßig die bengalischen Feuer, die meiner im Jahr 2000 gebastelten Internetseite ihren Namen gaben: „Der Betze brennt". Dieser Slogan, der selbst viel älter ist als das World Wide Web, stand anfangs für eine Unterschriftensammlung zum kontrollierten Abbrennen der zwischenzeitlich verbotenen Bengalos, heute steckt dahinter das gleichnamige Onlinemagazin als virtueller Treffpunkt für den FCK-Anhang. Fan bin ich natürlich auch selbst über all die Jahre geblieben, später kam dann in Verbindung mit DBB noch mein Beruf als Journalist hinzu, der mir einen Perspektivwechsel ermöglichte: Seit mehr zehn Jahren darf ich nun als Fotograf die FCK-Spiele begleiten, direkt unten am Spielfeldrand, aus wechselnden Positionen in den unterschiedlichen Ecken des Stadions. Als ich das erste Mal mit Kamera durch das Marathontor West in den Innenraum marschierte, flogen mir dort fast die Ohren weg: Ich kam genau in dem Moment rein, als zehntausend Händepaare zum Einklatschen in die Luft gingen, gefolgt von einem brachial lauten „Kai-sers-lau-tern". Ein unvergesslicher Moment! Noch heute schweift mein Blick immer wieder rüber in die Westkurve. Egal, ob Meisterschaft 1998 oder dramatischer Abstiegskampf 2008, immer stand sie für den festen Glauben: Bei diesem Verein und in diesem Stadion ist alles möglich!

In den letzten Jahren hat sich das Verhältnis vieler FCK-Fans zu „ihrem" Stadion leider gewandelt. Oftmals ist vom „Problemberg" oder „Betonklotz" die Rede, vom überdimensionierten Stadion, mit dem für ein paar WM-Spiele die Zukunft des gesamten Vereins ruiniert wurde. Mich schmerzt es, wenn die Fans so dermaßen an „ihrem" Betze zweifeln, nur weil die jeweiligen Manager die hohen Stadionkosten als Ausrede für ihre eigenen sportlichen Fehlentscheidungen in den Fokus rücken. Natürlich ist das Fritz-Walter-Stadion für die 3. Liga zu groß, natürlich hat es seine Schwächen: Manche Ecken sind ungünstig verbaut, hier und da bröckelt der Beton, mit 16.000 Zuschauern kommt keine richtige Atmosphäre auf. Aber trotzdem ist es doch „unser" Stadion, das zu Recht den Namen Fritz Walters trägt. Seit hundert Jahren wird hier durchgehend Fußball gespielt. Da kann kein anderer Verein mithalten. Deshalb sei abschließend die rhetorische Frage in den Raum gestellt: Was wäre der 1. FC Kaiserslautern ohne sein Fritz-Walter-Stadion? Oder auf pfälzisch: „Was wär' de Betze ohne de Betze?"

70

MEIN ZWEITES ZUHAUSE

DrBetze YouTuber

Seit über 30 Jahren erklimme ich diesen Berg, ist dieses Stadion mein zweites Zuhause. Zuerst in der alten Westkurve unter einem der markanten Flutlichtmasten, die es leider nicht mehr gibt, und seit dem Umbau befindet sich mein Stammplatz bis heute in Block 8. Ich gehe auch manchmal einfach so ins leere Stadion und lasse es in aller Ruhe auf mich wirken. Die Spiele und Spieler, die es schon gesehen hat, gehen mir durch den Kopf. Angefangen von den Spielen der Walterelf, die grandiosen Siege gegen die Bayern oder Real Madrid, aber auch bittere Momente wie die Abstiege. Wie für viele Fans meiner Generation war mein emotionalstes Spiel der bittere 3:1-Sieg gegen den FC Barcelona. Ein Spiel, in dem man alle Gefühle durchlebte, die man als Fan haben kann.

Als 2003 unser Fanforum „roteteufel.de" gegründet wurde, fing ich kurze Zeit später an, die Mitglieder des Forums mit Bildern von Spielen oder Trainingseinheiten zu versorgen. Besonderer Beliebtheit erfreuten sich meine Aufnahmen vom Stadionumbau für die WM, für die ich eigenmächtig den Baukran erklomm. Irgendwann fing ich an, statt der Fotos kleine Filme in unsere Forumsgalerie einzustellen. Als diese aus allen Nähten platzte, bin ich auf YouTube umgestiegen. Anfangs postete ich noch unregelmäßig, inzwischen von jedem Heimspiel, aber auch Trainingseinheiten oder Jugendspiele gibt es bei „DrBETZEtv" zu sehen. Mittlerweile komme ich auf weit über 1.000 eingestellte Videos, die von über 3.000 Abonnenten verfolgt werden. Die nahezu zwei Millionen Aufrufe kamen aus über 20 Ländern auf der ganzen Welt, von den USA bis Australien. Manchmal wird mir vorgeworfen, ich sollte lieber anfeuern als filmen, aber das schließt sich nicht aus. Unabhängig davon freue ich mich auch bei Toren eher innerlich. Nur bei besonderen Spielen brechen sich auch bei mir die Emotionen ihre Bahn.

Mir ist – wie auch bei meinen Videos, die ich unkommentiert lasse – Schnickschnack eher fremd. Am Spieltag ziehe ich mein altes Trikot an, binde meinen Schal um und marschiere ohne Umschweife direkt in den Block. Begleitet werde ich abwechselnd von meinen Töchtern Alina und Nina, die ich bereits am Tag ihrer Geburt als Mitglieder angemeldet habe, bevor sie auf dumme Gedanken kommen konnten. Ich bin froh, dass unser Fritz-Walter-Stadion (dieser Name muss erhalten bleiben!) noch ein richtiges Stadion ist und keine dieser 08/15-Arenen, die hauptsächlich zur WM 2006 gebaut wurden. Und es macht mir nach wie vor Spaß, unzählige Stunden auf dem Betze, dem NLZ oder auch auswärts zu investieren, um andere FCK-Fans mit bewegten Bildern rund um ihren Lieblingsverein zu versorgen.

„IN DIESEM STADION SCHLÄGT DAS HERZ DES FUSSBALLS“

FOLKER FIEBIGER Architekt

Das Fritz-Walter-Stadion habe ich ständig vor Augen: Wir wohnen auf der gegenüberliegenden Seite der Stadt, es besteht nahezu immer Sichtkontakt, vor allem bei Abendspielen, wenn das Flutlicht brennt. Und ja, ich bin stolz auf den Beitrag, den ich in den vergangenen (fast) fünfzig Jahren bei der Entwicklung dieses Bauwerks geleistet habe. Als der Verein unserem Büro im Jahr 1971 den Auftrag für den Ausbau des Stadions auf dem Betzenberg erteilte, war dies für mich als jungen Architekten natürlich eine große Ehre und eine große Herausforderung. Sie bestand zunächst darin, das gesamte Projekt vom Ende her zu denken. Schließlich konnte keine Tribüne entstehen, ohne auch die weiteren möglichen Bauabschnitte im Osten, Westen, Süden, vor Augen zu haben. Bereits der Bau unserer „ersten“ Nordtribüne war geprägt von der Gesamtvision einer zukünftigen Stadionform. Der Leitgedanke einer rechteckigen Form, die es ermöglichte, die Zuschauer bis an den Spielfeldrand, praktisch eine Armlänge entfernt von den Spielern auf dem Rasen, zu rücken, war in der Bundesliga ein absolutes Novum. Die Entscheidung, die Kurven zu begradigen, war ebenso radikal wie wegweisend, auch wenn die Umsetzung erst 1978 erfolgte, als in Dortmund und Bochum ähnlich gebaut worden war. In weiteren Etappen entstanden die neue Westtribüne sowie eine weitere, große Nordtribüne Anfang der neunziger Jahre.
In diesem Bauabschnitt spiegelten sich die neuen Anforderungen an Stadien: Die Schaffung moderner Funktionsräume für den sportlichen Bereich, eine Pressetribüne mit Infrastruktur sowie erstmals in der Geschichte des Stadions die Integration von VIP-Bereichen und Logen waren wichtige Leitgedanken bei der Entwicklung. Im Zuge des weltweiten Trends zu multifunktionalen Arenen gab es sogar konkrete Überlegungen, wie eine Spielfeldüberdachung zu realisieren wäre. Selbst ohne die Verwirklichung dieser Option war der Weg zum Neubau ein emotionaler. Durch die Lage der neuen Nordtribüne – schwebend über dem Steinbruch des Betzenbergs – war die Aufgabe zum einen keine leichte, zum anderen waren auch Nutzungen wie die Fanhalle mit freispannendem Bogen und im Bogen abgehängten Ebenen keine alltägliche Bauaufgabe.
Nach all den Jahren erinnere ich mich ebenfalls an einen ganz besonderen Moment im Rahmen des Ausbaus: Ein Bauarbeiter wurde im Prozess der Betonnage in den letzten Zügen eines Stufenbalkens in der Bewehrung vergessen. Zum Glück wurden seine Schreie gehört und er konnte weit nach Mitternacht mit Hilfe der Feuerwehr aus seiner misslichen Lage befreit werden. Aber am Ende stand die Nordtribüne, wie wir sie heute noch als Kulisse über der Stadt Kaiserslautern sehen, die Trotzburg, die Akropolis Betzenberg.
Abriss und Neubau der gegenüberliegenden Südtribüne 1998 bleiben aufgrund der Geschwindigkeit für mich als Architekt unvergessen. Die Abwicklung dieses Projekts in Rekordzeit war ein Vorgeschmack auf die erhöhte Schlagzahl, die mit der Jahrtausendwende auf dem Betzenberg einsetzte. In der Bewerbungsphase der Stadt Kaiserslautern als Austragungsort der WM 2006

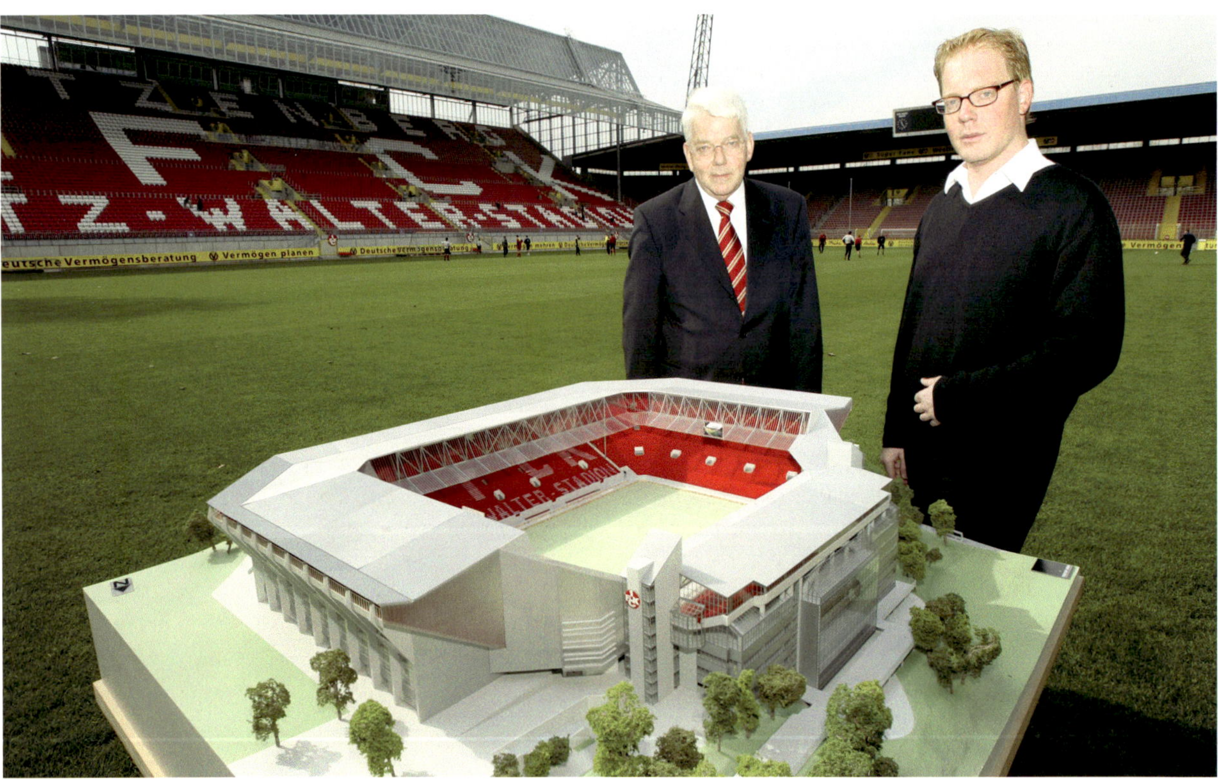

begannen plötzlich an allen bestehenden Tribünen zahlreiche Planungen für eine große Fußballarena, die den Ansprüchen eines solchen Turniers genügte. Als die Kommission um Franz Beckenbauer kurz vor dem avisierten Beginn der Bauarbeiten das Stadion auf dem Betzenberg besucht und für zu klein befindet, entstehen in einer hitzigen Planungsphase neue Entwürfe für die große Erweiterung der Ost- und Westtribüne und den daraus resultierenden Hub der Südtribüne. Mein eigenes Projekt den Gremien in Berlin vorzustellen war ein bewegender Moment. Entsprechend groß war die Freude, als Kaiserslautern am 15. April 2002 offiziell den Zuschlag als Austragungsort erhielt.

In der an Turbulenzen nicht armen Phase der Realisierung sticht für mich der spektakuläre Hub des Dachs hervor. Voll montiert muss die 1.200 Tonnen schwere Konstruktion mit Hilfe einer Ölleitung hydraulisch auf das Niveau der Ost- und Westtribüne angehoben werden. Ein sicherlich einmaliger Vorgang und Dimensionen, die man sonst nur aus dem Brückenbau kennt.

Als alle Widrigkeiten überwunden und das Stadion rechtzeitig fertiggestellt war, ist das erste WM-Spiel in Kaiserslautern ein unvergesslicher Moment. Auf der Südtribüne sitzend sehe ich, wie die Mannschaften aus Australien und Japan einlaufen. Das Stadion wird bei allen Spielen ausverkauft sein. Seine Nähe zur Innenstadt macht Kaiserslautern zu einem einmaligen Spielort in der WM-Kulisse Deutschlands.

Zwischen 1971 und 2006 leisteten wir mit unserem Team unzählige Planungsstunden, fertigten Arbeitsmodelle, Skizzen und Pläne an. Der Beginn jeden Abschnitts erzeugte Spannung und Gänsehaut. Technisch war es immer wieder schwierig, menschlich dagegen gab es mit allen handelnden Personen nie Probleme. Die Geschichte des Stadions wird weitergeschrieben, hoffentlich mit einem in Zukunft erfolgreichen FCK. Die Geschichte des Stadions ist auch ein Stück meiner Geschichte als Architekt, als Kaiserslauterer und als Fan des Vereins. In diesem Stadion schlägt das Herz des Fußballs in Kaiserslautern und ich bin froh, dass ich ein Teil dieses Fußballherzschlags sein darf.

KURT BECK

Ministerpräsident von Rheinland-Pfalz 1994–2013

In der Südpfalz der fünfziger Jahre ergab sich die Bindung zum FCK ganz selbstverständlich. Die ersten Spiele in der Oberliga sah ich dann Mitte des Jahrzehnts mit meinem Vater. Die Anreise erfolgte mit dem Bus, der aus unserem Nachbarort immer zu den Heimspielen fuhr. Für einen kleinen Jungen waren das damals schon überwältigend viele Leute. Aus Zeit- und Kostengründen waren das noch vereinzelte Besuche, aber deswegen echte Höhepunkte meiner Kindheit. Als ich dann in die Lehre ging, gab es im Freundeskreis immer einen, der einen Führerschein hatte, und so waren wir in den frühen Bundesligajahren quasi bei jedem Heimspiel in der Westkurve. Mit eigentlich unbekannten Menschen Teil einer Gemeinschaft zu sein, die nur wegen des Fußballs da ist, unterscheidet sich stark von den Erfahrungen, die ich später auf Ehrenplätzen und in Logen machen durfte.

Als Fraktionsvorsitzender im Landtag und später als Ministerpräsident hat diese Vergangenheit auf jeden Fall eine Rolle gespielt. Die Leute wussten, dass ich nicht nur aus repräsentativen Gründen da war. In der alten Nordtribüne bestand das, was man heute als VIP-Behandlung bezeichnet, aus einem Raum mit großem Tisch, an dem man mit den alten Idolen zusammensaß. Dass sich aus diesem Zugang enge persönliche Bindungen zu den Walterbrüdern oder auch Horst Eckel ergeben haben, zählt sicherlich zu den angenehmsten Privilegien, die ich genießen durfte, auch wenn ich ansonsten bemüht war, mich jeglicher Sonderbehandlung im Stadion zu entziehen. Die heikelsten Momente, die auch mein politisches Leben tangierten, ergaben sich aus den Turbulenzen zu Beginn des neuen Jahrtausends. Allen voran die Leitung der spannungsgeladenen Jahreshauptversammlung 2002, bei der die Existenz des Vereins auf dem Spiel stand. Eine Aufgabe, von der mir alle politischen Berater vehement abgeraten haben. Die Entscheidung, die vom Verein initiierte WM-Bewerbung und den damit verbundenen Stadionausbau als Kopf der Landesregierung zu unterstützen, halte ich entgegen aller Kritik auch heute noch für richtig. Die Chance für den Standort sowie das Renommee für Verein und Stadt waren und sind wichtige Argumente für mich.

Keine Frage, mit rund 10.000 Zuschauern weniger hätte das Stadion eine andere Dimension und Kostenstruktur. Und ja: Die Vorgaben der FIFA waren überzogen. Aber was wäre passiert, wenn wir nicht alle Kräfte gebündelt hätten, um dieses Projekt zu stemmen? Im Kontext der Entwicklung der Westpfalz brauchte es Mutmacher. Der positive Effekt, den dieses großartige Ereignis auf die wirtschaftliche Entwicklung der Stadt und des Umfelds hatte, wird gerne übersehen. Zur ebenfalls kritisierten Konstruktion der Stadiongesellschaft kann ich nur sagen, dass diese in der Hoffnung konzipiert wurde, dem Verein eine Chance zu geben, den sportlichen Abwärtstrend abzuwenden. Aber diese Kuh konnte man nur einmal melken. Und wenn ich mir diese Bemerkung erlauben darf: Ich habe den Eindruck, dass die Stadionkosten allzu gerne als Alibi benutzt werden, um eigene Fehlentscheidungen zu kaschieren.

Meine persönliche Bindung zu Stadion und Verein berührt das nicht. Wir besitzen seit 1986 vier Dauerkarten. Fußball ist bei uns Familiensache und die häusliche Stimmung am Wochenende wird immer noch von den jeweiligen Ergebnissen beeinflusst. Selbst in der 3. Liga bin ich regelmäßig bei den Heimspielen vor Ort und arbeite auch als Kuratoriumsvorsitzender der Fritz-Walter-Stiftung immer noch eng mit dem Verein zusammen.

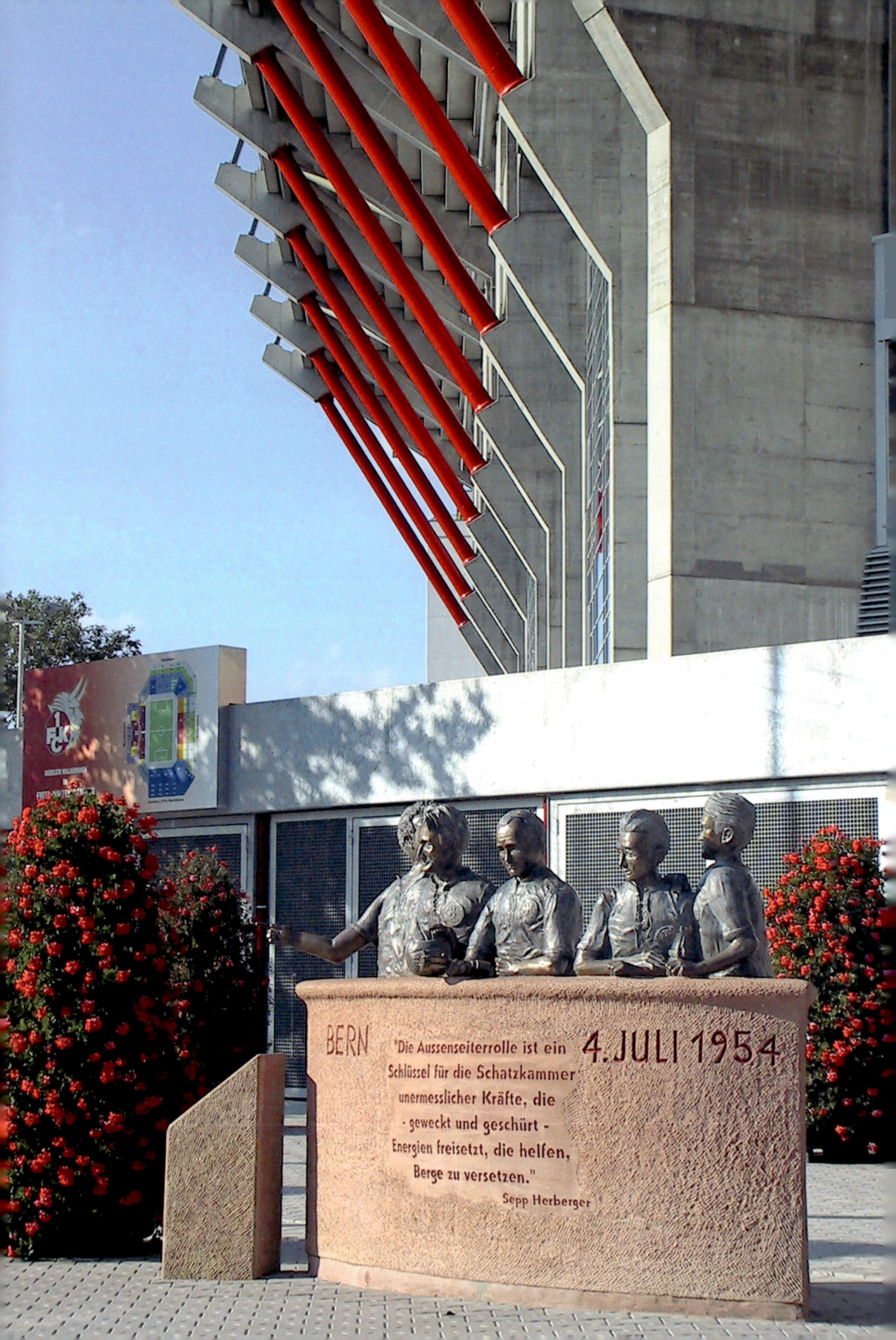
BERN
4. JULI 1954
"Die Aussenseiterrolle ist ein
Schlüssel für die Schatzkammer
unermesslicher Kräfte, die
- geweckt und geschürt -
Energien freisetzt, die helfen,
Berge zu versetzen."
Sepp Herberger

1999 bis 2006: Der Betze wird WM-Stadion

Von Ingo Konrad

Nach der letztlich gescheiterten Last-Minute-Bewerbung im Vorfeld des Turniers von 1974 will man in Kaiserslautern bei einer möglichen Neuauflage einer Weltmeisterschaft im eigenen Land unbedingt dabei sein. Wenige Monate vor der Entscheidung der FIFA über den Ausrichter der Endrunde 2006 präsentiert eine Lauterer Abordnung dem Weltverband im Oktober 1999 in Berlin das erarbeitete Konzept. Nach dem WM-Zuschlag für Deutschland am 6. Juli 2000 bestätigen Verein, Stadt und das Land Rheinland-Pfalz am 13. Oktober 2000 ihre beim DFB bereits vorliegende Bewerbung. Eine Delegation um WM-Botschafter Fritz Walter, dessen Bruder Ottmar, Horst Eckel sowie Andreas Brehme und Youri Djorkaeff („Fünf Weltmeister und Kaiserslautern – WM 2006: Wir sind bereit") übergibt schließlich die offiziellen Bewerbungsunterlagen am 5. Dezember 2001 in Frankfurt am Main an das deutsche Organisationskomitee.

40.000 Sitzplätze müssen her – mindestens

Die Anforderungen an die Spielorte sind freilich hoch. Laut Pflichtenheft der FIFA wird schon für die Austragung von Vorrundenspielen eine Kapazität von 40.000 Sitzplätzen verlangt. Während diese Dimension den WM-Träumen einer ganzen Reihe der ursprünglich 24 Interessenten ein frühes Ende bereitet, hält man in Kaiserslautern an einer Bewerbung fest. Pläne für einen entsprechenden Ausbau des Fritz-Walter-Stadions liegen vor, wobei der FCK betont, diese nur unter Beteiligung der öffentlichen Hand realisieren zu können. Faktisch hinfällig sind mit dem Pflichtenheft Gedankenspiele, in denen die Notwendigkeit eines Stadionausbaus für die WM grundsätzlich infrage gestellt wird. Der FCK-Vorstandsvorsitzende Jürgen Friedrich etwa verweist noch nach der WM-Vergabe an Deutschland auf die gerade zu Ende gegangene EM 2000 in Belgien und den Niederlanden und stellt die Frage, ob eine Kapazität von 30.000 Sitzplätzen, die im Stadion auf dem Betzenberg bereits vorhanden sind, nicht ausreichend sein müsste. Im Hintergrund laufen zu diesem Zeitpunkt gleichwohl längst die Planungen in Richtung einer Kapazitätserweiterung.

Die Architekten Karsten und Folker Fiebiger vom gleichnamigen und erneut mit dem Ausbau betrauten Architekturbüro blicken im Sommer 2006 in einem Interview mit dem Magazin *Stadionwelt* zurück. Demnach habe man nach einem Ratschlag von Franz Beckenbauer, dem Chef des deutschen Bewerbungskomitees, die zunächst vorgesehene Kapazität von 44.000 Sitzplätzen noch einmal auf 48.500 erweitert, was neben der Aufstockung der beiden Hintertortribünen auch die Erweiterung der erst kürzlich fertiggestellten Südtribüne notwendig gemacht habe. Als besondere Herausforderungen nennen die Architekten zudem die enorme Steigerung des Fassungsvermögens unter Beibehaltung der relativ kleinen Nordtribüne, die Schaffung eines harmonischen Gesamtbildes sowie die exponierte Lage des Stadions am Rande eines steil abfallenden Steinbruchs. Auch die Dachkonstruktion auf „nur zwei Stützen" nennt Karsten Fiebiger „unter den gegebenen Umständen (…) aus statischer Sicht eine Meisterleistung".

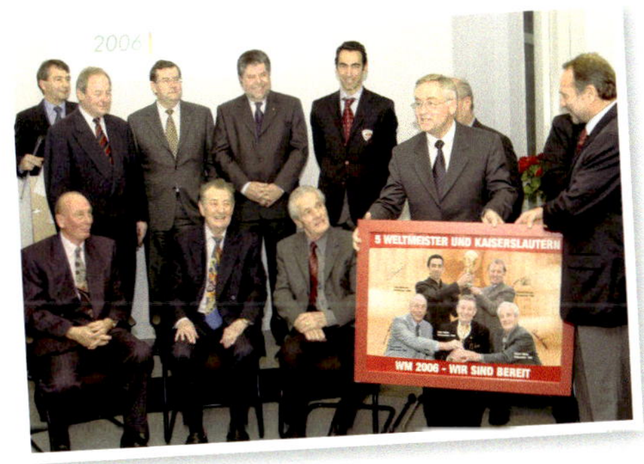

Fünf Weltmeister für Kaiserslautern: Mit einer prominenten Delegation bewerben sich Stadt und Verein als WM-Standort.

„Wenn wir A sagen, sagen wir auch B“

Die bautechnischen Herausforderungen sind jedoch nur das eine. Um den Zuschlag als WM-Spielort zu erhalten, sind auch eine stimmige Bewerbungskampagne und natürlich eine Finanzierung des Megaprojekts notwendig. Letztere steht nach einem Gipfeltreffen zwischen FCK, dem Land Rheinland-Pfalz sowie der Stadt Kaiserslautern im Mai 2001 in Mainz. Demnach übernehmen das Land (21,7 Millionen Euro) und die Stadt (7,7 Millionen Euro) den größeren Teil der mit 48,3 Millionen Euro (94,5 Millionen DM) veranschlagten Ausbau-Kosten. 18,9 Millionen Euro plus mögliche Mehrkosten hat der FCK zu stemmen. Man habe ursprünglich mit einer geringeren Höhe der eigenen Investition gerechnet, sagt Vorstandschef Friedrich nach dem Treffen, lässt aber keinen Zweifel an der Bereitschaft des Klubs, seinen Beitrag für WM-Spiele auf dem Betzenberg zu leisten. „Wenn wir A sagen, sagen wir auch B“, wird der FCK-Boss in der *Rheinpfalz* zitiert. Sowohl beim Klub als auch in Rathaus und Staatskanzlei werden die Aussichten auf eine erfolgreiche Bewerbung als gut eingeschätzt. Eine breite Mehrheit der Bevölkerung in der Pfalz steht ebenfalls hinter den WM-Plänen, wie eine repräsentative Umfrage im Auftrag der *Rheinpfalz* belegt. Satte 70 Prozent befürworten demnach Kaiserslautern als WM-Spielort, etwas mehr als 30 Prozent wären sogar bereit, dafür einen kleinen Obolus zu entrichten. Nicht viel anders ist das Stimmungsbild bei den Parteien in Stadtrat und Landtag, ja selbst beim Bund der Steuerzahler steht man der Bewerbung grundsätzlich positiv gegenüber. Die wenigen, aber gleichwohl vorhandenen kritischen Stimmen gehen in der allgemeinen WM-Euphorie im Spätjahr 2001 unter.

Noch vor der Entscheidung über die zwölf Spielorte stellt der FCK bei der Stadtverwaltung Kaiserslautern am 31. Oktober 2001, dem 81. Geburtstag von Fritz Walter, den Antrag zum Ausbau des Stadions, den die Stadt im Eiltempo wenige Wochen später genehmigt. Unmittelbar nach dem Ende der Saison 2001/02 sollen die Arbeiten beginnen und in mehreren Bauabschnitten die Ost-, West- und Südtribüne erweitert werden. In und an der Nordtribüne sind zudem weitere Um- und Ausbauten vorgesehen, die vor allem mit Anforderungen der FIFA an ein WM-Stadion einhergehen. Bis zum Sommer 2005 – so der Plan – soll der komplette Ausbau abgeschlossen sein.

Mit dem Antrag zur Baugenehmigung bekräftigt der FCK auch sein Vorhaben, die Osttribüne unabhängig vom Zuschlag als WM-Spielort ausbauen und deren Kapazität um 9.000 Sitzplätze erweitern zu wollen. Ein Vorgehen, das auch Kritiker auf den Plan ruft, die im Falle eines Nicht-Zuschlags für die WM ein aus vier unterschiedlichen Tribünen bestehendes Stadion befürchten. Solche ästhetischen Bedenken sind aber spätestens am 15. April 2002 um 15:05 Uhr hinfällig, als Kaiserslautern in der Alten Oper von Frankfurt am Main als zehnter der insgesamt zwölf deutschen WM-Spielorte ausgewählt wird. Mehrere Tausend Menschen feiern in der Innenstadt die erfolgreiche Krönung der Bewerbungskampagne. Zu deren Pluspunkten zählen neben den prominenten Repräsentanten um Fritz Walter auch die Lage der Stadt im Südwesten Deutschlands mit ihrer Nähe zu Frankreich und natürlich das Stadion selbst, das nach dem geplanten Ausbau mehr denn je wie ein Wahrzeichen, eine uneinnehmbare Festung hoch über den Dächern der kleinen Großstadt im Pfälzerwald thronen soll.

So stimmig die Bewerbung, so problematisch gestaltet sich von Beginn an die Umsetzung der Ausbaupläne. Nach dem symbolischen ersten Spatenstich für die Erweiterung der Osttribüne im Vorfeld des Länderspiels zwischen Deutschland und

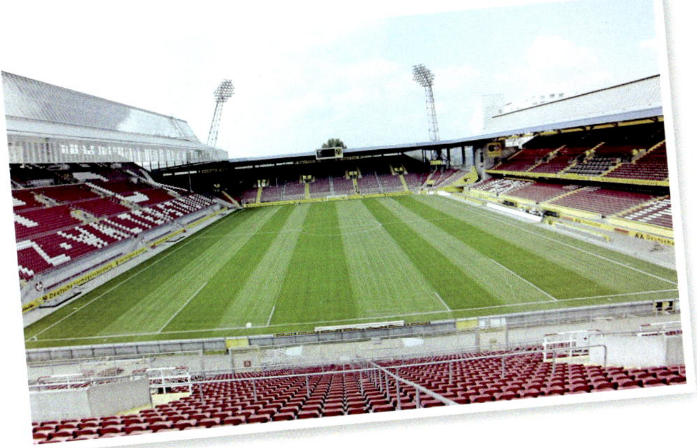

Blick von der Baustelle Osttribüne ins Stadion (August 2002).

Israel am 13. Februar 2002 in Kaiserslautern müssen die Verantwortlichen feststellen, dass nicht nur die Resonanz auf die Ausschreibung des Auftrags bescheiden ist, die abgegebenen Angebote liegen meist auch erheblich über der ursprünglichen Kostenschätzung. Den Zuschlag erhält schließlich das zu diesem Zeitpunkt bereits wirtschaftlich schwer angeschlagene Bauunternehmen Philipp Holzmann, mit dem man beim jüngsten Neubau der Südtribüne gute Erfahrungen gemacht hat. Erst Ende Juni 2002 kann es mit schon mehrwöchiger Verzögerung losgehen. Mit 15,7 Millionen Euro soll der Ausbau etwas teurer werden als geplant. Auch die angedachte Fertigstellung der neuen Osttribüne zum Saisonstart 2002/03 kann nicht ganz gehalten werden. Als neuer Termin wird der November 2002 anvisiert.

Verein und WM-Bewerbung vor dem Aus

Schon kurz darauf überschlagen sich beim FCK allerdings die Ereignisse. Aufgrund des schleichenden sportlichen Abwärtstrends der Bundesliga-Mannschaft, die nach der Meisterschaft 1998 zuerst zweimal in Serie eine mögliche Teilnahme an der Champions League und in den beiden folgenden Spielzeiten auch einen UEFA-Cup-Platz verpasst, sind die Misstöne rund um den Betzenberg zu Beginn der Saison 2002/03 kaum noch zu überhören. Nach schwachem Start und einem 0:3-Debakel am dritten Spieltag bei Borussia Mönchengladbach wird Teammanager Andreas Brehme entlassen. Auch die Tage von Jürgen Friedrich als Vorstandsvorsitzender sind gezählt. Als dessen Nachfolger übernimmt René C. Jäggi zunächst als Generalbevollmächtigter, später als Vorstandschef die Geschäfte beim Pfälzer Traditionsklub. Der Schweizer präsentiert in einer ersten Bestandsaufnahme der wirtschaftlichen Situation beunruhigende Zahlen. Nicht nur unterhalte der FCK eine angesichts der jüngeren sportlichen Bilanz viel zu teure Mannschaft, der Klub ächze auch unter den fehlenden TV-Millionen aufgrund der Pleite des TV-Unternehmers Leo Kirch. Vor allem aber habe sich der FCK mit dem Ausbau des Stadions zur WM-Arena schlicht und einfach „übernommen". Im Herbst 2002 erklärt Jäggi den 1. FC Kaiserslautern zum „Sanierungsfall".

Luft verschafft sich der Verein durch die Veräußerung der Transferrechte am aufstrebenden Starstürmer Miroslav Klose für fünf Millionen Euro an Lotto Rheinland-Pfalz. Zwischenzeitlich friert Jäggi sogar einen Teil der Gehälter der Profis ein. Die Spieler hatten zuvor angekündigt, auf insgesamt 1,5 Millionen Euro an Prämien verzichten zu wollen. Prämien, die aufgrund ausbleibender sportlicher Erfolge aber ohnehin kaum ausgezahlt werden müssen. Als Ende Oktober 2002 der Kreditvertrag über 20 Millionen Euro mit einem Banken-Konsortium zur Finanzierung des Eigenanteils am Stadionausbau erfolgreich nachverhandelt und unterschrieben ist, scheint der FCK zumindest aus dem Gröbsten raus – allerdings nur für wenige Wochen.

Im Zuge einer von der Mitgliederversammlung am 5. November 2002 verlangten und von Jäggi in Auftrag gegebenen Durchleuchtung der Geschäftsvorgänge der letzten fünf Jahre durch die Wirtschaftsprüfungsgesellschaft PricewaterhouseCoopers kommt es zu Ermittlungen des Finanzamts wegen des Verdachts der Steuerhinterziehung. Geprüft wird, ob verdeckte Gehaltszahlungen an Profis über Jahre am Fiskus vorbei ins Ausland geflossen sind. Im Januar 2003 steht dem FCK eine Steuernachzahlung in zunächst zweistelliger Millionenhöhe ins Haus. Um eine Insolvenz des Vereins abzuwenden, sieht Jäggi als einzigen Ausweg den Verkauf des Fritz-Walter-Stadions. Dieser ist der zentrale Bestandteil eines Sanierungsplans, der

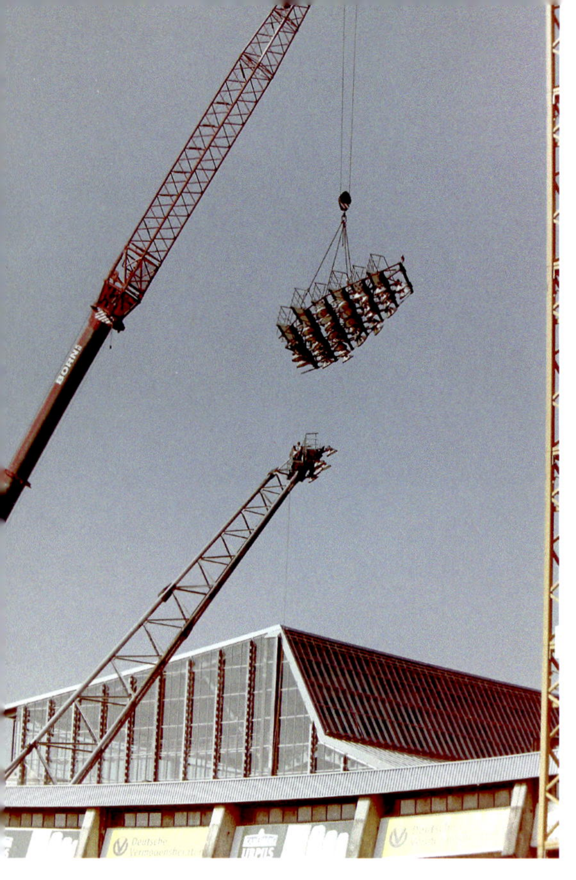

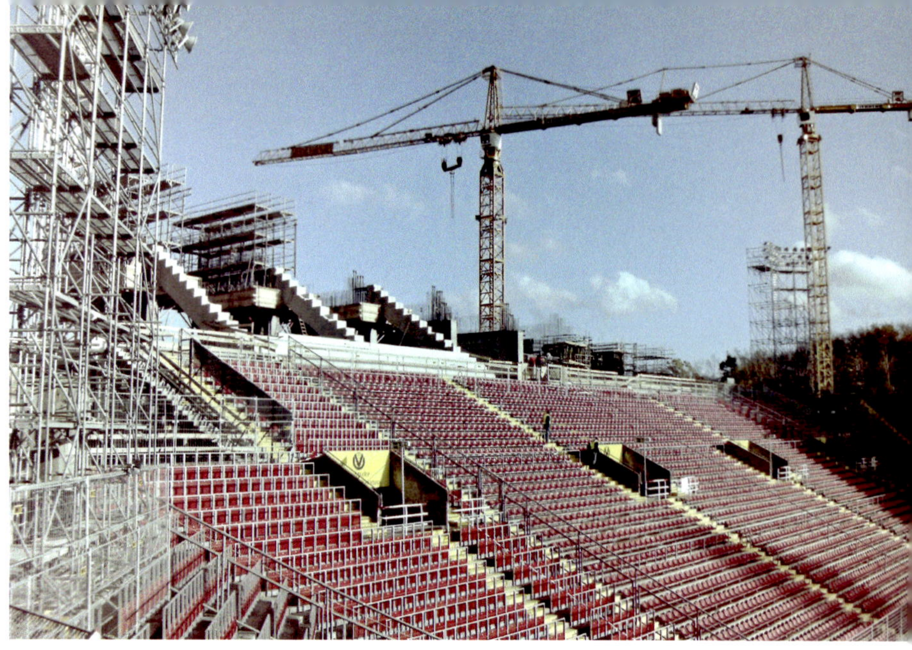

Die mehr als zweijährige Bauzeit der neuen Osttribüne steht sinnbildlich für alles, was schiefgehen kann: Sportliche Turbulenzen, vereinsinterne Querelen sowie letztlich der durch den Stadionverkauf abgewendete Ruin begleiten das Großprojekt. Die durch die Insolvenz der Baufirma in die Länge gezogene Fertigstellung kommt den FCK in vielerlei Hinsicht teuer zu stehen.

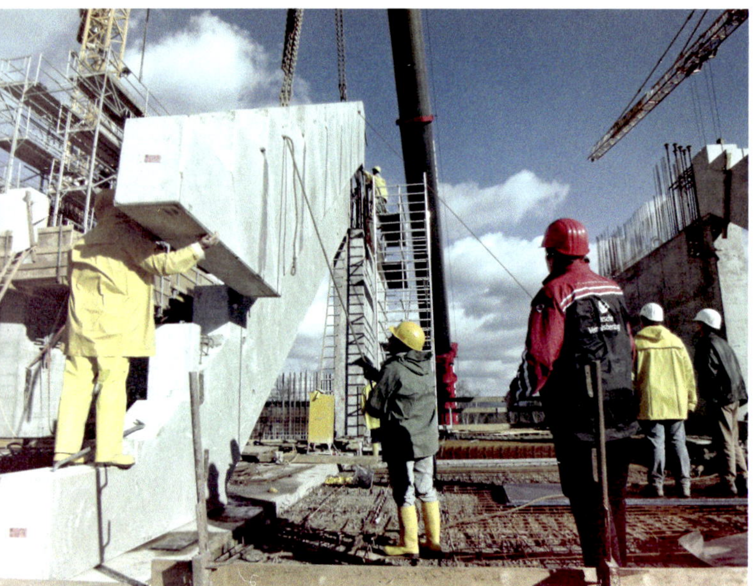

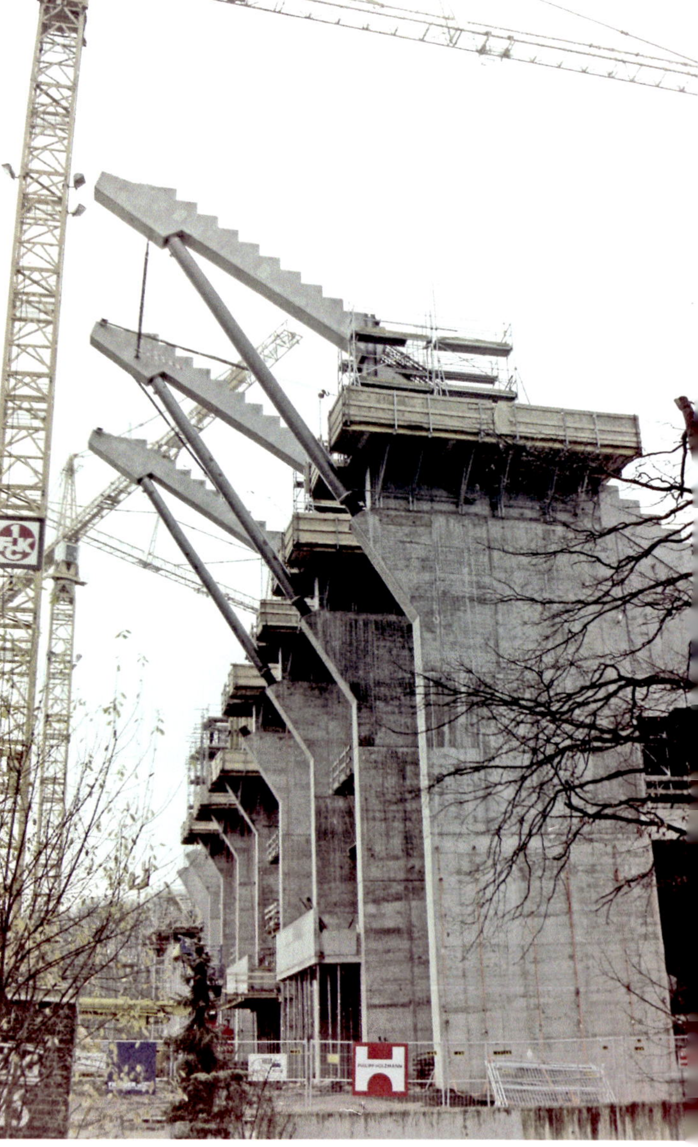

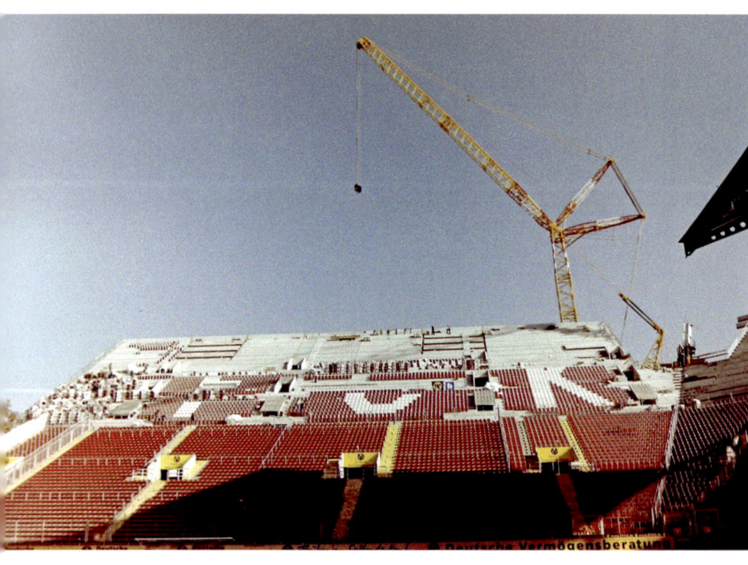

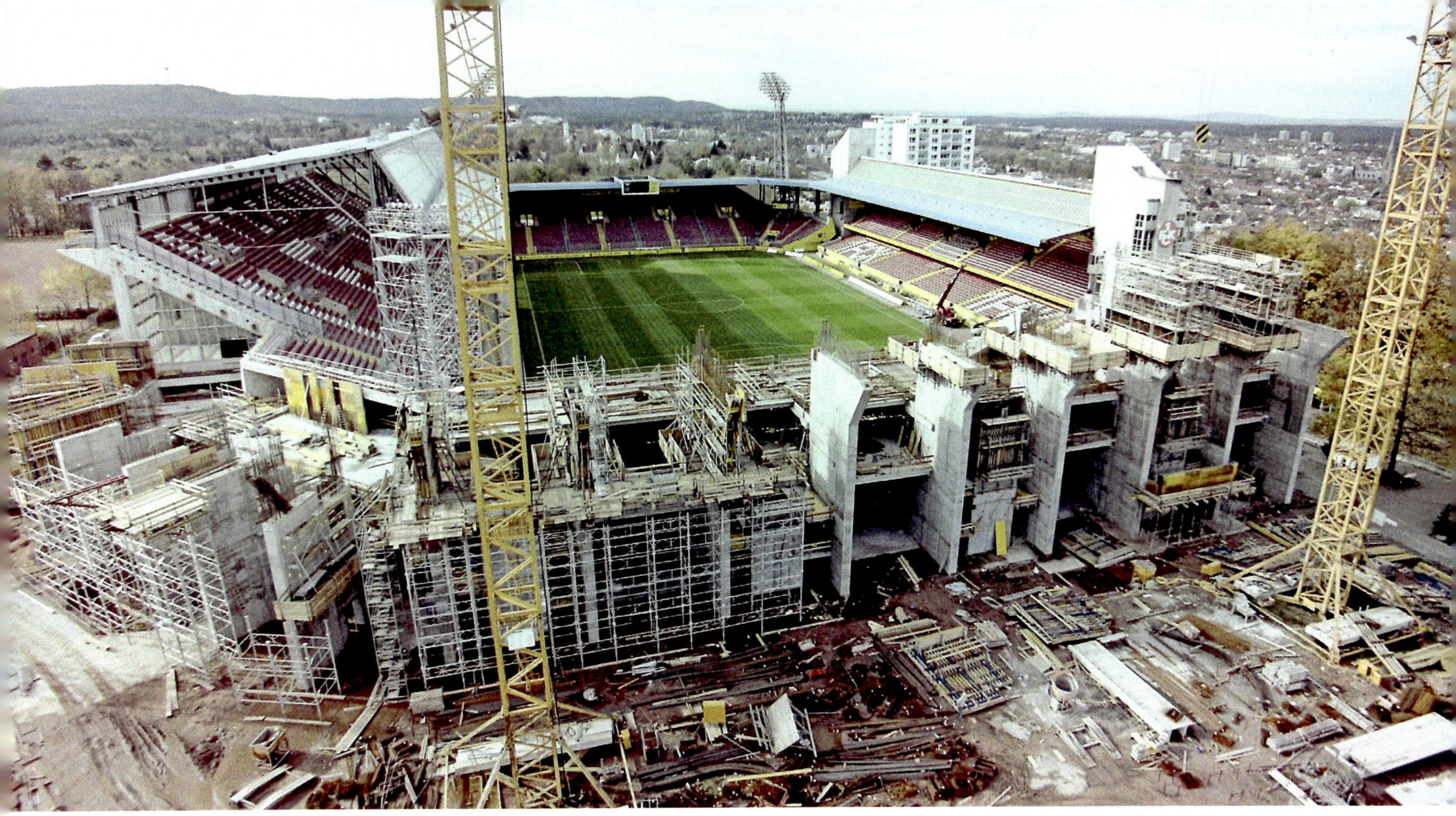

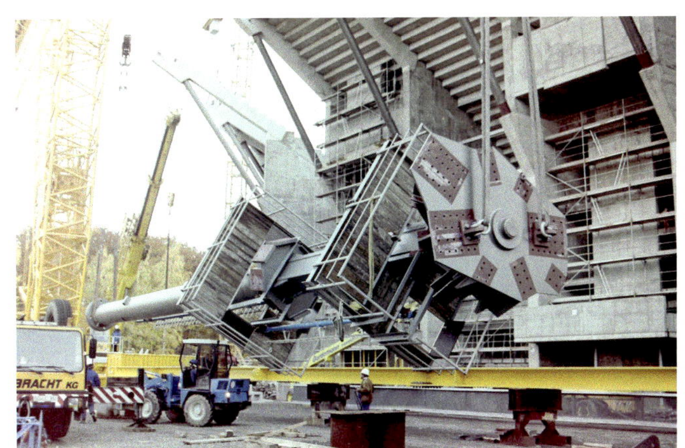
BRACHT KG

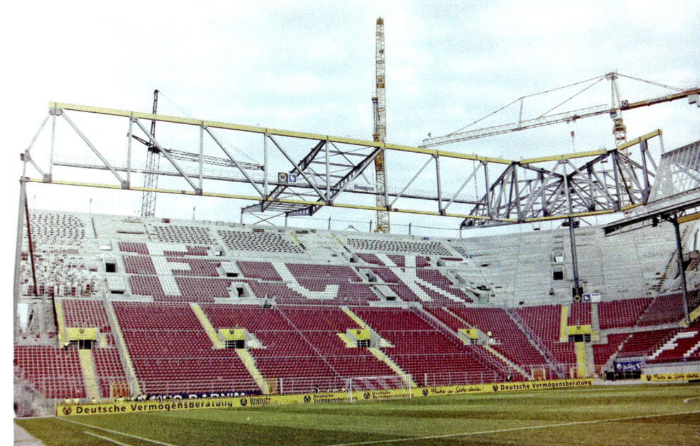
Deutsche Vermögensberatung

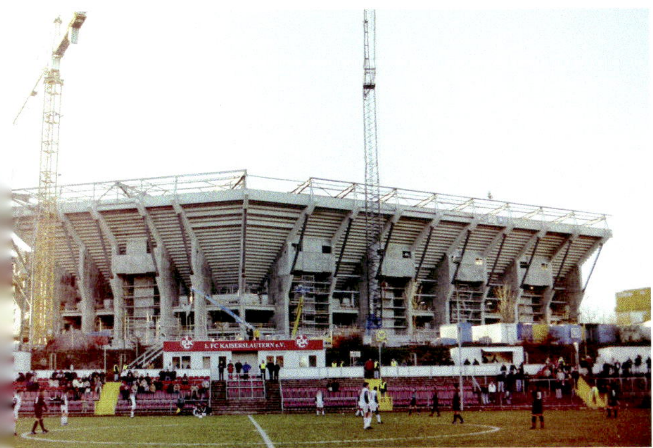

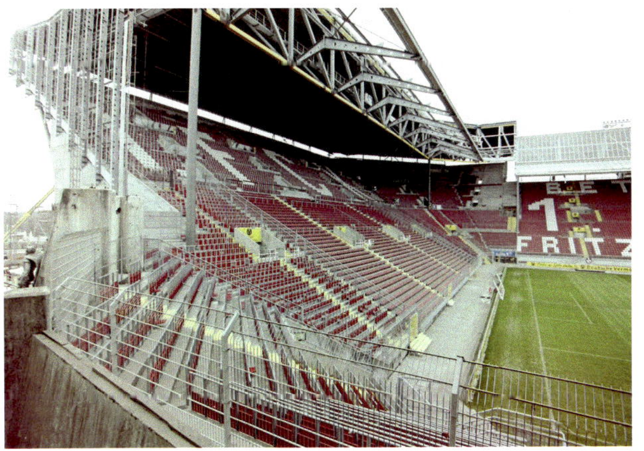
FRITZ

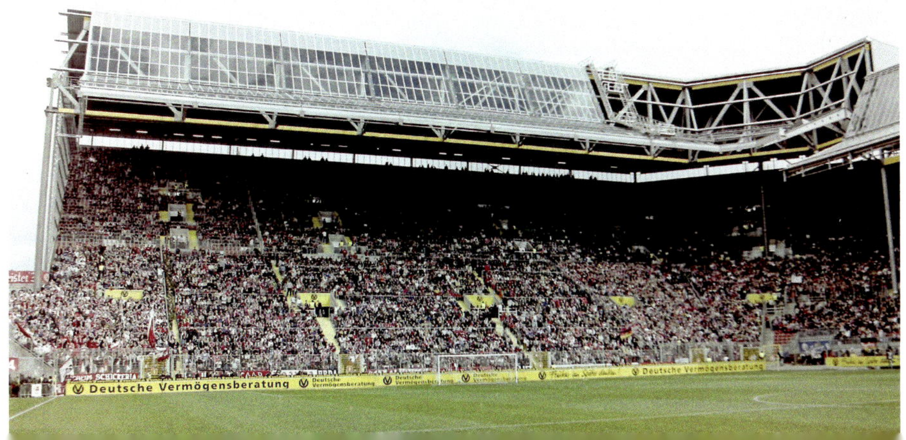
Deutsche Vermögensberatung

Anfang des Jahres 2003 auch offiziell auf dem Tisch liegt. Nach zähen Verhandlungen und mehreren Krisengipfeln unter Beteiligung der Gläubigerbanken, des Landes Rheinland-Pfalz und der Stadt Kaiserslautern gelingen Ende Februar der Durchbruch und die Einigung auf ein Sanierungskonzept, das den Verkauf des Stadions an eine zu gründende Objektgesellschaft vorsieht. Die im Juni 2003 ins Leben gerufene Fritz-Walter-Stadion Kaiserslautern GmbH übernimmt als hundertprozentige Tochter der Stadt das Stadion sowie das Trainingsgelände auf dem Fröhnerhof für 57,9 Millionen Euro. Der FCK ist auf einen Schlag seine Verbindlichkeiten los, spielt im heimischen Stadion künftig aber nur noch als Mieter und zahlt dafür an die Stadiongesellschaft eine Pacht. Der Ausbau des Stadions zur WM-Spielstätte ist gesichert.

Beim Ausbau drängt die Zeit

Die Arbeiten fallen inmitten der finanziellen Turbulenzen allerdings immer weiter hinter den ursprünglichen Zeitplan zurück. Bereits Anfang November 2002 prognostiziert der FCK beim Ausbau der Osttribüne wegen statischer Probleme einen satten Verzug von etwa einem halben Jahr. Außerdem stehen Mehrkosten von mehr als drei Millionen Euro im Raum. Für den klammen Klub ist das ein doppeltes Problem, da mit jeder Verzögerung geringere Einnahmen aufgrund noch nicht zur Verfügung stehender Sitzplätze einhergehen. Ende des Jahres unterbricht Holzmann die Arbeiten zunächst witterungsbedingt und stellt sie im Streit mit dem FCK um die Mehrkosten wenig später komplett ein. Ab dem 6. Januar 2003 stehen die Kräne auf der Baustelle an der Osttribüne still. Der Verein kündigt daraufhin den Vertrag mit der Baufirma und will Gespräche mit anderen Unternehmen aufnehmen, die den Ausbau der Osttribüne zu Ende bringen sollen. Bis dahin vergehen weitere Monate.

Im Juli bekommt eine Bietergemeinschaft aus den Unternehmen Walter Bau und Bilfinger Berger den Auftrag, die Arbeiten fortzuführen und bis Ende Februar 2004 auch abzuschließen. Dieser Termin kann zwar ebenfalls nicht ganz gehalten werden, die gigantische Dachkonstruktion ist bis zum Februar aber fertig und zumindest zum Teil kann die neue Tribüne bei Heimspielen bereits genutzt werden. Rechtzeitig zur Begegnung gegen Bayern München im April 2004 wird die ausgebaute Osttribüne zum ersten Mal komplett freigegeben. 47.315 Zuschauer sehen zwar eine 0:2-Niederlage, sorgen aber zugleich für einen neuen Zuschauerrekord auf dem Betzenberg.

Noch stehen der Aus- und Umbau des weitaus größeren Teils des Stadions im Westen, Norden und Süden allerdings aus. Nach dem Zuschlag für eine Arbeitsgemeinschaft der Unternehmen Hochtief Construction und Heberger Bau sollen die Arbeiten Ende 2004 beginnen und innerhalb eines Jahres abgeschlossen sein. Als Spielort für den Confederations Cup, die ein Jahr vor einer WM im Gastgeberland stattfindende Generalprobe, kommt Kaiserslautern schon nicht mehr infrage. Aber auch mit Blick auf das eigentliche Großereignis im Sommer 2006 darf nun nicht mehr viel schiefgehen. Los geht es mit der Demontage des Westkurven-Daches, der letzten beiden Flutlichtmasten sowie dem Abriss der ehemaligen Eckblöcke zwischen der Nord- und den Hintertortribünen. An deren Stelle sollen der Medien- sowie auf der Ostseite der erst später beschlossene Logenturm mit einer jeweils fast 50 Quadratmeter großen Videowand entstehen. Gerade der Bereich in der Ecke Nord-West ist aufgrund des direkt dahinter abfallenden Steinbruchs bautechnisch eine enorme Herausforderung und erfordert besondere

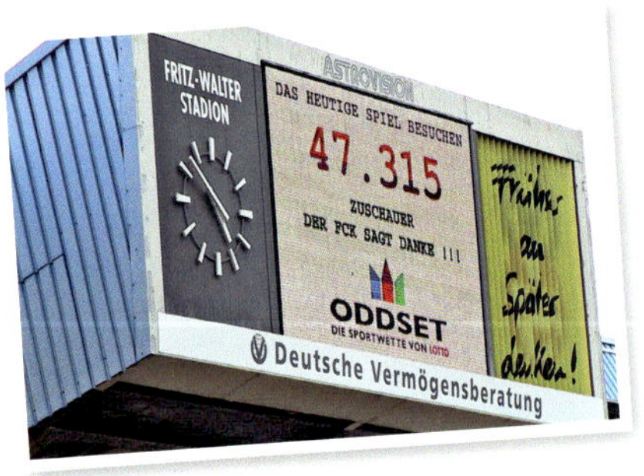

Neuer Zuschauerrekord im April 2004.

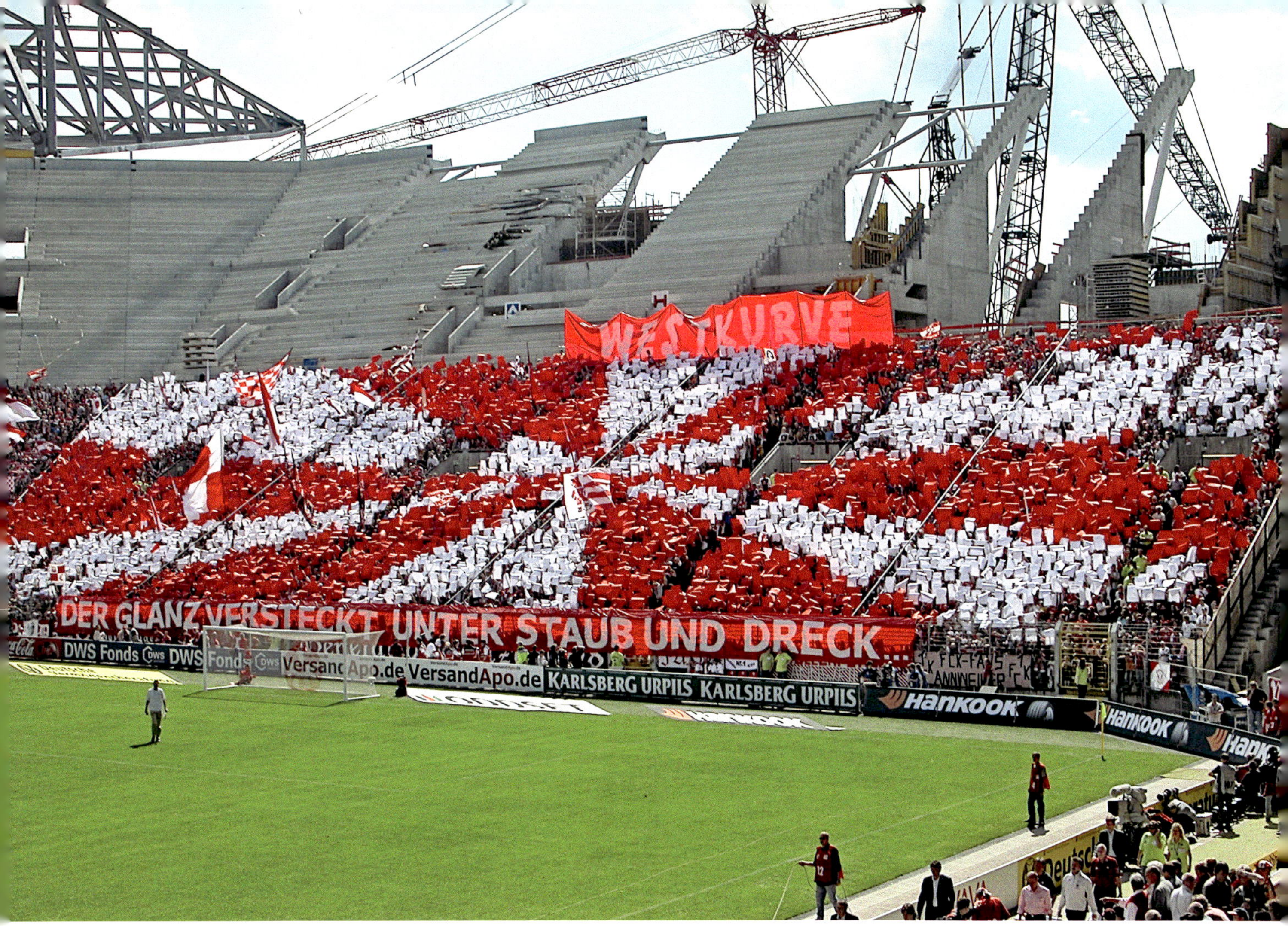

Der Ausbau der Westtribüne verläuft nach Plan, aber die sportlichen Hoffnungen zum Beginn der Saison 2005/06 (oben) erfüllen sich nicht. Kaum ist das Stadion fertig, steigt die Mannschaft ab.

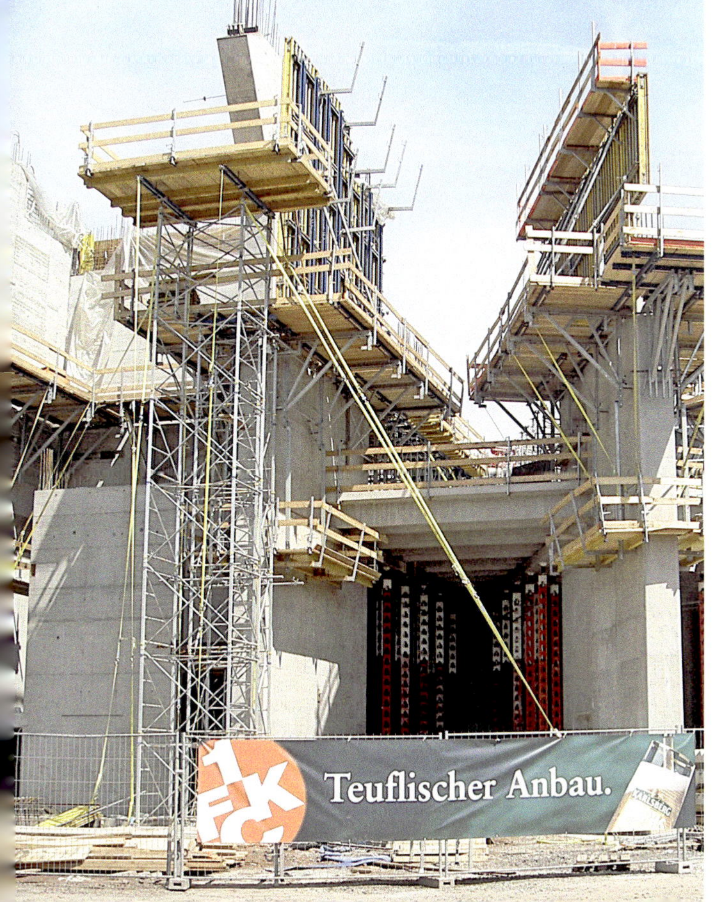

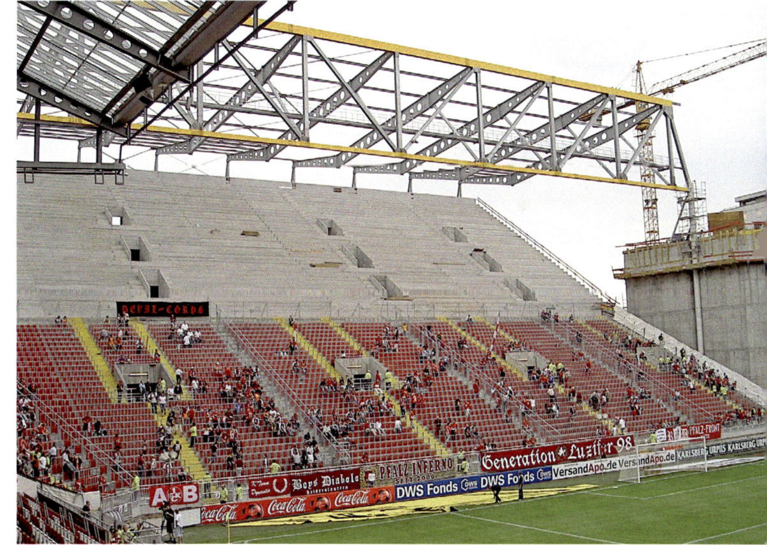

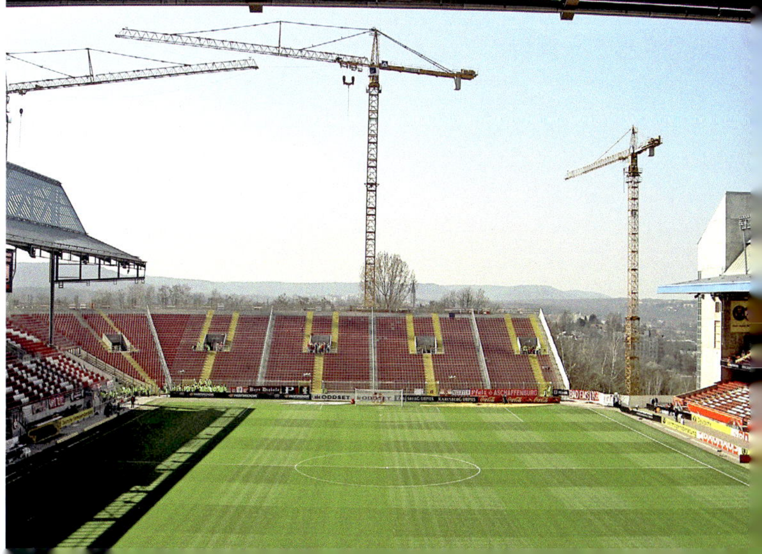

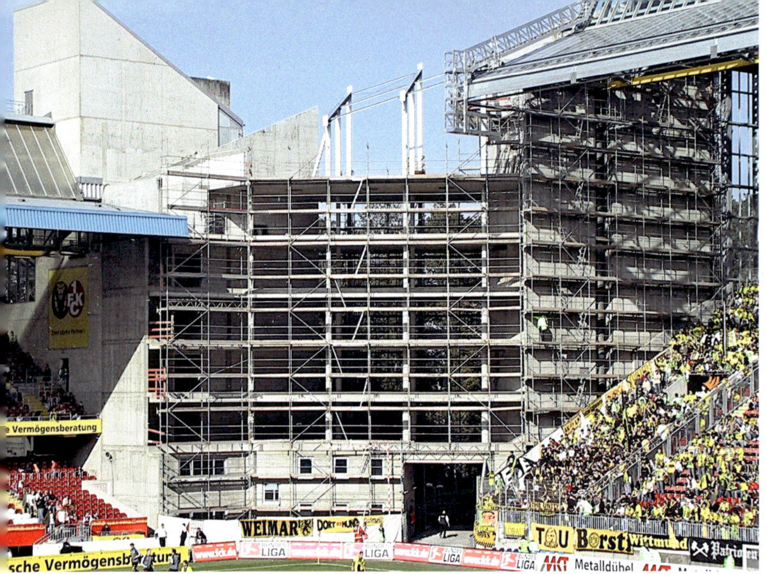

Die Ecken zwischen der Nordtribüne und ihren Nachbarn werden durch Medien- und Logentürme geschlossen.

Gründungsarbeiten, die später auch für einen Teil der entstehenden Mehrkosten verantwortlich sind. Diese Mehrkosten galoppieren schon während der Ausschreibung und der Vergabe des Bauauftrags für den Restausbau sowie in den Monaten danach regelrecht davon und sorgen für teils heftigen Streit in der Politik. Zu den Gründen für die Verteuerung zählen der zeitliche Verzug auf der Osttribüne, die deutlich über den ursprünglichen Planungen liegenden Angebote der Bauunternehmen für den Restausbau, aber auch steigende Stahlpreise sowie immer wieder Nachforderungen der FIFA. Alles in allem belaufen sich die Mehrkosten für den kompletten WM-Ausbau schließlich auf fast 30 Millionen Euro.

FCK-Boss Jäggi rechnet derweil mit weiteren „fürchterlichen zwölf Monaten" und zusätzlichen Einnahmeverlusten aufgrund nicht zur Verfügung stehender Plätze. Wenige Wochen vor dem Auftakt der Saison 2005/06 ist das Fritz-Walter-Stadion eine einzige riesige Baustelle. Ein Thema, dem sich im ersten Heimspiel gegen den MSV Duisburg auch die Fans in der seit Monaten ohne Dach dastehenden Westkurve widmen. „Der Glanz versteckt unter Staub und Dreck", heißt es in einer Choreografie in Anspielung auf die Arbeiten, bei denen sich nun aber zumindest ein Ende absehen lässt. Während der Medien- und der Logenturm in den Ecken in die Höhe wachsen, wird vor allem auch im Bauch der Nordtribüne gewerkelt. Wo bisher die Geschäftsstelle zu finden war, entsteht das neue Medienzentrum. Die Geschäftsstelle zieht um in den Oberrang der neuen Westtribüne. Auch ein Aufzug vom Parkplatz am Fuß des Steinbruchs bis auf die Ebene mit dem Spielerbereich wird gebaut. In die Mitte der Tribüne wird auf Höhe der Mittellinie der neue Spielertunnel gehauen. Zudem werden die Positionen der TV-Kameras von der Süd- wieder zurück auf die Haupttribüne verlegt, die dortigen Pressearbeitsplätze großzügig erweitert. Der spektakuläre Höhepunkt des restlichen Stadionausbaus ist aber die Anhebung des 1.200 Tonnen schweren Daches auf der Südtribüne mittels einer hydraulisch gesteuerten Hubvorrichtung um mehr als vier Meter auf das Niveau der neuen Dächer von Ost- und Westtribüne. Am 25. September 2005 geht die Aktion erfolgreich über die Bühne. Durch weitere Sitzreihen am oberen Ende steigt die Kapazität der Südtribüne auf mehr als 10.000 Sitzplätze.

Im Dezember 2005 befindet sich der Ausbau endgültig auf der Zielgeraden, als eine neue Hiobsbotschaft noch einmal für Wirbel – und weitere Mehrkosten – am WM-Standort Kaiserslautern sorgt. Nachdem in Stahlteilen für die Dachkonstruktion über der Westkurve Schäden entdeckt werden, findet man auch auf der bereits fertiggestellten Ostseite haarförmige Risse in den Stahlträgern. Das Stadion wird gesperrt, der Südwest-Schlager in der Bundesliga gegen Eintracht Frankfurt muss abgesagt werden. Eine reine Vorsichtsmaßnahme, wie die Verantwortlichen eilig betonen. Der WM-Spielort Kaiserslautern sei nicht infrage gestellt. Binnen zwei Tagen werden an den Seiten der Südtribüne zwei temporäre Hilfsstützen montiert und die Schäden ausgebessert. Später wird die Hauptstütze in der Süd-Ost-Ecke nach oben um etwa zehn Meter verlängert und durch eine Hängekonstruktion entlastet.

Schon drei Tage nach dem neuerlichen „Dachschaden" – bereits im Februar desselben Jahres löst sich in der Halbzeitpause des Bundesligaspiels gegen Hansa Rostock im starken Wind eine Blechverkleidung am Dach der Südtribüne und trifft einen am Mittelkreis stehenden Ordner – ist das Fritz-Walter-Stadion wieder freigegeben. Zum Start der Rückrunde mit dem Heimspiel gegen Schalke 04 steht am 29. Januar 2006 erstmals die volle Kapazität von 48.500 Plätzen zur Verfügung.

Ausgeschöpft wird diese zu Beginn des WM-Jahres allerdings nicht, als die erneut in höchste Abstiegsgefahr geschlitterte Mannschaft ihre Heimspiele zunächst vor maximal 36.000 Zuschauern bestreitet. Vorstandschef Jäggi hat nach der Krisensaison 2002/03, die dem FCK neben Sanierung und Klassenerhalt sogar noch die UEFA-Cup-Qualifikation über die Teilnahme am DFB-Pokalfinale beschert, sportlich alles andere als ein glückliches Händchen. Mit Wolfgang Wolf ist nach Eric Gerets, Kurt Jara und Michael Henke bereits sein vierter Trainer im Amt. Nach unzähligen Transferflops muss der Nichtabstieg zudem mit einer blutjungen Mannschaft um die Eigengewächse Florian Fromlowitz, Fabian Schönheim, Sebastian Reinert und Daniel Halfar gelingen. Am vorletzten Spieltag ist das Fritz-Walter-Stadion gegen Bayern München zum ersten Mal seit dem Ausbau komplett ausverkauft. Dank einer Ausnahmegenehmigung sind 50.754 Zuschauer dabei und sorgen für eine neue Rekordmarke auf dem Betzenberg. Vor der Partie wird hinter der Westkurve im Beisein der beiden noch lebenden Weltmeister von 1954, Horst Eckel und Ottmar Walter, das Denkmal für die „Helden von Bern" eingeweiht. Anschließend bejubeln die meisten der gut 50.000 Besucher ein 1:1 und einen verdienten Punkt als Mutmacher für das eine Woche später anstehende Abstiegsendspiel beim VfL Wolfsburg. Wie zehn Jahre zuvor hat es der FCK in der eigenen Hand, kommt trotz zwischenzeitlicher Führung aber nicht über ein 2:2 hinaus und steigt ab. Als die Tränen des Abstiegs getrocknet sind, wird das neue Schmuckkästchen Fritz-Walter-Stadion mit seiner Kapazität von nun fast 50.000 Plätzen am 28. Mai 2006 als WM-Spielstätte an die FIFA übergeben. Es ist zum zweiten Mal in seiner langen Geschichte nur noch die Heimat eines Zweitligisten.

Die wichtigsten Daten auf dem Weg zum WM-Stadion

6. Juli 2000: Deutschland bekommt den Zuschlag als Ausrichter der Fußball-Weltmeisterschaft 2006.
13. Oktober 2000: Der 1. FC Kaiserslautern, die Stadt Kaiserslautern und das Land Rheinland-Pfalz bewerben sich mit dem Fritz-Walter-Stadion als Austragungsort.
8. Mai 2001: Einigung auf ein Finanzierungskonzept für den Ausbau des Stadions zwischen dem FCK, der Stadt Kaiserslautern und dem Land Rheinland-Pfalz.
5. Dezember 2001: Eine Delegation um die fünf Weltmeister Fritz und Ottmar Walter, Horst Eckel, Andreas Brehme und Youri Djorkaeff übergibt die offiziellen Bewerbungsunterlagen an das WM-Organisationskomitee.
17. Januar 2002: Die Stadt Kaiserslautern erteilt die Genehmigung zum Ausbau des Fritz-Walter-Stadions auf eine Kapazität von 48.500 Sitzplätzen.
15. April 2002: Kaiserslautern wird als einer von zwölf Spielorten der Weltmeisterschaft 2006 ausgewählt.
3. Juni 2003: Gründung der Fritz-Walter-Stadion Kaiserslautern GmbH, die das bis dahin in Vereinsbesitz befindliche Stadion übernimmt.
28. Mai 2006: Das fertiggestellte Stadion wird als WM-Spielstätte für insgesamt fünf Partien an die FIFA übergeben.

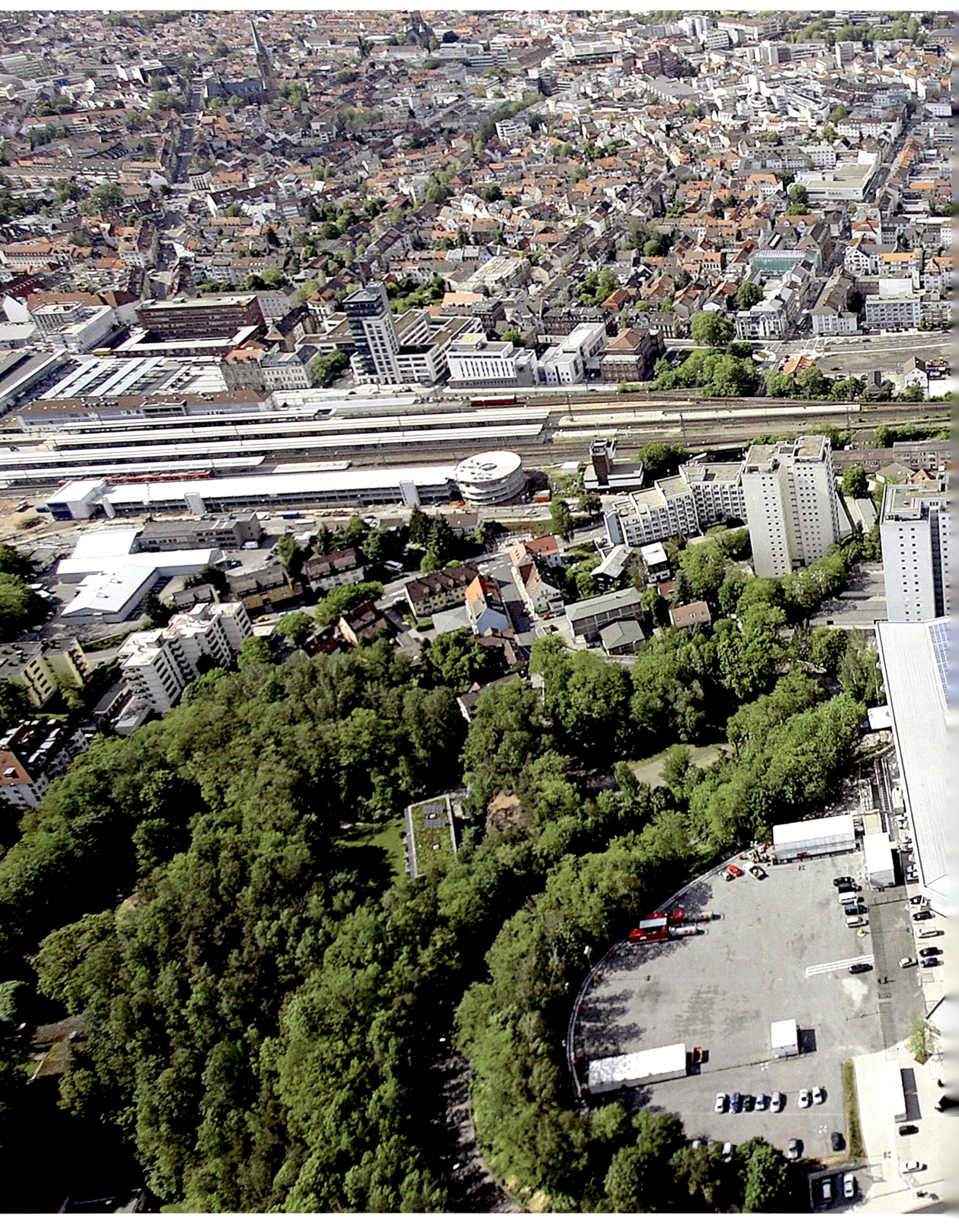

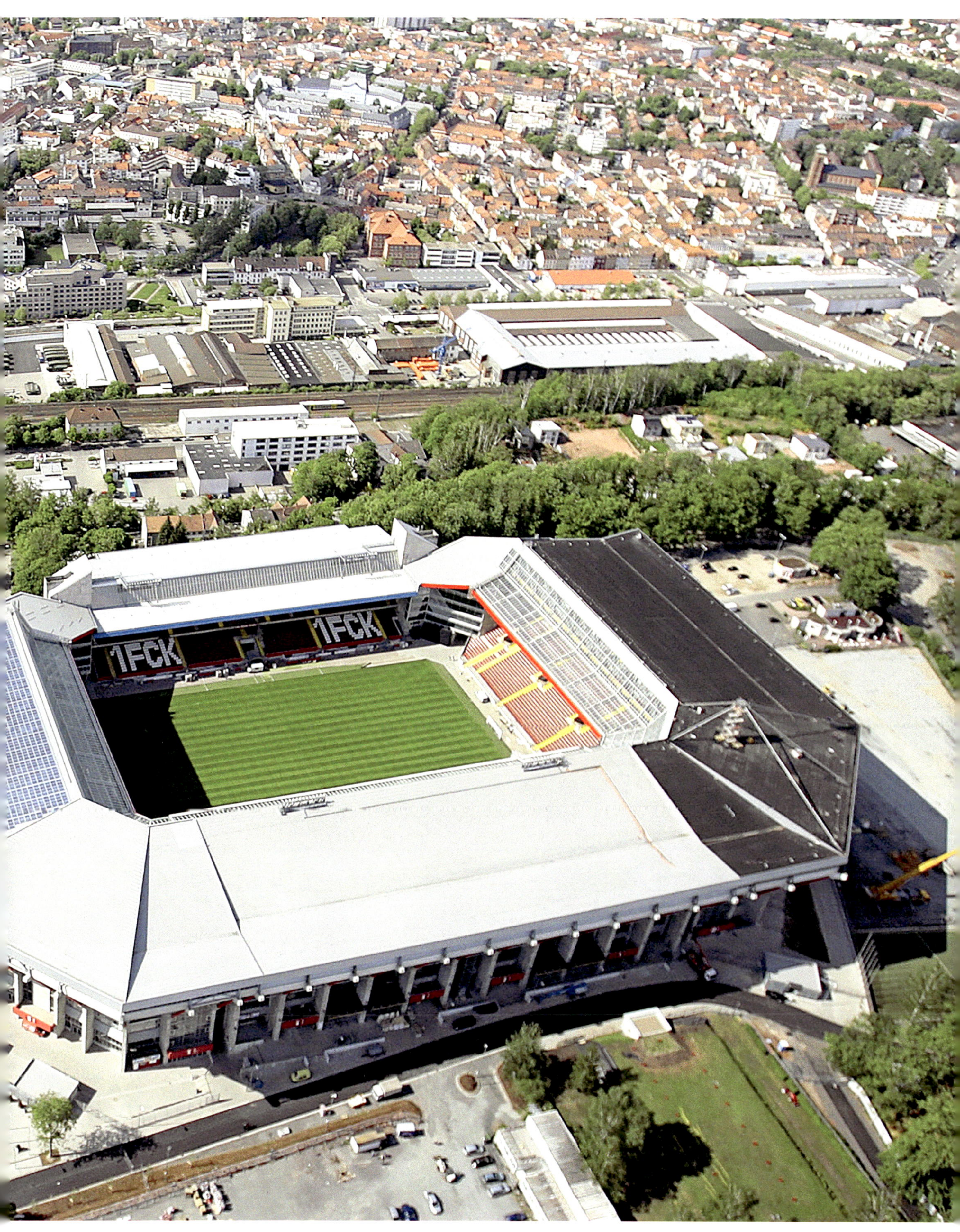
1FCK
1FCK
1FCK

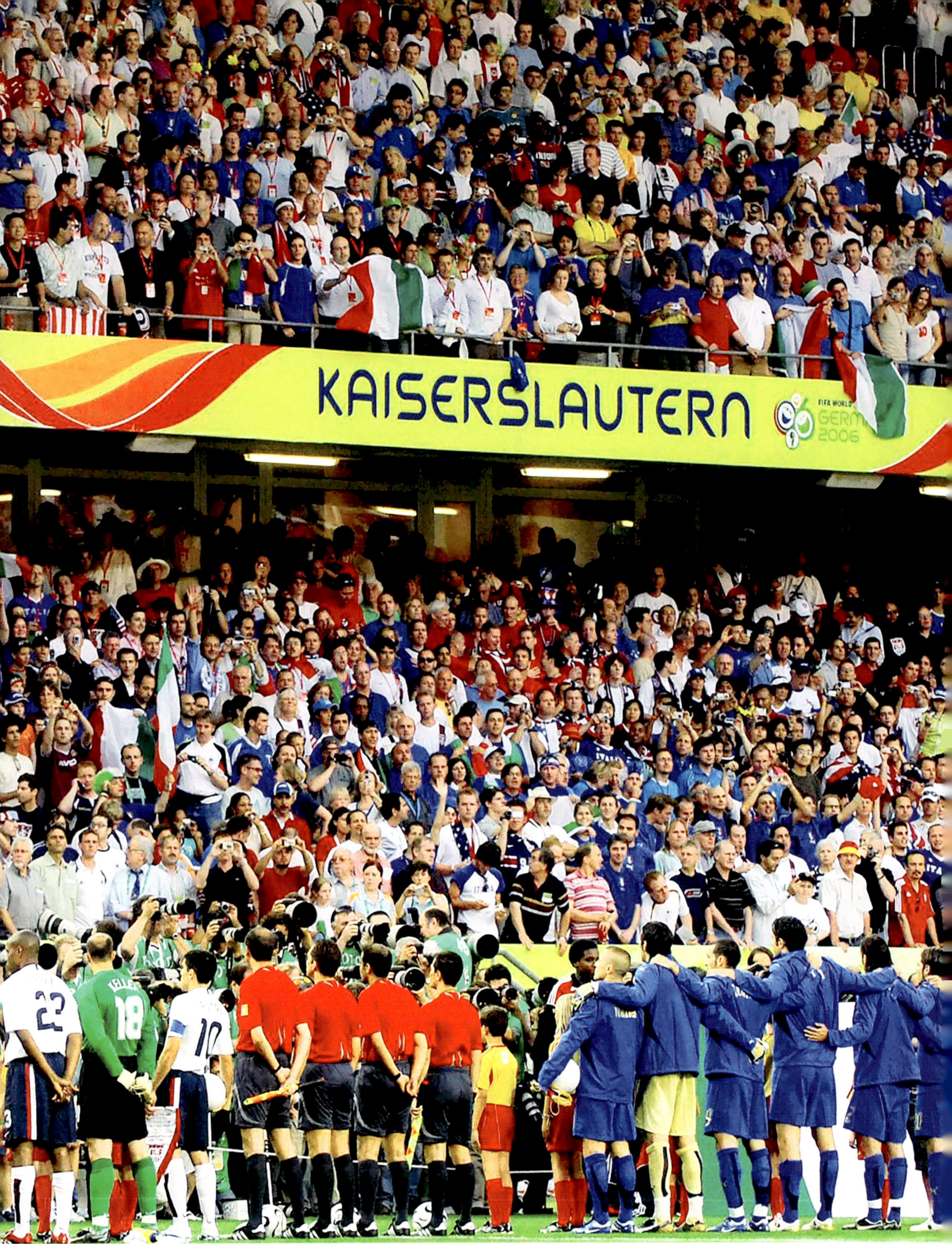
KAISERSLAUTERN
FIFA WORLD CUP
GERMANY 2006

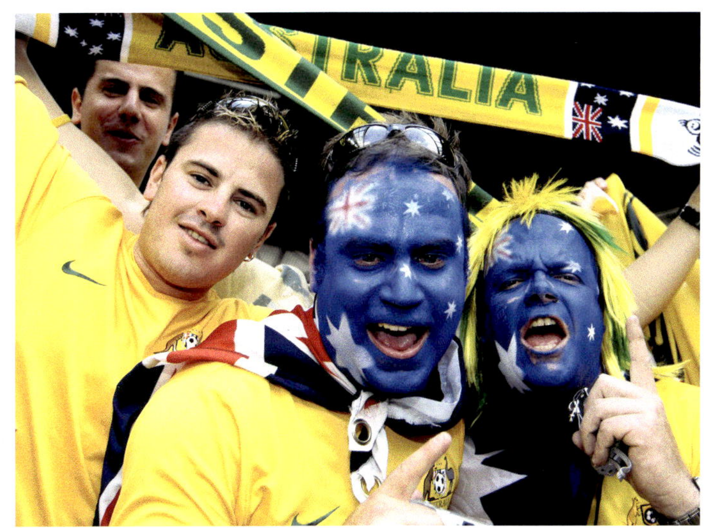

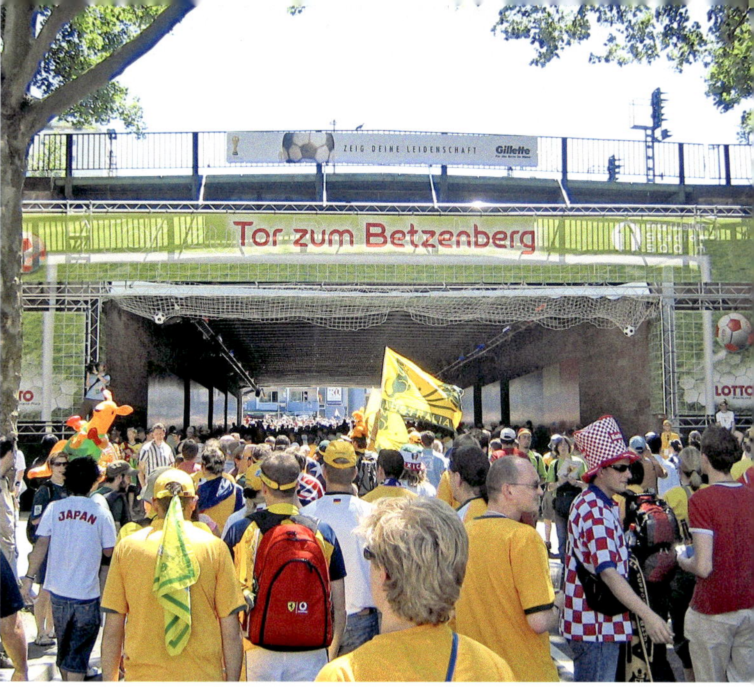

Kaiserslautern und der Betzenberg erweisen sich 2006 als würdiger WM-Spielort. Während die australischen Fans (oben) beste Erinnerungen haben, tut sich der spätere Sieger Italien zweimal schwer im Fritz-Walter-Stadion: Gegen die USA (1:1, links) und im Achtelfinale gegen Australien (1:0) deutet nichts auf den späteren Titelgewinn hin.

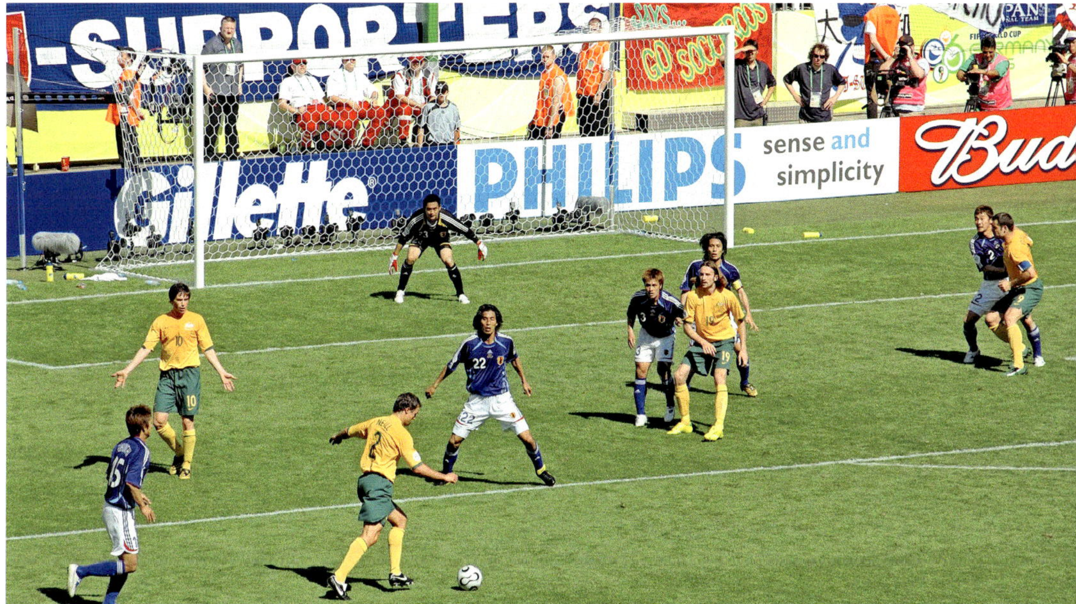

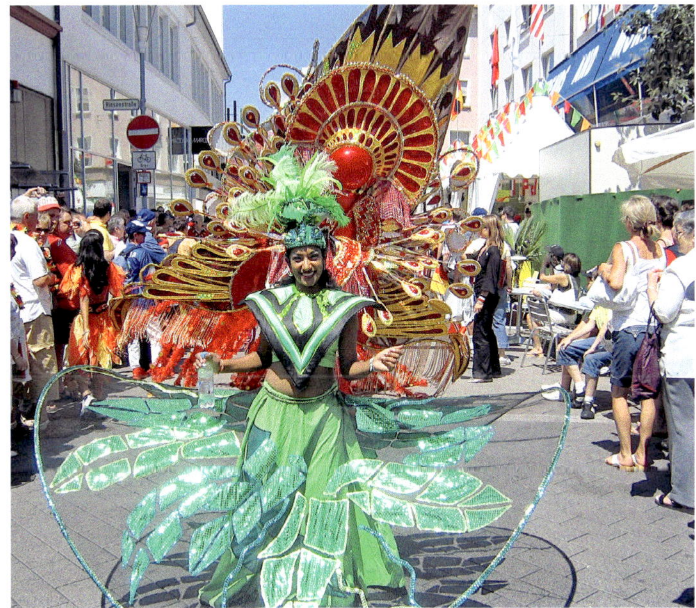

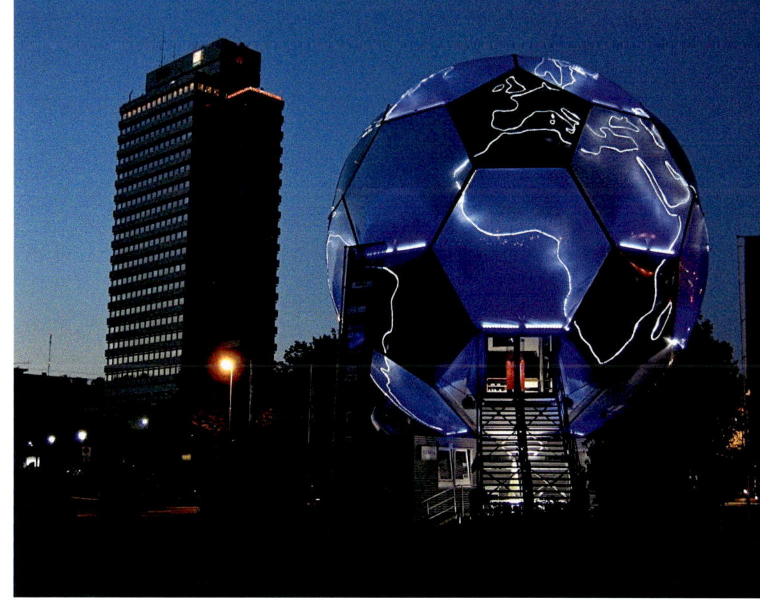

73

JUBELN FÜR PARAGUAY

MIRIAM WELTE Bahnrad-Olympiasiegerin 2012

Ich blicke von meinem Balkon aus auf das Stadion und finde, es passt wie das Tüpfelchen auf das i auf diesen Berg. Das gehört einfach zu Kaiserslautern. Als Teenager bin ich mit Schulfreunden hoch zu den Spielen. Zu diesen Zeiten war die Atmosphäre noch hitziger, nicht nur aus sportlichen Gründen, sondern auch weil das Stadion noch enger war. Die WM 2006, die den letzten großen Umbau notwendig machte, hat mir persönlich aber eines meiner schönsten Erlebnisse beschert. Als Gast eines Sponsors saß ich während der Partie Paraguay gegen Trinidad und Tobago direkt vor der paraguayischen Delegation. Auf ihre Frage, wem ich die Daumen drücke, hatte ich keine Antwort. Daraufhin schenkte man mir sofort eine Fahne und sagte, ich müsste jetzt für Paraguay sein. Als kurz vor Schluss das entscheidende 2:0 fiel, habe ich mich vom Jubel anstecken lassen und bin anschließend, eingehüllt in die Fahne, in die Stadt, um mit den südamerikanischen Fans zu feiern. Das war großartig!

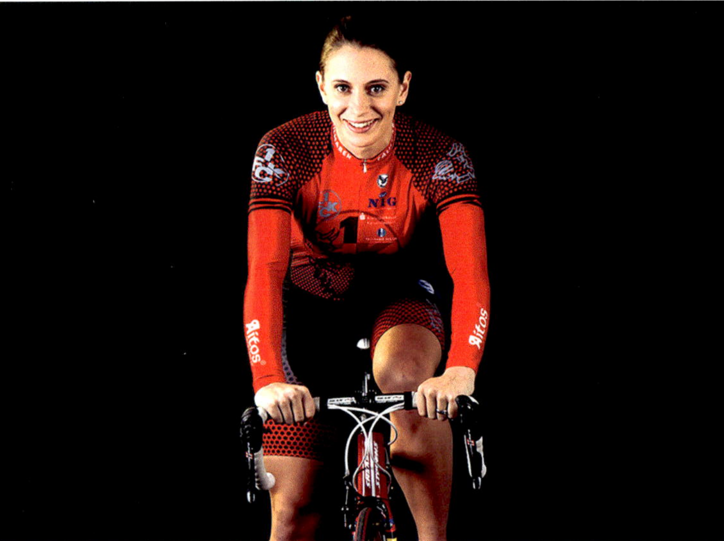

Ein echter Gänsehautmoment war dann auch meine Ehrung nach dem Olympiasieg in London. Ich erhielt ein Trikot mit der Nummer 2012 und dem Aufdruck „Olympiasiegerin". Als das gut gefüllte Stadion meinetwegen jubelte und klatschte, war das was ganz Besonderes. Für einen Augenblick konnte ich mich in die Lage eines Fußballers versetzen und selbst erleben, wie es sich anfühlt, von solch einer Atmosphäre getragen zu werden. Stefan Kuntz hielt anschließend Kontakt und schenkte mir immer wieder Karten. Aus diesem Kontakt entstand schließlich die Idee, dass ich doch für den FCK starten könnte. Möglich wurde dies durch den Beitritt der Triathlonabteilung in den Radsportverband. Seitdem können die Triathleten an Radrennen teilnehmen und ich trug bis zu meinem Karriereende 2019 das Trikot des FCK. Mein eigener Terminplan erlaubt mir nur selten einen Besuch im Stadion, aber ich finde diese parteiische Atmosphäre total faszinierend. Das ist mit dem Radsport nicht zu vergleichen. Das laute Anfeuern und Schimpfen gehört einfach zum Fußball. Nur wenn es in körperliche Gewalt umschlägt, habe ich absolut kein Verständnis mehr dafür.

74

ZWEIFELLOS HEIMAT

ERICH HUBER Fanclub Fairplay

Bei meiner Familie spielt der FCK und folglich das Stadion auf dem Betzenberg seit jeher eine außerordentlich große Rolle – frei nach dem Motto: „Der FCK ist nicht alles, aber ohne FCK ist alles nix!" Auch unsere beiden erwachsenen Töchter sind infiziert, begleiteten uns erstmals im Alter von vier und fünf Jahren „uff de Betze". Daraus entwickelten sich jahrzehntelange Freundschaften. Beispielsweise nahmen an der Hochzeit unserer jüngsten Tochter Leute teil, die früher dafür sorgten, dass den kleinen Mädchen niemand die Sicht aufs Spielfeld nahm …

In mehr als einem halben Jahrhundert gibt es unzählige unvergessliche Momente: Eriwan '72, Bayern '73, Barcelona '91 und natürlich Köln 2008, als „Fritz-Walter-Wetter" einsetzte. Ganz besondere Momente schenkte meiner Frau und mir die Tätigkeit als Volunteers in der Behindertenbetreuung während der fünf WM-Spiele im Fritz-Walter-Stadion. Hautnah am Geschehen einer Weltmeisterschaft mit gehandicapten Fußballfans aus aller Welt – unvergesslich! Vor allem der Moment nach dem letzten Achtelfinal-Spiel: Wir gingen zurück ins Volunteer-Zentrum, wo in riesigen Buchstaben: „Danke Volunteers – Top Job" an der Tür hing. Das Bewusstsein, ein winziges Rädchen in einem so gigantischen Event gewesen zu sein, machte uns stolz und dankbar. Obwohl der FCK den Stadionausbau zur WM-Arena mit seinen unsäglichen Folgen bis zum heutigen Tag mehr als teuer bezahlen musste …

Das Fritz-Walter-Stadion ist für uns zweifellos Heimat! Unser Platz – mit Ausnahme meiner Zeit als FCK-Behindertenfanbeauftragter – ist seit jeher die Westkurve, nach dem Umbau 1986 in Block 9.1. „Unser" Stadion ist etwas ganz Besonderes. Das beginnt schon mit der exponierten Lage. Wie ein UFO thront es über der Stadt! Gleich einer Festung, die leider ihren Schrecken in der deutschen Fußball-Landschaft (vorübergehend!) verloren hat. Die baulichen Veränderungen im Lauf der Jahrzehnte brachten für die Fans vor allem einen beachtlichen Mehrwert an Komfort. Statt klitschnass im Regen zu stehen, schützt ein Dach. Die Atmosphäre könnte bei vollem Haus noch teuflischer sein als früher. Was im Umkehrschluss aber auch heißt: Der Anblick leerer Tribünen in der 3. Liga ist schwer hinzunehmen. Von der wirtschaftlichen Seite der teuren Unterhaltungs- und Mietzahlungen gar nicht zu reden! Fluch und Segen zugleich! Ein unverzichtbares Ritual beim Betreten wie auch beim Verlassen des Stadions ist für mich persönlich, der Fritz-Walter-Büste nahe des Ottmar-Walter-Tors über den Kopf zu streichen!

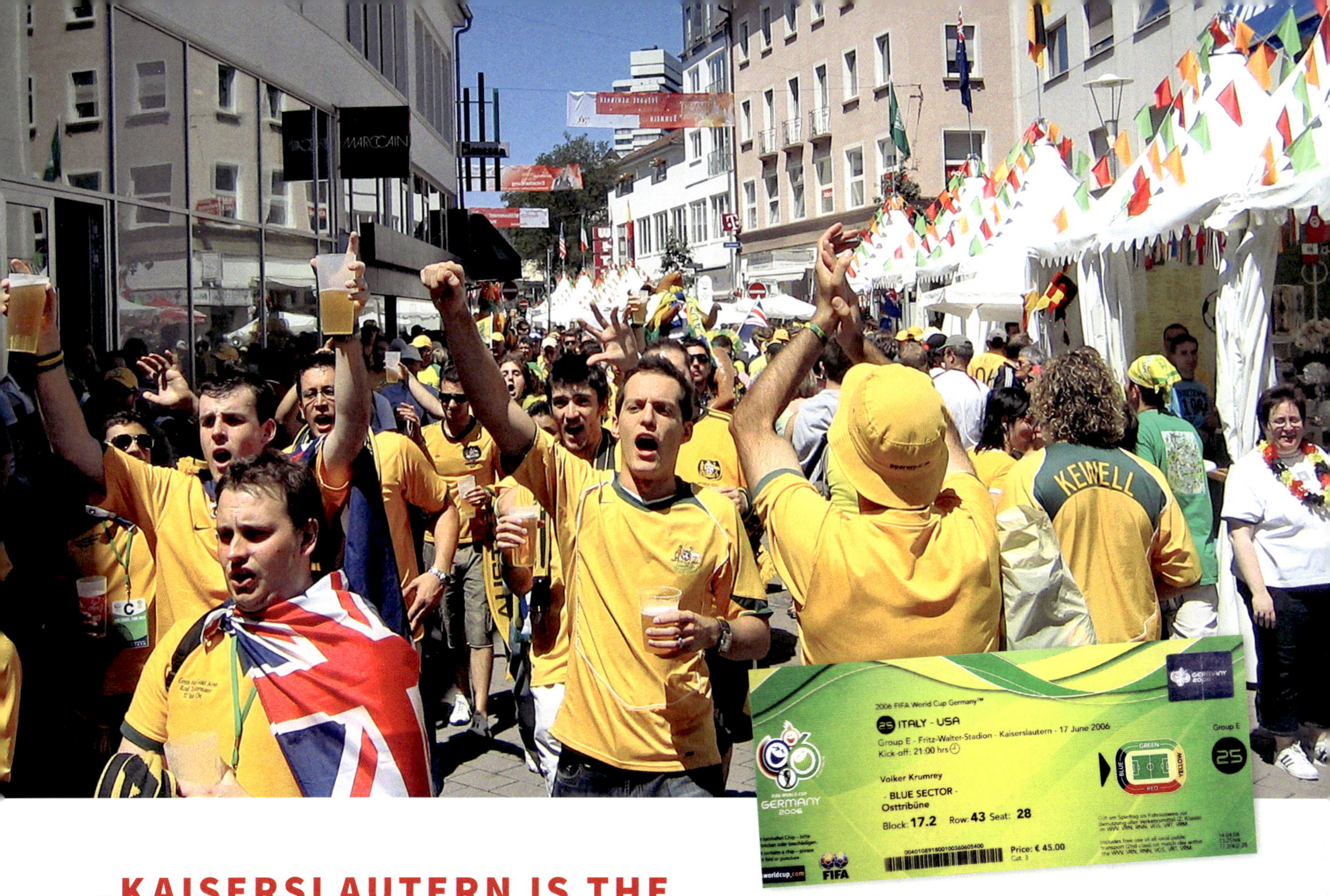

WM 2006 in Kaiserslautern: „Nimm dir sofort frei. Das musst du erlebt haben!"

„KAISERSLAUTERN IS THE BEST PLACE IN GERMANY!"

VOLKER KRUMREY WM-Volunteer und FCK-Dauerkarteninhaber seit 1989

Fußball und Reisen sind zwei Leidenschaften, die mein Leben geprägt haben. Ich habe inzwischen 89 Länder auf der ganzen Welt besucht, aber der schönste Urlaub, den ich je gemacht habe, waren drei Wochen WM vor der eigenen Haustür in Kaiserslautern. Es war wirklich surreal, als würde man in einem Film mitspielen. Morgens aufwachen, kurz schütteln und dann fünf Minuten zu Fuß ins Quartier der Volunteers oder zur Fanmelle gehen. Dieses einmalige Flair zu erleben, habe ich von Anfang bis zum Ende ausgekostet – mit all meinen Bekannten, Freunden und meiner Familie. Als Volunteer war ich „Fan-Guide", erklärte Wege, suchte Zugverbindungen heraus, solche Dinge. Dieser Job bescherte mir Begegnungen mit Menschen aus allen Ecken der Erde. Unser Standort war der sogenannte „Bosch-Platz", auf dem heute ein Hotel steht. Es war der Schnittpunkt zwischen Stadion, Bahnhof und Fanmeile. Die kurzen Wege waren das Alleinstellungsmerkmal, das uns von den sonstigen Standorten unterschied, wie uns alle Besucher immer wieder versicherten. Wochen später trafen wir im Schwimmbad Australier, die immer noch in Deutschland waren und nur sagten: „Kaiserslautern is the best place in Germany!" Überhaupt die Australier. Die Szene, mit der die WM für mich losging, war, als sich vor dem ersten Spiel zwischen Japan und Australien die „Aussies" vom Bahnhof aus wie eine Lawine über die Stadt ausbreiteten. Ich rief meine Frau auf der Arbeit an und sagte: „Nimm dir sofort frei. Das musst du erlebt haben!"

Der Slogan lautete ja „Die Welt zu Gast bei Freunden", aber eigentlich war man selbst zu Gast in einer anderen Welt. Das galt für die Stadt, in der man lebte, und erst recht für das Stadion, in das ich damals bereits 30 Jahre ging. Diese Hexenkessel-Atmosphäre, der Fanatismus, der aus den Gesichtern der Menschen um mich herum sprach, hatte mich früh angefixt. Und keiner, der jemals mit mir ein Spiel gesehen hat, wird sich an dieser Stelle einen Lacher verkneifen können. Der FCK ist ein hochemotionales Thema für mich. Selbst meine heutige Frau habe ich bei unserem ersten gemeinsamen Stadionbesuch in der Halbzeit einfach wütend stehen lassen, weil wir 0:3 zurücklagen. Mein Freundeskreis besteht zum größten Teil aus eingefleischten „Betzefans". Aber damit hatte die WM nichts zu tun. Das ganze Erlebnis, auch im Stadion, war so losgelöst von allem davor und danach, dass man es schwer beschreiben kann.

Realität ist natürlich die heutige Größe des Stadions, die durch dieses Ereignis neu definiert wurde. Seine Enge – und damit viel von seiner Atmosphäre – hatte es schon vorher verloren. Nicht nur deswegen bin ich zwiegespalten, was die Bewertung des WM-Effekts angeht. Man sollte nicht vergessen, dass die Infrastruktur in und um die Stadt profitiert hat. Das Problem ist einfach die sportliche Bilanz des Vereins: Wären wir 2006 nicht abgestiegen, würde sich niemand über ein zu großes Stadion beschweren. Dass die geschlossenen Verträge die finanziellen Risiken einer negativen sportlichen Entwicklung völlig ausblendeten, steht auf einem anderen Blatt.

SHIN NISHINO Tenor im Chor am Pfalztheater Kaiserslautern

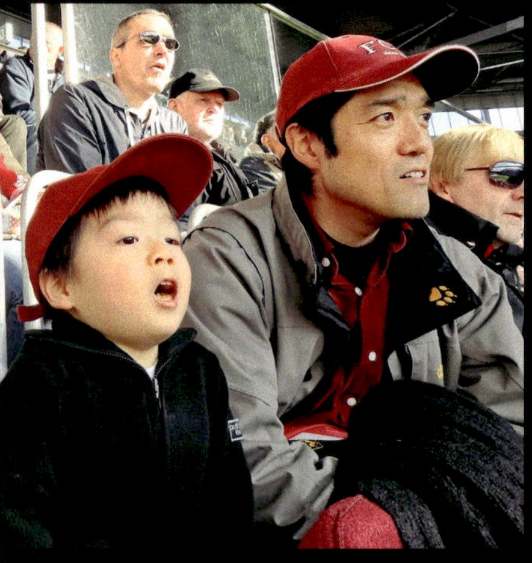

Als mir die zentrale Vermittlungsstelle (ZBF) 1999 ein Engagement in Kaiserslautern vorschlug, hätte ich mir nie vorstellen können, welche Rolle der Fußball in meinem Leben in den nächsten 20 Jahren spielen würde. „Das ist die Stadt des Deutschen Meisters!", erklärte mir ein Kommilitone damals, aber sonst wusste ich nichts, als ich mich am Pfalztheater bewarb. Das änderte sich schon bei meiner Ankunft. Während meiner ersten Mahlzeit in Kaiserslautern verkündete das Radio im Hintergrund die Verpflichtung des französischen Weltmeisters Youri Djorkaeff. Da war ich beeindruckt.
Er stand auf dem Platz, als mich ein Kollege im folgenden Jahr zum ersten Mal mit ins Stadion nahm. Meine Premiere gegen Schalke war gleich eines dieser speziellen Spiele, der FCK drehte ein 0:2 in der letzten halben Stunde in ein 3:2, drei Minuten vor Schluss köpfte Olaf Marschall den Siegtreffer. Ich war überwältigt: So eine Atmosphäre hatte ich noch nie erlebt. Die Aggressivität, mit der die Mannschaft angefeuert wurde, hat mich total gebannt. Als Künstler weiß ich, wie intensiv man den Applaus des Publikums aufnimmt, aber das Erlebnis, als Fußballer vor einer solchen Kulisse wie der Westtribüne zu spielen, muss eine ganz andere Dimension haben.
Fußball in Deutschland, das war sprichwörtlich eine andere Welt, nachdem der Sport für mich in Japan eher nebensächlich war. Ab und zu schaute ich mir ein Spiel der neuen J-League im Stadion an, nachdem zehn Jahre zuvor die WM 1982 in Spanien mein Interesse geweckt hatte. Mein Bruder und ich standen nachts auf, um die brasilianische Elf um Socrates und Zico spielen zu sehen. Und eben dieser Zico sollte 24 Jahre später noch einmal wichtig werden. Mittlerweile in Kaiserslautern sesshaft geworden, waren wir völlig aus dem Häuschen, als wir erfuhren, dass Japan sein erstes WM-Spiel 2006 ausgerechnet vor unserer Haustür absolvieren sollte. Und da meine Frau weitläufig mit dem Dolmetscher unseres Nationaltrainers namens, genau: Zico, verwandt war, erhielten wir zwei Karten mitten unter den japanischen Ehrengästen. Meine Frau Yukiko hat rund um das Spiel auch als Volunteer ausgeholfen. Leider gingen die japanischen Fans in der Masse an Australiern fast unter, da die meisten nur zum Spiel an- und direkt wieder abreisten. Obwohl wir uns also nicht nur sportlich geschlagen geben mussten, war das ein einmaliges Erlebnis.
Im Gegensatz zu mir hat meinen Sohn Kenta die Leidenschaft für Fußball schon sehr früh gepackt. Mit nur drei Jahren nahm ich ihn im Oktober 2011 zum ersten Mal mit ins Stadion, der FCK siegte 1:0 gegen Freiburg. Das war noch in der ersten Liga. Schade, dass es seitdem sportlich immer nur bergab ging. Fans sind wir trotzdem stets geblieben, gehen längst nicht immer, aber jede Saison zu einigen Spielen ins Stadion.
Diese tiefe Verbundenheit der Menschen habe ich gelernt zu verstehen, seit mein Sohn als Jugendfußballer ganz in der Nähe des Betzenbergs bei der TSG Kaiserslautern spielt. Sie erklärt sich für mich durch dieses typisch deutsche Gebilde, das man in Japan so nicht kennt: den Verein. Alle tragen ihren kleinen Teil zu einem großen Ganzen bei, das so zu einem wichtigen Inhalt des eigenen Lebens wird. Das finden wir großartig.

FUSSBALLERISCHE HEIMAT

JÖRGEN EILERT lebt mit seiner Familie in Wilhelmshaven

Als Junge von der Nordsee machte mein Vater mich während der Fußballweltmeisterschaft 1978 auf den schwedischen Torhüter Ronnie Hellström aufmerksam. Schnell erfuhr ich, dass dieser außergewöhnliche Torwart in der Bundesliga für den FCK spielte. Durch Kontakte meiner Mutter zu einer Freundin in Kaiserslautern wurde ich daraufhin ausreichend mit Sammelbildern, Autogrammen und Mannschaftsfotos des Vereins versorgt. Den Betzenberg kannte ich allerdings zunächst nur aus dem Fernseher und die Freude war immer groß, wenn unter den Spielen, die damals in der Sportschau gezeigt wurden, eines vom Betze dabei war. Damit begann Ende der siebziger/Anfang achtziger Jahre meine bis heute anhaltende Leidenschaft für den FCK. Allerdings waren es zunächst nur diverse Auswärtsspiele, vor allem in Norddeutschland, in denen ich den FCK erleben durfte.
Mein erstes Spiel in Kaiserslautern hätte ich mir kaum besser aussuchen können. Die Partie lautete 1. FC Kaiserslautern gegen den FC Barcelona und wird nicht nur mir, sondern allen FCK-Fans ewig in Erinnerung bleiben. Trotzdem erlebte ich die Spiele des FCK für die nächsten 16 Jahre live wieder nur in fremden Stadien. Oder eben vor der Mattscheibe. Immerhin konnte ich mir jetzt, da ich die besondere Atmosphäre selbst erlebt hatte, immer gut vorstellen, was auf dem Betze abging, und hätte einiges dafür gegeben, es öfter miterleben zu dürfen.
Dann kam das Jahr 2007 und ich erlebte „mein" Heimspiel: das Los führte den FCK in der ersten Runde des DFB-Pokals in meine Heimatstadt Wilhelmshaven. Rund um das Spiel schloss ich Bekanntschaft mit einigen Fans, zu denen der Kontakt seither nie abgerissen ist. Seitdem fahre ich nicht oft, aber regelmäßig zum Betze.
Für mich beginnt das Spiel dann eigentlich schon mit der Anreise, wenn die Bahn sich auf dem Weg nach Kaiserslautern stetig mit Fans füllt und ich jedes Mal wie ein kleines Kind aus dem

Fenster schaue, um endlich einen Blick aufs Stadion zu erhaschen. Dort steht es in exponierter Lage, wie eine Festung über der Stadt. Und jedes Mal schießen mir die Gedanken durch den Kopf: an großartige Spieler und legendäre Spiele, die hier ausgetragen wurden. Es wirkt tatsächlich wie eine Pilgerstätte auf diesem Berg.

Auf dem Weg zum Stadion halten wir am Kiosk vor dem Tunnel. Dort gibt's Bier aus meiner Heimat. Wenn wir dann hinter dem Hochhaus die Treppen hinaufsteigen, ist es für mich, der nur selten diesen Weg geht, immer wieder etwas ganz Besonderes. Wie beim ersten Mal. Es ist nicht nur der Anstieg zum Betzenberg, sondern auch die fünf verewigten Weltmeister davor, die Namen der Eingänge, die mächtige Westkurve, die nostalgisch wirkende Ostkurve und natürlich die Leidenschaft und Leidensfähigkeit der Anhänger des FCK, die den Besuch des Betzenbergs immer wieder zu einem besonderen Erlebnis machen. Es fühlt sich selbst für ein Küstenkind wie mich tatsächlich wie ein Stück Heimat an. „Fußballerische Heimat" eben.

Bei meinen heutigen Besuchen bin ich im Block 5.3 und schaue teils wehmütig in das halbvolle Stadion und denke und hoffe, dass der Betzenberg es mehr als verdient hätte, wieder glanzvolle Zeiten erleben zu dürfen.

78

EIN LAND, EINE STADT, EIN BERG

MATTHIAS GEHRING Queer Devils

Mein erster Betzenberg-Besuch war am 5. Oktober 1974. Mit Papa und Brüderchen stand ich beim 1:0-Heimsieg gegen den HSV oben unter dem Osttribünendach. Das Stadion sah noch anders aus, die Westkurve war noch echte Kurve und nach meiner Premiere wurde sie mit jedem neuen Besuch zunehmend zum Sehnsuchtsort, den ich mir ab 1979 erschließen durfte. Mehrere Hundert Betze-Besuche werden es seither gewesen sein. Emotional war alles dabei. Bittere und schmerzliche Niederlagen, triste verregnete Spiele mit nicht mal 10.000 Besuchern und ohne Dach überm Kopf, Rekordkulissen, unvergessliche Siege und Triumphe. Ewigkeitsmomente sind mit den Titeln 1991 und 1998 verbunden. Besonders in Erinnerung bleibt mir der 5:0-Sieg im UEFA-Cup gegen Real Madrid 1982. Es passte keine Maus mehr ins Stadion! Eine organisierte Fanszene gab es noch nicht. Der Support war natürlich trotzdem überragend. Stimmung und Lautstärke, auch ohne Dach über der Westkurve, höllisch, teuflisch, mitreißend.

Viel hat sich seither verändert, viel ist vom einstigen Charme verlorengegangen. Dennoch sind im Stadion Aufenthaltsräume entstanden, die man nicht mehr missen möchte. So wie die Fanhalle Nord. In etwa das, was früher die Hoffläche hinter der Nordtribüne war, wo man sich nach Spielende traf, mit manchem Profi ins Gespräch kommen oder in der Stadiongaststätte abhängen konnte. Sich an diesen Orten zu treffen, gehört zu den vielfältigen Ritualen, die mit einem Stadionbesuch verbunden sind. Der möglichst immer gleiche Anreiseweg, der gleiche Parkplatz, der gleiche Fußweg hoch auf den Berg. Aberglaube ist Fußballfans eben heilig. Mein ganz persönliches Ritual lange vor Anpfiff sind die fast zwei Stunden, in denen ich mir vor einem Spiegel das Gesicht mit dem FCK-Logo bemale und den Rest vom Kopf rot einfärbe. Die damit ausgedrückte Identifikation mit dem Verein und seiner Geschichte motiviert mich auch zu meinem ehrenamtlichen Engagement für das FCK-Museum, das über die Jahre für mich zu einem ganz besonderen Ort geworden ist.

Eine Zäsur in meiner FCK-Historie war das Jahr 2007, als ich mit einigen engagierten Mitstreitern den ersten schwul-lesbischen FCK-Fanklub gründete. Sich gegen Homophobie, Diskriminierung und Rassismus einzusetzen, ist mir und uns seither ein besonderes Anliegen. Homophobe Gesänge in der Kurve haben mich schon in den 1980ern genervt und stets beklemmende Gefühle hinterlassen.

Gravierend verändert hat sich der Stadionbesuch auf den Stehplätzen mit dem ersten Umbau der Westkurve. Fortan gab es Schutz vor Sonne, Wind, Regen und Schnee. Und die neue Akustik, die das Geschrei aus Tausenden Kehlen potenziert, Lautstärke, Stimmung und der damit verbundene Geist, sind Kriterien, die dem Stadion bis heute einen Nimbus von Einzigartigkeit verleihen. Hinzu kommen Lage und Architektur. Majestätischer und optisch dominierender als je zuvor steht das Stadion über der Stadt. Wie eine trutzige Salier- oder Stauferburg auf einer Pfälzer Bergkuppe. Als Festung des Volkssports Fußball vermittelt das Stadion ein in Beton gegossenes und in Stahl geschweißtes „WIR", als Sinnbild dafür, was den Fußball in Kaiserslautern stets ausgezeichnet hat. Ein Land, eine Stadt, ein Berg, ein unerschütterliches „WIR"!

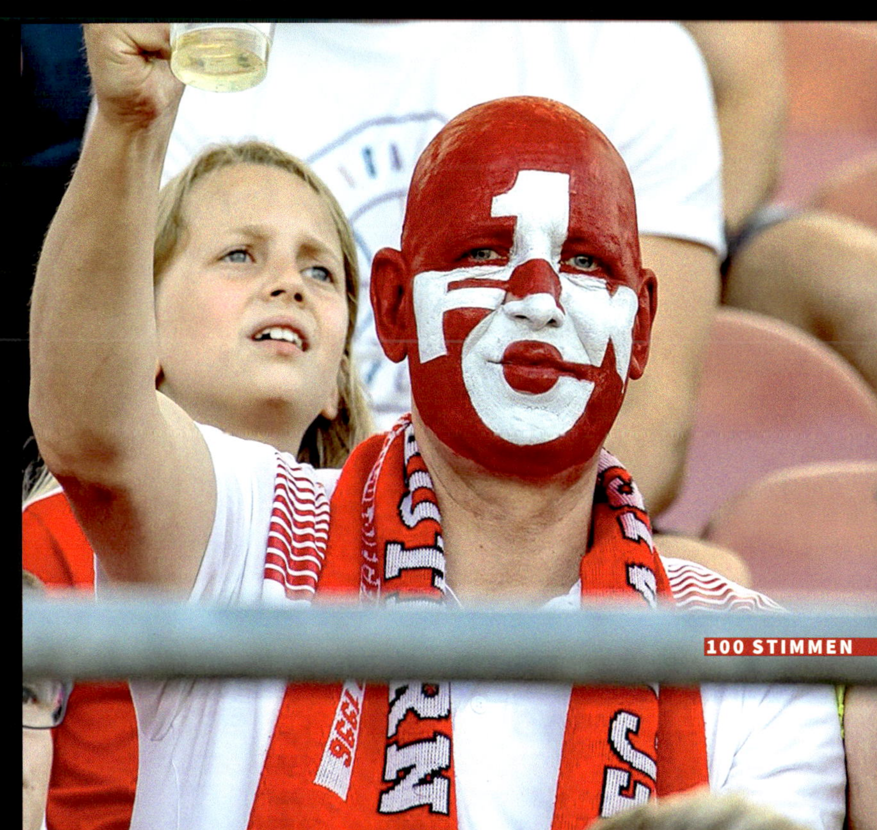

EIN LEBEN FÜR DEN FCK

HORST SCHÖMBS Stadionsprecher seit 1994

Da meine eigene Laufbahn als Fußballer früh endete, übernahm ich die Ansage bei meinem Heimatklub SpVgg Ingelheim. Der nächste Schritt war 1991 der Stadionsprecherposten bei Mainz 05, aber als mich der Ex-Nationalspieler Karl Schmidt 1994 dem FCK empfahl, legte man mir keine Steine in den Weg. Leider konnte es mein Vater nicht mehr miterleben, der großer FCK-Fan war, aber auch für mich ging ein Traum in Erfüllung. Seit dem Moment, als Fritz Walter mir als Junge ein Autogramm gegeben hatte, war er mein Idol. Ich sehe ihn vor mir, in seinem hellblauen Trainingsanzug, wie er freundlich mit uns plauderte und uns in seinen Bann zog. Jetzt sollte ich in dem Stadion, das seinen Namen trug, als Tandemlösung mit Udo Schuff die Moderation übernehmen.

Als ich am Aschermittwoch 1994 zusagte, war mir noch nicht bewusst, wie brutal schwer der Job war, den ich antrat. Mein Vorgänger Udo Scholz hatte ein enormes Standing und die Umstände seines Abschieds blieben vage, so dass ich bei meinem ersten Spiel am 12. März, einem 1:0-Sieg gegen den SC Freiburg, erst einmal schlucken musste. Ich wollte mich vorsichtig herantasten, Demut gegenüber der Wucht dieser Kurve zeigen, wurde aber nicht unbedingt mit offenen Armen empfangen. Na gut, dachte ich, Vertrauen muss man sich erarbeiten. Nichtsdestotrotz war ich fest entschlossen, diese Chance zu nutzen. Durch den Neubau der Nordtribüne war auch das Stadion mitten im Umbruch. Anfangs bin ich immer noch zwischen der neugeschaffenen Sprecherkabine im Süden und dem Rasen gependelt, mitten durch die Zuschauer. Da erhielt ich bei jedem Gang durch die Reihen das Feedback live und direkt. Es hat mir geholfen, dass in meinem ersten Jahr einige denkwürdige Spiele stattfanden, wie zum Beispiel das 6:3 im Pokal gegen Dortmund. Wenn der Berg explodiert, entwickelst du selbst eine andere Kraft und Energie, um Emotionen zu transportieren. Wobei es als Stadionsprecher mein Anspruch ist, das eigene Fansein zu kanalisieren. Du musst Respekt vor den eigenen Fans zeigen, aber auch vor den Gästen.

Das einzige Mal, dass ich diesbezüglich über das Ziel hinausgeschossen bin, war 2000 im UEFA-Cup gegen die Glasgow Rangers. Deren Trainer Dick Advocaat hatte sich im Hinspiel wenig gentlemanlike verhalten, was ich im Rückspiel angeprangert habe, um unsere eigenen Fans anzustacheln. Das sollte mir nie mehr passieren. Trotz der Meisterschaft 1998 kam das denkwürdigste Spiel erst zehn Jahre später. Das Abstiegsendspiel gegen den 1. FC Köln war die schwierigste Situation, die ich auf dem Betzenberg erlebt habe. Nach dem Abpfiff war das Stadion nicht mehr zu halten. Wie sollte ich reagieren? Als ich sah, dass die Fans vorne an den Zaun gepresst wurden, bat ich via Mikrofon, die Blöcke im Westen zu öffnen. Erst im Nachgang wurde mir gezeigt, wie genau unsere Sicherheitsleute die Situation auf ihren Monitoren verfolgen können. Ich habe die Entscheidung lediglich einige Sekunden vorweggenommen, aber in der konkreten Situation hatte ich keinen Ansprechpartner, um Rücksprache zu halten, und entschloss mich zu handeln, ohne das Resultat zu kennen. Seitdem sind alle Szenarien mit uns abgesprochen. Während eines gewöhnlichen Spiels geht es primär darum, schnell und direkt zu informieren. Wenn ich bei den Gegnern mal unsicher bin, wer den Treffer erzielt hat, erkundige ich mich bei deren Bank. Eine falsche Durchsage ist für unsereins eigentlich die Höchststrafe.

Auch wenn sich die sportliche Situation in den letzten Jahren anders als erhofft entwickelt hat, empfinde ich eine große Liebe für diesen Verein. In 26 Jahren habe ich drei Spiele verpasst, mein ganzes Leben darauf ausgerichtet. Ans Aufhören denke ich trotzdem noch nicht. Ich hoffe, dass ich den Zeitpunkt selbst erkenne, bevor ich rausgekehrt werde. Gerade erst habe ich als Botschafter des Sozialprojekts „Betze-Engel" eine weitere Aufgabe übernommen, die mir eine Herzensangelegenheit ist.

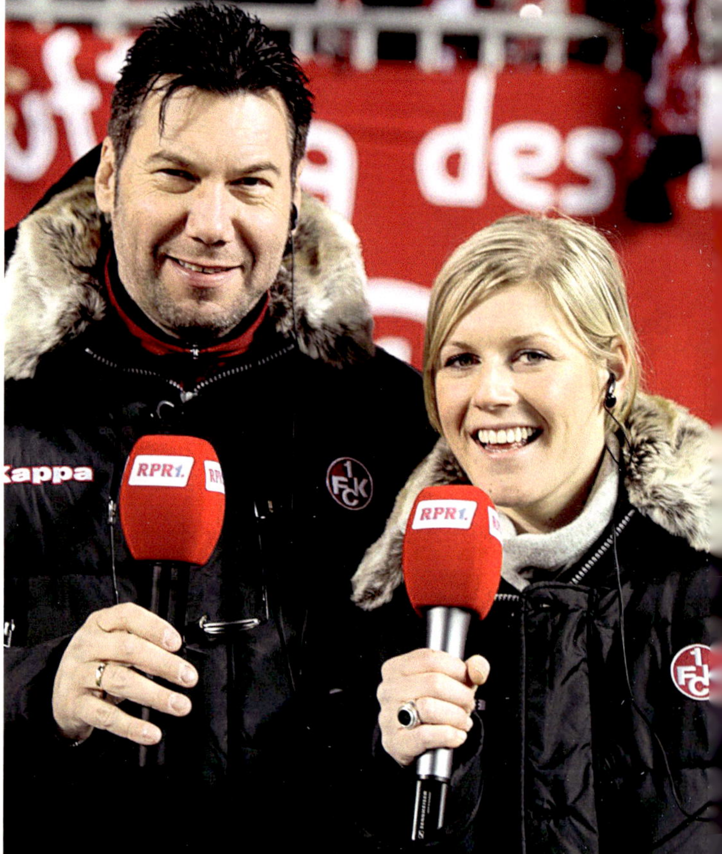

DAS KNISTERN VOR DEM ANPFIFF

DEBORAH REUTER Stadionsprecherin 2007–09

Stadionsprecherin auf dem Betzenberg gewesen zu sein bleibt ein Thema, das bei jedem ersten Kennenlernen zur Sprache kommt – beruflich oder privat. Daran merke ich immer wieder, wie besonders es war, das erleben zu dürfen. Als junge Moderatorin beim Radiosender RPR1, der bis heute Medienpartner des Vereins ist, war ich selbst am meisten überrascht, als der Programmdirektor mit der Idee auf mich zukam. Der FCK befand sich 2007 in einer kritischen Situation und in einer Frau am Mikrofon erkannte man die Gelegenheit, ein positiv besetztes Thema medial zu vermarkten. Persönlich hatte ich keine Ahnung, was mich erwartet, fand die Sache aber ganz cool. Beim nächsten Heimspiel habe ich mir alles angeschaut, dann sagte ich zu.

Da ich nicht in Fußballstadien groß geworden bin und absolutes Neuland betrat, bestand ich auf einem angemessenen Support. Als Co-Moderatorin hatte ich mit Horst Schömbs glücklicherweise einen erfahrenen Mentor an meiner Seite, der sich vorbildlich um mich gekümmert hat. Vor meiner Premiere stand ich trotzdem voll unter Adrenalin. Es ging gegen Mainz; 40.000 Zuschauer im Stadion: Ich war extrem aufgeregt, aber nach der ersten Moderation blendest du das aus und sprichst nur noch zum Kameramann. Beim Einlauf der Mannschaften ins vollbesetzte Stadion bekam ich eine Gänsehaut. Ich nahm diese Stimmung fast als magisch wahr. Wovon viele Fans träumen, war für mich fortan Realität. Ich erlebte die Heimspiele an der Seitenlinie, direkt neben den Spielern auf der Bank, durfte die Energie und das Knistern vor dem Anpfiff in den Katakomben spüren und geriet in den Sog der Emotionen, die ein solcher Verein ausübt. Man wird schnell in diese Familie adoptiert und fühlt sich zugehörig; auch weil man als Mensch Wertschätzung erfährt. Nie hat sich ein Spieler oder Mitarbeiter mir gegenüber unpassend verhalten. Und am Ende meiner ersten Saison stand dann 2008 der Kracher gegen Köln an. Die Feier in der Kabine, als alle mit Klamotten ins Entmüdungsbecken gehüpft sind, und die Feier in der Stadt waren ein einmaliges Erlebnis.

Als ich den Sender ein Jahr später verließ und nach Berlin ging, war dieses Kapitel beendet. Aber die Erfahrung, diesen Job vor 40 oder 50.000 Menschen erledigt zu haben, macht dich stärker, selbstbewusster, souveräner. Wenn ich heute eine Präsentation vor Publikum halten soll, bin ich viel gelassener. Dem „Betze" sei Dank.

DER WICHTIGSTE ORT IN MEINEM LEBEN

CHRISTIAN HIRSCH Leiter des AWO Fanprojekts Kaiserslautern

Der Betzenberg ist nach dem Zuhause bei meiner Familie in Bruchmühlbach-Miesau der wichtigste Ort in meinem Leben geworden. Das Fritz-Walter-Stadion hat mich sozusagen wieder „hääm" geholt. Hier habe ich als Jugendlicher Sozialisation erfahren, Leid gespürt und unendliche Freude gehabt. Hier habe ich Freunde fürs Leben gefunden, und heute verdiene ich mein Geld an diesem Ort.

Angefangen hat alles im September 1985. Ich war sechs Jahre alt und mein Vater nahm mich zum Spiel gegen Bayer Uerdingen (5:1) mit ins Stadion. Es war eine komplett andere Zeit und für mich eine neue Welt. Damit ich das Spiel überhaupt in der Westkurve verfolgen konnte, besorgte mein Vater mir an den Kiosken einen leeren Bierkasten. Und mit diesem umgedrehten Bierkasten im Block in der Westkurve stand ich nun am Wellenbrecher und verfolgte das Treiben und das Spiel. In Erinnerung blieb mir noch die Masse an Leuten. Obwohl nur knapp 13.000 Zuschauer anwesend waren, kam es mir sehr voll vor, was wahrscheinlich daran lag, dass wir in der Westkurve standen.

Anfang der neunziger Jahre mit dem Pokalsieg und der Meisterschaft 1991 hat es mich dann komplett gepackt und die Stadionbesuche wurden häufiger. Eine unvergessliche Zeit. Zu meinem 14. Geburtstag versprachen mir meine Eltern endlich die erste eigene Dauerkarte. Das war in der Saison 1993/94. Block 7. Seit der Zeit verpasste ich eigentlich kein Heimspiel mehr. Egal ob Europapokal, 1. oder 2. Liga, obwohl Sonntagsspiele 1996 für mich bedeuteten, nach dem eigenen A-Jugendspiel an den Bahnhof zu hetzen, um rechtzeitig im Stadion zu sein. Block 7 war in den all den Jahren mein „Zuhause". Heute habe ich immer noch meine Dauerkarte für diesen Block, die ich aber nicht aktiv nutze, sondern quasi nur noch aus Verbundenheit besitze.

Während der Saison 2005/06 zog ich nach Berlin. Mit meinem Fanklub „Berliner Bagaasch" war ich nun im Block 8.2 beheimatet. Und wenn es irgendwie ging, fuhren wir von Berlin aus nach Kaiserslautern. Morgens früh hin und nach Abpfiff zurück. Meine letzte Saison als aktiver Fan verbrachte ich in der Saison 2012/13. Mit der Relegation gegen die TSG Hoffenheim endete meine Zeit als Fan. Seit dieser Zeit folgt eine neue Geschichte.

Im August 2013 begann ich als Leitung und Sozialarbeiter im AWO Fanprojekt Kaiserslautern. Das Fritz-Walter-Stadion änderte sich als Ort komplett. War es vorher ein Ort der Freiheit, Fankultur und „Ehebett" mit dem 1. FC Kaiserslautern, ist es nun mein Arbeitsort. Ein krasser Wechsel. Heute sehe ich das Stadion, die Kurve, die Gästefans und das Drumherum mit anderen Augen. Die Aufgabe besteht darin, mit einer professionellen Distanz mit der Fanszene zu arbeiten und gleichzeitig den emotionalen Bezug zum Stadion und dem 1. FCK nicht zu verlieren. Zu viel Emotionen im Job bedeutet, Fehler zu machen. Gleichzeitig können die Emotionen helfen, einen Zugang zum Klientel und zum 1. FC Kaiserslautern zu bekommen, der sonst nicht möglich wäre. Ein Ritt auf der Rasierklinge. Eigentlich nicht zu schaffen, immer wieder herausfordernd. Mein Platz im Stadion wechselt häufig. Ich pendele von der Westkurve zu den Gästefans, manchmal zur Süd- und Nordtribüne. Während des Spiels fiebere ich mit der Mannschaft, bei Abpfiff muss ich der professionelle Sozialarbeiter sein.

Lange kann ich das nicht mehr machen. Dann muss ich wieder Fan im Fritz-Walter-Stadion sein. Wenn meine Kinder wollen, dann werden wir zusammen einen neuen Platz im Stadion finden. Vielleicht wird es für sie dann ein genauso spezieller Ort wie für mich. Und eine neue Geschichte beginnt.

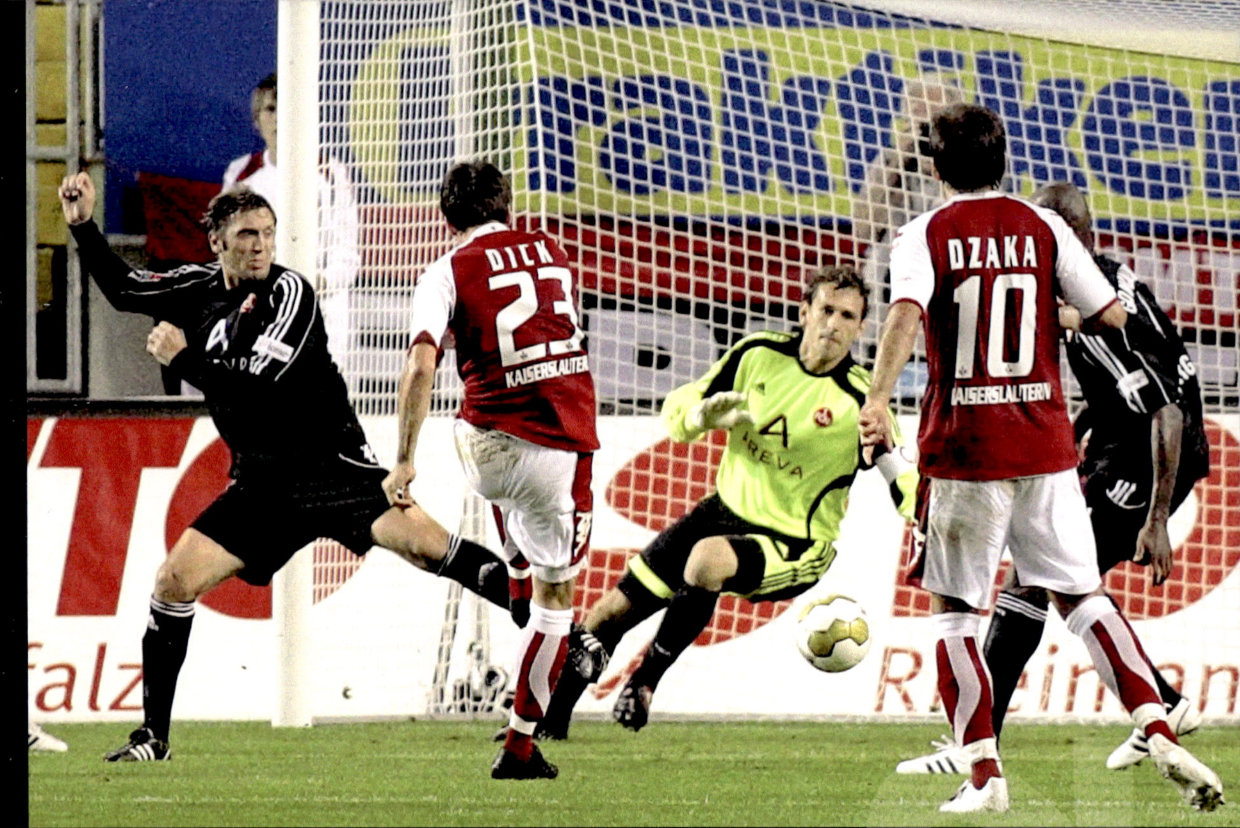

82

FLORIAN DICK

FCK-Profi in der 1., 2. und 3. Liga zwischen 2008 und 2019

Wer für den FCK spielt, muss wissen, dass Fußball in Kaiserslautern mehr als nur Fußball ist. Das Thema ist in dieser kleinen Stadt allgegenwärtig. Im Alltag spürst du, wie stark die Stimmung vom jeweiligen Ergebnis am Wochenende bestimmt wird. Das kann je nach Naturell auch eine Belastung sein, für mich macht es die Faszination des Vereins aus. Das Stadion spielt dabei eine wesentliche Rolle. Allein sein Standort auf dem Felsen ist außergewöhnlich. Es hat einen eigenen Charme, da man merkt, dass es über einen längeren Zeitraum gewachsen ist. Anders als in vielen Vereinen ist es nicht nur deine Spielstätte, sondern die Heimat des Vereins, der Geschäftsführung, der Geschäftsstelle und auch der Mannschaft. Du bist quasi jeden Tag in „deiner" Kabine, was das Gefühl, ein Heimspiel zu haben, zusätzlich verstärkt.

Das ungewollte Privileg, als einziger Profi in drei verschiedenen Ligen für den FCK aufzulaufen, zeigt einerseits, dass die sportliche Entwicklung in den letzten Jahren nicht nach Plan verlaufen ist. Andererseits kann ich anhand des jeweils ersten Heimspiels in jeder Spielklasse darstellen, warum es für mich stets etwas Besonderes war, auf dem Betzenberg zu spielen.

Als ich 2008 aus Karlsruhe hierher kam, herrschte Aufbruchstimmung. Nach einer spektakulären Aufholjagd in Mainz fand mein erstes Zweitliga-Heimspiel gegen Nürnberg an einem Montagabend statt: ein Flutlichtspiel vor 35.000 Zuschauern und nach 22 Minuten traf ich prompt zum 1:0. Endergebnis: 2:1 für uns. Dieser perfekte Einstand war vielleicht ein gutes Omen, denn in den folgenden Jahren erlebte ich die erfolgreichste Zeit meiner Karriere. Der Aufstieg 2010 bescherte uns gleich zu Saisonbeginn das Duell mit dem FC Bayern, wieder ein Flutlichtspiel am Freitagabend. Für die Statistiker war es mein viertes, aber für mich persönlich mein erstes echtes Erstligaspiel, nachdem ich beim KSC nach meinem Kreuzbandriss noch Einsätze zum Abschied geschenkt bekam, als es um nichts mehr ging. Aber jetzt platzte das Stadion aus allen Nähten und wir wollten gegen den härtesten Gegner beweisen, dass wir als Aufsteiger mithalten können. Mein Job war es, Franck Ribéry in Schach zu halten, was mir dahingehend recht war, als dass ich lieber gegen große Namen antrat. Und nicht nur ich, sondern die ganze Mannschaft zeigte an diesem Abend, was auf dem Betzenberg mit der richtigen Einstellung, einer Portion Mut und der Unterstützung der Fans möglich ist. Allerdings müsste ich lügen, wenn ich behaupte, wirklich daran geglaubt zu haben. Eher scherzhaft versprach ich meiner Frau vor dem Spiel, mit der Siegprämie ihren Wunsch nach einer exklusiven Tasche zu erfüllen. Nach dem 2:0 musste ich mein Wort halten. Immerhin gibt es damit bei uns zu Hause ein Souvenir an einen unvergessenen Abend, das uns beide froh macht.

Die Euphorie eines Aufstiegs kannst du als Profi wahrscheinlich überall erleben. Wirklich beeindruckt war ich deswegen bei meiner Rückkehr im Sommer 2018. Der FCK war gerade in die 3. Liga abgestiegen, noch nie in seiner Geschichte stand er schlechter da, aber das ganze Umfeld war vom ersten Tag an gewillt, einen Neuanfang mitzutragen. Als wir am ersten Spieltag gegen 1860 München vor über 40.000 Zuschauern einliefen, bekam ich eine Gänsehaut. Es hat sich angefühlt wie in der Bundesliga. Ich würde es dem Verein und den Menschen von Herzen wünschen, dass es einen Weg dorthin zurück gibt, auch wenn jedem klar sein muss, dass dies keinesfalls von heute auf morgen gehen wird.

Es war die Saison 1983/84. Der 28. Spieltag. Der FCK saß im oberen Mittelfeld fest und empfing den abstiegsbedrohten VfL Bochum. Im Grunde eine Art Katersaison nach dem Rausch der frühen Achtziger. Ich war neun Jahre alt und der Vater meines Sandkastenfreundes Sandro nahm uns beide zum ersten Mal mit auf dem Betzenberg. Die ganze Woche war ich aufgeregt, zählte die Nächte, die ich noch schlafen musste, bis zum Spiel. Auf dem Weg zum Betze sah ich all die Kuttenträger. Mächtige Männer mit Bierflaschen und Fahnen. Sie machten mir mehr Angst, als dass sie in mir ein Gefühl der Zugehörigkeit auslösten. So war ich im Gegensatz zu Sandro insgeheim ganz froh, dass sein Vater Karten für die Ostkurve gekauft hatte.

Die Mannschaften schossen sich warm, wir standen ganz unten am Zaun und hofften auf Fehlschüsse – nur um den Ball zu berühren. Plötzlich schallte mein Name durch die Stadionlautsprecher: Das Teppichhaus Hassanzadeh machte Werbung für persische Knüpfkunst. Ich bin vor Stolz geplatzt, auch wenn es keinerlei Verbindung zwischen unseren Familien gab. Kurz danach wurden die Namen unserer Idole verlesen: Hellström – Briegel – Thomas Allofs – Nilsson. Der junge Brehme gehörte für einen Dreikäsehoch wie mich noch nicht in diese Reihe. Genauso wenig wie Stefan Kuntz, der damals auch mitspielte – allerdings beim VfL Bochum. Das Spiel – objektiv gesehen ein zäher Arbeitssieg mit späten Toren von Thomas Allofs und Torbjörn Nilsson –war für mich bis heute das aufregendste Erlebnis auf dem Betzenberg. Und für lange Zeit das letzte. Meine Eltern schätzten Fußball ungefähr so sehr wie ein Wanderer einen Stein im Schuh. Doch meine Fernbeziehung zum Betze hielt über all die Jahre, bis ich endlich alt genug war, selbst von Bad Dürkheim nach Kaiserslautern durchs Tal zu fahren. An den gehissten Fahnen vorbei, den nach Frankenstein eintretenden Stau erwartend. Ich erlebte die goldenen neunziger Jahre, die Achterbahnen der Zweitausender – oft an exotischen Orten. Denn nun hinderten mich nicht mehr meine Eltern, sondern meine Reiselust am Stadionbesuch.

Den letzten Spieltag der Zweitligasaison 2009/10 erlebte ich nur wenige Kilometer südlich des Äquators im dichten Dschungel des Kongobeckens. Ich war auf einer Reportagereise für das ZDF zur WM in Südafrika. Über Land, per Jeep, durch ganz Afrika. So zuverlässig das GPS mir die Äquatornähe attestierte, so verloren war mein Mobilfunkempfang. Ein Junge, den ich in meiner Verzweiflung um Hilfe bat, führte mich schließlich mehrere Hundert Meter aus dem Dorf zu einer Lichtung, wo sich einheimische Handybesitzer tummelten. Ein mickriger Strich Empfang und plötzlich schlugen die ersten Nachrichten von Freunden ein: Der Betze war Meister, okay zweite Liga, aber eben aufgestiegen.

Ich erzählte dem Jungen von meinem ersten Spiel in Kaiserslautern, von Hellström und Briegel, Kuntz und Sforza. Das Leuchten in seinen Augen kam aber erst, als ich erwähnte, dass Miroslav Klose eigentlich ein Betzebub sei, dass ich ihn schon in der zweiten FCK-Mannschaft spielen sah und Kloses Turnlehrer in der Grundschule, ein Bekannter einer Freundin aus Speyer, mir erzählt habe, dass Klose bereits als Kind Salto gesprungen sei. Okay, journalistisch nennt man das wohl „Hörensagen", aber im Dschungel von Gabun war es so gut wie aus erster Hand. Und Geschichten, die auch die am „Point des portables" anwesenden Erwachsenen interessierte. So kam ich ins Gespräch und erfuhr, dass meine geplante Route durch Regenfälle unpassierbar geworden ist. Ohne die Tipps der Einheimischen hätte ich ziemlich sicher viel Zeit verloren und wäre nicht rechtzeitig in Südafrika zum ersten Spiel der Deutschen gegen Australien angekommen.

Spätestens beim Stichwort „australische Fans" ahnen Lautrer, dass der FCK mir auf meiner Reise zum anderen Ende der Welt wieder Herzen öffnete. Ich lief in meinem FCK-Trikot über die Strandpromenade von Durban, als eine Gruppe Aussies mich mit „K-Town, we love you!"-Gesängen grüßten. Wir umarmten uns, als hätten wir unsere Kindheit zusammen verbracht. Was uns vereinte, war ja auch fast vergleichbar: Spiele aufm Betze!

Der FCK geriet wegen des WM-Stadionausbaus zwar in eine bis heute nachwirkende Schuldenfalle, aber das Sommermärchen 2006 in Kaiserslautern bleibt unvergessen. Zehntausende Australier fielen in die Pfalz ein und ihr Nationalteam kämpfte im Betze-Stil furchtlos gegen ein übermächtiges Italien, den späteren Weltmeister – und verlor ähnlich unverdient und dramatisch, wie es eben nur eine echte Betze-Mannschaft vermag. Die Jungs, die ich am südafrikanischen Strand traf, übernachteten damals in meiner Heimatstadt Bad Dürkheim, weil sie kein Quartier mehr in Kaiserslautern gefunden hatten. Vier Jahre später, in der südlichsten Stadt des afrikanischen Kontinents, gingen wir nun zusammen ins Stadion und verabredeten uns zur dritten Halbzeit in einer Cocktail-Strandbar: Natürlich zum Schorle Trinken! Es war nicht ganz einfach, den Barkeeper zu überzeugen, dass er feinen südafrikanischen Weißwein in halblitergroße Pintgläser gießen und das auch noch mit Sparkling Water garnieren soll. Feucht fröhlich bis zum Sonnenaufgang feierten wir.

So wie ich haben auch die Aussies ihr erstes Spiel „uffm Betze" nicht mehr vergessen. Und dies könnte der wahre Trost für FCK-Fans sein, wenn sie ein zähes Drittligaspiel ertragen müssen: Vielleicht steht wieder ein neunjähriger Junge zum ersten Mal im Stadion, wird Zeuge eines Arbeitssieges gegen – sagen wir – Großaspach. Er wird die Wucht des Betzes beim Torjubel erleben und sein Leben lang nicht mehr vergessen. Und mit in die Welt nehmen. Wer braucht schon große Gegner, wenn es „uff de Betze" geht?

HEADIS – EINE SPORTART VOM BETZE

RENÉ WEGNER Headis-Erfinder

Für mich sind der Betzenberg und der 1. FCK seit meiner Kindheit etwas ganz Besonderes. Mein erstes Mal erlebte ich ganz klassisch mit Vater und Schwester. Natürlich war ich direkt begeistert von dem ganzen Rot und Weiß, den singenden Fans und der Stimmung. Während meines Sportstudiums habe ich im Schwimmbad Waschmühle – auch so ein Lauterer Wahrzeichen – die Sportart Headis erfunden, die sich schnell wachsender Popularität erfreute. Bei allen Auftritten, die sich daraus ergaben, ob bei Stefan Raab oder international von Las Vegas bis Sydney, war es mir immer wichtig, meinen Geburtsort Kaiserslautern als den Ursprung von Headis zu erwähnen. Dasselbe gilt für den 1. FCK. Ein Meilenstein der Entwicklung von Headis war die Austragung der Weltmeisterschaften auf dem Betzenberg von 2011 bis 2013. Zu diesem Zeitpunkt hatten wir bereits mehrere Berührungspunkte mit dem 1. FCK. Von Stadionaktionen für Fans bis hin zu Headis-Einheiten während der Vorbereitung der Mannschaft. Ich kann mich noch genau erinnern, als zum ersten Mal ein Headis-Spiel, das WM-Finale, direkt neben dem Rasen gespielt wurde. Da es im Rahmen eines Testspiels stattfand, waren die Ränge ordentlich gefüllt und nicht nur die beiden Finalisten, sondern die ganze Headis-Community durfte diese ohnehin besondere Partie bei echter Stadionatmosphäre genießen. Aus dieser Zusammenarbeit entwickelte sich die Headis-Abteilung des Vereins, eine Verbindung, die uns heute noch wichtig ist. Zumal wir auch immer wieder mit den Fußballern zusammen spielen.

Bei jedem Heimspiel, das ich besuche, freue ich mich über die Verbindung, die mein Sport und ich mit dem Stadion haben. Und wenn ich selbst „auswärts“ antrete, wie zum Beispiel bei einem im TV übertragenen Spiel in Brasilien 2014, trage ich gerne ein „Betze“-Trikot. Damit versuche ich, über die Popularität der Sportart Headis etwas von dem zurückzugeben, was der Verein und das Stadion mir gegeben haben. Wenn ich nur einen kleinen Beitrag dazu leisten kann, Begeisterung für den Betze zu wecken, ist das mehr, als ich mir als Kind jemals erträumt hätte.

WESTKURVE IM WOHNZIMMER

TOBIAS SIPPEL FCK-Spieler 1998–2015

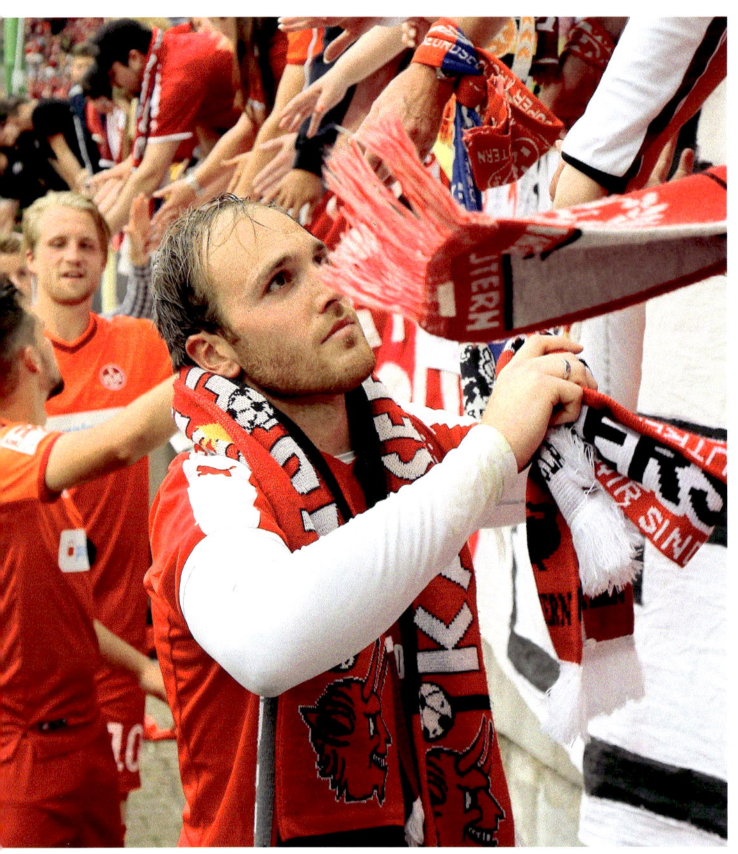

Ich ganz alleine vor der vollbesetzten Westkurve: Diese Szene nach meinem letzten Spiel habe ich heute noch auf Leinwand gezogen bei mir zu Hause hängen, weil mir dieser Moment so viel bedeutet. Obwohl wir den greifbaren Aufstieg am Ende verspielt hatten, erhielt ich nach 17 Jahren im FCK-Trikot – von der E-Jugend bis in die erste Mannschaft – meine ganz persönliche Ehrenrunde zum Abschied.

Als Kind aus der Gegend ist meine Verbindung zu Stadion und Verein natürlich noch älter. Auch in der Bäckerei meiner Eltern war der FCK immer ein Thema und aus dem Dunstkreis um unser Geschäft gab es öfters Leute, die mich mit ins Stadion genommen haben. Das war damals, in den 1990er Jahren, immer ein großes Erlebnis für Kinder. Als Jugendspieler hatten wir dann freien Eintritt. Unsere Plätze in der Ecke des Stadions und die alten Gesichter meiner Mitspieler sind mir immer noch präsent. Das waren schöne Zeiten. Besondere Ereignisse waren die Einsätze als Balljunge. Jedes Mal gab es die gleichen Diskussionen: Jeder wollte vor die Westkurve, vielleicht noch an die Trainerbänke, aber niemand in den Osten. Ich war damals schon ganz Torwart, platzierte mich dann meistens hinter Georg Koch und habe versucht, mir was abzuschauen.

Mit nur 19 Jahren stand ich dann zum ersten Mal selbst in diesem Tor. Vor meinem Heimdebüt gegen Aue versuchte mir mein Zimmerkollege Axel Bellinghausen, die Nervosität zu nehmen, aber ein völlig normales Spiel war es trotzdem nicht. Während der Partie ist man natürlich fokussiert, aber bei Spielunterbrechungen lässt man den Blick schon einmal schweifen und nimmt das ganze Drumherum bewusst wahr. Sich auf das Wesentliche zu konzentrieren, war in dieser Zeit besonders wichtig. Diese extreme Saison 2007/08 bot für einen jungen Fußballer alle vorstellbaren Höhen und Tiefen. Ohne die dramatische Rettung würde es den Verein heute vielleicht schon nicht mehr in der Form geben. Und dann das „Endspiel" gegen Köln: Den Ball nach Helmes' Pfostentreffer spüre ich heute noch an meinem Rücken entlangtrudeln ... Diese großen Spiele wie zum Beispiel der Sieg gegen die Bayern 2010 oder die Relegation gegen Hoffenheim 2013 erlebt man besonders intensiv. Ein voller „Betze" entfaltet eine ganz besondere Atmosphäre und auch Lautstärke. Hängen bleiben aber auch viele Momente, die keine Kamera einfängt. Zum Beispiel mein Armbruch im Oktober 2008 gegen Osnabrück. Ich hatte mir die Verletzung in der ersten Hälfte zugezogen, wollte aber weiterspielen. Trainer Milan Šašić ordnete dann in der Kabine ein Liegestütz als Härtetest an – der Knochen brach durch und ich war raus. Stellvertretend für die angenehmen Kleinigkeiten fällt mir die Pizza in der Südtribüne ein. Wenn wir vor den Heimspielen im Hotel übernachteten, parkten wir unsere Autos am Stadion, wo sich die Gastronomie ebenfalls schon am Vortag einrichtete und uns großzügig versorgte, bevor der Bus uns abholte. Die Trainer fragten sich immer, warum jeder mit dem eigenen Auto zum Stadion kommen wollte. Jetzt sind es fünf Jahre, die ich weg bin, und es tut natürlich weh zu beobachten, was in der Zwischenzeit passiert ist. Ich bin froh, in Gladbach einen Verein gefunden zu haben, der ebenfalls 100 Prozent zu mir passt. Stand heute käme für einen Abschied von Borussia nur ein Szenario infrage: eine Rückkehr nach Kaiserslautern.

LEIDER KEIN MÄRCHEN

MARKO ANDRIC VfB-Fan

Es gibt Stadien in Deutschland, die besuchst du als Fan, weil man sich die Auswärtsspiele seines Herzensklubs nicht aussuchen kann. Oder um Groundhopping-Punkte zu machen. Und dann gibt es Stadien, bei denen man als Fußballfan schon von früher Kindheit an weiß: Da muss ich einmal hin! Als VfB-Fan ist mir unser Neckarstadion heilig. Trotzdem war mir als Kind der achtziger und neunziger Jahre klar, dass ein Besuch des Fritz-Walter-Stadions unabdingbar wäre, um zu verifizieren, ob es seinem Ruf gerecht wird. Am 13. November 2010 war es dann endlich so weit. Einmal mit dem Zug quer durch die Republik von Berlin in die Pfalz gereist, um mein erstes VfB-Auswärtsspiel auf dem legendären Betzenberg mitzuerleben. Schon die Einfahrt in den Hauptbahnhof von Kaiserlautern ließ alle Zweifel an der Sinnhaftigkeit dieser Fahrt verfliegen. Ein Blick links aus dem Fenster hoch hinauf zum Stadion löst selbst bei einem fleißigen Auswärtsfahrer wie mir kurzzeitig Gänsehaut aus. Allein die Lage des Stadions ist beeindruckend. Ich persönlich liebe ja diese Stadien, die mitten in der Stadt liegen.

Und so war auch der Anstieg hinauf zum Fritz-Walter-Stadion keineswegs beschwerlich, sondern mehr als willkommen, um sich der Legende Schritt für Schritt zu nähern. Ähnlich einem Anstieg bei der Tour de France wird der Weg von jeder Menge positiv Bekloppter gesäumt, Zwischenstationen zur beständigen Versorgung mit Flüssigkeiten inklusive. Aber warum nur wird das Karlsberg hier „falsch" geschrieben? Spielt keine Rolle, rein damit und ab in den Gästebereich des Stadions. Die Westkurve direkt gegenüber, voller hektischer Bewegungen. Schnell überkam mich das Gefühl, dass dieser Besuch definitiv das liefern könnte, was ich mir davon versprochen habe. Als ob sie gewusst hätten, dass ich heute meine Betze-Premiere feierte, sorgten die FCK-Fans schon vor dem Anpfiff für einen Gänsehautmoment. Die geile Fritz-Walter-Choreo gehört für mich bis heute zu einer der besten, die ich live gesehen habe. Und doch war es nur die Ouvertüre für 90 Minuten, die mir als VfB-Fan schmerzlich vor Augen führen sollten, warum jeder einzelne Mythos vom legendären Betzenberg seine Berechtigung hat.

Bis zur 57. Minute schien der Nachmittag wirklich perfekt zu sein. 3:0-Führung, hochüberlegene Brustring-Träger und im Block wurde nur noch über die endgültige Höhe des Auswärtssieges philosophiert – bis das 1:3 fiel. Nur Ergebniskosmetik? Nicht auf dem Betzenberg. Denn mit diesem Tor transformierte sich das Fritz-Walter-Stadion von einer Sekunde auf die andere zur gefürchteten „Hölle Betzenberg". Plötzlich waren die Fans da, eine unfassbare Lautstärke machte sich breit. Die bis dato völlig hilflos wirkende FCK-Truppe begann auf einmal jeden Zweikampf zu gewinnen und ließ sich durch die immer lauter werdenden Fans nach vorne peitschen. Parallel dazu erging es dir als Gäste-Fan genauso wie der eigenen Mannschaft auf dem Platz. Du willst gegen die Wucht der Gegner ankämpfen, feuerst weiter an, singst dir die Seele aus dem Leib, kommst aber nicht mehr durch. Die letzte halbe Stunde fühlte sich wie eine Ewigkeit an, inniges Warten auf den Abpfiff, da Angriffswelle auf Angriffswelle auf das VfB-Tor rollte.

Am Ende stand schließlich ein 3:3-Unentschieden, mit dem der VfB sogar glücklich sein konnte. Unfassbar, aber wahr. Wir hatten zwei Drittel des Spiels dominiert, einen Drei-Tore-Vorsprung hergegeben – und trotzdem fühlten wir, dass es noch schlimmer hätte kommen können. „Der Betze ist eben kein normales Stadion. Hier hast du erst gewonnen, wenn der Schiri das Spiel abgepfiffen hat, die Flutlichter aus sind und die Westkurve leer ist", erklärte mir ein befreundeter Lauterer Fan, und ich habe auf die harte Tour gelernt, dass dies weder Mythos noch Märchen ist.

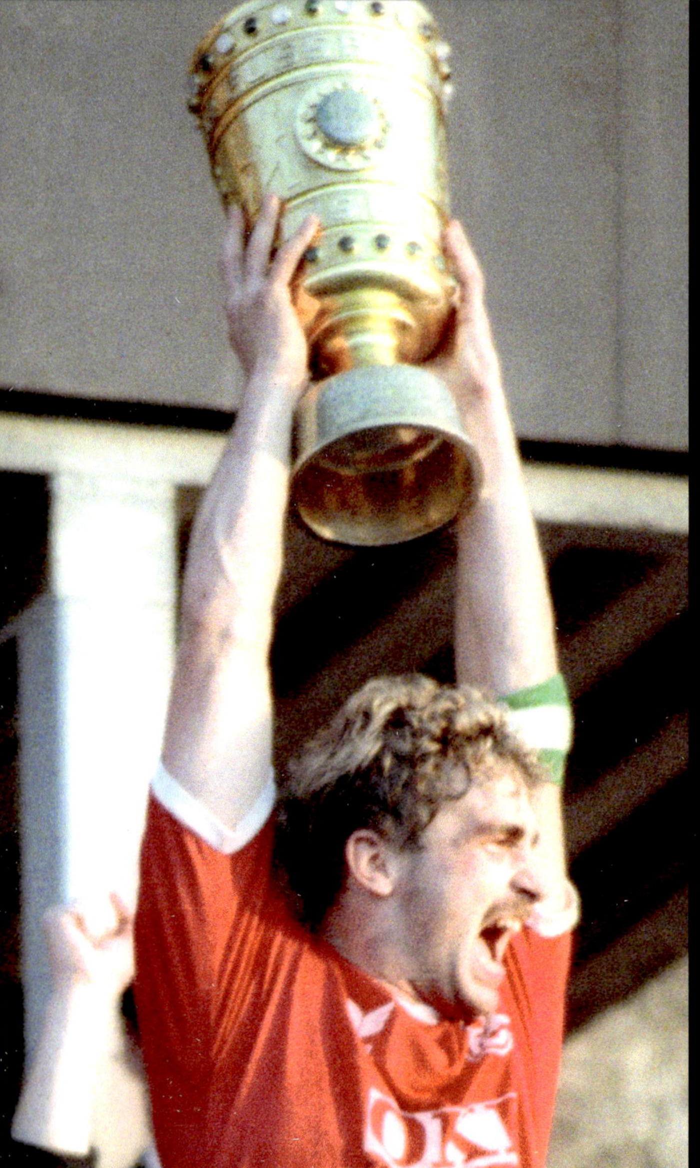

STEFAN KUNTZ

FCK-Profi 1989–95, Vorstandvorsitzender 2008–16

Da meine Eltern aus Kaiserslautern stammen, war die Stadt neben Neunkirchen meine zweite Heimat. Wenn ich mit Bochum oder Uerdingen hier gespielt habe, war die ganze Familie da und ich spürte immer ein leichtes Heimweh. Speziell Rolf Schafstall hat das immer versucht auszunutzen, indem er meinen Wunsch, das Wochenende nach dem Spiel zu Hause zu verbringen, von meiner Leistung abhängig gemacht hat.

In der alten Haupttribüne ging es zur Kabine der Gegner nach links, aber ich habe schon damals immer verstohlen nach rechts geschielt und mir vorgestellt, wie es wäre, dort entlang zu laufen. Als der FCK 1987 meinen Kollegen Lárus Guðmundsson aus Uerdingen holte, konnte ich es kaum fassen: „Warum einen Isländer und nicht mich, der aus der Gegend kommt?" Zwei Jahre später rief Reiner Geye schließlich an. Ich fühlte mich befreit. Bereits in den frühen 1970er Jahren hatte ich mit meinem Cousin Andreas die ersten Spiele in der alten Westkurve verfolgt, jetzt stand ich selbst auf dem Rasen. Mein Einstand war perfekt: Gegen Gladbach habe ich gleich zwei Tore erzielt, wir gewannen 2:1. Ich traf auch in den nächsten Heimspielen und hatte vom ersten Moment an ein besonderes Verhältnis zu unseren Fans. Das Heimweh hinter mir zu lassen war ein Faktor, der im Unterbewusstsein ein paar Prozente mehr freisetzte.

Wobei man sagen muss, dass der Blick hinter die Kulissen des Mannschaftstrakts wirklich nur Fußball-Romantiker ins Schwärmen bringt: zwei Kabinen und ein Schuhraum, in dem an einer alten Bohrmaschine mit Aufsatz die Stollen präpariert wurden; eine Mini-Sauna und Entmüdungsbecken, die – vorsichtig formuliert – heutigen hygienischen Standards nicht mehr genügen würden. Oder auch der sogenannte VIP-Raum mit seiner Schräge unter dem Dach, wo vielleicht 50 Leute Platz gehabt hätten, aber über 100 drin waren. Andererseits waren es genau diese Gegebenheiten, die es für Gegner schwer machten. Das begann mit diesem mulmigen Gefühl, das einen beschlich, wenn man aus dem Bus stieg und sich durch die dicht gedrängten Fans vor der Nordtribüne erst einmal seinen Weg ins Stadion bahnen musste. Umgekehrt war es als FCK-Spieler die erste Berührung mit den eigenen Leuten, die schon vor dem Spiel eine Verbindung herstellte. Ein wichtiges Detail war auch die Treppe, die aus dem Stadionbauch hoch zum Spielfeld führte. Ein enges Spalier, an dem die Zuschauer keine Schirmlänge entfernt standen, aber auch die Mannschaften den ersten Kontakt vor dem Anpfiff hatten. Da konnte es schon vorkommen, dass man seinem Gegenspieler – aus Versehen natürlich – mal auf den Fuß getreten ist, um zu zeigen, was sie gleich erwartet.

Das Selbstverständnis, mit dem wir zu Hause aufgetreten sind, hat in den frühen 1990er Jahren eine Eigendynamik entwickelt. Wir haben uns nicht mal mehr geärgert, wenn wir ein Gegentor kassierten. Dazu kam die Interaktion mit den Fans, die begann, wenn man zum Aufwärmen den Rasen betrat. Mit dieser Kombination hast du ein Spiel nie verloren gegeben. Stellvertretend für die unzähligen Dramen denke ich an unser 3:2 gegen den KSC 1991: die Aufholjagd nach 0:2-Rückstand, Udo Scholz, der mit seinen Ansagen die eigenen Fans angestachelt und den Gegner zur Weißglut getrieben hat, und dann das 3:2 in letzter Minute. Solche Tore sind in ihrer Emotionalität mit nichts zu vergleichen, was ich später als Vorstand erlebt habe. Aber das Stadion für unsere Aufgabe zu nutzen, stand bei meiner Rückkehr im Frühjahr 2008 ganz oben auf der Liste. Teil der „Herzblut"-Kampagne waren deswegen auch verbilligte Tickets, um die Leute wieder zu locken. Denn das hat den FCK schon immer ausgemacht: Du kannst die Menschen positiv emotionalisieren, auch – oder gerade – wenn dir das Wasser bis zum Hals steht.

Die Grundlage für das dramatische Finale gegen Köln wurde in den Heimspielen zuvor gelegt. Die positive Energie, die das Stadion erzeugt hat, war ein wichtiger Beitrag zur Rettung. An diesem Tag habe ich zum ersten Mal erlebt, welch gewaltige Wirkung das neue Stadion entfalten kann – wenn es voll ist. Das ist aus Sicht des Vorstandsvorsitzenden, der sich mehr mit Zahlen als mit Emotionen auseinandersetzen muss, die Krux: Wirklich rentabel lässt sich das Stadion nur bei sehr hoher Auslastung betreiben. Seine wirtschaftliche Nutzung war demnach stets ein wesentlicher Teil meiner Aufgabe und hat im Bereich der Hospitality zu diversen Umbauten geführt, die dabei helfen sollten. Aber außerhalb der ersten Liga sind jegliche Konzepte nur bedingt profitabel umzusetzen. Im Nachhinein muss man sagen, dass bei der Gestaltung der Verträge zu viele Kompromisse gemacht wurden, um den WM-Standort zu erhalten. Man ist immer nur vom „best case" ausgegangen und hat die Stadt und den Verein mit den Folgen allein gelassen, als die Umstände sich verändert hatten.

GEGNER ZU SEIN IST NICHT EINFACH

JEAN ZIMMER beim FCK 2004-16

Der Ball war drin! Das kann ich heute noch mit Gewissheit sagen. Das Elfmeterschießen gegen Mainz im DFB-Pokal-Achtelfinale 2005 war eines der Spiele, an die ich mich als Zuschauer auf der Südtribüne erinnere. Obwohl ich zu diesem Zeitpunkt bereits beim FCK in der Jugend spielte, erschien die Vision, eines Tages selbst dort unten zu stehen, nicht wirklich greifbar. Ich galt nie als Riesentalent, musste viel durch Arbeit und Einsatz kompensieren. Zudem hat meine Mutter stets darauf geachtet, dass die Noten nicht leiden. Deswegen bin ich sehr froh über die Kooperation des Vereins mit dem Heinrich-Heine-Gymnasium, die es mir erlaubt hat, Schule und Fußball unter einen Hut zu bringen. Allerdings sorgte diese Doppelbelastung dafür, dass ich nur selten Zeit hatte, mit meinem Vater ins Stadion zu gehen.

Nach guten Leistungen in der zweiten Mannschaft erhielt ich 2013 meinen ersten Profivertrag. Wirklich angekommen in der zweiten Liga bin ich aber erst in der folgenden Saison. Am ersten Spieltag empfingen wir 1860 München. Ich stand zum ersten Mal in der Startelf und wir liefen durch den alten Tunnel ins Stadion, die Westkurve entlang, in der viele meiner Freunde standen. Schon vor dem Anpfiff ging ein Traum für mich in Erfüllung. Und dann so ein Spiel: Nach 0:2-Rückstand drehten wir in Unterzahl die Partie. Ich holte den Elfmeter zum 1:2 heraus, Srđan Lakić verwandelte, dann noch mal Lakić und am Ende Philipp Hofmann – 3:2. Die Lautstärke im Stadion erschien mir unfassbar. Ich weiß nicht, wie oft ich die Videos gesehen habe, aber ich bekomme heute noch eine Gänsehaut davon.

Es war die letzte gute Saison des Vereins und es wäre spannend gewesen, was aus dieser jungen Mannschaft geworden wäre, wenn wir den Aufstieg am Ende nicht verspielt hätten. So aber wurden wir nach und nach verkauft. Es ist trotzdem schön für mich, für die Fans immer noch Jean Zimmer zu sein, wenn ich zurückkomme. Einige meiner engen Freunde sind bei den Ultras der „Frenetic Youth" aktiv.

Wie bitter es ist, der Buhmann zu sein, hat mir das Spiel gegen Leipzig 2016 verdeutlicht. Als Willi Orban vom Platz flog, wurde lauter gejubelt als beim Tor. Willi, den ich aus der Schule und der Jugend kannte, war genauso Lauterer wie ich und wurde dennoch gnadenlos ausgepfiffen, weil er beim falschen Verein spielte. Als Gegner zurückzukehren, ist trotz freundlichem Empfang nicht einfach. Beim letzten Mal, 2018, kämpfte der FCK gegen den Abstieg in der zweiten Liga. Obwohl wir mit Düsseldorf jeden Punkt für den Aufstieg brauchten, konnte ich mich nicht wirklich über diesen Sieg freuen. Wenn man so lange im Verein war, hat man ein Gespür für die Niedergeschlagenheit, die im Stadion herrschte. Ich bin froh, dass das Spiel zu Beginn der Rückrunde stattfand, am Ende wäre mein Konflikt noch viel schlimmer ausgefallen. Um den Verein zumindest ein wenig zu unterstützen, besitze ich weiterhin zwei Dauerkarten auf der Südtribüne, dort, wo ich schon früher mit meinem Vater saß. Und wenn ich wieder einmal dazu komme, sie zu benutzen, werde ich mir zuerst eine Wurst kaufen. Das ist etwas, das auf dem Betze ganz sicher erstklassig geblieben ist.

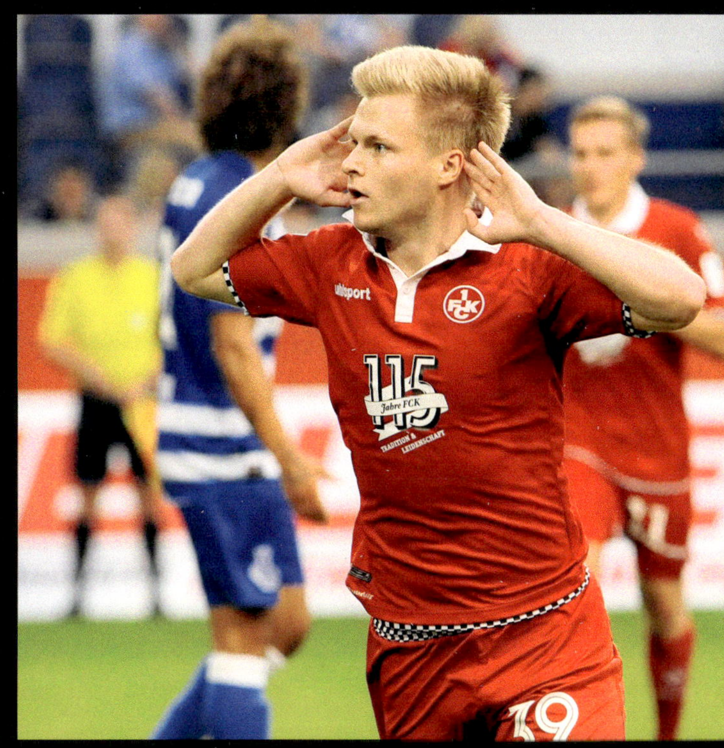

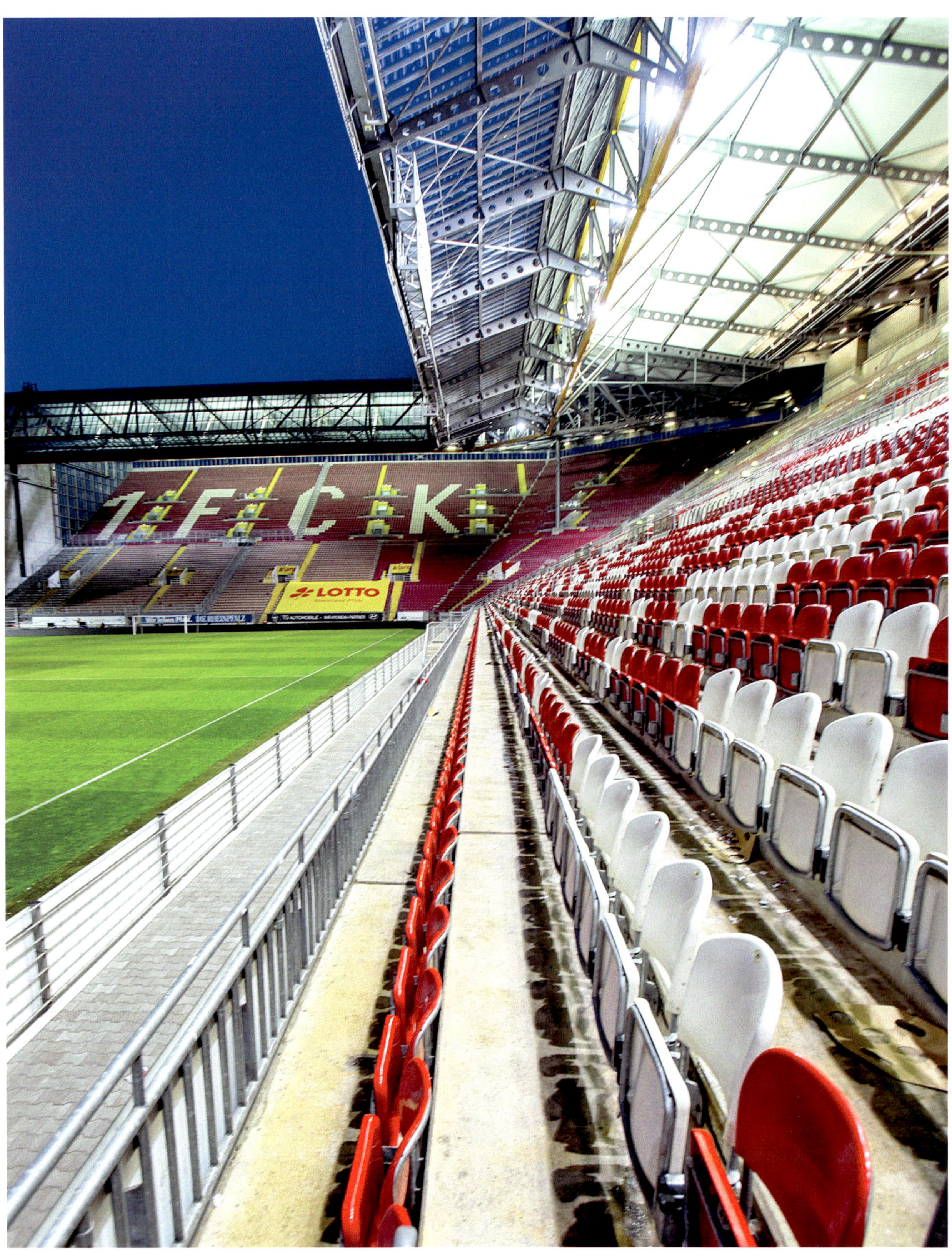
1FCK
LOTTO

2006 bis 2020: Die Last der Stadionmiete

Von Ingo Konrad

15. Februar 2020: Wenige Stunden bevor die Mannschaft des 1. FC Kaiserslautern im fast 400 Kilometer entfernten Braunschweig um wichtige Punkte in der 3. Liga kämpft, richtet sich die Aufmerksamkeit der Verantwortlichen und Fans der Roten Teufel auf den Großen Ratssaal im Rathaus der Stadt Kaiserslautern. Dort kommt an einem Samstag der Stadtrat zu einer Sondersitzung mit einem einzigen Tagesordnungspunkt zusammen. Es geht einmal mehr um die künftige Höhe der vom FCK zu zahlenden Stadionmiete. Auch rund 17 Jahre nach dem Verkauf des Fritz-Walter-Stadions an die städtische Betreibergesellschaft, im 14. Jahr nach der Weltmeisterschaft, ist eine nachhaltige Lösung für Miete und Unterhalt der Spielstätte sowie zur Tilgung des 2003 für den Kauf aufgenommenen Kredits über 65 Millionen Euro nicht in Sicht. Längst ist die Stadionfrage für den 1. FC Kaiserslautern parallel zu den sportlichen Sorgen zu einem existenziellen Problem geworden.

Trister Alltag nach WM-Trubel

Rückblende: Als nach den fünf stimmungsvollen WM-Spielen im Juni 2006 der FCK-Kader Ende desselben Monats die Vorbereitung aufnimmt, blicken der Klub und das Fritz-Walter-Stadion zum zweiten Mal in der Vereinsgeschichte einer Saison im Fußball-Unterhaus entgegen. „Ein Jahr in der 2. Liga – das ist zu schaffen", sagt der damalige Oberbürgermeister Bernhard Deubig (CDU) in der *Rheinpfalz* und gibt sich beim Blick auf die folgenden Monate betont zuversichtlich: „Der Tag nach dem Abstieg ist der Tag vor dem Aufstieg." Anders als zehn Jahre zuvor ist der Sturz in Liga zwei dieses Mal allerdings kein einfacher Betriebsunfall. Er ist vielmehr das Resultat eines schon länger anhaltenden Abwärtstrends und entsprechend schwer ist er auch zu reparieren.

Tatsächlich findet sich der vierfache Meister in den kommenden Jahren die meiste Zeit in der 2. Liga wieder. Lediglich einmal – von 2010 bis 2012 – gelingt der Sprung zurück in die Eliteklasse, 2018 muss der FCK den Gang in die 3. Liga antreten. Neben der rein sportlichen Enttäuschung über diese Entwicklung entpuppt sich der Pachtvertrag mit der Fritz-Walter-Stadion Kaiserslautern GmbH mehr und mehr als eine gewaltige Bürde. 3,2 Millionen Euro soll der Klub demnach jedes Jahr und unabhängig von seiner Spielklasse bezahlen. Weitere Kosten in Millionenhöhe für den Betrieb und die Instandhaltung des Stadions kommen noch dazu.

Auf den ersten Blick spielt der FCK ab 2006 in einem echten Schmuckkästchen, dessen optisches Gesamtbild sich nach der WM trotz kleinerer Umbauten nicht mehr verändern wird. Bei genauerer Betrachtung offenbaren sich aber schon kurz nach der Rückkehr in den Ligabetrieb erste Probleme. Es mangelt an vermarktbaren Flächen, die im modernen Profifußball immer wichtiger werden. Andere Bereiche im riesigen Stadion – die offizielle Kapazität steigt durch jeweils kleinere Maßnahmen in den Jahren 2010 und 2017 noch einmal leicht auf 49.850 Plätze an – liegen stattdessen brach und verschlingen lediglich Instandhaltungskosten. Insgesamt, so der Tenor der Kritiker, sei das Fritz-Walter-Stadion für den Alltag schlicht und einfach eine Nummer zu groß geraten. In der Tat ist die für den Betzenberg charakteristische Enge – wie schon beim Neubau der Nordtribüne einige Jahre zuvor – ein Stück verloren gegangen. Insbesondere die Osttribüne bleibt abgesehen vom Gästebereich oftmals weitgehend verwaist.

Andererseits zeigt die Entwicklung des Zuschauerschnitts, dass die Kapazität bei sportlichem Erfolg durchaus ausgeschöpft werden kann. Zu den beiden letzten Heimspielen der Aufstiegssaison 2009/10 gegen Hansa Rostock und gegen den FC Augsburg kommen dank Sondergenehmigung einmal 50.000 und einmal 50.300 Zuschauer, um die Rückkehr in die erste Liga zu feiern. In der Bundesliga-Spielzeit 2010/11 sind bei den Heimspielen 46.387 Fans im Schnitt dabei, ein Jahr später trotz des sportlichen Absturzes noch deutlich mehr als 42.000. Selbst in Liga zwei liegt die durchschnittliche Zuschauerzahl wie schon 1996/97 in fünf weiteren Spielzeiten jenseits der Marke von 30.000.

Ist das Stadion annähernd voll, sorgen die FCK-Fans wiederholt für eine atemberaubende Atmosphäre. Der Mythos Betzenberg lebt fort – auch im ausgebauten Fritz-Walter-Stadion. Besonders eindrücklich beschworen wird er beim Abstiegsendspiel am 18. Mai 2008 gegen den 1. FC Köln, aber auch beim letztlich verlorenen Relegations-Rückspiel gegen die TSG Hoffenheim am 27. Mai 2013.

Die große Masse der Anhänger konzentriert sich in der Westkurve, die nach der WM und unter Mithilfe der Fans im Unterrang weitgehend wieder zu einem klassischen Stehplatzbereich mit Wellenbrechern, aber ohne Zaun zwischen Tribüne und Innenraum zurückgebaut wird. In den seitlichen Blöcken sowie im kompletten Oberrang bleiben derweil Klappsitze installiert, wobei die Tickets im oberen Bereich ebenso wie die im Unterrang preisgünstig als sogenannte Fanplätze verkauft werden.

Andere Umbauten sind für den durchschnittlichen Stadionbesucher weniger offensichtlich, wie etwa die Neugestaltung des VIP-Bereichs in der Nordtribüne vor der Saison 2008/09. Um ein zahlungskräftiges Publikum anzusprechen, investiert die Vereinsspitze um den Vorstandsvorsitzenden Stefan Kuntz gezielt in diesem Segment und lässt im Medienturm einen zweiten Haupt-Hospitality-Bereich entstehen, in den auch die vorher in der Haupttribüne beheimateten Logen integriert werden. In der Osttribüne eröffnet nach jahrelangen Diskussionen im Sommer 2011 derweil das FCK-Museum, einige Monate vorher geht die nach Angaben der Stadt „weltgrößte Solaranlage auf einem Stadiondach" in Betrieb.

Auch im Außenbereich des Fritz-Walter-Stadions, dessen Eingangstore seit August 2007 alle nach einem der Lauterer Weltmeister von 1954 benannt sind, tut sich etwas. Ab November 2008 dient das neue Servicecenter in der Südtribüne als Anlaufstelle für Anhänger mit Wünschen nach Tickets oder Fanartikeln. Es soll ebenso wie der wenige Wochen zuvor fertiggestellte Trainingsplatz hinter der Osttribüne dazu beitragen, dass FCK-Freunde auch an Wochentagen wieder des Öfteren den Weg auf den Betzenberg finden. Andere Überlegungen, wie etwa die diskutierte Integration eines Kongresszentrums, verlaufen dagegen im Sande. Von wenigen Ausnahmen abgesehen bleiben die Heimspiele der Roten Teufel die einzigen Termine, an denen im und um das Stadion ein wirklicher Publikumsverkehr herrscht. Entsprechend hat auch die Betreibergesellschaft keine anderen Einnahmequellen als die vom Verein entrichtete Pacht.

Ein Teufelskreis

Der von der Fritz-Walter-Stadion Kaiserslautern GmbH aufgenommene Millionenkredit wird noch im WM-Jahr 2006 zu besseren Zinskonditionen, aber ohne die Möglichkeit einer vorzeitigen Tilgung umgeschuldet. Das Risiko für das bis 2036 laufende Darlehen ihrer Tochtergesellschaft trägt über eine

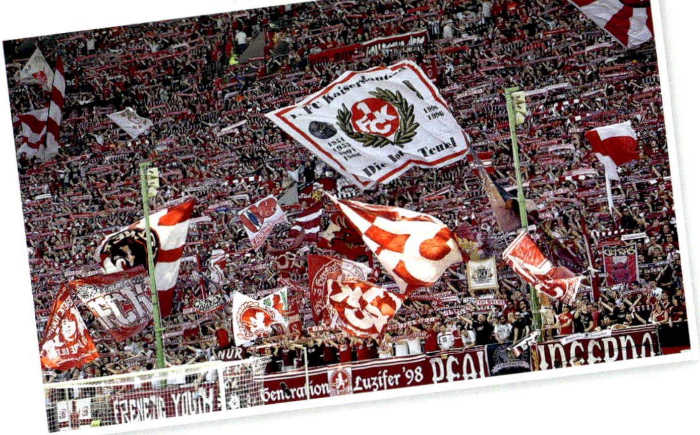

Bürgschaft die Stadt. Die vereinbarte jährliche Pacht von 3,2 Millionen Euro wird zum allergrößten Teil zur Bedienung der Zinsen benötigt und so steht die Stadiongesellschaft Ende des Jahres 2007 vor einem Problem: Nach dem verpassten Wiederaufstieg ist der FCK gezwungen, seine Kostenstruktur anzupassen, und bringt öffentlich eine Pachtreduzierung ins Spiel. Man wolle nichts geschenkt bekommen, sagt der Aufsichtsratsvorsitzende Dieter Buchholz, nennt die Stadionmiete „eine schwere, schwere Hypothek". Im April 2008 gewährt die Stadt dem Verein gegen einen sogenannten Besserungsschein rückwirkend einen Mietnachlass in Höhe von 1,4 Millionen Euro für die laufende Saison. Auch in den folgenden Spielzeiten wird die Stadionpacht gegen weitere Besserungsscheine reduziert, während gleichzeitig die grundsätzliche Problematik des 2003 eilig entworfenen Konstrukts der städtischen Stadiongesellschaft aber längst offensichtlich ist. Muss der FCK die volle Pacht bezahlen, kann er unterhalb der Bundesliga kaum konkurrenzfähig bleiben. Ohne leistungsfähigen Kader wiederum verschlechtern sich die Aussichten auf eine Rückkehr in die 1. Bundesliga und damit die wirtschaftliche Situation des Vereins. Die Stadiongesellschaft gerät ihrerseits ohne die vollen Mieteinnahmen in Bedrängnis und muss von der selbst hoch verschuldeten Stadt gestützt werden. Wie man es auch dreht und wendet: Es ist ein Teufelskreis.

Ungewisse Zukunft

Nach mehreren Besserungsscheinen sowie Stundungen eines Teils der Miete tritt mit der Saison 2014/15 ein Modell in Kraft, das zum ersten Mal eine nach Ligazugehörigkeit gestaffelte Stadionpacht vorsieht. Demnach hat der FCK in der Bundesliga 3,6 Millionen Euro, in der 2. Liga aber nur 2,4 Millionen Euro zu zahlen. Ausgeglichen werden soll die Differenz aus einem Cashpool, in den neben der Summe für den Rückkauf des Trainingszentrums Fröhnerhof durch den Verein weitere Bonuszahlungen im Falle sportlicher Erfolge einfließen sollen.

Dass eine Trendwende auf dem grünen Rasen möglich ist, hat der Klub zwischen 2008 und 2011 bewiesen. Doch seit dem Abstieg aus der Bundesliga als abgeschlagener Letzter im Jahr 2012 verfehlt er seine sportlichen Ziele wieder Jahr für Jahr. Bei Einführung der neuen Staffelmiete haben die Roten Teufel den angepeilten Wiederaufstieg gerade zweimal in Folge knapp verpasst. Der dritte Anlauf scheitert trotz einer hervorragenden Ausgangsposition auf den letzten Metern der Saison im Mai 2015. Nun zeigt sich, dass auch mit dem vermeintlich bahnbrechenden Staffelmodell lediglich Zeit erkauft wird. Während der Klub nach 2015 in der 2. Liga langsam, aber sicher den Anschluss an die vorderen Plätze verliert, läuft der Cashpool allmählich leer. In der Saison 2017/18 muss der FCK auf die 2,4 Millionen Euro schon 225.000 Euro draufschlagen. Endgültig dramatisch wird die Situation mit dem folgenden Abstieg in die Drittklassigkeit. Im wirtschaftlich schwierigen Umfeld der 3. Liga sind Mietnachlässe in der bisherigen Größenordnung, Stundungen oder Besserungsscheine endgültig keine Option mehr. Stattdessen behilft man sich zunächst für zwei Jahre mit einer drastischen Minderung der Pacht auf nur noch 425.000 Euro und vertagt das Problem damit einmal mehr in die Zukunft. Dabei ist die folgende Erkenntnis aus 17 Jahren Fritz-Walter-Stadion Kaiserslautern GmbH längst offensichtlich: Ohne eine dauerhafte Lösung des Problems der Stadionmiete wird der 1. FC Kaiserslautern im Profifußball nur schwer eine Zukunft haben können.

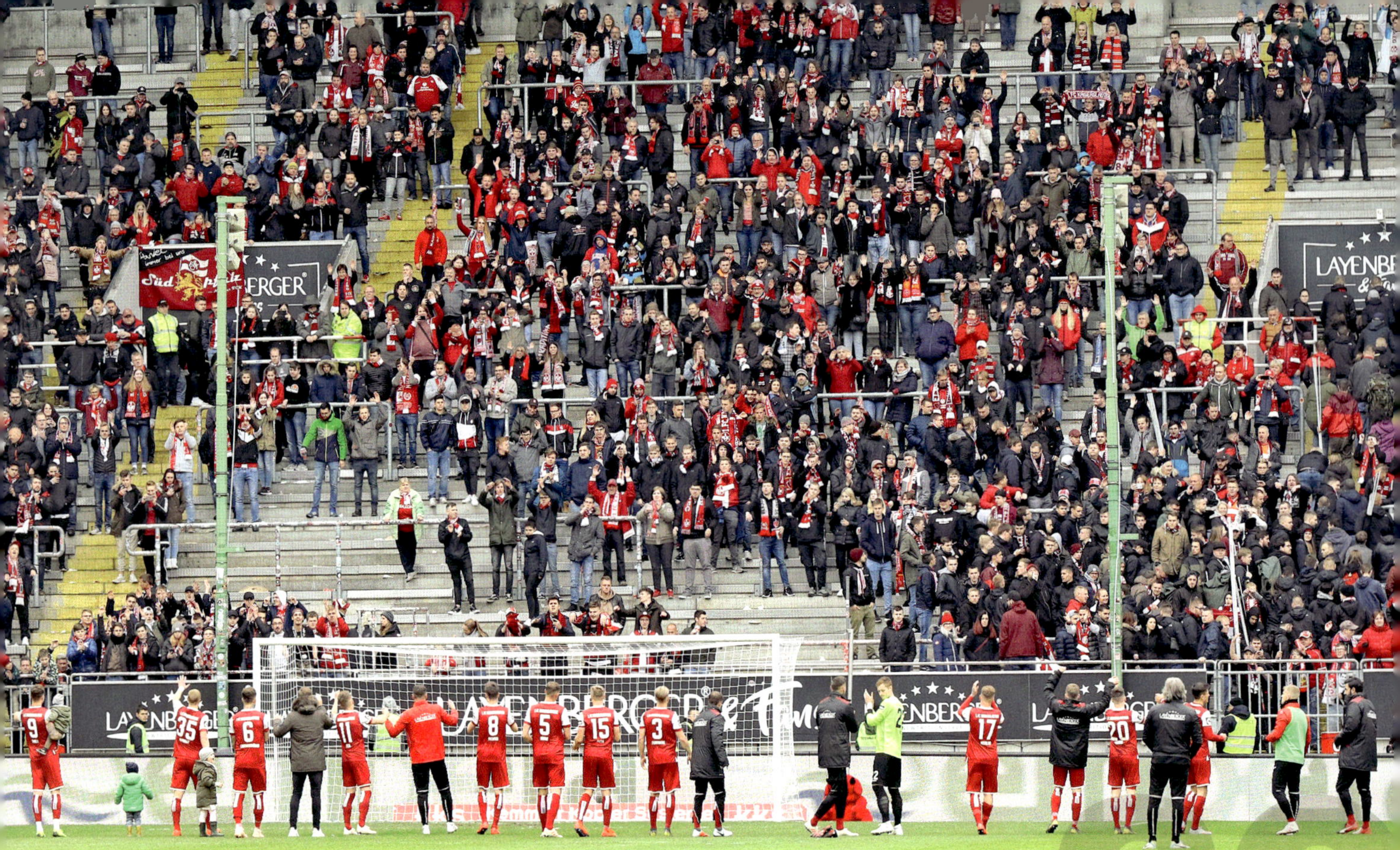

89

IN SCHÖNEN MOMENTEN UNBEZAHLBAR

HARALD LAYENBERGER Fan und Hauptsponsor

Wenn du auf dem Trikot deines Lieblingsvereins stehst, die legendäre Westkurve deinen Namen trägt, mag das für viele Unternehmer vielleicht nichts Großartiges, nichts Besonderes sein. Business, Werbung, mediale Kontakte halt – etwas, das man in der Vermarktung und der Werbewirtschaft lapidar mit einem sogenannten Tausenderpreis beziffert. Für einen waschechten Lautrer Bub, der mit vier Jahren erstmals echte „Fußball-Fankultur uff'm Betze" erlebt hat, mit seinem Papa, der 61 Jahre Ordner beim FCK war, ist das aber schon etwas ganz anderes: in schönen Momenten unbezahlbar. Natürlich hat man als Vierjähriger noch keine Ahnung, was Fußball-Fankultur bedeutet, man ist halt einfach mal wie selbstverständlich dabei und will das dann auch immer und immer wieder sein und mein Vater erfüllte mir diesen Wunsch. Mit zunehmendem Alter, bei mir war das zwischen acht und zehn Jahren, wird man dann mehr und mehr überwältigt vom Fahnenmeer, den Gesängen, der unvergleichlichen, unvergesslichen Stimmung, den am Anfang unverständlichen, aber leicht erlernbaren Ritualen und es überkommt einen der Wunsch, nicht nur nahe dran, sondern einfach auch mal mittendrin zu sein.
Mit vierzehn stand ich dann mit meinen Freunden endlich in dieser einzigartigen Westkurve, dort, wo Fankultur immer gelebt wurde und gelebt wird. Plötzlich war das Fußballspiel zwar immer noch ganz wichtig, aber das Drumherum und das Miteinander, die Rituale vor, während und nach dem Spiel, in diesem besonderen Stadion, waren viel, viel wichtiger und die Gesamtheit der Erlebnisse war das absolute Highlight am Wochenende. Damals war es ja noch ausschließlich der Samstag, dem jeder Fußballfan entgegen fieberte, eine schöne Zeit!
Am 30. August 1989 wurde ich Unternehmer. Zusammen mit einem Schweizer Unternehmen gründete ich eine Firma, die heute die Layenberger Nutrition Group GmbH darstellt – und wie selbstverständlich wurde ich dann recht schnell als Fan auch Unterstützer und Sponsor meines geliebten 1. FC Kaiserslautern. In der Tradition gelebt, in der Tradition erzogen, bleibt es immer ein Wunsch, immer alles für seinen Verein zu geben und ihn mit allen gegebenen Möglichkeiten zu unterstützen. So durchlief ich in den Jahren mehrere Sponsor-Hierarchien beim 1. FCK und wurde dann, in einer der schwärzesten Stunden, nach dem Abstieg in die 3. Liga im Juli 2018, auch Hauptsponsor meines geliebten FCK. Mit der Veränderung vom Kind zum heute 62-jährigen Unternehmer hat sich auch mein Betze, hat sich auch unser Stadion immer wieder verändert. Die Kurven wurden überdacht, begradigt, ausgebaut – der Betze hat mehrfach sein Gesicht verändert, aber so, wie die „West" in den Herzen der Fans immer eine Kurve geblieben ist und auch immer bleiben wird, werde ich auch immer stolz darauf sein, ein Teil dieses Vereins zu sein. Stolz, dass mein Name einmal auf der Brust meiner „Roten Teufel" und an dieser legendären Westkurve gestanden hat.

GLAUBEN UND VERTRAUEN

DR. KARL-HEINZ WIESEMANN Bischof der Diözese Speyer

Wenn man sieht, wie „am Wochenende die Massen" zum Betze hinaufpilgern, ist das ein erster Gänsehautmoment. Ein Besuch auf dem Betzenberg ist für mich immer etwas ganz Besonderes, auch wenn ich es leider zeitlich sehr selten schaffe, dabei zu sein. Im Stadion selber erlebe ich dann ganz unmittelbar gelebte Hingabe an den Verein, von den Fans und den Spielern.

Wie viele Emotionen hat allein der Betzenberg gesehen: von überschäumendem Jubel über die Siege und die Meisterschaften, über Wut, weil ein Foul nicht geahndet wurde, bis hin zu Trauer und Tränen, wenn man im schon fast gewonnen geglaubten Spiel noch in der Nachspielzeit einen Gegentreffer kassieren oder dem bitteren Abstieg ins Auge sehen muss. Das Stadion gibt der ganzen Bandbreite menschlicher Gefühle Raum.

Ja, der Betze hat in seinen 100 Jahren große Zeiten gesehen. Aber das Besondere dieses Stadions zeigt sich gerade auch in den schlechten Zeiten, dann, wenn es darauf ankommt, schwere Krisen gemeinsam zu überstehen: Es ist die unglaubliche Treue der Fans! Diese leidenschaftliche Treue und Liebe zum Verein können auch über das Stadion und den Fußball hinaus Vorbild sein, auch für uns Christen. Und auch wenn wir Christen nicht an einen Fußballgott glauben, so glauben wir doch an einen Gott, der auch ein Gott des Fußballs ist. Denn im Spiel zeigt sich viel davon, worauf es im Leben ankommt. Damit es gelingt, braucht es einen guten Geist, der zusammenhält, so dass einer für den anderen einsteht. Einen Geist, der Mut macht und andere mitreißt. Hier zeigen sich wichtige Werte für das Leben: Gemeinschaftssinn, Solidarität, Fairness, Einsatzbereitschaft, Vorbildlichkeit. Auch hier geht es um Glauben und Vertrauen. So wichtig die ökonomischen Fragen für eine gute Zukunft sind, ein noch wichtigeres Kapital ist das Vertrauen, das nicht verspielt werden darf. Vertrauen und Treue hängen im Innersten zusammen.

Die Treue zum Verein zeichnet den Lauterer Fan aus, und so hoffe ich, dass auch in diesen schwierigen Zeiten weiterhin gilt: „So woll'n wir doch geschlossen, hinter uns'rer Mannschaft steh'n", und das vereint auf dem Betzenberg im Fritz-Walter-Stadion. Ich hoffe, in Zukunft öfters dabei sein zu können!

LEICHTIGKEIT IST WEG

JÜRGEN KIND zwischen 2012 und 2019 mehrfach im Aufsichtsrat

Ich habe noch nie auch nur in der Nähe von Kaiserslautern gewohnt, habe aber seit meinem ersten Stadionbesuch 1973, spätestens aber seit 1977, nicht viele Heim- und Auswärtsspiele des FCK verpasst. Wie viele andere konnte ich über mehr als vier Jahrzehnte großartige Siege und denkwürdige Niederlagen miterleben. Als Fan gehst du am Wochenende zum Spiel deines Vereins, diskutierst über die Form einzelner Spieler, rechnest die verschiedenen Tabellenkonstellationen durch, trinkst zwei Bierchen mit deinen Kumpels und fährst wieder nach Hause. Und hoffst, dass es in der kommenden Woche entweder genauso gut oder eben wieder besser läuft.

Als ich im März 2012 erstmals in den Aufsichtsrat nachrückte, erwischte ich mich ständig beim Rechnen und Kalkulieren. Klar, einige Fans kennen die finanzielle Dimension, die sich hinter Siegen oder Niederlagen verbergen, die meisten aber eher nicht. Schon gar nicht im Detail. Und sie stehen nicht in der Verantwortung. Ich dachte, ich hätte mir schon immer viele Gedanken um meinen Verein gemacht, aber das ist nichts im Vergleich dazu, was man als gewählter Vertreter durchmacht. Die Unbeschwertheit geht ziemlich schnell verloren. Niederlagen werden schnell zu Katastrophen, wenn man weiß, dass bei einem Abstieg bis zu 70 Prozent der Einnahmen wegbrechen. Ganz schlimm wird es – wie 2019 –, wenn du als Drittligist monatelang um die Lizenz bangst und die Mannschaft einen fast lebenswichtigen Aufstieg frühzeitig aus den Augen verliert.

Klar, du gewöhnst dich auch an diese Art von Druck und lernst, damit umzugehen. Trotzdem ist ein Stück Leichtigkeit weg, wenn du sofort immer die finanziellen, bei uns eben häufig sogar existenziellen Folgen von Siegen, besonders aber von Niederlagen im Hinterkopf hast. Gerade Siege kannst du nicht mehr so intensiv genießen, solange die Probleme nicht gelöst sind.

Zum Glück gibt es auch die Momente, über die man im Rückblick schmunzeln kann. Im Frühjahr 2014 entdeckte ich bei einem Heimspiel plötzlich TV-Reporterin Laura Wontorra im „Panorama-Club", der eigentlich Funktionären und Spielern sowie deren Angehörigen vorbehalten war. Journalisten kamen hier nicht rein, doch noch bevor ich sie darauf ansprechen konnte, war sie wieder verschwunden. Erst beim nächsten Heimspiel wurde ich aufgeklärt: Sie war tatsächlich mit unserem damaligen Spieler Simon Zoller zusammen, was alle anderen Anwesenden längst wussten, nur ich nicht.

Jetzt, da ich selbst wieder ein gewöhnlicher Fan bin, bleibt die Hoffnung. Die Hoffnung auf bessere Zeiten und das Gefühl, nach eigenem Ermessen alles dafür getan zu haben, dass es tatsächlich wieder aufwärts geht. Wenn die auf dem Spielfeld nur endlich mal wieder das Tor treffen würden …

1. September 2019: Choreo zum Derby in der 3. Liga gegen den Waldhof.

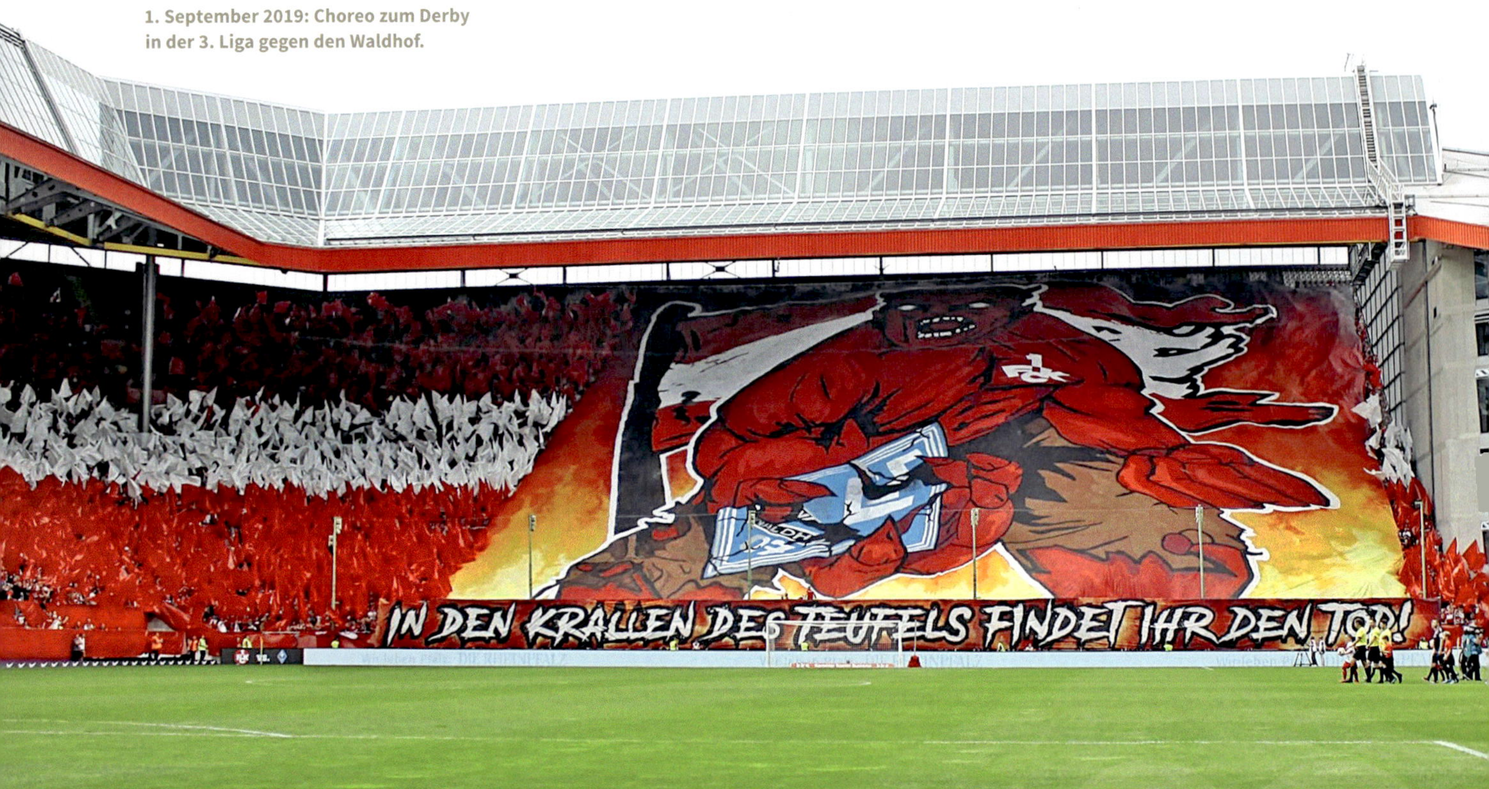

92

EINMAL FCK, IMMER FCK

NEAL GIBS FCK U19; beim FCK seit 2013

Wer sich hier in der Gegend für Fußball interessiert, kommt am FCK nicht vorbei. Für mich stand kein anderer Verein zur Debatte, mein Opa, mein Papa, mein Onkel sind alle leidenschaftliche Fans. Ins Stadion ging ich zum ersten Mal mit vier Jahren, beim WM-Spiel zwischen Paraguay und Trinidad/Tobago. Als Kind in meinem Alter war es aufregend, die ausgelassene Stimmung im Stadion und in der Stadt zu erleben. Im krassen Gegensatz dazu steht meine erste echte Erinnerung an den FCK im Abstiegskampf 2008. Das entscheidende letzte Spiel sah ich bei uns zu Hause in Kollweiler nur in der Kneipe, aber auch dort war die Anspannung (und die anschließende Erleichterung) greifbar. Die Emotionen der Menschen um dich herum erlebt man im Stadion natürlich noch krasser. Deswegen bin ich froh, dass ich mit meinem Papa das erste Spiel nach dem Bundesliga-Aufstieg 2010 gegen die Bayern auf der Südtribüne sehen konnte. Die Stimmung, die bei diesem 2:0-Sieg gegen den FCB herrschte, war faszinierend und der Auftakt zu einer begeisternden Saison. Sie bescherte mir meinen ersten echten Lieblingsspieler: Rodnei, der brasilianische Innenverteidiger, dessen Namen ich auf meinem Trikot trug. Und wer einmal Feuer gefangen hat, den lässt der FCK nie mehr los. Für mich gilt das seit 2013 im doppelten

in meinem Heimatverein zu verlassen, habe ich den Wechsel an den Fröhnerhof nie bereut. Als Jugendspieler ist man in das Vereinsleben natürlich stärker involviert. Für mich heißt das in den letzten Jahren, dass mich Erfolge und Misserfolge der ersten Mannschaft noch mehr mitnehmen. Wir bekommen indirekt auch mit, wie gut die Kommunikation zwischen dem Cheftrainer und unseren eigenen Coaches ist. Das Ziel, irgendwann einmal selbst dort unten auf dem Rasen zu stehen, scheint erreichbarer, wenn man das Gefühl hat, dass der eigene Nachwuchs nicht vergessen wird.

Als Balljunge ist die 3. Liga natürlich weniger spektakulär. Einem Robert Lewandowski gegenüberzustehen wäre schon eine andere Geschichte als einem Spieler, dessen Gesicht und Namen man nicht kennt. Als Fan aber kann es immer noch reizvoll sein, wie zum Beispiel beim Derby gegen Waldhof. Meine Freunde und ich kannten ja nur die alten Geschichten von früher und haben uns alle auf dieses Spiel gefreut. Die Atmosphäre bei der Choreo vor dem Spiel war dann ein echter Hammer. Aber auch in weniger hitzigen Konstellationen finde ich, dass das Stadion sich eine besondere Ausstrahlung bewahrt hat. Deswegen gehe ich zu jedem Heimspiel, das nicht mit meinem Spielplan in der Ju-

Er war immer da, der Betze, solange ich denken kann. Kam in Geschichten vor, die wie Märchen klangen. Große, staunende Erzählungen. Oder als zauberhafter Ort, den man im Vorbeifahren von der Autobahn aus sehen konnte, die Nase an die Autoscheibe gedrückt, für ein paar kostbare Sekunden. Ein Mythos, und doch auch real. Der Betze, das war wie ein schillernder Onkel beim Familienfest, ein Teil von uns, der es in die weite Welt hinaus geschafft hatte. Der uns allen irgendwie Bedeutung gab. Erzähl noch mal! Wie war das noch?

Wie hat der Betze gespielt? Ein ganzer Verein, verschmolzen zu einem Kosenamen. Papa berichtete von Samstagen in den frühen Siebzigern, an denen er Opa so lange in den Ohren lag, bis sie schließlich doch zum Heimspiel aufbrachen, 70 atemlose Kilometer im Ford Taunus durch die Pfalz, Opa rauchte Kette durch das halb geöffnete Fenster, Papa hielt auf dem Beifahrersitz das Holzhöckerchen umklammert, auf das er sich stellen würde, um etwas zu sehen. So erlebten sie das 7:4 gegen die Bayern, Vater und Sohn, ein großer Moment des Glücks.

Später gingen wir zusammen hoch, Papa und ich. Sahen UEFA-Cup-Spiele und Abstiegskampf. Erlebten große Stunden und trostlose Abende. Der Betze als Begleiter und als Halt. Home away from home. Am Tag bevor ich zum Austausch nach Australien flog, sahen wir ein 0:2 gegen Bielefeld. Lagen uns Jahre später beim 3:3 gegen Stuttgart in den Armen. Eines dieser Betze-Spiele. Wer kann es je vergessen? Wir kamen wieder. Jahr für Jahr. Gingen hoch auf den Berg. Trugen Rot-Weiß wie alle um uns herum und die gleiche Liebe in uns.

Neulich war ich wieder einmal in der Stadt. Ein nasser, kalter Samstag im Herbst. Drittligawetter. Vor dem Saks-Hotel parkte der Bus von Carl Zeiss Jena. Wir hatten es fest vor, trotz allem, Papa und ich. Geh mer nuff. Am Ende haben wir das Spiel im Fernsehen geschaut, das Dritte übertrug live. Dann ging ich mit den Kindern auf den Spielplatz. Es ist ein Sieg geworden, immerhin.

GANZ NAH DRAN

FRANK HÜTTENBERGER

Eigentlich hatte ich eine klassische Fankarriere. Mit neun Jahren das erste Spiel, in der zweiten Liga gegen Zwickau, als Teenager die erste Dauerkarte und dann 2005, mit 18, eine Auswärtsdauerkarte. Im Grunde war ich jahrelang Allesfahrer. Dann hatte ich 2012 einen Unfall, seitdem bin ich auf den Rollstuhl angewiesen. Auf die Stadionbesuche wollte ich trotzdem nicht verzichten. Einfach war das nicht, denn die Nachfrage an Plätzen für Fans mit Handicap ist größer als das Angebot, aber aufgrund meiner jahrelangen Treue wurde es möglich gemacht, meine bisherige Dauerkarte in eine Rollstuhlkarte umzuwandeln. Das hat mir sehr viel bedeutet, denn Fußball und der Verein waren schon immer ein großer Teil meines Lebens. Der größte Nachteil ist, dass auf unseren Plätzen nur eine Begleitperson erlaubt ist. Bei den Heimspielen ist das meistens mein Vater. Wenn ich mit Freunden anreise, müssen wir uns trennen, was echt schade ist. Nicht mehr mit ihnen in der Kurve zu stehen, ist das, was ich am meisten vermisse.

Immerhin kann ich trotzdem im Stadion sein und die Atmosphäre genießen. Unsere Plätze vor der Südtribüne, nur zwei Meter vom Spielfeldrand entfernt, sind schon etwas Besonderes, ganz nah dran am Geschehen. Die Bedingungen auf dem Betzenberg sind diesbezüglich wirklich lobenswert. Leider ist das – gerade jetzt in der 3. Liga – nicht der Standard in den Stadien. Die Auswärtsspiele, die ich immer noch regelmäßig besuche, sind manchmal eine echte Herausforderung. Wir Rollstuhlfahrer sind eine äußerst treue Fangruppierung. Da es zu 90 Prozent immer die gleichen sind, kennt man sich untereinander bestens und bildet eine eigene Gemeinschaft. Es ist schön, dass dies beim FCK gepflegt und auch wertgeschätzt wird. So gibt es in jedem Jahr für uns eine exklusive Autogrammstunde mit der Mannschaft, bei der wir in ungezwungener Atmosphäre den Spielern und dem Betreuerstab begegnen, was für beide Seiten eigentlich immer ein besonderes Erlebnis ist.

Ansonsten empfinden wir die emotionalen Höhe- und Tiefpunkte wie jeder andere Zuschauer auch. Für mich als FCK-Fan aus Rheinhessen war zum Beispiel der Pokalsieg gegen Mainz ein persönliches Highlight. Der Moment, in dem beim 2:0 das Stadion explodiert ist, garniert von den fassungslosen Reaktionen der Mainzer Fans zu unserer Rechten, hat für vieles entschädigt, was wir in den letzten Jahren erleiden mussten.

CARLO SICKINGER

Kapitän des FCK 2019/20

Fußball spielte in meinem Leben schon immer eine große Rolle, aber ins Stadion zog es mich nur selten. Ab und an war ich in meiner Geburtsstadt Karlsruhe im Wildpark, ohne dass es mich mitgerissen hat. 2012 bin ich dann in die U16 nach Kaiserslautern gewechselt, auch weil es mir hier möglich war, Schule und Fußball miteinander zu verbinden. Am Heinrich-Heine-Gymnasium konnte ich als Internatsschüler mein Abitur machen und gleichzeitig an meinem großen Ziel arbeiten, Profi zu werden.
Dass Fußball in Kaiserslautern und speziell der Betzenberg etwas Besonderes sind, habe ich schon bei meinem ersten Besuch im Stadion gelernt. Nach dem Abstieg aus der ersten Liga empfing der FCK im ersten Spiel der Saison Union Berlin. Ein Freitagabend, Flutlichtspiel vor über 30.000 Zuschauern. Dabei zu sein, wie die Mannschaft, getragen von der unglaublichen Wucht dieses Stadions, einen 0:2-Rückstand in eine 3:2-Führung drehte, war neu für mich. Obwohl es am Ende noch 3:3 endete, war dieses Spiel ein echtes Erlebnis und eine Bestätigung für meine Entscheidung, hierher zu wechseln.
Noch war es ein weiter Weg bis zum Profi, aber ich bin ihn kontinuierlich gegangen, Schritt für Schritt über die verschiedenen Jugendmannschaften und die U23 bis zum ersten Profivertrag im Sommer 2018. Ein wenig musste ich mich noch gedulden, aber als Sascha Hildmann Michael Frontzeck als Trainer ablöste, bekam ich meine Chance. Seine Heimpremiere gegen die Würzburger Kickers war auch meine. Fünfzehn Minuten vor Schluss wurde ich für Theo Bergmann eingewechselt. Übermotiviert holte ich mir bereits nach 25 Sekunden meine erste Gelbe Karte ab, legte die Nervosität aber schnell ab und hätte am Ende fast ein Tor erzielt, aber der Ball ging knapp am Pfosten vorbei. Seitdem bin ich ein Teil der Mannschaft geblieben und wurde von Boris Schommers sogar zum Kapitän ernannt. Ich muss sagen, dass es ein verrückter Haufen ist, irgendwas passiert immer. Aber das bleibt dann in den Katakomben. Für uns ist das Stadion ja mehr als nur der Ort, an dem wir die Heimspiele austragen. Der Kabinentrakt ist der Raum, in dem sich unser Arbeitsalltag abspielt, geschützt vor der Öffentlichkeit und – hier auf dem Betzenberg – unter erstklassigen Bedingungen.
Die krassen Gegensätze, die wir als Mannschaft und Verein leider immer noch durchleben, sind uns selbst ein Rätsel. Das beste Beispiel war der August 2019. Nur eine Woche nach dem aufwühlenden Pokalerfolg gegen Mainz liefern wir gegen Braunschweig ein enttäuschendes Heimspiel ab und verlieren mit 0:3. Die ganze Euphorie ging auf einen Schlag den Bach runter. Alles, was wir uns an einem Samstag aufgebaut hatten, rissen wir am nächsten wieder ein. So schnell wie der Betze dich feiert, so schnell kann er auch in die andere Richtung umschlagen. Diese Emotionen machen den FCK und das Stadion aus. Noch intensiver als den Sieg gegen Mainz erlebte ich den nächsten Pokalcoup in der zweiten Runde gegen Nürnberg. Wieder so ein Flutlichtspiel, dessen Dramaturgie du dir in der Form kaum ausdenken kannst. Schließlich das Elfmeterschießen, Lennarts Parade und der Jubel vor der Fankurve – das waren unvergessliche Momente. Nicht nur in diesem Spiel zeigte sich, dass der Betze nicht immer voll sein muss, um eine gute Stimmung zu erzeugen. Die Heimspiele wieder konstanter zu gewinnen, ist selbstredend unser Ziel. Woran es liegt, dass es nicht immer gelingt, ist von außen immer leicht dahingesagt. Mir begegnen in den Analysen zu viele Floskeln, mit denen ich nichts anfangen kann. Aber so ist es im Fußball: Wenn du gewinnst, ist alles egal. Verlierst du, musst du mit der Kritik leben.

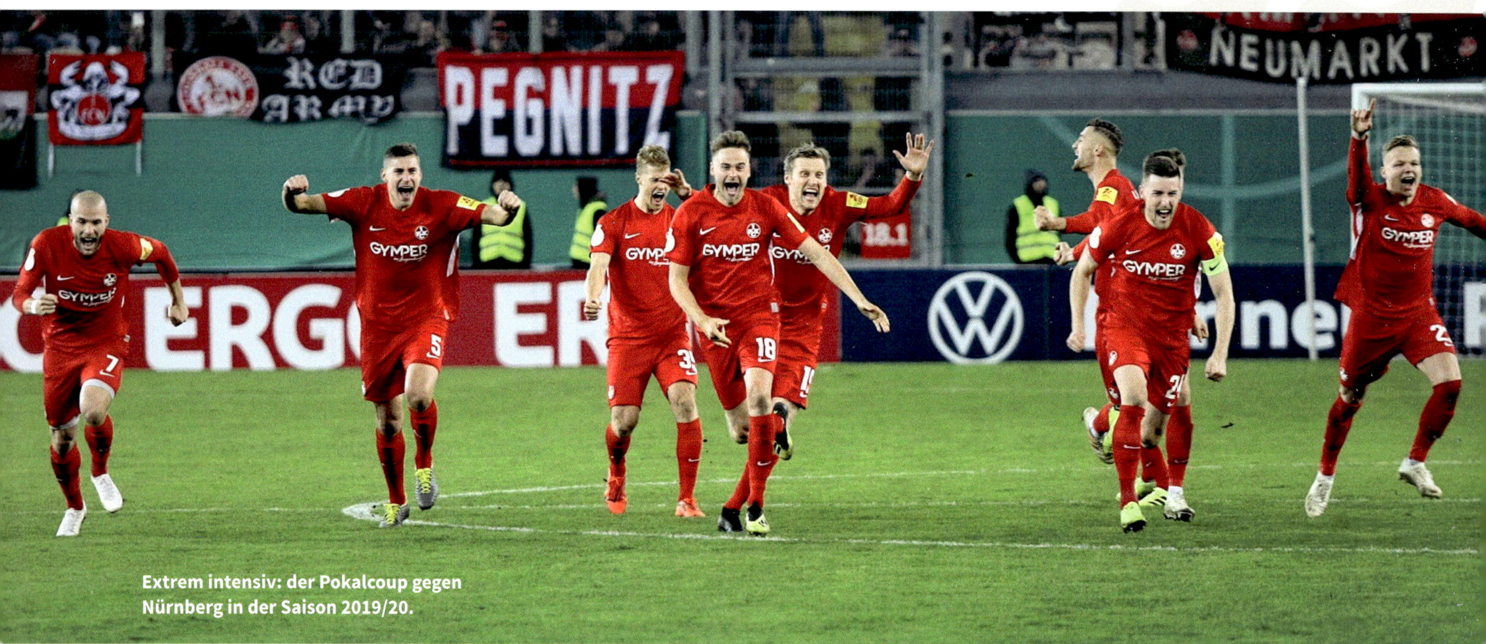

Extrem intensiv: der Pokalcoup gegen Nürnberg in der Saison 2019/20.

SASCHA HILDMANN

FCK-Trainer von Dezember 2018 bis September 2019

Nach den ersten Gesprächen über den vakanten Posten als FCK-Trainer habe ich erst einmal einige Nächte kaum geschlafen. Am 6. Dezember 2018, dem Tag meiner Vorstellung, habe ich morgens noch mit meiner Familie gefrühstückt, alle haben sich für mich gefreut, da sie wussten, was dieser Job mir bedeutet. Als ich oben am Stadion ausgestiegen bin, war ich wirklich ergriffen. In meinem Kopf lief meine Vergangenheit wie ein Film ab.

Wie ich schon als kleiner Junge aus dem Pfeifertälchen zu Fuß mit meinem Vater hier hoch marschiert bin. Gegen Real war ich dabei, ohne eigene Karte, da wurden die Kinder einfach zwischen die Leute gequetscht. Mit 13 bin ich dann in die C-Jugend gewechselt. Wann immer es der Spielplan erlaubte, waren wir im Stadion, meist haben die Ordner uns statt auf die für uns reservierten Plätze auf der Südtribüne in die Westkurve gelassen. Und natürlich denkt man daran, wie es wäre, in diesem Kasten selbst zu spielen. Nun, ich kam näher dran als die meisten, durfte ganz jung schon unter Feldkamp mit ins Trainingslager, spielte bei den Amateuren und erhielt 1994 einen Profivertrag, aber der Durchbruch blieb mir verwehrt. Der FCK war Vizemeister, eine mit Stars wie Brehme, Kadlec, Sforza und Kuntz gespickte Elf. Da war man schon froh, im Kader zu sein. Und Wechsel waren pro Spiel nur zwei erlaubt. Ich hatte in meiner Karriere Einsätze in jeder Liga von der C-Klasse bis zur 2. Bundesliga, nur ganz oben habe ich nie gespielt. Meine Domäne blieb die zweite Mannschaft, ich wurde Kapitän und erlebte den Anfang großer Karrieren wie die von Michael Ballack, Miro Klose und Roman Weidenfeller. Als ich mich 2000 Richtung Aachen verabschiedete, dachte ich, von nun an nur noch Fan zu sein.

18 Jahre später plötzlich als Trainer im Stadion zu stehen, war einerseits ein ergreifendes Gefühl, andererseits musst du das professionell ausblenden können. Dass wir dann – gerade in den Heimspielen – zu viele Punkte haben liegen lassen, ärgert mich am meisten. Aber der 2:0-Sieg im Pokal gegen Mainz war ein Erlebnis, das ich nie vergessen werde. Der Jubel beim zweiten Tor war unfassbar; ein Moment, wie es ihn Jahre nicht gegeben hatte. Ich habe als Trainer kein Derby verloren! Wie schnelllebig das Geschäft geworden ist, durfte ich nun ganz persönlich erleben. 2018 war ich zuerst noch Gegner mit Großaspach und dann in der Rückrunde beim FCK. 2020 war es mit Preußen Münster genau umgekehrt. Unabhängig davon, wie andere meine Amtszeit bewerten, bin ich stolz, dass ich nie aus unserer Kurve angefeindet wurde. Eines Tages werde ich meine Tochter mitnehmen und genau dahin wieder zurückkehren.

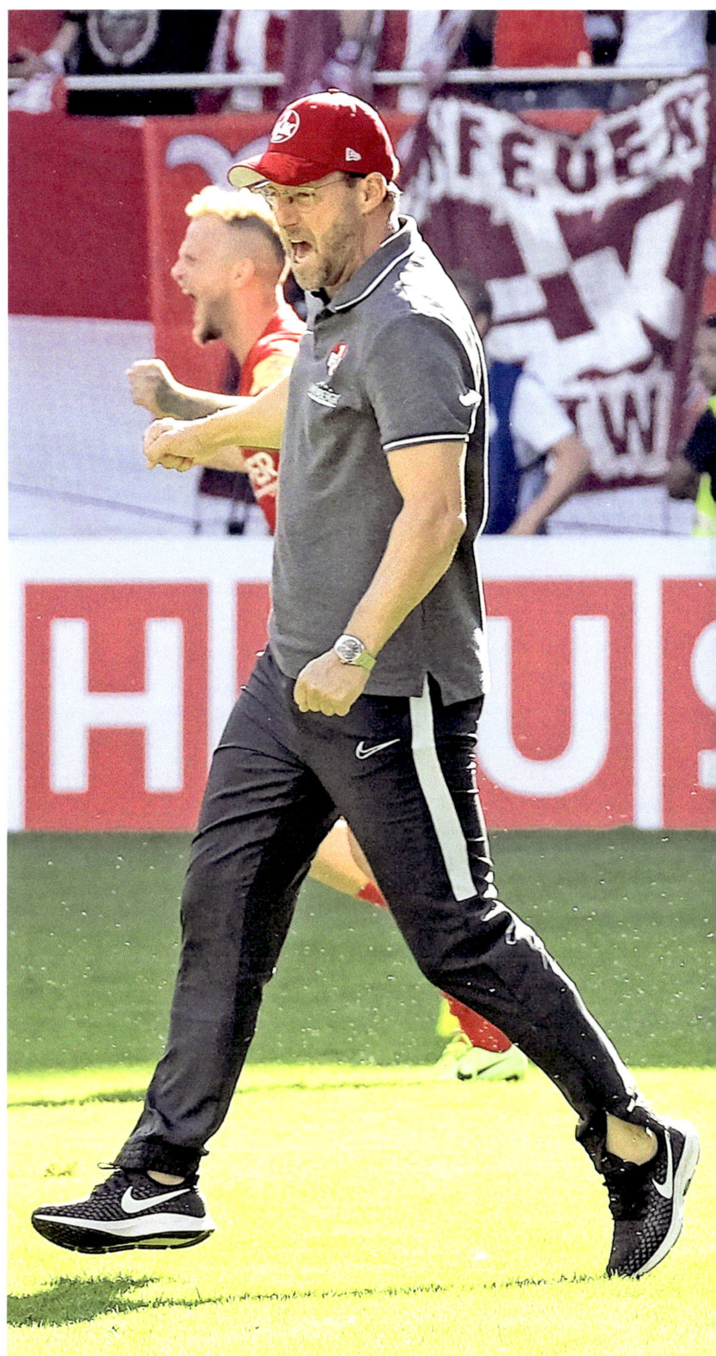

WOLFGANG WITTICH

Zeugwart

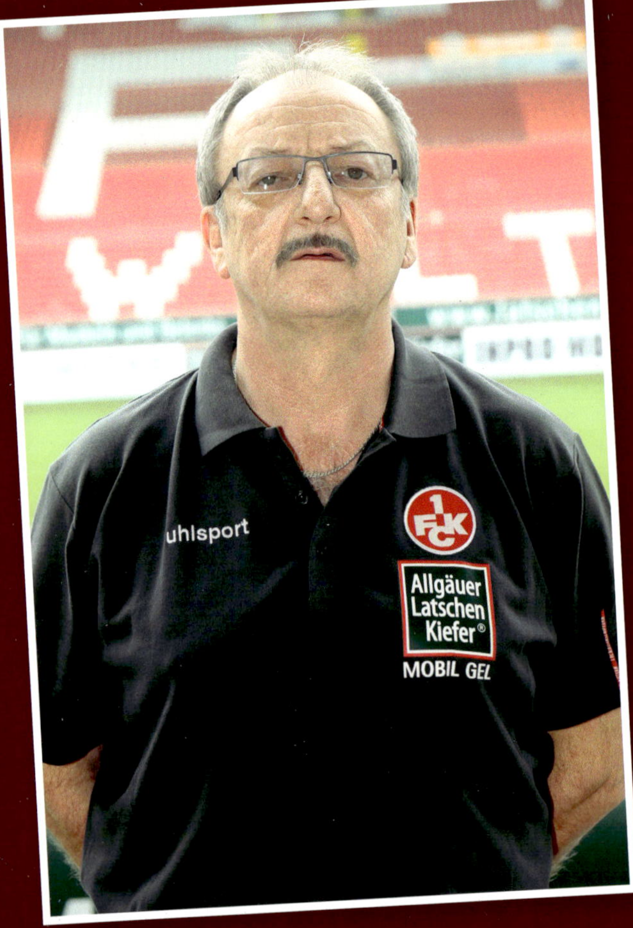

Es ist zwar nur ein schmuck- und fensterloser Raum im Bauch der Tribüne, aber das Reich des Zeugwarts ist in diesem Stadion das letzte Heiligtum. Ohne meine Erlaubnis kommt hier keiner rein. Kein Trainer hätte sich je gewagt, dieses Tabu zu verletzen, das hat selbst ein Otto Rehhagel akzeptiert. Der wusste genau, wie wichtig ein derartiger Rückzugsort für Einzelne ist. Damals saß ich noch in dem langen, schmalen Raum am Ende des Flurs, durch den die Spieler bis zum WM-Umbau den Platz betraten. Mein Reich ist ein Refugium mit eigenen Regeln. Dort sind Köpfe abgeschlagen und wieder draufgesetzt worden. Hier konnten Spieler nach dem Training eine Zigarette rauchen und mein Kühlschrank bot schon immer mehr als nur isotonische Getränke. Diskretion ist Ehrensache, aber es sind durchaus klangvolle Namen, die hier aus- und eingegangen sind.

Mein Sohn Patrick war es, der mich 1990 vom Wiesenthalerhof zum FCK gebracht hat. Im Zuge seines Wechsels hat mich Ernst Diehl gleich mitverpflichtet. Als Betreuer der jeweiligen Jugendmannschaft bin ich Schritt für Schritt mitgegangen. Jeden Tag nach der Arbeit bin ich zum Platz vier. 1996, nachdem mich mein Vorgänger Fritz Kraus eingearbeitet hatte, wurde ich dann offiziell und hauptberuflich Zeugwart. Der Einzige, der noch länger dabei war, ist Gerry Ehrmann. Da ich morgens schon zwei Stunden vor dem Training da bin und abends erst gehe, wenn alles erledigt ist, habe ich mit ihm wahrscheinlich mehr Zeit verbracht als mit meiner Frau. Wobei ich ja auf Familie nicht verzichten musste. Mein Sohn erhielt unter Eric Gerets einen Profivertrag. Er hat dann verletzungsbedingt nur ein Bundesligaspiel gemacht, ist aber trotzdem seinen Weg gegangen. Dazu kommt mein Schwiegersohn Marco Reich. Aus eigener Erfahrung hatte ich meine Tochter gewarnt, sich mit einem Profifußballer einzulassen. Sie hat mich zum Glück ignoriert und ist seit rund 20 Jahren glücklich verheiratet. Und mein Enkelsohn scheint fußballerisches Talent geerbt zu haben.

Allein daran sehe ich wieder, wie die Zeit vergeht. Mittlerweile könnten die Spieler der heutigen Generation meine Enkel sein. In der Summe sind es mehrere Hundert Profis, die ich hier erlebt habe. An die allermeisten denke ich gerne zurück. Es waren vielleicht zwei Prozent Stinkstiefel dabei, einen Namen nenne ich natürlich nicht. Generell aber merke ich schon, dass die jüngeren Spieler mit dem Rundumservice in ihren Vereinen groß werden. Da vermisse ich manchmal den Respekt. Fußballer haben einen Traumjob, aber oft wenig Lebenserfahrung. Was mir wichtig ist, versuche ich selbst vorzuleben: Loyalität und Ehrlichkeit. Und wenn ich selbst denke, dass ich im Alter ruhiger werden müsste, hält das nur bis zum Anpfiff. Bei jedem Spiel habe ich heute noch Schweißausbrüche auf der Bank. So ein Verein ist eben kein normaler Arbeitgeber. Wir im Hintergrund verzichten in schlechten Zeiten ebenfalls auf Geld. Aber nicht nur deshalb möchte ich ungern in der 3. Liga aufhören. Denn das schönste, was man im Mannschaftstrakt erlebt, sind die Feiern hinter verschlossenen Türen. Wenn alle Dämme brechen, darf ausnahmsweise auch das Heiligtum gestürmt werden.

76

STEFAN ROSSKOPF

FCK-Pressesprecher

Auch über 25 Jahre später kann ich mich noch daran erinnern. An das Gefühl des 15-Jährigen, der die Stufen in Block 8 hochgeht. Dann der erste Blick ins Stadion, auf das grün leuchtende Spielfeld, die voll besetzten Tribünen, die Fahnen, die links und rechts aus der rot-weißen Menschenmenge herausragen. Dazu der Lärm, die Fangesänge, der Geruch von Bier, Bratwurst und Zigaretten – das hatte für mich etwas Magisches, das mich bis heute in seinen Bann zieht. Ich betrat die Welt der Kurve, die Welt des Stadions. Mein Büro liegt heute in eben dieser Westkurve. Wenige Meter über meinem Schreibtisch stehen jedes zweite Wochenende Tausende Fans. Hätte mir vor 25 Jahren jemand gesagt, ich würde später täglich im Fritz-Walter-Stadion „uff'm Betze" arbeiten, ich hätte direkt unterschrieben. Ganz ehrlich: Ich kann mir bis heute keinen besseren Platz vorstellen.

Meine Betze-Karriere im Schnelldurchgang: Erster Besuch 1986 als Zehnjähriger, 1989 dann zum ersten Mal Westkurve. Seit 1990 Dauerkarte in Block 8, bis heute. Erst nur alle Heim- und bald auch alle Auswärtsspiele. Dann das eigene Fanzine. Schnell wurde die Fanszene mein neuer Lebensinhalt und das Stadion immer mehr zum Mittelpunkt, auch abseits der Spieltage. Freie Zeit verbrachte ich an Choreografien arbeitend in der Halle der Nordtribüne. Durch meinen Beitrag zum Aufbau der Ultraszene in Kaiserslautern intensivierte sich der Kontakt zum Verein und im Jahr 2000 wechselte ich von der Kurve ins Büro. Ich begann neben dem Studium als Praktikant des Fanbeauftragten. Das erste Mal hatte ich nicht nur einen Platz auf der Tribüne, sondern auch noch einen Schreibtisch auf der Geschäftsstelle. Drei Jahre später wurde ich hauptberuflich als Fanbeauftragter angestellt.

Für viele Menschen ist das Fußballstadion ein Ort des Ausgleichs. Ein Ort, an dem man sich in seiner Freizeit mit Freunden trifft, um gemeinsam Spaß zu haben. Für manche auch die Gelegenheit, mal die sprichwörtliche Sau rauszulassen und den aufgestauten Frust der Woche loszuwerden. Mal nicht an die Arbeit denken. Ich kann das nicht mehr. Wer sein Hobby zum Beruf macht, muss dadurch einen Teil seines Hobbys aufgeben. Da ich seit 17 Jahren nahezu rund um die Uhr hier bin, ist der Betze nur noch selten magisch, sondern sprichwörtlich alltäglich für mich. Er ist eben auch Montagmorgen und Überstunden, schlechte Nachrichten und Tragödien. Den Großteil meiner sozialen Kontakte habe ich irgendwo auf oder in diesen Tribünen kennengelernt. Wenn Menschen mir erzählen, dass sie noch niemals im Fritz-Walter-Stadion waren, bin ich ernsthaft geschockt. „#Betze" ist auf meinem Unterarm tätowiert. Dieses Stadion ist mein ganz persönlicher Mikrokosmos.

Wenn das Stadion ein Mikrokosmos ist, dann gibt es in ihm einzelne Mikro-Mikrokosmen. Theoretisch sehen alle Zuschauer das gleiche Spiel. Aus eigener Erfahrung weiß ich aber um die unterschiedlichen Perspektiven, eigene Bereiche mit eigenen Ritualen. Als Fan stand ich in der Kurve, war Teil einer neu entstehenden Subkultur, als Fanbeauftragter ging's in den Innenraum, Ecke Süd-West, zwischen Ordnern, Polizei und den Rollifans. Blick noch immer in Richtung Kurve. Als Pressereferent ging es zu den Medienvertretern auf der Nordtribüne. Journalisten statt Ultras. Wüste Pöbeleien bei Gegentoren sind dort nicht angesagt, wie ich schnell lernen musste. Inzwischen arbeite ich für den FCK als Pressesprecher. Wieder neue Mikrokosmen: Spielertunnel, zwischen den Trainerbänken, Mixed-Zone, Kabine und Presseraum. Jeder für sich etwas ganz Besonderes.

Wir feiern 100 Jahre Stadion. Aber im Gegensatz zu Kirchen oder Schlössern ist es eben nicht das Bauwerk, das hier Jubiläum feiert. Kein Stein mehr ist aus der Gründungszeit. Kein Grashalm mehr hat Fritz Walter gesehen. Ich habe den Aus- und Neubau aller vier Tribünen persönlich miterlebt. Ich habe gesehen, wie das Stadion gewachsen ist und sich verändert hat. Es sind nicht die Mauern, die hier Jubiläum feiern, es sind die Tausenden Geschichten, die die Menschen hier in diesem Stadion erlebt haben. In erster Linie die Geschichten, die der Fußball schreibt. Der FCK. Der Betze. 7:4 gegen Bayern, 5:0 gegen Real, Barcelona '91, Köln 2008. Meisterschaften, Derbysiege, Aufholjagden, Last-Minute-Siege, Elfmeterdramen. Aber es sind auch die vielen persönlichen Triumphe und Tragödien, die sich auf diesem kleinen Fleck der Erde abspielten. Zwischen den grauen Mauern, roten Sitzen und Wellenbrechern: im schönsten Stadion der Welt!

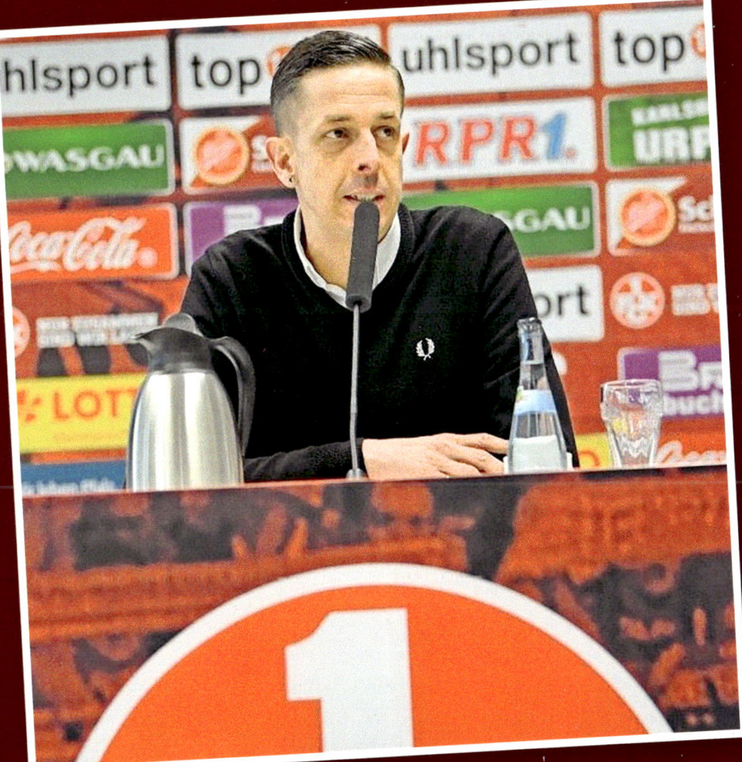

98

MARK FORSTER

Sänger und Songwriter

Nicht nur weil er eindrucksvoll über der Stadt thront, in der ich geboren wurde, ist der „Betze" für mich schon immer sehr präsent gewesen. Wie bei so vielen anderen Fans auch wurde diese Wahrnehmung unterfüttert durch die Geschichten, die in der Familie von Generation an Generation weitergegeben wurden. Meine Oma sah in den fünfziger Jahren ein einziges Spiel und erzählt mir heute noch davon, wie sie auf Sandstein am Spielfeldrand saß und Fritz Walter bewunderte.

Die Person, die ich am stärksten mit dem Stadion assoziiere, ist allerdings mein Vater. Er hat die legendären Spiele der Siebziger und Achtziger in der Westkurve verfolgt und mich 1993 gegen Dynamo Dresden erstmals dorthin mitgenommen. Ich erinnere mich gut daran, wie groß mir mit meinen zehn Jahren die Spieler beim Warmmachen vorkamen; an die Stimmung um uns herum, die Frikadelle und die Spezi, die ich bekam. Details, die einen viel länger begleiten als das Spiel an sich.

Wie jeder junge Fan hatte ich in Stefan Kuntz natürlich auch einen absoluten Lieblingsspieler. Was war ich stolz, als „unser Stefan" 1996 Europameister wurde. In seiner Zeit als Vorstandsvorsitzender durfte ich ihn persönlich kennenlernen und mittlerweile verbindet uns eine herzliche Freundschaft. Die Partie, an die ich besonders gerne zurückdenke, fand aber nach seinem Abschied als Spieler statt. 1998, kurz nach der Meisterschaft, lagen wir gegen Hertha 1:3 zurück, als Olaf Marschall mit einem zum Tor des Jahres gewählten Fallrückzieher die Aufholjagd einleitete. Die Freude über diesen unfassbaren Treffer und die zwei weiteren, die noch folgten, verspürte ich in meiner näheren Umgebung exklusiv: Ich stand mit Berliner Freunden meiner Mutter im Herthablock und fühlte mich irgendwie am falschen Ort.

Schon witzig, dass mittlerweile Berlin mein neues Zuhause ist, was nicht heißt, dass ich beim Thema Fußball die Seiten gewechselt habe. Die Distanz und mein Terminkalender sorgen allerdings dafür, dass ich heute kaum einmal im Stadion sein kann. Wann immer es möglich ist, verfolge ich die Spiele im Fernsehen. Und wer je das Vergnügen hatte, dabei zu sein, wird bestätigen, dass es dabei sehr laut und emotional zugeht. Auch wenn es selten geworden ist, bleibt es für mich sehr besonders, auf dem Betze zu sein. Ob zu den Spielen oder anderen Terminen wie kleineren TV-Sachen, die ich dort oben drehen durfte. 2016 hatte ich einen kurzen Auftritt beim Stadionfest. Das war unglaublich, gerade auch, weil er mit wenig technischem Aufwand verwirklicht wurde. Wir sind lediglich mit einem kleinen Teil der Band aufgetreten und trotzdem hatten wir die FCK-Fans komplett auf unserer Seite.

Im Sommer 2020 sollte es das volle Programm geben, jetzt müssen wir uns ein Jahr länger gedulden, bis wir auf dem Betze auftreten werden. Dieses „Heimspiel" wird ganz sicher der Höhepunkt meiner Konzertkarriere werden. Ich bin unfassbar stolz und glücklich, wenn ich daran denke, wie viele daran mitgearbeitet haben, dass dieser langgehegte Traum Wirklichkeit wird.

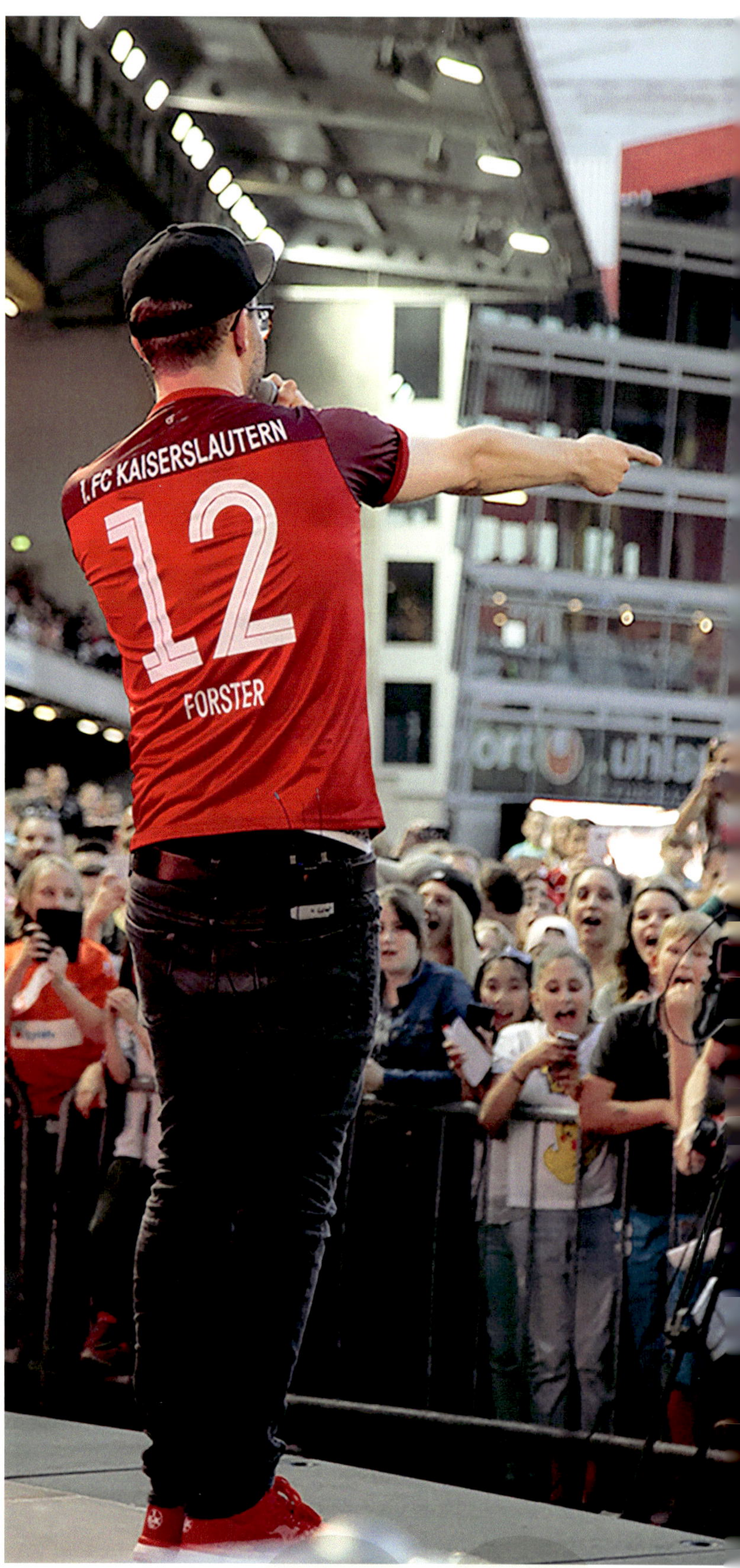

MARKUS MERK

FCK-Aufsichtsratsvorsitzender

Vielfach wird mir die Frage gestellt, warum ich die heikle Mission im FCK-Aufsichtsrat angenommen habe, obwohl es keine Garantie auf ein glückliches Ende gibt. Meine Antwort darauf ist eindeutig: Erstens bin ich niemand, der sich vor Verantwortung drückt, und zweitens habe ich persönlich gar nichts zu verlieren, sondern nur der Verein. Nach den letzten Jahren, in denen sich die Abwärtsspirale immer weiter drehte, fühle ich mich verpflichtet zu helfen, denn ohne den FCK wäre meine eigene Karriere nicht in der Art denkbar gewesen. Als Sohn meines Vaters weiß ich aus erster Hand, wie viel Zeit und Leidenschaft die Generationen vor uns investiert haben, damit aus dem FCK ein Verein wurde, den jeder Fußballfan kennt. Früher als Jugendtrainer, später als Leiter der Abteilung Fußball war er stets für den FCK aktiv. Mit der Entstehung des Wohngebiets rund um das Stadion erfüllte er sich Ende der sechziger Jahre einen Traum: ein Haus auf dem Betzenberg.

Alles, was nicht Bundesliga-Fußball war, spielte sich hauptsächlich auf Platz 3 des Stadions ab. Ein Hartplatz – Spitzname: „Stadion Rote Erde" – mit feststehenden Toren, Bretterwand und Sprunggrube. Dieser Platz, der offen zugänglich war, wurde für mich zum Kinder-, Jugend- und Klassenzimmer, in dem ich wichtige Lektionen fürs Leben lernte. Vor der E-Jugend gab es keinen Vereinsfußball, aber ich erhielt mit fünf Jahren eine Sondergenehmigung. Umgezogen haben wir uns auf der anderen Seite des Stadions in der alten Holztribüne, die für uns Kinder eine besondere Attraktion besaß: Einen Cola-Automaten, wo man für zwei oder drei Groschen ab und zu eine Flasche zur Belohnung holen durfte. An diesem Automaten habe ich vor 50 Jahren zum ersten Mal ein damals exotisches neues Getränk gekostet: Sprite. Eines der ersten, wenn nicht gar das erste Spiel als Fußballer war gleich ein Vorspiel im Stadion. Auch wir Kleinen spielten elf gegen elf über das ganze Feld. Nur die Eckbälle durften von der Strafraumgrenze geschossen werden und ich verwandelte eine Hereingabe in den Winkel. Als Zuschauer durften die Nachwuchsspieler damals in die Ostkurve. Kaum war unsere eigene Partie abgepfiffen, rannten wir ins Stadion. An der Ecke zur Südtribüne gab es ein Schlupfloch im Zaun, durch das wir uns hindurchzwängten, um dann – mit Duldung der Ordner – das Spiel von dort zu verfolgen. Das klappte allerdings nur, wenn das Stadion nicht voll war. Beim 7:4 gegen die Bayern zum Beispiel gab es kein Durchkommen, als wir verspätet am Stadion ankamen. Es stand auch bereits 0:2 und wir zogen wieder ab. So konnte ich eines der legendärsten Spiele nur am Radio verfolgen, garniert vom Torjubel, den ich bei uns zu Hause noch hören konnte.

Dort, in unserem Wohnzimmer, entstand auch mein Interesse an der Schiedsrichterei. Eine Aufgabe meines Vaters war nämlich seit Einführung der Bundesliga die Betreuung des Gespanns bei allen Heimspielen des FCK. Da es in dieser Zeit im Stadion keinen Fernseher gab, brachte er die Schiedsrichter in der Regel nach dem Spiel mit zu uns nach Hause, wo sie die Sportschau schauten, bevor sie dann zum Essen gingen. So lernte ich früh alle bekannten Schiedsrichter kennen und begann mit zwölf – wieder mit Sondergenehmigung – meine zweite Laufbahn. Zwei Jahre lang parallel zum eigenen Spielbetrieb, dann konzentrierte ich mich nach einem Streit mit meinem Trainer auf das Pfeifen. Anfangs zum Leidwesen meines Vaters, der mich lieber als Fußballer gesehen hätte, aber mein Werdegang als Unparteiischer hat ihn dann mehr als entschädigt.

Den kindlichen Traum, irgendwann selbst in der Bundesliga auf dem Platz zu stehen, durfte ich 20 Jahre lang leben, nur eben anders als ursprünglich gedacht. Die Kehrseite meiner Karriere als Schiedsrichter war, dass ich in all den Jahren kaum ein Stadion seltener betreten habe als den Betzenberg. Erst wenn ich meine Aufgabe erledigt hatte, konnte ich mich darum kümmern, wie der FCK gespielt hat. Besonders herausfordernd war das 1996, als ich parallel zum Abstiegsendspiel in Leverkusen das Länderspiel zwischen England und Ungarn in Wembley leitete. Da saß ich dann abends in einem Londoner Hotel und sah die Bilder unserer weinenden Fans.

Den Verein vor dem Ruin zu retten und solche Bilder abzuwenden, ist jetzt die Aufgabe, der wir uns als Team stellen. Als Mandatsträger hat sich das Stadionerlebnis komplett gewandelt. Plötzlich bist du für alles verantwortlich, egal ob die Mannschaft das Tor nicht trifft, der Kaffee zu kalt oder der Wein zu warm ist. Aktuell gilt es, mit vereinten Kräften die finanzielle Basis dafür zu legen, dass in den nächsten Jahren weiter Profifußball in diesem Stadion gespielt wird. Das ist zweifellos eine komplexe Herausforderung, die wir unter hohem Zeitdruck zu bewältigen haben. Wenn es gelingt, soll es nach unseren Vorstellungen nur der erste Schritt gewesen sein. Es muss das große Ziel bleiben, das Stadion in Übereinkunft aller Beteiligten dorthin zurückzuholen, wo es hingehört: in den Besitz des Vereins.

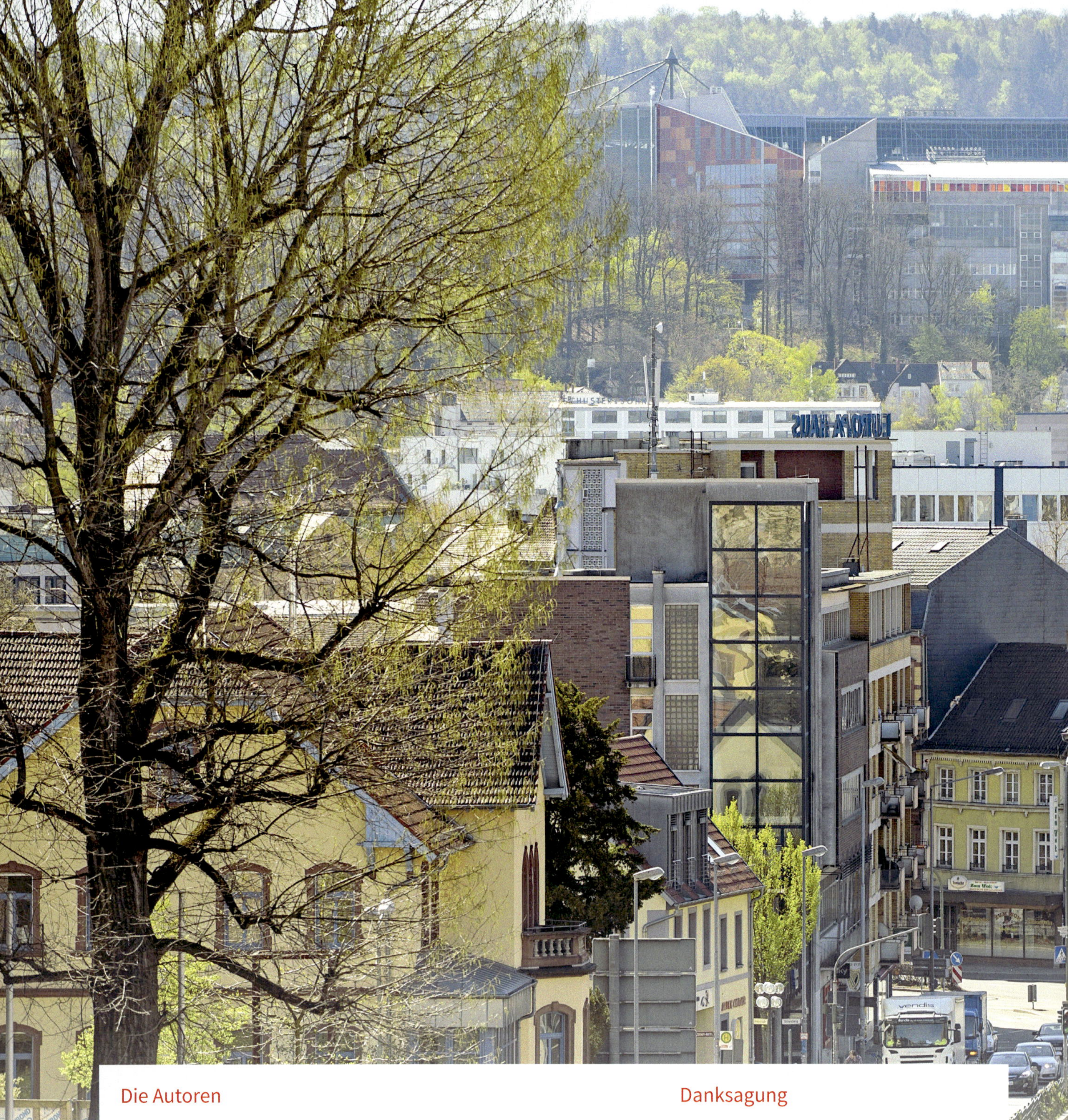

Die Autoren

Dominic Bold (Jahrgang 1975) lebt und arbeitet in Kaiserslautern und ist seit Januar 1983 regelmäßiger Zeitzeuge des Geschehens auf dem Betzenberg. Trotz aller Zweifel, ob seinen Kindern Fanny, Felix und Phyllis als FCK-Fans je ähnliche Erfahrungen vergönnt sein werden, hofft er inständig auf eine bessere Zukunft für den Verein. Er erstellte das Konzept des Buches, führte die Gespräche mit den 100 „Stimmen" und beschrieb die Geschichte des Stadions von 1920 bis 1998. 2013 von ihm erschienen: „1. FC Kaiserslautern. Die Chronik".

Eric Lindon (Jahrgang 1958) ist pensionierter Offizier der US-Airforce. Als Hobby-Sporthistoriker engagiert er sich ehrenamtlich für das Museum des 1.FC Kaiserslautern. Zudem wirkt er im Vorstandsgremium des Fördervereins des FCK-Museums, der „Initiative Leidenschaft FCK" und im Vorstand des Vereins „Pfälzische Sportgeschichte" (Sportbund Pfalz) mit. Seit 1988 ist Lindon eingefleischter Fan des 1. FC Kaiserslautern und seit 1998 auch Mitglied im Pfälzischen Traditionsverein. Wertvolle Ergebnisse seiner sporthistorischen Forschungen, die sich auf den Zeitraum von 1836 bis 1950 beziehen, sind in dieses Buch eingeflossen.

Ingo Konrad (Jahrgang 1975) ist früh genug auf die Welt gekommen, um die bis heute letzte große Zeit des 1. FC Kaiserslautern und seines berühmten Stadions schon selbst erlebt zu haben. Den schleichenden Abwärtstrend der vergangenen Jahre verfolgt er sowohl als Fan als auch als Berichterstatter. Er schreibt regelmäßig beim Online-Magazin „Der Betze brennt" und verfasste die Texte zur Geschichte des Stadions von 1999 bis heute.

Danksagung

Ein herzlicher Dank an alle, die dieses Buch inhaltlich und optisch bereichert haben durch ihre „Stimme", private Fotos, ergänzende Informationen und die Vermittlung von Kontakten: insbesondere Thomas Butz, Rolf Conrad, Dr. Jochen Drees, Karsten Fiebiger, Jürgen Friedrich, Uli Gerke, Peter Glöckner, Thomas Hilmes, Erich Huber, Jürgen Kind, Horst Konzok, Volker Krumrey, Werner Muth, Bernd Schmitt, Volker Tinti und Klaus Westrich.

Für die Nutzung historischer Fotos bedanken wir uns bei Peter Krummel (Foto Bachem), Foto Gilbrecht, Hagen Leopold, Familie Zängry sowie den Stadtarchiven in Kaiserslautern und Ludwigshafen, für die Bearbeitung der Aufnahmen von West- und Nordtribüne bei Ina und Markus Zundel.

Nicht zu vergessen alle Ehrenamtlichen und Mitarbeiter des 1. FC Kaiserslautern, die uns zur Seite standen: das Museumsteam sowie Stefan Roßkopf und seine Abteilung.